続 新潟県社会福祉史の基礎的研究

矢上 克己 編著

本の泉社

はじめに

2011 年より、故田代国次郎先生と教え子 7 人が「新潟県社会福祉史の総合的研究」をテーマにプロジェクトを組み、研究会の開催と新潟県内各地へ社会福祉史調査に出掛けた。それは主に新潟県立図書館及び同公文書館を始め新潟県内の各市町村の図書館及び施設や古くから社会事業に関わった寺院への訪問調査を行った。

ところが 2014 年 1 月、田代先生が急逝し、本プロジェクトは研究顧問を失い、危機に直面したがこれに怯むことなく、その年の 3 月末に新潟市で 1 泊 2 日の研究会を行い、田代先生の遺志を継承し研究を進めることになった。

そうした中で、2012 年より科研費に応募してきた本研究が 2014 年度にようやく採択された。これについて、メンバー一同は田代先生が導いて下さったかとの思いを抱いた。

2014 年度は下越地方を中心に、2015 年度は佐渡島と中越地方を中心に、2016 年度は上越地方を中心に調査を行った。

科研費による調査以前は各市町村の図書館では開架図書の閲覧と目録により文献調査を行っていたが、科研費採択以後は閉架図書を閲覧させていただけることになり、文献調査が捗った。

調査した結果、新潟県立図書館は別として、戦前の社会事業関係の文献及び資料を多数所蔵していたのは、柏崎市立図書館と三條市立図書館であった。

また、公文書関係では県立公文書館を始め長岡市の互尊文庫及び上越市公文書センターにおいて多くの戦前の社会事業史料が確認され、多くの資料を収集することができた。

本書には、2015 年度及び 2016 年度の研究成果を中心に論文を掲載している。

矢上克己

目　　次

はしがき　3

愛国婦人会による社会事業
　　―新潟県支部の展開を中心に―　　　　　　　　橋本　理子　7

戦前新潟県における季節保育所の保育実践　　　石坂　公俊　29

新潟県における子守学校の成立序論
　　―就学の奨励をめぐる変遷―　　　　　　　　　石坂　公俊　45

明治期の盲教育と先駆者大森隆碩の足跡
　　―目安箱事件の仮説検証から―　　　　　　　　大塚　良一　61

新潟県上越地方の職業紹介事業
　　―高田市職業紹介所を中心として―　　　　　　荻野　基行　103

戦時下新潟県における農村隣保事業の展開　　　畠中　耕　135

新潟県における軍事援護体制と銃後奉公会
　　―三島郡日越村を事例として―　　　　　　　　畠中　耕　161

新潟県における救護法の運用と社会事業助成会　畠中　耕　185

新潟県における経済保護事業の展開　　　　　　畠中　耕　217

新潟県における女工保護組合事業の展開と女工保護の論理
　　―北魚沼郡堀之内町女工保護組合を中心に―　　畠中　耕　237

新潟県における原始蓄積期の窮乏状況（1）
　　―1880（明治13）年からの窮乏状況を中心に―　矢上　克己　267

新潟県における原始蓄積期の窮乏状況（2）

— 1890 年の経済恐慌下の窮乏状況を中心に—　　　矢上　克己　287

新潟県における方面事業の展開

—大正後半から救護法施行前までを中心に—　　　矢上　克己　329

新潟県における社会事業の展開

—新潟県慈善協会の設立と新潟県社会課の設置を中心に—

　　　　　　　　　　　　　　　　　　　　　矢上　克己　375

あとがき　431

愛国婦人会による社会事業

―新潟県支部の展開を中心に―

橋本　理子

Chapter 1

愛国婦人会による社会事業　―新潟県支部の展開を中心に―

Ⅰ．はじめに

　愛国婦人会は、1901（明治 34）年、奥村五百子の主唱により、内務省の指導・後援を受け発足し、創設当初「本会は戦死者及び準戦死者の遺族を救護する事、及び重大なる負傷者にして、廃人に属するものを救護するを以て目的」[1] とする軍事援護団体である。1917（大正 6）年には定款を「前項主たる目的の他地方の状況に依り必要なる他の救済に事業を為す事を得　救護及び救済に関する方法程度は主務官廟の許可を受け別に之を定む」[2] と改正し、社会事業にも取り組んでいくこととなる。満州事変に端を発する 15 年戦争下では、社会事業は縮小され軍事援護を中心とした活動を行い女性の戦争協力を積極的に指導するが1942（昭和 17）年に大日本婦人会に統合される形で解消している。国策に倣い国家体制を支えた団体であると知られている。

　愛国婦人会については、女性史の分野で多くの研究が行われてきた。それらは女性の地位向上や女性団体の形成過程という観点から論じられるものが多く[3]、会の活動の中での社会事業の位置付けやその活動が地域に果たした影響については、大正期に「急速に社会事業団体的性格を強めていったにもかかわらず、この段階ではなお、愛婦は、広範な一般大衆婦人を抱え込む努力をつくそうとはせず、依然として慈恵主義的貴族的性格をたもちつづけていたのである。したがって、社会事業という新生面開拓にもおのずから大きな限界をも」[4] つものであったという。特に初期の活動については会の運営方法、財源の裏付けもなかったことから「地域の要求をくみ上げての活動などは期待できない」[5] ものであり「大正期における会の社会活動には多分に独自性もあり、極めて実現的なものであった点は評価できるが、財源の規模などから見る限り、この時代の農村の抱えた問題の解決に、どこまで寄与できたかは疑わしい」[6] とその評価は低い。

　愛国婦人会による地域的な社会事業について、杉山博昭は愛国婦人会山口県支部の活動を紹介し、山口県支部は当時としては山口県最大の社

9

会事業団体の一つといえるものであり、その活動が山口県の社会事業にある程度貢献したことは認めながらも、社会事業団体としては、事業に対する情熱が感じられず、「形骸化したシステムとしての社会事業」であり、自主性や創造性に欠けること、そのような団体が社会事業の主たる担い手となったのは、国家の対策が貧しかったからであると論じる[7]。また、本田久市は、愛国婦人会福島県支部が託児所を創設し、保母講習会を行った経緯を多くの資料から説明するとともに、託児所創設に際して主事として貢献した馬場文雄について明らかにしている[8]。これら先行研究ですでに述べられている通り、評価は低くとも愛国婦人会はその地域の特性に応じた幅広い事業を行っており、地域の社会事業の展開を論じる際にその影響を検討する必要があろう。特に、愛国婦人会の性格を「第一に、有志婦人団体から網羅的婦人団体へ、第二に、軍事援護団体、慈恵的社会事業団体から平時における修養団体、戦時における軍事援護団体へ」[9]と捉えなおしたとされる小原信三事務総長の指導下では地域性が重視されていた。この小原信三は1925（大正14）年に新潟県知事を辞し隠居生活をおくった後、1931（昭和6）年に愛国婦人会事務総長となった。後述するように夫人の小原六子は愛国婦人会新潟県支部の基礎を築いた人物でもある。愛国婦人会新潟県支部の展開を確認することは、愛国婦人会の性格転換の背景を考察する一助ともなろう。

　また、田代国次郎は、新潟県救済主事を経て愛国婦人会社会部長や隣保館長となる三浦精欧に焦点をあて、侵略戦争に協力する結果を作った愛国婦人会の社会事業を戦争責任の一つとして「『負』の社会事業遺産」として後世に伝える必要があると説く[10]。社会事業史研究の課題としても戦争責任の問題は繰り返し述べられている通りであり、愛国婦人会による社会事業の内容を支部のレベルで精査することは社会事業の課題や、地域や現場がいかに厚生事業に組み込まれていくのかを検討するための一つの材料になると考える。

　本稿では、愛国婦人会新潟県支部による社会事業活動及び、軍事救護法施行以前に軍人遺族や廃兵の生活を支えていた軍事援護としての生活扶助等の解明にも取り組むことにより愛国婦人会の地域での活動を明ら

かにする。

なお、引用に際してカタカナをかなに旧漢字を常用漢字に改めた。

Ⅱ. 愛国婦人会新潟県支部の展開

　新潟県支部は、1901（明治34）年、時の県知事柏田盛文の強い意向のもと、県庁内に事務所を置き、知事夫人柏田須磨子を幹事長、副幹事長には書記官夫人の田中ヌイ子を、事務は知事官房が、出納は会計課が担う行政主導型の団体として設置される。当初会員の募集活動も行われず、この年末の会員は16名のみであった。設立の翌年には日本赤十字社新潟支部看護婦養成所にて発会式が開催され、式後の幹事長主催の宴には130名の来館者があったという。しかし同年の奥村五百子の新潟訪問に際して、会員数が少ないためその出迎えに「青くなったり、赤くなったり冷や汗をにじませながら」[11]対応したような状況であり、実際に活動へ参加する会員は少なかった。

　日露戦争が開戦し、全国的には愛国婦人会の活動は活発化するが、新潟県支部においては、会務は県庁内の書記官が統制し、地方有力婦人に幹事等を嘱託しても多くは名義のみであるなどの事情から積極的活動を行うことが困難であった。そのため一部出征軍人の送迎、留守家族の慰問、傷病兵の見舞い、戦病死者の見舞いなどのみしか行われていない[12]。発会式で知事代理は「遺族者を救助する事業はすこぶる困難なれども、本県は救助を要すべき軍人遺家族者は100名くらいすらないし、なお各郡より追々入会する見込みなれば、本会の目的を遂行するのは難しきことにもあらずと信じ会員諸氏は末永く尽瘁せられたし」[13]と述べており、もとより会の活動や軍人遺家族の救護を安易にとらえていたようである。1912（明治45）年の会員数をみると、特別会員として終身会員が448名、年賦会員は802名、通常会員として終身会員1,336名、年賦会員13,181名、となっており組織率は1.77％である。当時の組織率平均は3.18％であり組織率で見ると全国で6番目に低い[14]。これらのことから、日露戦争終了後には、会費を集めるばかりで何もしないとの非

難が県民から出始め、組織低迷十県の一つに数えられていた[15]。

　新潟県支部の活動は不活発ではあったが、国内の情勢をみると日露戦争開戦後の1904（明治37）年に下士兵卒家族救助令が出されたものの、愛国婦人会が軍人遺族や廃兵の救護に大きな役割を果たしていたことは事実である。1917（大正6）年、軍事救護法制定にあたり行われた軍事救護法施行に関する事務連絡上の会において、愛国婦人会の久米事務総長は、愛国婦人会は1907（明治40）年以降、1916（大正5）年までの11年間に純粋な救護に係る費用として本部で100万円を、支部においても150万円を興じてきたこと、愛国婦人会調べによる遺族廃兵の現在数は8万5千名余りで、このうち愛国婦人会が救護して居るのは約1万5000世帯であるとして、多くの救護を行い国家のために軍事救護の先駆けとなってきたことを挨拶のなかで紹介している[16]。これだけの救護が地域において、どのように実施されていたのかについては後に検討したい。

　先に述べた通り、軍事救護法が制定された1917（大正6）年の7月、愛国婦人会本部は定款を改定し一般の社会事業にも取り組むこととなる。新潟県支部では、本部の定款改訂から5年後の1922（大正11）年の妊産婦保護事業開始により社会事業活動が行われるようになる。愛国婦人会全体を見ても1921（大正10）ごろまでは、社会事業としての活動はあまり活発ではなかったにしても、新潟県支部においてなぜ急に活動が活発化したのかと疑問が残る。従来、会員数も少なく大きな活動ができずにいた新潟県支部が新たな分野で事業を開始するには、本部からの指導通達だけではない要因が存在したと考えられよう。

　1922（大正11）年以降、新潟県支部の社会事業活動が急速に発展していく要因として以下を挙げることができる。活動開始のきっかけは、1920（大正9）年に新潟県支部及び赤十字社支部主事となった江川民三郎が社会事業への進出を進めたことにある[17]。新潟県支部初の活動となる妊産婦保護事業はこの年より計画が行われている。さらに、活動が発展した要因の一つとして、先に述べた小原新三が1923（大正12）年6月に新潟県知事となり、夫人の六子が新潟県支部長となったことがあ

る。特に六子の活動や思想は新潟県支部活動の大きな転機となった。六子は新潟県支部の現状では事業費が少なく、助産・保育事業しか行えないとして、佐渡を除く県内各地において新会員獲得のために活発な活動を行うだけでなく、それまでの事業内容を見直す活動を行っている[18]。従来官僚式に見えた愛国婦人会を民主的にすることを目指し、以前は会の評議員ですら知らなかった支部の財産を公開し、県内4万人の会員から徴収する会費がどのように本部、支部、幹事部へ分配されるのかを説明した[19]。これら支部の体質変革により会員獲得活動も活発化していく。その他にも1917（大正6）年7月に新潟県慈善協会が組織され、8月には新潟県において内務省感化救済講習会が開催されたことにより、県内に社会事業の機運が高まったことや、1919（大正8）年には県地方課にのちに愛国婦人会隣保館館長となる三浦精翁が救済主事として着任していたことも、新潟県支部の社会事業活動の展開に影響を与えたと考えられる[20]。

　社会事業を行う素地の整った新潟県において、支部では（表1）のような活動を行った。この時期には、軍事援護に要する事業費に比べ社会事業にかかる費用が圧倒的に多く、その事業費だけをみると軍事援護団というよりも、社会事業団体ともいえる状況となっていることが分かる。

　1937（昭和12）年以降は、戦争激化に伴い新潟県支部でも銃後の支援に万全を期することがめざされる。1941（昭和16）年には軍事援護に全力を尽くすこととなり活動の内容は急激に軍事援護に傾倒することが求められていく。1942（昭和17）年には、本部の解散、大日本婦人会への統合に伴い「当支部として折角手を附けたばかりの仕事に多少の愛着はあるがどうしても大勢に従って行くよりほかはない」[21]として解散、大日本婦人会へ統合された。解散・統合にあたり、社会事業関係施設は、それぞれ新潟県社会事業協会、各市社会事業助成会、市町村などに譲渡されている。

〈表1〉 昭和2年 愛国婦人会新潟県支部活動報告

1	廃兵及び遺族救護	5名	74円
2	現役軍人家族救済	2名	60円
3	県下傷兵連合大会慰藉	1件	30円
4	軍艦慰問	1件	30円
5	東京廃兵院本県出身在院者慰問	1件	55円
6	招魂祭典供物費	5ヵ所	35円
7	京都地方震災慰問	1件	100円
8	上越地方の雪害への慰問状及び救済金	1市4郡10カ町村	348円
9	水害義捐	1件	50円
10	託児所	常設託児所2園 季節託児所12園	2860円 591円
11	妊産婦保護	妊婦出産料給与助産 婦巡回指導 産具給与	1584円29銭
12	講師派遣		
13	活動写真利用講演会		329円75銭
14	動物愛護		68円
15	盲人施設		698円38銭
16	委員区総会開催		100円

愛国婦人会新潟県支部（1928）『愛の輝き 附お産の栞』第3号より作成

Ⅲ. 軍事援護事業としての生活支援

　軍事救護法制定以前の明治期から大正初期にかけて、新潟県支部では軍事援護事業として軍人遺族廃兵に対する生活扶助及び教育扶助の支給を行っている。扶助の支給に際しては幹事部役員が調査を行うこととなっていた。1912（明治45）年1月の調査依頼には、町村内に現住している軍人遺族と廃兵に対して、「調査上必要有之○に付貴（町）村内に現住せる軍人遺族並に廃兵に対し貴職に於て各戸に赴き別紙様式に依り詳細○取調の上来る二月十日限り報告」[22]をするよう求めている。また、以下のような諸注意が付されていた。

一、遺家族人員は戸籍上人数あるも現に一家に居住し居るもの記入のこと
二、土地所有者は其反別地値金、家屋を所有する等は遺家族生活の状況中へ記入のこと
三、生活の度合職業の種類及び貴職の見込にて以て上、中、下の三等に区別し記入〇候
四、貴職の見込に於て特に救護を要するもの認のものは別袋に其状況を記し添付のこと
五、従来救護されしあるものも此際更に取調のこと [23]

(資料1) 軍人遺族現況調査事項

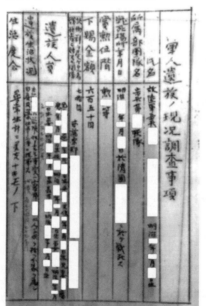

「自明治三十九年 愛国婦人會ニ関スル重要書類」より引用
(個人の特定につながる部分を伏せた)

　この諸注意から、遺族とは未亡人やその子女に限定することなく同一世帯員についてすべてを範囲としていること、各世帯を訪問し生活の状

況を上中下に区分した上で救護を要するか否かについて判断を行うこと、また、現在救護を受けている家庭の状況も追跡し調査することを幹事部委員に求めていることがわかる。この調査の結果は（資料１）のように生活状況を詳細に整理し、報告されている。

　教育扶助も支給されている。これは、被救護者中の子女弟妹で小学校の教育を受けるものに対して年間２円まで、一家一人に限り現品または現金を給与するというものであった。対象者の決定に際しては、小学校長と協議することとされており、金品は新潟支部委員より送致されている[24]。方面委員も組織されておらず、生活を支える仕組みが確立していなかった当時において軍人遺族や廃兵の生活の維持に新潟県支部の果たした役割は決して小さくなかった。

　軍事救護法施行に伴い愛国婦人会は従来の役割から変革を求められることとなる。先にみた軍事救護法事務執行上の連絡会において、水野内務次官は軍事救護法について「費用には限りがあるので、総て良く行き渡るというようなことは、到底不可能でありませうから、幸に愛国婦人会のような同一の目的のもとに成れる団体の助力を得なくてはなりませぬ…」[25]と述べ、法の補完を愛国婦人会などの団体に求めている。愛国婦人会はこれらの意向を受けて、軍事救護法の対象外となる叔母や甥姪まで、救護の対象を広げ、その不備を補っていくこととなる。

図１　軍人遺家族及び傷痍軍人に対する救護費の推移

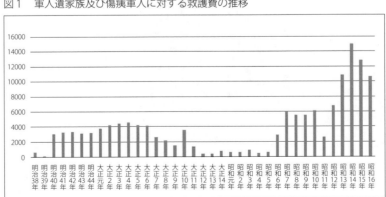

愛国婦人会新潟県支部清算事務所（1942）『婦人報国の足跡』より作成

愛国婦人会による社会事業 —新潟県支部の展開を中心に—

Chapter 1

　左記の（図1）は新潟県支部が軍人遺家族及び傷痍軍人に対する救護に支出した費用の推移を表すものである。1907（明治40）年に救護費が急増するのは、1905（明治38）年に終了した日露戦争によって救護の対象者が増えたこともあるが、この年、本部総裁閑院宮両殿下を迎えての第一回新潟県支部総会の開催を契機に会員数が倍増したことの影響が大きいと考えられる。この時、支部総会に参加した軍人遺家族と傷病兵に対しては総裁より特別賜金として一人2円が支給されている。総会後も会員の増加は続き40年末には13,811名を超え、停滞していた活動が行われるようになっていく様子が救護費の変遷からも確認できる。

　満州事変の起こった1931（昭和6）年以降救護費は増加し、1937（昭和12）年の盧溝橋事件からは、軍人家族に対する様々な活動が行われる。この年の軍人遺家族及び廃兵の調査依頼には、「婦人役員の手により」該当の救護者を調査して申告してほしい、との追加や軍人遺族支援の充実に伴いその対象を軍事扶助法や県の銃後会からの扶助を受ける資格のないものにまで広げるという記載がみられる[26]。また、傷病軍人家族のための病院面会旅費の支給や、教育費用扶助の拡大、1940（昭和15）年のみではあるが、計3,111円を6世帯に生業扶助として支給もしている[27]。新潟県支部は、軍事援護体制が整う中でも、軍事救護法制定当時より求められている他施策の補完としての役割を果たし続けていた[28]。

Ⅳ．社会事業としての活動

　新潟県支部では、託児所運営、保母講習会の実施、妊産婦保護事業、女児身売り問題への救済貸付・就職斡旋、母子寮の建築、罹災者救護、乳幼児愛護デーへの参加、病児保護として始まった夏季臨海学校や夏季林間学校の実施、盲人開眼事業など幅広い事業を行っている。以下では新潟県支部の代表的・特徴的な活動である①妊産婦保護事業、②託児所の運営・保母講習会の実施、③女児の身売り問題への救済貸付・就職斡旋、④愛国母子寮の設置の4つの活動について詳細を確認する。

Ⅳ-1. 妊産婦保護事業

　妊産婦保護事業は、1922（大正11）年に開始されている[29]。設置の計画がはじまった1929（大正9）年、支部長太田多美恵子の名で出された「妊産褥婦保護事業開始と産衣其他の寄贈方に就て」には「私共婦人の天性にも合致し本会の如き婦人団体として最も相慶しき妊産褥婦保護を企画することにいたしました　昔から出産は婦人の大役と稱へらされ産婦は實に生死の境にありつつも其の子の安不安を顧慮するなど容易ならぬ大事であります　この保護は我々女子の共助的であらねばならぬ…」[30]と事業開始の意義が述べられている。開設当初は、新潟市内5か所の診療所の設置運営、長岡市と高田市での委託産婆事業として、新潟市・長岡市に各1名の産婆、医師5名で運営するというものであった[31]。1925（大正14）年には支部長となった小原六子の意向で、前述の方法では開業している産婆のお株をあらすようで面白くないということで、産具一切を供給し、貧困者には産婆に渡す出産取り扱い料を支給することに改正されている[32]。

〈表2〉　妊産婦保護事業経費

年次	金額	年次	金額	年次	金額
1922 （大正11）年	1,359	1929 （昭和4）年	953	1936 （昭和11）年	1,213
1923 （大正12）年	526	1930 （昭和5）年	1,094	1937 （昭和12）年	950
1924 （大正13）年	240	1931 （昭和6）年	806	1938 （昭和13）年	1,675
1925 （大正14）年	1,832	1932 （昭和7）年	818	1939 （昭和14）年	1,220
1926 （大正15・ 昭和元）年	886	1933 （昭和8）年	627	1940 （昭和15）年	543
1927 （昭和2）年	1,584	1934 （昭和9）年	797	1941 （昭和16）年	465
1928 （昭和3）年	1,036	1935 （昭和10）年	2,326		

愛国婦人会新潟県支部清算事務所（1942）『婦人報国の足跡』より作成

愛国婦人会による社会事業 ―新潟県支部の展開を中心に―

その後 1928（昭和 3）年の「愛国婦人会新潟支部巡回産婆派遣規定」を確認すると、巡回産婆を新潟県支部へ常置し市町村長からの巡回産婆の派遣依頼を受け新潟県支部が承認した際には、村内各戸にもれなく通告し健診を推奨すること、産婆出張に関する費用はすべて新潟県支部が負担することとされている[33]。事業開始より支部の解散まで続けられた当事業に係る経費は上記（表 2）のようになっており、年度による経費の増減が非常に大きい。1927（昭和 2）年の経費の内訳を確認すると、妊婦出産料給与数 12 名、妊婦治療費給与 1 名、助産婦巡回指導 15 ヵ町村に対して 10 回、産具給与 283 個となっている。

1937（昭和 12）年からは、上記事業と並行して銃後後援事業としての出産扶助事業が行われる。この事業の目的は先の事業とは異なり「非常時下における人的資源の増上」[34] のためと明記されたものであった。その内容は（イ）柏叔母、姪、内縁の妻等で戸籍の関係上軍事扶助に該当しない者へ出産取扱料の支給、産具の無料供給（ロ）県銃後会第 2 種扶助該当者で生活困難の者へ前記同様の支給（ハ）軍事扶助法該当者並びに前 2 項以外の軍人家族に対しては産具入用の者へのみ産具の支給となっている。（表 3）（表 4）はその実施の状況である。新潟県支部では軍事後援事業としての軍人家族に対するものだけでなく、割合としては少ないものの一般社会事業として一般困窮者の保護も行われている。

〈表 3〉 軍人家族への保護事業実施状況

年次	出産取扱料支給			分娩用産具支給		
	戸数	人員	金額（円）	戸数	人員	金額（円）
1937（昭和 12）年	202	202	1,010	512	512	1,042
1938（昭和 13）年	311	311	1,218	609	609	1,218
1939（昭和 14）年	127	127	635	154	154	539
1940（昭和 15）年	153	153	665	190	190	660
1941（昭和 16）年	126	126	620	126	126	630

〈表 4〉 軍人家族以外への保護状況

年次	出産取扱料支給		分娩用産具支給	
	戸数	金額（円）	戸数	金額（円）
1937（昭和 12）年	51	178	235	470
1938（昭和 13）年	57	228	241	750
1939（昭和 14）年	58	290	56	468
1940（昭和 15）年	53	250	50	225
1941（昭和 16）年	8	40	6	30

愛国婦人会新潟県支部清算事務所（1942）『婦人報国の足跡』より作成

Ⅳ-2. 託児施設の運営と保母講習会

　新潟県支部が自身の活動の「一大分野を成す」[35]とする活動が託児所である。支部解散の時点で、新潟市の愛婦託児所、長岡市の四部託児所、高田市の高田市託児所3箇所の常設託児所の経営、農山村地域の1割程度の農繁期託児所を直接運営するだけでなく、設置に関する費用負担、保母の派遣・紹介を担っていた。新潟県の農繁期託児所については多くの先行研究があるため詳細は記載しないが、日本でも有数の小作地帯である新潟の農村にとって農繁期託児所が有効であったことは想像に難くない[36]。

　農繁期託児所への支援は1926（大正15）年より、「農山漁村の乳幼児を抱えた母親等に対し、繁忙期にも子育ての累なく安心して仕事に専心せしめんとの趣旨」[37]によって始まったものである。翌1927（昭和2）年には、「如何に忙しくても子供の保育はなげやりに出来ません」として、農繁期託児所の共同経営をすること、そのために町村長、小学校長その他団体主催に参加すること、開設希望町村はあらかじめ支部へ相談をしてほしいこと、農村救済、能率増進上の計画書の準備をしてほしいこと、さらに託児所保母の派遣をすることを宣伝している[38]。このように初期より行われていた、設置から経営まですべてを新潟県支部で担うのではなく、費用や人材、設立のノウハウを提供するという方法は、戦時下の活動において、県当局との連携により組織的に広げられていく。1941（昭和16）年新潟県学務部長より市町村宛に出された「季節保育所設置助成ニ関スル件」では「時局下人的資源の涸渇を告げつつある折柄益々農産物増産の必要に迫られ農繁期等に於ける季節保育所は愈々其の必要を痛感せられし居る」ためとして季節託児所の設置を促している。新潟県支部はこれに呼応し県児童保護連盟と共同で農繁季節保育所設置懇談会を3ヵ所で開催、時局における農繁季節託児所の重要性や、銃後対策としての保育所の効用について懇談を行い、託児所設置を推奨している。

　また「農繁期託児所の進展は直ちに、人の問題に関係を持つもの」[39]として、農繁期託児所の設置を推奨するのと合わせて保母講習会を開催

Chapter 1

愛国婦人会による社会事業 —新潟県支部の展開を中心に—

している。第一回は1926（大正15）年に20日間にわたり28名の参加者を得て行われている。講師を岡山県や長野県から招き1200円の経費をかける大規模なものであった。その後、以下（表5）のように講習は継続される[40]。

〈表5〉 愛国婦人会新潟県支部による保母講習会

	年次	講習期間	受講者	経費	備考
第一回	1926 （大正15・昭和元）年	20日間	28名	1200円	
第二回	1928 （昭和3）年	1週間	32名	—	
第三回	1931 （昭和6）年	1週間	30名	—	
第四回	1934 （昭和9）年	1週間	34名	169円	
第五回	1938 （昭和13）年	2週間	45名	719円	
第六回	1939 （昭和14）年	1週間	27名	493円	
第七回	1940 （昭和15）年	1週間	高田会場29名 金津会場37名	1093円	
第八回	1941 （昭和16）年	3日間	県内13ヵ所で実施 600名以上	—	児童保護連盟と共同開催

愛国婦人会新潟県支部清算事務所（1942）『婦人報国の足跡』より作成

　1937（昭和12）年に152か所であった県内の農繁期託児所は、1944（昭和19）年には2600か所と急増する。この急増に対応するため、1941（昭和16）年の講習は短期講習として多くの保母を養成することが求められた。この時の講義科目は、県社会課による「乳幼児の衛生と救急法」、常設保育所保育士による「保育一般、唱歌、遊戯、手技」、県社会課、愛国婦人会県支部による「銃後対策としての季節保育所経営と保母の心構えについて」となっている。常設保育所保育士としての講師の一人には、金津村の託児所で主任保母として働く根岸草笛がいる。根岸草笛は講習のテキストとして『実践季節保育所』を記しこの本は厚生事業文献の選奨として選ばれたことで知られる。この根岸が勤務していた託児所では、常設託児所にすべて愛国婦人会会員の保母を8名、看護

21

婦を1名置き、農繁期には村の3か所の農繁期託児所に8名のうち3名がそれぞれ主任保母として赴任する形で運営をしている。この運営方法は、雑誌『愛国婦人』に「お手本」として紹介されており、新潟の農繁期託児所が一つのモデルとなっていたことが伺える[41]。

Ⅳ-3. 子女救済貸付・就職幹旋

　愛国婦人会本部は1932（昭和7）年8月に「子女救済資金貸付」を発足させる[42]。当初救済の範囲は東北6県の子女を対象として想定されたものであった。東北六県の困窮は先行研究で明らかにされている通りであり、新潟県も同様の状態に置かれていた。1934（昭和9）年さらなる大凶作に襲われ、農村地域における生活困窮度は増大する[43]。特に困窮度の高い頸城3郡の凶作地での女性の身売りを救うための会議が直江津町において行われるなど県内でも大きな社会問題となっていた。これらの解決の一策として1935（昭和10）年1月に愛国婦人会新潟県支部より、当支部の「特殊の事情によるものだといへば言える」[44]と説明される子女救済貸付制度が始まる。貸付の条件は本部のものに倣い以下のように定められた[45]。

　　一、本資金は保護者本人勤勉実直にして左の各号に該当するものに
　　　　之を貸付す
　　一、農業を本業とし、その納税額対等市町村戸数割平均以下の者た
　　　　ること
　　一、凶作の結果窮乏に陥り本資金の貸し付けを享にあらざれば其の
　　　　家族たる子女の芸娼妓酌婦女給等救うからさる境遇に沈淪する
　　　　虞あること
　　　　但しその子女は心身健全にして正業に従事しうる能力ある者た
　　　　るを要す
　　　　但し特別事業ある者には尽力酌量をなすことあるべし

　貸付を受けるためには、指定の申請書を記入し、申請書を分会長市町村役場、方面委員、警察署巡査駐在所に提出、受理された場合は各機関の協力を求め実情を調査し巡査駐在に提出された場合は警察署長、その

他は分会顧問（市町村長）を経由して支部長に提出するものとされていた。チラシには「その他」として、この金子を借りた人の氏名は決して人に漏らしません。お世話なさる方も絶対秘密の取り扱いを願います、との注意書きがある。申請が受理され貸し付けが可能となると、借用証書が作成され、保証人とともに連署することがもとめられる。保証人は、同一市町村内の居を構える成人で独立生計を営むものであり、さらに分会長分会顧問、警察署長が適当と認めるものに限るとされている。貸し付けを受けた後、その借受人子女に対して確実な工場や、女中などとして就職の斡旋が行われる。貸付金は無利子、子女一人につき百円以内、分割貸付、貸付期間の延長も認められており、返済は子女が正業に依って得た賃金の中から、五年以内の年月賦または月賦で返済することとされていた。事情を勘案し返済の期限の延長も可能とされている[46]。

　チラシを作成し新聞でも利用を促すが利用者は増えず、本事業のために1万7千円を予算化し、100人まで貸付けする見込みを立てていたが、3年間で24人が2100円利用したのみであり、県内では依然として身売りが行われていると報じられている[47]。最終的に、14歳〜16歳9名、17歳〜19歳9名、20歳〜24歳7名、25歳〜29歳1名、30歳〜33歳1名の27人に対して2130円の支給にとどまり[48]、課題の大きさと比べてその利用者は非常に少なかった。

Ⅳ-4　愛国母子寮の建設

　新潟県支部による軍人遺族母子寮は、当初、愛国寮として広範な活動を行う事業を開始したいという希望のもと計画されたものの資金の関係その他で断念され、母子寮建設へと変更されたものである。建設は皇紀二千六百年を迎えるにあたっての記念事業の一つとしての計画であり、縮小されたとはいえ、軍人遺族母子ホームとしての居室の他、幼児のための保育所、母のための共同作業場を設置、さらに傷痍軍人の配偶者斡旋や軍事援護事業遂行上必要となる事務所を設置するという大規模なものであった[49]。「軍人及び之に準ずべき者の遺族、家族等を収容して、勤労精神を涵養し、社会的、経済的に独立自営し得る職業補導を成すを

目的」としたものであり、入所の要件も、戦病死軍人若しくは之に準ずる者の子女ある夫人にして之とともに入寮を要する者、軍人家族たる子女等にして職業補導上特に寄宿の供給を必要とする者とされており、軍人遺族のみの利用しか認められていない[50]。1941（昭和16）年6月10日に開設の式典が行われ、18日には佐渡より軍人遺家族母子3人が入所[51]、9月4日には寮を会場にした家庭内講習会に80名が参加するなど[52]、新潟県支部による母子支援の拠点となっていく。

　1942（昭和17）年の婦人団体の統合に際して、愛国母子寮は新潟県社会事業協会に引き継がれる。それにより名称も「財団法人新潟県社会事業協会愛国母子寮」と変更、「子女を要する寡婦若しくは之に準ずる者を収容して皇国民精神を鍛錬し独立自営の素地を要請することを目的」にする施設へと変わる。入所の要件には「戦病死軍人若しくは之に準ずる遺族たる子女を要する婦女」に追加して「前号以外の子女を要する寡婦にして独立自営の生計を営まんとする者」さらに「前号に掲げる者以外の婦女にして本会において入寮の必要ありと認めたるときは入寮を許可する」と利用者の要件から軍人遺家族であることが除かれ、協会が必要と認める女性であれば入所が可能となっている。利用料は室料3円、水道電気については使用量に相当する金額（月3円以内）とされ、月末に寮費を徴収し、事情のある場合は之を減免することも規程に明記されている。母子収容事業、授産事業、児童保護事業、教化事業、身の上相談、その他必要と認める事業を行うとされた[53]。

V. 考　察

　軍事援護団体として出発した愛国婦人会新潟県支部であるが、平時において支部活動の予算面を見ると、活動予算の大部分を社会事業に費やす期間が存在した。この時期の支部による社会事業は、社会的背景から考えれば活動の種類は、本部や新潟県社会課の要請にこたえるものであろうが、活動の方法には地域の実情を踏まえた支部の工夫があったことも確認できた。しかし、戦時下においては社会事業的な活動であって

愛国婦人会による社会事業　—新潟県支部の展開を中心に—

も、愛国母子寮のように軍関係者のみの利用と規定するなど軍事援護団
体の行う社会事業の限界が際立つ。

　具体的に4つの事業の詳細を確認してきたが、県との連携が取れなか
った子女救済貸付は、そうではない他の事業と比較して、成果が上がら
なかったことは新潟県支部の社会事業に対する県の影響の大きさを示し
ていると考える。県つまり国策の影響を受けながらも、新潟県支部支部
長が述べる社会事業の目的には、妊産婦保護事業開始の際における「昔
から出産は婦人の大役と稱へらされ産婦は實に生死の境にありつつも其
の子の安不安を顧慮するなど容易ならぬ大事であります」という言葉
や、託児所開設に際しての「如何に忙しくても子供の保育はなげやりに
出来ません」との言葉がならび、女性としての立場から、婦人や子供の
生活を改善したいという素朴な思いも読み取れる。行政によるバックア
ップがあっただけでなく、地域の女性たちのそのような姿勢によって行
われた活動であったからこそ、支部による妊産婦保護事業や託児所の開
設が地域のなかである程度浸透し得たという側面もあろう。新潟県支部
による活動の積み重ねは、それが地域の実情に合わせたものであり地域
に浸透していたからこそ、そのノウハウや組織は、戦争遂行のための厚
生事業としても効果的に機能してしまうという結果となったと考える。

［註］

1) 三井光三郎（1913）「愛国婦人会史」千野洋一監修（1996）『愛国婦人会
　史、愛国・国防婦人運動資料集1』日本図書センター、p.26.

2) 飛鋪秀一（1941）「愛国婦人会四十年史」千野洋一監修（1996）千野洋
　一監修（1996）『愛国婦人会史、愛国・国防婦人運動資料集2』日本図書
　センター、p.304

3) 例えば、千野陽一（1964）「＜論説＞体制による地域婦人層の掌握過程
　（1）：その戦前的系譜」『社會勞働研究』第11巻第1号、pp.62-96、千野
　陽一（1964）「＜論説＞体制による地域婦人層の掌握過程（2）：その戦前
　的系譜」『社會勞働研究』第11巻第1号、pp.84-118、石月静江（1996）
　『戦間期の女性運動』東方出版などがある。

4) 千野陽一（1979）『近代日本婦人教育史—体制内婦人団体の形成過程を中心に』ドメス出版、p.279

5) 永原和子（2012）『近代女性史論　家族・戦争・平和』吉川弘文館、p.228

6) 前掲 5)、p.229

7) 杉山博昭（1997）「愛国婦人会山口県支部の社会事業」『山口県社会福祉史研究』葦書房有限会社、p.179

8) 本田久一（2005）『近代福島保育研究運動史』歴史春秋社

9) 前掲 4) p.285

10) 田代 国次郎（2013）「戦前『負』の社会事業遺産 — 三浦精翁と愛国婦人会 —」『東北社会福祉史研究』、第 31 巻、pp. 27-50

11) 愛國婦人會新潟縣支部清算事務所（1942）『婦人報國之足跡』愛國婦人會新潟縣支部清算事務所、p.7

12) 前掲 11) p.11

13)「新潟新聞」明治 35 年 5 月 4 日付

14) 前掲 1) 附録 pp.27-29

15) 新潟女性史クラブ（2001）『光と風、野につむぐ一連譜』野島出版、p.116

16) 前掲 2) p.349

17) 前掲 11)

18)「新潟新聞」大正 14 年 8 月 10 日付

19)「新潟新聞」大正 15 年 1 月 1 日付

20) 前掲 10) では、三浦精翁の略歴などについて詳細が明らかにされている。

21) 前掲 11) p.78

22)「自明治三十九年　愛国婦人會ニ関スル重要書類」南蒲原郡大崎村役場

23) 前掲 22)

24) 前掲 22)

25) 前掲 2) p.304

26)「昭和十年一月以降同十三年十二月マデ　愛国婦人会ニ関スル綴」粟生

津村分会

27）前掲 11）p.62

28）畠中耕（2014）「新潟県における厚生事業組織の形成 ―軍事援護・方
面事業組織の形成を中心に―」『中国四国社会事業史研究会』第 13 号、
pp.45-55 に 15 年戦争下における軍事援護組織について詳細が述べられて
いる。

29）乳幼児・妊産婦の死亡率低減策としての妊産婦保護事業については橋
本理子（2012）「新潟県の妊産婦保護事業（1）」田代国次郎先生喜寿記
念論文集編集委員会編『いのち輝くのに咲く草花に―田代国次郎先生喜
寿記念論文集』社会福祉研究センター、に概要がある。

30）前掲 26）

31）内務省衛生局編（1922）『妊産婦及児童ノ保健増進施設ニ関する概況』
内務省衛生局

32）新潟新聞　大正 15 年 1 月 1 日付

33）中野財団（1928）『社会事業に関する法令集』

34）前掲 11）p.47

35）前掲 11）p.30

36）新潟県の農繁期託児所については、桜井慶一（1983）「戦前新潟県にお
ける農繁期託児所の成立と展開」『暁星論叢』第 15 号、pp.55-78 や、石
坂公俊（2014）「新潟県における季節保育所をめぐる動向」『江戸川学園
人間科学研究所紀要』30、渡邊洋子（1998）「女性の労働と子育ての社会
的基盤に関する史的研究 I ―農村季節託児所の発達経緯と新潟県におけ
る地域的取り組みの動向―」『暁星論叢』第 16 号、pp.19-44 など多数の
先行研究がある。

37）愛国婦人会新潟県支部（1941）『銃後對策としての農繁季節託児所提要
附開設助成要項』大新潟印刷株式會社、p.1

38）愛国婦人会新潟県支部（1928）『愛の輝き　附お産の栞』第 3 号

39）前掲 11）p.32

40）前掲 38）

41）愛国婦人会（1941）「季節保育所開きかた座談会」『愛国婦人』122 号

42）三浦精翁（1935）『売られ行く娘の問題』

43）1934 年 10 月 29 日からは『新潟新聞』上にて「凶作地涙の巡礼」と題
した記事が連載されており、当時の新潟県の農村の困窮の深刻さがうか
がわれる。

44）前掲 11）p.32

45）前掲 26）

46）前掲 26）

47）新潟新聞　昭和 11 年 9 月 13 日付

48）前掲 11）p.32

49）前掲 11）p.69

50）前掲 11）p.73

51）新潟新聞　昭和 16 年 6 月 18 日付

52）新潟新聞　昭和 16 年 9 月 4 日付

53）新潟県社会事業協会編（1942）「参考資料」『新潟県社会事業』第 14 巻
第 4 号 pp.18-20

戦前新潟県における季節保育所の保育実践

石坂　公俊

I．はじめに

　近代以降における子どもをめぐる保育実践の一形態として季節保育所の果たした役割は大きかった。例えば計量的に季節保育所と常設保育所の比較を行った拙論では、圧倒的に季節保育所の数が多くなっているが判明した[1]。つまり、近代以降の我が国において季節保育所が保育実践の中心であったと言える。しかしながら、季節保育所においてどのような保育が実践されていたのか具体的な内容は必ずしも明らかになっていない現状が認められる。

　そこで本稿では、雑誌『新潟県社会事業』（前身の『越佐社会事業』も含む）を素材とし、新潟県内の季節保育所において子ども達がどのように過ごし、保母によりどのような保育が実践されていたのか、可能な限りその実態を明らかにすることを目的とする。雑誌掲載記事より保育内容等が具体的に描写されているものを取り上げ、その内容の検証を試みたものである。なお、本稿において、申告すべき利益相反はないことも付記しておく。

II．新潟県における季節保育所の普及

1）先行研究の動向

　上述したように新潟県における季節保育所に関する先行研究は、渡邊（1997）、（1998）や桜井（1982）などがあり、政策的な動向を踏まえた季節保育所の伸展及び季節保育所に関連した一次資料のレビューなどが進められてきた。さらに全国及び新潟県における季節保育所をめぐる計量的な経年変化等については石坂（2013）、（2014）において、動向及び傾向性について論じられている。

2）季節保育所の普及

　それらの先行研究を参照し、新潟県における季節保育所数の伸展につ

いてあらためて計量的な変遷について整理しておきたい。さしあたり、上述したこれまでの拙稿より新潟県における季節託児所数がどのように推移してきているのか、その概要を記しておく。さらに新潟県における季節保育所数及び常設保育所数との比較を経年的に纏めると次のような状況となっている。

図1　新潟県における季節保育所数の変遷

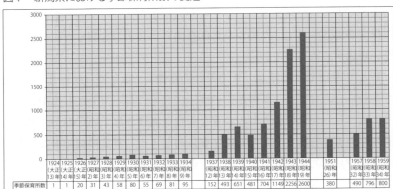

出典：『社会事業年鑑（各年度版）』などより筆者作成

　新潟県において季節保育所が設置されはじめるのは大正期末から昭和初期にかけてであり、それらの存在については統計資料の中からも確認ができるようになる。その後1938（昭和13）年から1944（昭和19）年に時期にかけて、設置数が飛躍的に増大していくことになる。さらに戦後においても設置数そのものは減少するなか、一定程度の季節保育所が確認できる。特に戦後において新潟県は全国で最も多く設置されており、季節保育所の多い地域でもあった。

図2　新潟県における季節保育所数及び常設保育所数の比較

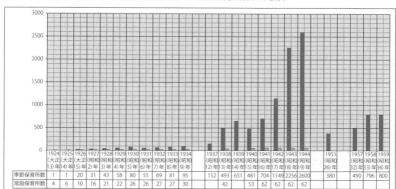

出典:『社会事業年鑑（各年度版）』などより筆者作成

　続いて断片的な経年変化ではあるが季節保育所数と常設託児所数との比較を行ってみたのが図2である。図2より明らかなように季節保育所の数は常設保育所の数を大きく上回っている。新潟県における保育実践は季節保育所を中心とする一時的な保育がその中心であったことがわかる。

Ⅲ．新潟県における季節保育所の実際

　新潟県において季節保育所がどのような保育を実践していたのか、そこに通う子ども達、そこに働く保育者の実態を素描することとしたい。素材とするのは『新潟県社会事業』（前身の『越佐社会事業』も含む）であり、保育実践等が明らかとなる記述を限定的に対象とした。引用に際しては、常用漢字及び現代かな使いを使用していることを付記しておきたい。

ⅰ）『越佐社会事業』7巻12月号における掲載（新潟県社会課：1935）

　「農村保母日記」と題された金津村立保育園、根岸マツエ[2]）による寄稿である。金津村立保育園は、常設の保育所の他に季節保育所も3ヶ

所経営しており、根岸マツエによる季節保育所巡視をはじめとする、一日の行動が記述されている日記である。やや長文であるが引用しておく。

「（前略）第一託児所に到着、あまり静かなので、留守かしらと怪みながらは入って見ると案の定、直ぐ隣の婆さんが一人だけ、お留守居を頼まれて居た。黒板には、お天気が勿体ないので、予定を（古絵本の切り抜き）変更してお散歩に出かけます。（中略）一人々々の顔を浮かべながら、朗かに約十二町歩いて蒲ヶ澤第二託児所到着。此所では丁度小さい子供のお昼寝の際に、遠藤保母がアイ子さんの、虱がさの処置をしている最中。手伝ってお髪の毛を全部切り落し、タールパスタをつけて、ガーゼを載せ、其の上に恥ずかしがらぬ様にと、古物ながら毛糸で編んでおいた、遠藤保母七夜の心蓋しになる頭巾を被せてやる。あきらめた故か、痛かったろうに泣きもせず、飴玉三つを嘗め終えて、もういいの言うまで、おとなしく座って居たのでいじらしくなる。此所は乳児が多いので、何時もお洗濯が沢山で難儀をしてくれるのを済まなく思って居た所、今日はお天気ですっかり乾いた。（中略）四時十分、二十丁歩いて中村第三託児所着。こちらもおやつを持ってお散歩から帰り、其の後有志の者だけが、お絵書きを済ませた所、出来上がりを見ると、どれもこれも今見てきた案山子が主題、これではオール案山子デーだ、などと田中保母と語りながら全部目を通す、其の中やや形を成して居るものを、六七枚選び出して壁に止めたが、後の大半は、ほとんど錯覚期を脱しないものばかり、此の秋始めて保育園から季節の方に廻って出勤した田中保母は、何かなしにこれが淋しいものらしく、もう少し余裕があればなんとか誘導して纏めてやれるでしょうけれど、何しろこれでは光栄ある守り子で、只書かせている居るばかりで、少し侘しそうなお顔をして訴へる。（後略）」

記事を断片的に引用したものではあるが季節保育所に携わる保母の様子、そこに通う子どもの様子が描写された貴重な記事だと言える。特に後半の記述部分には、期間限定的な保育のなかで十分な関わりが持てない保母の心情も吐露されている。また子ども達の洗濯物も多く季節保育所で働く保母の忙しさ、そこに通う子ども達への暖かい眼差しも把握できる内容となっている。

ⅱ）『越佐社会事業』8巻12月号における掲載（新潟県社会課：1936）

ペンネームと思われる「無人生」なる人物による「託児所巡り」の記事である。保育所を巡回中に季節保育所に寄った内容が確認できる。おそらく数ヶ所の常設保育所を巡回する中途で季節保育所に寄り、その時の子どもの様子及び季節保育所が開設できなかった記述が書かれている。

「（前略）寺の庭先に五六人、水溜りにかゞんで泥を相手に遊んでゐる。本堂の入口には子供の可愛い下駄が沢山並んでいる。（中略）一昨年度から始めたのであるが、開所する所がまだはっきりと決定しない為設備も整ってゐないとの事だった。四十才ばかりの心利きたる人が子供を守してゐられる。此処は女の子が仲々多い。三、四十人から五、六十人の子供が朝早くから元気でおしかけて来るとの事だ。庭も本堂も広くて、村の中央でもあり、近くに小学校もあることだから極めて理想的な地位である。早く毎年の開所地を決定して設備を充実し子供を預るといふ所から更に一歩を進めて、子供等の智能の自然的啓発にまで進めたいものである。（中略）帰途下條村託児所を見る考へで役場へ立ち寄った所、生憎檀家の反対の為に秋は開所しなかったといふこと実に残念に思ひ乍ら開所地の高徳寺へ立ち寄った。寺前にシーソーが秋の陽光に曝されて淋然としてころがってゐた。小学校も近いことだから何とかならぬものかと遺憾に思ひつゝも、シーソーに別れて来た。（後略）」

保母による記事ではないが季節保育所に通う子どもの様子が散見でき
る内容である。季節保育所が寺や小学校にて開設されているケースは少
なくないが、場合によっては檀家の反対によって開設できなかったこと
が伺える内容である。開設反対の理由は記述されていないが場合によっ
て地域住民の反対もあったことが見とれる内容である。

iii）『新潟県社会事業』10巻5月号における掲載（新潟県社会課：1938）

季節保育所に通う子ども達の様子を保母による記事を中心に叙述して
きたが、本号において金津村立保育園、根岸マツエによって「系統的保
育案（農繁季節託児所）の解説」が掲載された。これは常設保育所と比
較し、季節保育所は期間限定であり、そのため継続性が課題であること
が述べている。さらに季節保育所の設備等は簡略主義を取っている。し
かし期間限定であっても、設備は簡略であっても、保育実践における精
神は常設保育所と何ら変わりはない。季節保育所運営においてモデル保
育案を示す必要があると提案している。

〈表1〉 幼児生活時間割

時　　間	事　　項
六時	登所、携帯品処置、清潔及び服装検査、個人挨拶、自由遊び
九時三十分	団体の挨拶、ラジオ体操、出席調べ、偶発事項、お約束、会話等
十時	洗手、おやつ
十時三十分	課程保育（遊戯、唱歌、観察、談話、手技）
十一時	自由遊び
十一時五十五分	洗手、お弁当の用意
十二時	お弁当
十二時四十分	自由遊び
二時	お昼寝
三時	洗手、おやつ
四時三十分	清潔及び服装検査
五時	お帰り

出所：『新潟県社会事業』10巻5月号より筆者作成

あくまでも一つのモデルに過ぎないと断っているが、季節保育所の運営には専門的な知識や保育者の心構えなどについても触れられている。公的保育の使命及び重要性についても認識されていた事が容易に理解できる。

ⅳ）『新潟県社会事業』11巻7月号における掲載（新潟県社会課：1939）

続いては、「木崎村々営笠柳農繁期託児所ノ実際」と題された記事である。新潟県北蒲原郡木崎村によって開設された季節保育所の一般的概要を示したものである。経営主体、沿革概要、施設、設備等を羅列している内容であるが、記事後半部には季節保育所に通うにあたって保護者に向けた注意書きが掲載されているため紹介しておきたい。

図3　木崎村農繁託児所児童出席表の裏面

御　注　意

- 一、託児所へ入るために着物や帽子などをつくらないで下さい。有合せの物で十分です。
- 一、たべものやおもちゃは持たせないで下さい。
- 一、子供の泣くのは最初の三、四日です、泣くのも運動の一つです、泣いても心配はいりません。大切に取扱ひます。
- 一、休ませないで下さい、子供は一日休むと又元に戻ります。一ヶ月休まない子供に賞品を上げます。

出所：『新潟県社会事業』11巻7月号より筆者作成

おそらく保護者に配付されたであろう「児童出席表」の裏面に印刷された保護者に向けた注意書きである。季節保育所については保育料が有料のケース、あるいは弁当を持参させるケースなども散見できる。木崎村季節保育所の場合、弁当持参などが必要のない季節保育所であった。農家の事情を鑑み、乳幼児の保護を目的とした季節保育所の趣旨が理解できる。

ⅴ）『新潟県社会事業』12 巻 12 月号における掲載（新潟県社会課：1940）

　本号において尼僧本山智芳による「保母としての体験」が寄稿されている。季節保育所開設までのプロセスをはじめ、開所式の様子、季節保育所が始まってからの慣れない日々の様子が綴られている。やや長文であるが引用しておく。

　「（前略）和やかな開所式が開かれた。児童は三十八名で父兄共に約七十名であった。前日村人の労力奉仕でブランコや室内便所、体操場、砂場が出来上がってた。始めてなので親に別れるの一入淋しく泣くもの後追ひするもので随分賑やかなものであった。一日二日と日の過ぎるに従って子供と共に慣れた。

　或る日のこと突然子供が倒れた。これは大変と直ちに室内に入れて気付薬を呑ませ大さはぎ、児童は心配さうにどうなるかと自分の傍に寄って来る。口からは泡を吹く苦しんだと思ふと自然に気を明瞭にして来て夕方は平常の通りみんなと一緒に帰っていった。癲癇と言ふことを知らなかった為にどんなに心配したことか、家庭調査や訪問の必要なことをつくゞ感じた。その子の帰る後姿を見送って一安堵したのも束の間、翌日のことこの児童の上の子が学校からの帰途つれ帰った途中でいやがるのを無理に池に入れて水浴びをさせたさうでその夜突如病気になって急死してしまった。嗚呼悼しいこと、保育児童と共に会葬した。私自身の最初の勇気もどこへやら悄然としてしまった。若しも保育所をはじめなかったらこんなことにはならなくて済んだかも知れない。こんな悲しい思出をしなくともよかったのにと自分の小さな力で果して今後の保育所を乗り切れるだろうか。児童はまだまだ慣れない。保育所の使命は重大なのに何一つまとまったものをする余裕を持たない。それにいざとなるとほんとに自分の勉強がたりなくて思ふ半ばも出来ないものあせればあせるほどわけもなく寝付かれないだけでどうしやうかしらと深く考へこむことも一再でなかった。こんな風にいらゝした日が続いただが有難いことに二十日間を過ぎたら児童もだんゞ慣れ父兄の理解も

見えてきたやうな気がし自分も落付いて専念できるやうになり元気を取り戻していよゝ春季の期間を過ぎに。(後略)」

初めて季節保育所を開設してからの試行錯誤が見てとれる記述である。不幸にも児童が亡くなるというアクシデントにも見舞われてしまう。保育所での直接的な事故ではないが、児童を亡くした苦悩も綴られている。この文面からは、子どもに対する保育者の眼差し、情緒的な心情も確認できる内容となっている。

vi)『新潟県社会事業』13巻3月号における掲載（新潟県社会課：1941）

「保育所談義」とされた五十嵐與作による記事である。これまで紹介した文章と比較するとやや変わった読者に語りかけるような書きぶりとなっている。おそらく季節保育所経営者により書かれたものを思われる。しかしここにも例えば子どもたちに弁当を提供する件について、子どもと保母の季節保育所での関わりについて書かれおりこちらも紹介しておきたい。

「（前略）今は飯を三度食って、たりない分をオヤツで補っていますが、子供は飯を食ってから四時間たつと、胃がからっぽになる、というからこれをかえて四度飯を食うことにすればいいんですよ。たとえば、朝七時に飯を食って子供が託児所に来たとすれば、十一時、三時、七時というように、四時間ごとに飯を食わすことにするんですよ。こうすりゃ、オヤツの心配なんかもいらんし、栄養から考えても、発育から考えても、どのみちいいと思うんですが、あんたはどう思いますかね。（中略）将来の日本をしょってたつ子供を、うんと立派にそだてることが出来たら、託児所の使命も拡大されますし、結構なことだろうと、私は思いますね。

これに伴って考えられるのは保母さんです。昨年の秋、寺の託児所へ来たのはいい人でしたが、春の人はひどい人でしたね。年が若いせいもあったでしょうが、まるで自分が子供を運ばせるんではな

くて自分が子供に遊ばせられているようなもんでしたよ。そして幼稚園の先生か何かの気で、いちんちオルガンにつかまっていて、何かをひいているんだが、あれじゃあ子供がかわいそうでしたよ。尤も、きいてみるとむりからん点もあるようで、その人は町の人で、女学校を出て遊んでいてもいい身分なんだそうですが近所のみばが悪いからってんで、五日間とかの託児所の保母の養成講習をうけてここへ務めることになったって話でしたが—お嬢さんを五日ばかりの講習で、このへんの鼻ったれ小僧や、ションベンおばの相手になって、そのしまつをつけられるようになれ、ってのがだいいち無理なんだろうと思いますね。(後略)」

　季節保育所運営における子どもの食事への提案や保母に対する資質に関する記述となっている。保母養成講習会に対するやや批判的なコメントも見られている。当然ながら季節保育所において保母が運営の中心となるわけであるが、保育に対する専門性が求められる。資質担保に鑑み、養成講習会のあり方にも若干言及している内容といえよう。季節保育所がその運営に保母の裁量に任されていたともいえよう。

vii）『新潟県社会事業』14巻8月号における掲載（新潟県社会課：1942）

　本号において相楽村、津川助役による「保育所閉所式雑感」が掲載されている。閉所式の様子が紹介されている珍しい内容といえよう。

　　「今日は十ヶ月続いたK農繁保育所の閉所式だ。(中略)やがて式開始のガランガランが鳴りひびくと、六十名の児童がきちんと居並び、その後には数十名の保護者が並ぶ。来賓は役場、学校、駐在所区の代表、オルガンの合図で敬礼、御真影の奉拝、国歌整唱、所長たるU僧正の挨拶、役場当局の祝辞、保護者代表の謝辞、それから児童には一本づつの小国旗が渡されそれを振って一同愛国行進歌を声高らかに歌い、最後に万歳を奉唱して式を閉じ、県から配給されたキャラメル一箱と折畳風船一ヶ宛が各児に渡され、余興とし

> て新着の紙芝居青蛙ピョン吉、小猿の恩返し実演があり、なつかし
> の保育所と慈愛に満ちた所長保母に「サヨナラ」をし保護者同道家
> 路についた。（後略）」

　閉所式の様子がわかる記録である。多くの参列者を迎え、粛然と閉所
式が行われた様子が伺える。一方で多くの参加者が見受けられ季節保育
所が地域の人々によって支えら、運営されていた事も理解できる。その
ような中でも子ども達へ温かな眼差しも感じ取れるひとコマである。

Ⅳ．まとめにかえて

　以上、『越佐社会事業』及び『新潟県社会事業』における季節保育所
に関連する記事を抽出し、その検討を試みた。とりわけ保育にあたる保
母の姿及保育所に通う子どもの姿が見てとれるものに限定したもので
ある。引用の羅列に過ぎないが、季節限定・期間限定の季節保育所にお
いて保育に苦心する保母の様子が確認できた。また子ども達へ注がれる
保母や地域住民の温かな慈愛にみちた日常が展開されていたことも明ら
かとなった。しかしながら、実際は現場保育者の裁量に任される事も多
く、試行錯誤の中で季節保育所の運営が行われていたことがわかる。さ
らに季節保育所に通う子ども達の瑞々しい姿の一面も確認することがで
きた。子ども達にとって季節保育所に通える事が喜びであったろうと思
われる。子ども達自身によって書かれた記事などは見られないが、農繁
期の期間限定ではあるが同年代の子ども達と過ごした日々が記憶に深く
刻まれ、貴重な体験として彼らの成長に役立ったであろうと想像でき
る。

　一方で今回は言及していないが、雑誌記事の点検のなかで多くの戦時
体制へと向かう、いわゆる健民健兵政策に関する内容も少なくなかっ
た。季節保育所が国策として、戦下へ向かう労働力対策として考えら
れ、総力戦体制下で積極的に推進されていた事も容易に理解することが
できる。本稿で引用した記事においては基本的にはそのような内容は見

られないが、おそらく日常の中には政治的な意図が組み込まれていたで
あろうとも十分考えられる。季節保育所の果たした役割とは児童の保護
事業としての側面と国策として健民健兵政策の側面も見られ、それら二
面性の構造があったものと考えられる。

付記　本稿は拙稿「戦前新潟県における季節保育所の保育実践」『草の
根福祉』第46号、2016を加筆修正したものである。

【註】

1）さらに季節保育所の計量的把握については、石坂（2014）において明
　らかにしておいた。季節保育所が設置されはじめるのは大正期末から昭
　和初期にかけてであり、具体的な数字などは統計資料の中からも確認が
　できるようになる。その後1930（昭和5）年から徐々にその数を増やし
　以降1944（昭和19）年にかけて、設置数が飛躍的に増大していくことに
　なる。さらに戦後においても設置数そのものは減少するが設置されてい
　たことも確認でき、季節保育所数の傾向性について検証している。

2）根岸マツエ（後年根岸草笛のペンネームを使用）については、小泉
　（2006）において経歴が詳細に紹介されている。その概要を引用しておき
　たい。1908（明治41）年新潟県高田市（現上越市）に生まれる。父が高
　田師範学校卒で同校の附属小学校訓導・教諭を勤め、母も長岡師範学校
　を出て家庭科の小学校教諭という両親ともに教育者であった。附属小学
　校、女学校を卒業した彼女は、東京女子師範学校を目指して上京するも、
　入学を果たし得ず、19歳で結婚（なお、戦後、彼女は農繁期託児所の保
　育活動に携わるなかで関与した愛育会愛育研究所や保育問題研究会など
　で知遇を得、師事していた児童心理学者の山下俊郎と再婚して山下マツ
　エとなるが、それまで長くペンネームとして用いた根岸はこの時結婚し
　た夫の姓である。）。その後、1929（昭和4）年に東京昭和保母養成所に
　入学する。卒業後数年務めていた東京昭和保母養成所の附属幼稚園（瑞
　穂幼稚園）から、愛国婦人会新潟県支部の推輓や母の勧めによって金津
　村の農繁期託児所に赴任することになる。

[文献]

石坂公俊（2013）「新潟県における季節保育所をめぐる動向」『江戸川学園人間科学研究所紀要』30，15-26

石坂公俊（2014）「季節保育所の動向分析」『立正社会福祉研究』16-2，1-8

小泉正人（2006）「戦時下農村における乳幼児保育の一事例（上）―根岸草笛と農繁期託児所をめぐって―」『埼玉純真女子短期大学研究紀要』22，9-20

新潟県社会課発行（1935）『越佐社会事業』7巻12月号

新潟県社会課発行（1936）『越佐社会事業』8巻12月号

新潟県社会課発行（1938）『新潟県社会事業』10巻5月号

新潟県社会課発行（1939）『新潟県社会事業』11巻7月号

新潟県社会課発行（1940）『新潟県社会事業』12巻12月号

新潟県社会課発行（1941）『新潟県社会事業』13巻3月号

新潟県社会課発行（1942）『新潟県社会事業』14巻8月号

桜井慶一（1982）「戦前新潟県における農繁期保育所の成立と展開」『保育政策研究』2，164-194

渡邊洋子（1997）「研究ノート 1930年代後期の農村季節保育所における保健婦の役割 ―川島瓢太郎『農村保健婦』（山雅書房発行、1942年9月）を手がかりに―」『暁星論叢』41，21-35

渡邊洋子（1998）「女性の労働と子育ての社会的基盤に関する史的研究1 ―農村季節保育所の発達経緯と新潟県における地位的取り組みの動向」『暁星論叢』43，19-44

新潟県における子守学校の成立序論

―就学の奨励をめぐる変遷―

石坂　公俊

I. はじめに

　近代に入り、我が国において学制などが実施された事は子どもたちに教育の機会を保障しようと一応に企図されたものであった。しかしながら、一定の機会は提供されたものの、機会に恵まれなかった子どもも少なくなかった。とりわけ子どもたちに小学校教育の機会、義務教育を提供することがさらなる課題として残された[1]。

　そのような状況下において政府により子守学校の設置が進められた。子守学校とは自身の幼い弟妹の子守、あるいは奉公先などで他家の幼児の子守を命じられて学校に行くことができない子どもたちのために設置された教育機関であった。具体的には1880年（明治13年）に全国の都道府県に子守学校の設置を命じたものである。

　さらに地方の子どもたち、特に女子の就学率は著しく低いものであった。本稿で検討した新潟県においても就学率は低く、女子の就学率の低さは顕著であった[2]。この頃、女子に対する教育の必要性は十分認識されておらず、封建的な思想が多く残されていたことなどが起因していたと思われる。

　本稿では、新潟県における子守学校成立頃のいくつかの動向を就学率の変遷をおさえつつ、取り上げる。後述するように新潟県の子守学校については先行研究が見られ、個別事例的な子守学校の運営や実践などはある程度進められている。しかしながら、必ずしも全てが網羅されているわけではないことを踏まえ、新たに蒐集できた史料をベースに新潟県における子守学校の設立背景などをさらにカバーすることを主な目的とする研究ノートである。なお、本稿において、申告すべき利益相反はないことも付記しておく。

II. 先行研究の諸動向

　全国の子守学校を対象とし、実証的にまとめた長田（1995）は、子守

学校の包括的な全体像を体系的に明らかにしている。主に教育史の観点からその意義や役割を膨大な資料とともに究明している。この長田の研究に触発されたと自身で述懐している松田（2003：3）は、山形県内の子守学校を実態的にまとめている。子守学校を「女子の就学率を上げるために設けられた簡易な学級（学校）で、家庭が貧困で自分の家の子守をせざるをえない女子や子守奉公に出されて就学できない女子に乳幼児の保育のかたわら、小学校教育の基礎を授けることで彼女らを救済するためのものであった」とその役割を説明している[3]。

　一方、新潟県における子守学校について、桜井（1982）（1989）によって体系的にまとめられている。子守学校の意義を「学童の就学促進」とし、さらに「子守学校（学級）」を嚆矢にその系統が農繁期託児所に受け継がれたと言及している。また学童の就学率向上は、当時の教育者の悲願ともなっており、それらの関連から小学校教員が農繁期託児所に多く動員されていたものとしている。

　これらに加えて、個別事例的に地域との関連性を踏まえ実態的に取り上げられた先行研究いくつか散見できる[4]。しかしながら、紙幅の都合にもあり、すべてを詳細に言及することは別の機会に譲る事としたい。それらの先行研究を鳥瞰し、新潟県の先行研究に依拠しつつ、新潟県における子守学校成立の嚆矢を述べる事とする。

Ⅲ．新潟県における就学率の変遷

1）就学に関する認識をめぐって

　上述したように新潟県における就学率とりわけ女子の就学率は低い状況にあった。「新井小学校創立百周年記念誌」（1973）には、明治前期（8～13年）における新潟県内の就学率が纏められている。これによれば男子児童が就学率50％前後で推移しているものに対し、女子児童の就学率が10％前後で推移しており、著しく低い状況となっていることも確認できる。

　このように新潟県の就学率が芳しくなかった背景を『越佐教育雑誌』

の記事からいくつか抽出し、検討してみることにしたい。当然ながら不就学の原因を究明する必要があることは言うまでもない。新潟県教育会決議として、就学率が向上しない原因を下記のように指摘している。

〔第七回新潟県教育会決議第一号　本県就学児童の寡き原因並普及方按〕

原因
一　学齢児童就学規則を励行せざること
二　一般に教育思想の乏しきこと
三　比較的女子の就学少きこと
四　比較貧民多きこと
五　比較的農民多きこと

出典：『越佐教育雑誌』（1897）、第 69 号より

　原因として記述されているものであるが、基本的には背景となる事実が述べられているに過ぎない。貧困であること、農民であることなどと就学率が低いこととの関連性に触れている。また教育思想が乏しくそもそも女子に対して就学の重要性が十分に認識されていない内容でもある。さらには子守学校の普及に「規則」を設けるなどの組織化の重要性にも言及している。普及が進まない原因を踏まえ今後の対策を進めていく意味からも貴重な記述であると考える。

　さらには『越佐教育雑誌』の記事の中には第七回新潟県教育会総集会における父母間に見られる、就学に関する次のような認識に関する記事も確認することができる。

〔第七回新潟県教育会総集会〕

「今日の尋常小学校を卒業したりとして実用に便ならず益々父兄の業務に遠かりつゝあるか如き観あるは実際に於て視察したり蓋小学校は読書算を学ふの外実業習得の余地なし故に小学校に居ること愈永ければ弥々実業を厭ふの念其反比例に赴くか如きハ喜こぶべき現象にあらさるなり故に国民の義務教育を卒業したらんには必ず相当に読書算を活用し得るは勿論進んでは実業の知識をも附与し以て卒業後の事跡に於て教育の成績は直接的に父兄を感応せしむるに至らは蓋付言にして教育の振長を期することを得んなり云々

出典：『越佐教育雑誌』（1897）、第66号より

　これらの記述より父母には必ずしも教育の必要性を感じているわけではないこともわかる。このような父母の認識は当然教員側にも伝わり、ある意味では父母からの要望として教員側が捉えた側面もあったであろう。教員側は就学率向上を目指した一方で父母からの要望は無視できないものであったものとも思われる。行政当局や教員側の苦労もしのばれる内容である。

2）就学率向上をめぐって

　就学率の向上は当時の教育関係者にとって悲願であったことは容易に理解できる。近代国家を形成するためには義務教育制度の成立である小学校教育の充実は不可欠な条件でもあったことは周知である。前述のような女子の就学を必要としない認識がある一方で就学を奨励する動きも見られるようになる。『越佐教育雑誌』の記事の中には次のような記述が見られている。

> 〔本県小学教育普及策（承前）女児就学の奨励〕
>
> 日本ノ地位ハ世界強国ノ班ニ入リ世界各国ガ日本ハ恐ルベキ強国ナ
> リト認メタタル今日ニ於テハ如何ナルモノヲ問ハズ大和民族ノ一人
> タルモノハ文明ノ思想働作ナカルヘカラス、独リ女子ノミヲシテ半
> 開時代ノ愚物タラシムルヲ得ザルナリ

出典：『越佐教育雑誌』（1894）、第42号より

　女子になぜ教育が必要なのかについて触れられている内容と考えてよ
い。近代化を図る途上にある日本において女子の就学率が低いことは他
の列強諸国においてはあまり見られない状況である。ここには明確では
ないにしろ、日清、日露といった本格的な対外戦争に向けた基盤整備の
一つと考えてもよかろう。ここでの論調は女子を「良妻賢母」に育成す
ることを主眼とした、教育の必要性であった。あくまでも家庭を守る役
割を担うのが女子であり、そのために女子に対してもある程度の教育は
必要であると考えられたものである。さらに女子の就学率向上のための
様々な言及がみられている。特に母親の啓蒙を促すような記述も確認す
ることができる。

> 〔女子の就学〕
>
> 男子タル父ニアリテハ今日其必要大ニ己ガ見ニ刺撃ヲ与ヘタレバ自
> 然子弟ノ就学ノ要ヲ覚知シタルモ女子タル母ニ在リテは依然旧態ニ
> 止マリテ直接ニ必要ヲ感ゼシコト少カリケレバ従テ其子女ノ就学ニ
> モ緩慢ニ付スルナリ

出典：『越佐教育雑誌』（1897）、第65号より

女子の就学を向上させるうえで母親の役割に注目したものといえよう。当然ながら子育てや教育に対する母親の影響は大きい。女子に対する教育の必要性を検討するうえでも母親の考え方や認識を変化させることも有効だと考えられたものであった。ジェンダー格差を縮小するような取り組みはやや過言かもしれないが女子の就学率を上げるために関係者の苦慮が垣間見えるものである。そしてそのような努力が少しずつ成果を上げることとなる。その契機の一つと考えられるのが子守学校である。

Ⅳ．新潟県における子守学校の成立

ⅰ）子守学校成立の嚆矢

　上述したように新潟県における就学率は全国的にも下位であったものが徐々に改善されるようになる。男女ともに就学率向上が顕著になるのは明治後期になってからである。特に明治前期に10％前後であった女子児童の就学率は大きく向上することになる。

　新潟県における就学率向上を担った一つの背景として子守学校が成立し、その運営並びに実践内容が伸展していったことをあげておきたい[5]。この頃より新潟県内にはいくつかの子守学校が誕生することになる。呼称は子守学校、子守教場、子守学級など様々であったが県内各地に広がっていく。その多くは大正期や昭和初期に閉校となったり、閉校時期が不詳であったりといった実態ではあるが、この時期に成立したものが最も多くなっている。当時の子守学校の概況を確認することができるものとして「新潟子守学校状況」なる史料が残されている。新潟市教育会の事業として新潟市立関屋尋常小学校内に附設された子守学校である。成立した当時の子守学校の概況が確認できるのでその一部を取り上げておきたい。

〔新潟子守学校状況〕

一　創立　三十二年四月一四日

一　在籍　二十五人　男四人　女二十一人

一　授業日数　百七十八日（備考欠席七日以内ノ者六人）

一　職業別　（農十三人人工一人商三人労八人）

一　年齢別　（少ハ八才九才ヨリ多キハ十六才（女）ニ至ル）

一　主任教員　（逢坂徳次郎）

一　教授時間　（毎日凡一時間以上二時間以内）

一　第一回試業　（十二月）

（中略）

（ニ）子守ヲスルニ一番大切ナル心得ヲ語レ

　　　コヲ　ナカセマセン

　　　コヲ　タヾキマセン

（中略）

因に記す主任教員逢坂徳次郎氏は関屋小学校教員にして該校放課後毎日熱心授業せらるるものにして（無報酬）実に得難き良教員なりとて数年勤続せらるるものなるが殊に毎年海陸労働休暇期即冬間には自宅に於て夜学を開延し現に十数名を引受け是亦薪炭油自弁の熱心にて居村人の敬服する所なり尚子守学校に付て氏の直話なるものを聞くに教授中背上の嬰児等が泣き騒ぐため教授の妨害となるを杞憂したるに更に其気遣いなく又大小便を漏すものも甚だ少く以外の感ありと殊に父兄中熱心なるものは教授時間中子の世話をなすものさへ四五人ありと又聖世の恩澤と云うべし

（後略）

出典：『越佐教育雑誌』（1900）、第85号より

　小学校教員であった逢坂徳次郎氏による子守学校状況が報告されてい

る。小学校教員との兼務でもあったので無報酬での運営となっていた。特に教育の熱心な一個人に依るところも大きかった。まさに勤労奉仕といった取り組みである。また当時の様子も一部確認することもできる。幼児等が泣いて騒ぐ、あるいは大小便を漏らしてしまうようなことも予想より少なかったこと、父母の協力が得られたことなどが記述されている。これら以降、新潟県においては子守学校が増えていくことになる[6]。

　子守学校の運営は、特にその萌芽期は慈善事業や社会救済といった熱意をもった人々によるボランタリーな活動でもあった。また子守学校とは単独の校舎や建物があったわけではなく、小学校の一部などを借り受けて実施されていたことを考えると小学校などの協力は不可欠であった。

ⅱ）就学率の向上

　子守学校の伸展は就学率の向上に結びついていく。新潟県内においてかつて女子の就学率が10％前後であったこと頃と比較して格段に向上したことが見て取れる。明治期の後半になると男女ともに90％を超える就学率となっている。

〈表1〉　新潟県における学齢児童の就学率（明治32〜36年）

年度	学齢児童数（人）		学齢児童数（人）		
	男	女	男	女	計
32	155,019	144,323	81.9	39.4	61.4
33	153,080	139,973	89.1	58.4	74.5
34	148,774	137,159	95.5	86.0	91.0
35	145,887	134,179	97.6	92.7	95.2
36	147,086	137,228	98.1	94.1	96.2

出典：『越佐教育雑誌』（1915）、第269号より筆者作成

　さらに子守学校の試行錯誤は続くことになる。子守児童の特質を述べ、他の子ども達への影響について論考しているものも見られる。

〔子守児童教育問題（Ⅱ）〕

1. 学業の成績低劣にして且つ欠科多きこと
2. 他の児童の妨害を為すこと
3. 時に幼児の糞尿を洩らして教室を汚すこと
4. 幼児を泣かしめて教室を出でんとすること
5. 幼児に他生の弁当を盗食せしむること
6. 子守児童は勿論幼児の発育を阻害すること
7. 正科児童と運動場を共にするを以て甚しく危険なること
8. 一般に進学心なき劣等児童は遊情に流れんために口実として子守を望み甚しきは他家に子守奉公を頼むこと
9. 児童の出席割合は左表の如く正科に比して低劣なるのみならず教授時間数も亦た甚だ少なきこと

出典：『越佐教育雑誌』（1915）、第 270 号より

　おそらくペンネームである「牧童稿」によって投稿されたものである。これらの記述をめぐって、子守児童の実態をある程度知ることができる。さらに他の児童への悪い影響や幼児本人の発育にとっても必ずしも良いとは言えないといったものである。授業への妨げにもなったことは推測できるし、当時の教育関係の苦慮もうかがうことができる。これらのことより運営そのものの組織化、教育内容そのものの充実化が必要になってくる。そこで取り組まれたことは、子守児童の状況を詳細に把握することでもあった。下記は池野與作による「子守児童取扱いに関する実際」で紹介されている実情把握のための個票である。これにより、子守児童の整理、指導に役立てようと考えられたものである。

〔子守児童取扱いに関する実際〕

子守児童氏名	学年	家族ノ状況	資産ノ程度	職業	雇備主	備　考

（中略）

一．相当資産あるもの。程度及び標準等は学務委員会、児童保護会
　　等と協力してなし事が肝要である。
一．家庭に手不足なきもの。
一．祖父母乃至曾祖父母の一人以上ある者。
一．兄弟姉妹（姪甥）に就学前（六七才）、又は卒業後（一五才以
　　下）のものある場合。
一．一般に三学年以下の児童。
一．三才以上の幼児は禁止。

出典：『越佐教育雑誌』（1916）、第287号より

　家庭の実情や現況を調査することによって、実態把握に努めようと行
われたものであった。子守児童の存在そのものが他児童の学習に悪影響
を及ぼすといった捉え方も少なくなかった。そのため、社会風俗の改善
からも実態把握が必要であった。

V．おわりに

　近代に入り構想された就学率の向上は、実現を目指す一方で多くの不就
学者を生み出すこととともなった。特に女子児童に関しては、そもそも教育
の必要性が認められておらず、兄弟姉妹の子守を行うなどの家族労働に従
事することが要請されていた。多くの農村部において家族労働に依存して
いた当時は子どもたち、特に女子は重要な働き手と考えられていた。

そのような中で女子の就学率向上を目指した行政当局や教員側の試行錯誤が進められた。その一つが子守学校を普及させることであった。そして農村部の子守に従事せざる得ない女子を就学させることであった。それまで学校教育に縁がなく、その必要性も認められていなかった女子に対して小学校に通わせることに繋がった。さらに女子全体の就学向上に一定の波及効果をもたらしたものであった。

本稿で取り上げたいくつかの記事の限界性についても述べておきたい。記事の記述内容そのものが短く、断片的であったことは否めない。なかには匿名の記事も多く見られる。しかしながら翻って、匿名性だからこそ語られる本質的な内容と考えられなくもない。子守学校をめぐるリアルな側面を表現したものとも考えられよう。

付記　本稿は拙稿「序論：新潟県における子守学校の成立 ―就学の変遷と奨励をめぐって―」『草の根福祉』第 47 号、2017 を加筆修正したものである。

［註］

1）学制が公布され、小学校から大学までの学校制度が定められた。特に小学校教育の普及に力が入れられ、6 歳以上の男女に等しく学ばせる国民皆学を目指すものであった。しかしながら文部省（1972）によれば明治初期の就学率は、下記のような低調な状況であり、特に女子の就学率の低さが目立っている。

全国学齢児童の就学率（明治 6 ～ 12 年）

年次	男（％）	女（％）	男女平均（％）
1873（明治 6）年	39.9	15.1	28.1
1874（明治 7）年	46.2	17.2	32.3
1875（明治 8）年	50.8	18.7	35.4
1876（明治 9）年	54.2	21.0	38.3
1877（明治 10）年	56.0	22.5	39.9

出典：文部省編集『学制百年史』より作成

2）例えば、新潟県教育委員会（1970）によれば、1873（明治6）年の男子就学率は28.6％、女子5.3％、男女平均17.8％となっており、新潟県においても就学率の低さは同様であり、全国平均を大きく下回っている。また女子の就学率についてはわずか5％あまりとなっており、ほぼ就学していない状況がわかる。

3）加えて松田（2003：3）は、農繁期託児所について子守学級（子守学校）より発展したものだとしている。1872（明治5）年、明治政府は「学制」を頒布し、近代的な学校制度の普及を目指していくことになる。しかし、国民にとって児童の就学が家庭労働を奪うこと、授業料が重い負担となっていたこと及び児童の教育の必要性を認識していなかったことなどが要因ともなって児童の就学率、特に女子の就学率はなかなか進まなかった。そのような状況の中で児童の救済及び親の安心等を目的に生まれたのが子守学級あるいは子守学校などと呼ばれた簡易な学級（学校）であった。しかし、大正期になっても農繁期には子守や家事で欠席する児童が多く、学力不足も深刻であった。これを解消するために乳幼児を他の場所で保育し、児童と引離す為に農繁期だけの託児所ができていったものであるとしている。

4）いくつか参照できるものとして次のようなものがある。林三平（1959）「長野県における子守教育（一）」『青山学院女子短期大学紀要第12輯』、田中勝文（1969）「愛知の子守教育」『愛知県立大学児童教育学科論集第二号』、角倉敏夫（1974）「群馬の子守学校―高崎私立樹徳子守学校を中心として―」『群馬県教育センター紀要三五集』、森岡正美（1979）「三次子守学校について」『美作女子大学研究紀要第十二号』、花井信（1980）「就学断と子守・子守学級」『静岡大学教育学部研究報告―人文・社会科学編第三十四号』、坂本智恵子（1981）「子守学校の研究―序説・子守学校とは何か―」『別府大学短期大学紀要第三号』。

5）新潟県においては明治期の早くから子守学校が始められていたものもある。例えば「塩沢子守学校（明治9年設立）」、「中蒲原郡亀田小学校附属裁縫子守学校（明治10年設立）」、「西頸城郡糸魚川学校子守学校（明治15年設立）などである。

6）新潟県に於いて明治期の後半から子守学校が増えていく。例えば、「南
　蒲原郡今町尋常高等小学校子守学級（明治 33 年設立）、「中魚沼郡岩沢尋
　常小学校子守教場（明治 33 年設立）、「中蒲原郡亀田尋常小学校子守学級
　（明治 34 年設立）」などである。

［文献］

・新井小学校記念誌編集委員会（1973）『新井小学校創立百周年記念誌』
・越佐教育雑誌社（1894）『越佐教育雑誌』第 42 号
・越佐教育雑誌社（1897）『越佐教育雑誌』第 57 号
・越佐教育雑誌社（1897）『越佐教育雑誌』第 58 号
・越佐教育雑誌社（1897）『越佐教育雑誌』第 59 号
・越佐教育雑誌社（1900）『越佐教育雑誌』第 85 号
・越佐教育雑誌社（1903）『越佐教育雑誌』第 123 号
・越佐教育雑誌社（1915）『越佐教育雑誌』第 269 号
・越佐教育雑誌社（1915）『越佐教育雑誌』第 270 号
・越佐教育雑誌社（1916）『越佐教育雑誌』第 287 号
・糸小百周年記念事業実行委員会（1973）『糸小百年の歩み』
・学制百年史編集委員会（1972）『学制百年史』文部省編集
・松田澄子（2003）『子守学級から農繁期託児所へ』みちのく書房
・新潟県教育委員会（1970）『新潟県教育百年史（明治編）』新潟県教育委員
　会編集
・長田三男（1995）『子守学校の実証的研究』早稲田大学出版部
・小千谷市史編集委員会（1967）『小千谷市本編下巻』
・桜井慶一（1982）「戦前新潟県における農繁期託児所の成立と展開」『保育
　政策研究』2、東京都保育問題研究会、164-184
・桜井慶一（1989）『地域における保育制度の形成と展開』非売品

明治期の盲教育と先駆者大森隆碩の足跡

―目安箱事件の仮説検証から―

大塚　良一

はじめに

　故田代国次郎先生の教えを受けた者たちにより、清泉女学院短期大学の矢上克己教授を中心に「新潟県における社会福祉事業」について共同研究を行った。私の担当部門は障害者関係であり、新潟県における障害者関係について調査研究を行っていた。そんな中で出会ったのが「大森隆碩」という人である。

　「波乱万丈」という言葉があるが、まさに劇的な変化に富んだ人生を送った人である。江戸から明治という時代が変わる中で、高田藩（現：新潟県上越市）において眼科医を生業とし、キリスト教の洗礼を受け、その教えの下に高田訓曚学校を開設する。

　当初は、新潟県全域の障害者関係の制度、条例、政策を中心に考えていたが、大森隆碩という人があまりにも謎が多いことと、その人柄に多くの魅力を感じた。「大森隆碩とはどういう人なのか」という素朴な疑問が本著のテーマである。名誉やお金には一切こだわらない、自分の信じた道をただがむしゃらに突き進む。何のために、全てを投げ打ってまでここまでのことをしたのか。「社会福祉」という言葉があるが、日本における社会福祉の先達者ではないかと思うようになってきた。

　さて、大森隆碩を調べる手がかりとなったのが田部英一氏「"地方"に初めてできた雪国・高田の盲学校」の中の「長女・ミキのメモから」という一文である。この長女ミキとは文字通り、隆碩の長女である大森ミキである。隆碩には一男四女の子供がいた。その中で、長女ミキは高田女学校から女子学院で学び、田部家に嫁いでいる。著者の田部英一氏は大森隆碩の孫にあたる。残念なことに、すでに逝去されていた。しかし、ご遺族の厚意により「長女・ミキのメモから」の原本「田部ミキ記ス」のコピーを入手することができた。この「田部ミキ記ス」から大森隆碩の足跡を検証しようと考えたのが本研究の始まりでもある。

　大森隆碩についてはその資料が少ないことからいくつかの逸話が先行している。この原因としては、高田訓曚学校を設立した大森隆碩が脳血

管障害を起こし、病気治療のため校長の職を辞し、一家で上京したことにより上越市（旧高田市）内に大森家の痕跡が少ないこと、さらに、長男滋清が仕事の赴任先で大火に遭い大森家の資料を焼失していること、また、滋清自身も 1915（大正 4）年に 34 歳の若さで亡くなっていることが挙げられる。

　本論では、明治期の盲教育の時代的背景を示し、大森隆碩の足跡、長女ミキのメモを紹介し、その中で謎となっている「目安箱事件」について、仮説を立て検証したものである。

　しかし、新潟県の偉大な足跡を残した大森隆碩の資料を整理した程度のものであるが、社会福祉の先達者としての大森隆碩の人となりに触れていただけたら幸いである。特に、「目安箱事件」については、逸話が中心であり、史実となる資料が残っていないため、各資料を整理し仮説を先行させることをお許し願いたい。

　なお、本著は歴史研究のため当時の表現が現在では差別用語の意味合いを持つとされ、使用されていないものもあるが、原文をそのままの形で使用することについてもお許し願いたい。

1　明治初期の盲教育と新潟県

（1）江戸から明治の時代背景と盲教育

　明治維新により、西洋文化を取り入れた制度改革が早急に行われてきた。その一つは廃藩置県であり、もう一つは学制の制定である。廃藩置県は 1871（明治 4）年 7 月に行われ、その後新政府は初めて全国に統一した行政を実施できる体制となり、これに伴って全国の教育行政を統括する機関として文部省が設置されたのである。文部省の設置は廃藩置県後まもない同年 7 月 18 日であり「大学ヲ廃シ文部省ヲ被レ置候事」という太政官布告が発せられている[1]。行政の仕組みと教育の創設は新政府の大きな課題であり、近代国家としての礎を築く第一歩であった。

資料1　　学制発布時の状況

小学校の設立・維持には多額の経費を必要とし、学制の実施に当たってこれが重大な問題であった。ところがそのための国庫補助金がきわめて少額であり、大部分を「民費」により、地方住民の負担であったことは先に述べた。学制には、第八九章の但書に、「教育ノ設ハ人々自ラ其身ヲ立ルノ基タルヲ以テ其費用ノ如キ悉ク政府ノ正租二仰クヘカラサル論ヲ待タス」とあり、学校の経費は地方住民の負担、すなわち、受益者負担の原則がとられている。そのため大部分の経費は授業料でまかなうこととし、高額の授業料を徴収することとした。学制の規定によれば小学校の授業料は月額五十銭を相当とし、ほかに二十五銭の一等を設けている。ただし相当の授業料を納めることのできない者は戸長里正がこれを証明し、学区取締を経てその学校の許可を受けることとしている。また一家で二人の子弟を学校に入れている者は、戸長もしくは里正の証明を待たずに、その旨を述べて下等の授業料を納めればよく、三人以上ある時は二人のほかは授業料を出すに及ばないとしている。しかし学制が定めた月額五〇銭は、当時にあってはきわめて高額であり、この規定を実施することはほとんど不可能であった。実情としては、少額の授業料を徴収し、貧民に対しては無料とする場合も多かった。国庫負担金も授業料収入も少額であったため、結局、学制発足当初の小学校の運営は主として学区内集金と寄附金によってまかなわれたといってよい。明治六年の公学費統計によれば、文部省補助金は全体のわずか一二％余を占めるにすぎず、これに対して「学区内集金」すなわち人民の貧富の程度等に応じて課した各戸割当金が約四三％を占めて最も多く、その他の寄附金が約一九％であり、授業料収入は約六％であった。このように過重な民費負担に対する民衆の不満は大きく、教育内容に対する不信などと合わさって学制に対する批判が高まっている。

出所：文部省『学制百年史』帝国地方行政学会 1972 年. 169 〜 170 頁から引用。

続 新潟県社会福祉史の基礎的研究

　また、盲・ろうあの児の教育についても同様であり、西洋の影響が徐々にではあるが浸透してきている。文部省「盲聾教育八十年史」によると、「明治政府は明治4年11月の太政官布告をもって、数百年来行われてきた当道座等の盲人保護の慣行を廃止、京都の職屋敷や江戸の総禄屋敷等事務所をも解散させた。同時にこれまでほとんど盲人の専業とされた鍼按・音曲の教師等の特権も認められなくなり、他方では、西洋医学の流入によって、鍼按術を有害無益とするような思想も起こった。当時東京府では、盲人救護所を設立したところ、集まる者は、たちまちにして二・三百人にのぼったとさえ伝えられる[2]」とされており、従来の徒弟的な関係を廃止し、新たな教育制度の導入を模索していることがうかがえる。

　江戸時代、盲人の自治組織の当道の制度において、その総括機関として京都東洞院にあった役所「しきやしき」ともいう。その統率者を職検校または総検校といった。これに対し、江戸本所一ツ目におかれた出張所を惣録屋敷といい、その統率者を惣録検校といった

　資料2は総録屋敷跡の案内掲示であり、杉山和一が惣録検校として大きな力を持っていたことがうかがえる。

　資料2　　江戸時代、もう人の職業としての鍼灸師、按摩
　江戸時代に杉山和一という盲人が主催していた「総録屋敷」があった。屋敷跡には、つぎのような立札がある。
杉山和一と総録屋敷跡
　　　　　　所在　墨田区千歳1丁目8番2号　江島杉山神社内
　ここは江戸時代、関東周辺の琵琶法師や鍼灸師、按摩などの盲人を統括していた総録屋敷の跡です。
　杉山和一は慶長10年（1610）、伊勢国安濃津（三重県津市）で生まれました。幼時に失明、はじめ江戸の山瀬検校に鍼灸を師事しましたが、後に京都の鍼師入江豊明に弟子入りしました。
　厳しい修業の後、江ノ島の岩窟で断食祈願を行いました。その満願の明け方、霊夢を通して新しい鍼管術を考案しました。杉山流管

鍼術は、鍼を管に入れ、的確にツボを押さえるという画期的なものでした。その後和一の名声は日増しに高まり、寛文10年（1670）検校に任じられました。

　さらに5代将軍綱吉の治療の功で褒美を尋ねられ、和一は目を請いました。綱吉は一ツ目（本所一之橋際の土地）と関東総録検校職を与えたと伝えられています。時に元禄6年（1693）6月のことでした。

　1町四方（約1万2千平方メートル）の土地に総録屋敷と神社が建てられ、現在の場所には鍼治講習所もありました。現在の神社の名は、土地の拝領者と厚い信仰をささげた江ノ島弁財天を意味します。社殿の南側には江ノ島の岩窟を模した洞窟があります。

　　　平成18年8月　　墨田区教育委員会

出所：https://ja.monumen.to/spots/811「Monument」2018年1月20日閲覧。

　明治の教育制度の改革は、西洋の文化に早くから触れることが出来た、福沢諭吉、前島密、山尾庸三などの先進的思想が大きく影響している。福沢諭吉は西洋事情（1886年）の中で、「盲院ノ法モ大抵唖院ニ同ジ盲人ニ讀書ヲ教ル孔ヲ穿チ海陸ノ形チヲ畫キ指端ニテ之ヲ觸レシム算術ニモ別ニ器機アリ其形算木ノ如シ之ヲ轉用シテ加減剩余ヨリ天文測量ノ難算ニ至マデ成ラサルモノナシ此外盲人ノ學フ事業ハ男女共ニ音樂ヲ勉ム又男子ノ手業ニハ機ヲ織リ籠子ヲ造リ婦人ハ『メリヤス』ヲ組ム其品物ハ市ニ賣テ院ノ費用ニ供ス英國ニテ盲院ニ入レルモノハ長幼ニ拘ハラス教授スル『六年ヲ限トス』此の年限中ニ學術大抵成業ニ及ヘトモ貧ニシテ活計ナキ者ハ尚ホ院内ニ留テ養ハルルヲ許ス但シ年限ヨリ長ク養ハルルモノハ手業勤メサルヲ得ス○盲院モ他ノ諸院ノ如ク富メル者ハ學費ヲ拂ヘトモ貧シキ者ハ之ヲ出タサスシテ院ニ入ルヘシ[3]」とし、イギリスの盲教育について紹介している。

　また、山尾庸三は1845（弘化2）年、伊藤俊介、志道聞多ほか2名とともに英国に密航し、グラスゴー大学で工学、特に造船学を学び、当時の工学頭になった人物である。山尾はグラスゴーの造船所等における作

業状態をみて、聾者の教育により自立的市民になることを悟り、聾学校、盲学校を進んで参観した。さらに、工学頭になって直ぐの1871（明治4）年9月に太政官あてに建白書「盲唖学校ヲ創設セラレンコトヲ乞フノ書」を提出している[4]。

しかし、「盲聾教育八十年史」によると「盲聾教育には国家も父兄も多くの出費を要することになると、盲聾児が実際には教育の対象とされなかったのは当然であろう。立身治産昌業を教育目的として出発した学生は、明治半ば以降盛んになった富国強兵の国家主義の影響を受けた結果、富国強兵とは何の縁もない盲聾児はますます忘れられた存在となった[5]」とある。

我が国の盲・聾学校の教育は1878（明治11）年京都盲唖院が最初であり、東京では1880（明治13）年楽善会訓盲唖院（後の東京盲唖学校、現筑波大学附属視覚特別支援学校）がつぎに創設されている。民間のもう・ろうあ学校については明治の新しい教育を目指して創設される。「学制百年史」によると「すでに明治二十年代にはいるまでに、いくつかの盲唖学校や盲人学校の短期の設置や設立計画が地方に見られたが、二十年代にはいって漸次民間におけるこの種学校設置の機運が、盲人の鍼按（しんあん）講習会や外人宣教師等によって全国的に広まっていった。すでに京都市盲唖院や東京盲唖学校が存在していたし、新たに学校を設置する場合、その法的準則が明らかでなかったことから、ようやく二十三年十月の改正小学校令で初めて第四十〜四十二条によって盲唖学校の設置・廃止等に関する規定が設けられ、それを受けて翌年十一月の省令第十八号で、教員の資格、任用、解職、教則等に関する事項を定めた。これによって盲唖教育は法規上の準則を正規にもつに至ったわけである[6]」とある。

（2）新潟県初期の盲教育

1872（明治5）年の日本の総人口は、推計で33,110,796人であり、これは1920（大正9）年に行われた第一回国勢調査により導いたものである。ちなみに、1920（大正9）年の国勢調査では55,963,653人と約1.7

資料3　　明治初期の日本の人口

明治時代の人口がどれくらいだったのか、第一回の国勢調査が行われるのが1920（大正9）年のことである。当時の日本にとって国勢調査は最大の行事であり、天皇の側近である侍従長から内閣総理大臣（当時原敬）あてに「御沙汰書」が出されている。記念切手、記章、メダルなども発行されている。その国勢調査によると明治時代の人口は1972（明治5）年で3千3011万796人と推定される。総務省統計局の2016（平成28）年8月1日現在の人口は1億2700万人であり、約3.85倍にまでなっている。なお、この国勢調査は明治35年にその必要性か出され「国勢調査二関する法律」が同年12月に発布する。明治40年ごろに行われるはずであったが日露戦争の経済上の打撃により延期されたとある。

全国人口總數

年次		期日	人口總數	年次		期日	人口總數
明治	5	正月29日	33.110.796	同	22	12月31日	40.072.020
同	6	1月1日	33.300.644	同	23	〃	40.459.461
同	7	〃	33.625.646	同	24	〃	40.718.677
同	8	〃	33.997.415	同	25	〃	41.089.940
同	9	〃	34.338.367	同	26	〃	41.388.313
同	10	〃	34.628.328	同	27	〃	41.813.215
同	11	〃	34.898.540	同	28	〃	42.270.620
同	12	〃	35.768.547	同	29	〃	42.708.264
同	13	〃	35.929.023	同	30	〃	43.228.863
同	14	〃	36.358.955	同	31	〃	43.763.855
同	15	〃	36.700.079	同	36	〃	46.732.876
同	16	〃	37.017.262	同	41	〃	49.588.804
同	17	〃	37.451.727	同	36	〃	53.362.682
同	18	〃	37.868.949	同	41	〃	49.588.804
同	19	〃	38.151.217	大正	2	〃	53.362.682
同	19	12月31日	38.507.177	大正	7	〃	56.667.711
同	20	〃	39.069.691	大正	9	〃	55.963.653
同	21	〃	39.607.234				

※　大正9年の第一回国勢調査から他年度推定。
出所：垣次九水『日本国勢調査記念禄第一巻』日本国勢調査記念出版協會1922年. 54～55頁。

倍となっている。また、同調査によると新潟県の人口は全国で6番目であり、関東甲信越地方では、東京に次いで2番目の人口であった[7]。この国勢調査結果では、新潟県の人口は表1のとおり1,776,455人であり、新潟市、長岡市、高田市の3市の他は郡部であり、新潟県の広大な土地を利用した稲作を中心とした生活が営まれていた。

〈表1〉 大正9年の新潟県人口(第一回国勢調査から)

市・郡	総数	男	女	世帯数	市・郡	総数	男	女	世帯数
新潟市	92,130	45,435	46,695	18,965	北魚沼郡	72,496	36,765	35,731	13,180
長岡市	41,627	19,882	21,744	8,311	南魚沼郡	59,315	30,139	29,176	10,527
高田市	28,388	14,366	14,022	5,424	中魚沼郡	76,021	37,700	38,321	13,478
北蒲原郡	185,605	90,745	94,860	32,812	刈羽郡	110,589	53,276	57,313	21,831
中蒲原郡	172,022	84,399	87,623	30,280	東頸城郡	53,323	26,631	26,692	9,756
西蒲原郡	134,873	64,601	70,272	24,091	中頸城郡	171,792	83,201	88,591	31,693
南蒲原郡	128,034	62,855	65,179	22,822	西頸城郡	64,475	32,577	31,898	12,069
東蒲原郡	22,812	11,319	11,493	4,068	岩船郡	74,716	36,014	38,702	13,475
三島郡	88,838	43,086	45,752	16,979	佐渡郡	107,347	52,173	55,174	23,103
古志郡	92,053	46,332	45,720	16,416	総数	1,776,455	871,497	904,958	328,280

出所:垣次九水『日本国勢調査記念録第二巻』日本国勢調査記念出版協會 1922年. 58頁。

また、新潟県の特色として、大地主が多いことが挙げられる。1924(大正13)年の農商務省調査によると50町歩以上の大地主が1903(明治36)年で231人も存在し、当時、新潟県で人口が一番多い北蒲原郡では、7割強が大地主の土地であり、自作の田は3割しかない状況であった[8]。このような状況の中で、小作などの農家は出稼ぎを余儀なくされ、明治初期の主な出稼ぎ先は北海道であり、出稼ぎというより移住に近い状況であった。また、その後、東京への移住も増え、風呂屋、豆腐屋、古書店などに新潟県出身者が多いといわれている。さらに、1909(明治42)年6月の調査では、東京吉原の娼婦2,985人中、新潟県出身者は488人で、東京出身者の413人を超えていた[9]とされている[10]。1925(大正14)年の調査では、全国出稼ぎ総数785,376人の中で、新潟県が155,145人と全国一位であり、出稼ぎ先では東京32.5%、北海道14.7%、長野10.9%、福島4.6%、群馬4.2%となっている[11]。

維新後の新潟県で最大の出来事となったのは「明治天皇北陸巡幸」であった。「明治天皇北陸巡幸」は1878（明治11）年8月30日から11月9日にかけて、群馬・長野・新潟・富山（当時は石川県）・石川・福井の各県を経て巡幸、京都を経て東海道に赴いた72日間の巡幸であった。ちなみに、明治天皇の巡幸は、1872（明治5）年の第1次巡幸から大きな巡幸が6回行われており、北陸巡幸は第3次巡幸である。この巡幸の目的は、新政府の「天子様は高祖以来の絶対的権威を持ち、しかも民の父母としての慈悲深い存在であることを国民の間に広く知らしめるため」の企てであった[12]としている。しかし、同時に道路や学校等のインフラの整備、さらに、明治4年に実施された、「廃藩置県」、「学制」の現況確認の視察も兼ねられていると考察できる[13]。この巡幸の行列に関して「出雲崎町史」では、次のように書かれている。「新潟県令永山盛輝は騎馬警官224名を従えて先導申し上げ、続いて近衛騎兵2、伍長1、騎兵12（4列）お次が天皇旗で曹長が之を捧げ、次に騎兵4、将校12、侍従4、くつわを並べて之れにつぎ、次は右大臣岩倉具視、参議大隈重信、同井上馨、宮内大輔杉孫七郎、陸軍少輔大山巌、内務大書記官品川弥次郎、大警視川路利良、宮内大書記官香川敬三、同山岡鉄太郎その他文武百官がお供申し上げたので壮麗たとえようもなかった[14]」と書かれている。また、寺泊郷土史には3,000人にのぼる一行が行動するには、大変な準備と人手と金銭が必要であったと記されている[15]。

　この「明治天皇北陸巡幸」で脚光を浴びたのが、新潟の盲人である。明治天皇が新潟県に入ると道筋に奉迎する拝観人に盲人が多く眼病者の多いことに気づき陪乗の供奉者に話された。また、巡幸中の9月16日に新潟につくと直ちに伊藤方成一等侍医を行在所に呼んで、新潟県民に眼病が多い原因研究をするように命じ、その答申を受けて9月18日、天皇は金千円を新潟県に下賜した[16]。また、新潟県ではこの日を「眼の記念日」としている[17]。

　なお、この天皇の答申に対して、侍医の報告は「眼疾につき侍医の報告」の通りであり、

　星野吉曹（2008年）によれば、「竹山屯新潟病院長は、一夜にして患

者1万9千人中の眼疾者3千人余りの病歴を調べ、「新潟県下蒲原郡眼疾原因第一土地湿潤 第二 砂地ニシテ日光ノ反射強ク烈風砂塵ノ侵入 第三 雪中日光ノ反射 第四 家屋烟出不良室内不潔 第五 眼疾傳染性ヲ有ス」と奏上するとある[18]。また、新潟県ではこの下賜金千円に各大区より拠出した9千円と合わせて1万円資本として眼科講習会[19]を行い、その後も「恩賜眼病患者治療資金」と特別会計とされ1938（明治13）年に下賜された「恩賜衛生資金」と合わせて1913（大正2）年新たに特別会計「恩賜衛生資金」とされ、眼病医療や協同井戸改良費などの眼病治療に充てられた[20]。

資料5

眼疾につき侍医の報告 （明治11年9月11日）

今般當縣下
御通輦ノ際眼病許多ナルヲ
宸覧被為在右病患ノ原因取調候様御直ニ 御沙汰ヲ蒙リ候ニ付早速
當病院長竹山屯ニ及協議猶患者診察仕候處タラホマ症ニ而其原因
許多有之候得共専ラ左ノ五ヶ條ニ起因仕候儀ニ御座候依之治療并豫
防ノ方法等篤ト及協議置候此段上申仕候也

　明治十一年九月十八日

　　　　　　　　　　　　　伊東一等侍醫 （印）

　當縣下蒲原郡眼疾原因

第一 土地濕潤
第二 砂地ニシテ日光ノ反射強ク烈風砂塵ノ侵入
第三 雪中日光ノ反射
第四 家屋烟出不良室内不潔
第五 眼疾傳染性ヲ有ス

出所：国立公文書館「公文録」明治11年「巡幸雑記」八 - 一。

※ ルビは筆者

通輦 天皇が車に乗って通ること。
宸覧 天子自ら御覧になること。

明治期の盲教育と先駆者大森隆碩の足跡 ―目安箱事件の仮説検証から―

　新潟県の盲人の数は、1920（大正 9）年第一回国勢調査後に行われた、1924（大正 13）年の新潟県盲人調査による 3,299 人がその後の新潟県盲人数として色々な資料に使われている。表 2 は新潟県各郡市の状況であり、市部の新潟、長岡、高田が高いことが分かる。また、男女比では、男性が 1,587 人で、女性が 1,712 人であった。1900（明治 33）年の新潟

〈表 2〉　新潟県盲人調査 ［1924（大正 13）年調査］

郡市別	性	盲人数	百分比率	大正 13 年拾月 1 日現在内務省統計局推定人員	内務省統計局推定人員ニヨル千分比率
新潟市	男	136	8.44	52,300	2.56
	女	103	6.01	53,600	1.92
	計	237	7.33	105,900	2.20
長岡市	男	74	4.66	21,100	3.51
	女	26	2.68	23,700	1.93
	計	120	3.65	44,800	2.67
高田市	男	39	2.45	16,000	2.44
	女	58	3.38	15,600	3.82
	計	97	2.93	31,600	3.01
北蒲原郡	男	161	10.14	92,400	1.74
	女	153	8.93	96,000	1.59
	計	314	9.52	188,400	1.67
中蒲原郡	男	143	9.01	86,400	1.66
	女	172	10.04	89,900	1.91
	計	315	9.52	176,300	1.79
西蒲原郡	男	134	8.44	64,500	2.08
	女	161	9.40	70,400	2.29
	計	295	8.94	134,900	2.19
南蒲原郡	男	126	7.94	63,300	1.95
	女	124	7.24	67,800	1.82
	計	250	7.58	133,100	1.88
東蒲原郡	男	15	0.94	11,700	1.28
	女	21	1.22	11,900	1.76
	計	36	1.09	23,600	1.53
三島郡	男	85	5.35	43,700	1.92
	女	104	6.07	46,200	2.25
	計	189	5.73	89,900	2.10
古志郡	男	47	2.96	46,800	1.00
	女	69	4.03	46,200	1.49
	計	116	3.52	93,000	1.25
南魚沼郡	男	35	2.20	31,000	2.17
	女	21	1.22	30,000	1.85
	計	56	1.70	61,000	2.03
北魚沼郡	男	83	6.22	38,200	2.17
	女	69	4.03	36,800	1.87
	計	152	4.61	75,000	2.03
中魚沼郡	男	60	3.78	38,600	1.55
	女	63	3.67	39,500	1.59
	計	123	3.73	78,100	1.57
刈羽郡	男	102	6.42	54,200	1.88
	女	136	7.94	57,900	2.35
	計	238	7.21	112,100	2.12
東頸城郡	男	36	2.26	26,800	1.24
	女	40	2.33	26,700	1.50
	計	76	2.36	53,500	1.42
中頸城郡	男	113	7.12	84,700	1.33
	女	126	7.36	90,300	1.41
	計	239	7.24	175,000	1.37
西頸城郡	男	45	2.86	33,100	1.36
	女	48	2.62	32,000	1.50
	計	93	2.73	65,100	1.42
岩船郡	男	45	2.84	37,300	1.21
	女	45	2.62	39,800	1.13
	計	90	2.73	77,100	1.17
佐渡郡	男	110	6.93	52,700	2.09
	女	153	8.93	56,000	2.73
	計	263	7.97	108,700	2.42
合計	男	1,587		896,800	1.78
	女	1,712		930,300	1.84
	計	3,299		1827,100	1.81

出所：新潟県警察部衛生課編集・出版『失明者調査』1925（大正 14）年．3 ～ 5 頁。

〈表3〉 新潟県下に於ける盲人の失明原因

失明原因	計	盲人百分率	失明原因	計	盲人百分率
先 天 性	78	4.64	ヂフティリー	3	0.18
角膜軟化症（栄養不良）	129	7.67	近視症	5	0.30
初生児膿漏眼	32	1.90	交換性眼炎(或ハ外傷中ニ加フ可シ)	6	0.36
成人膿漏眼（淋毒性）	220	13.09	熱性病（チフス、インフルエンザ等）	7	0.42
トラホーム	317	18.87	小児湿疹	4	0.24
結核・腺病性	19	1.13	脳病（脳膜炎・脳水晶腫）	12	0.71
黴毒	164	9.76	家族性視神経消耗症	2	0.12
緑内障	74	4.40	鉛中毒	1	0.06
麻疹	64	3.80	腎臓炎	1	0.06
外傷	85	5.00	其の他	3	0.30
色素性網膜園	49	2.98	白内障（老人性）	62	3.69
痘瘡	16	0.95	原因不明	362	21.54

備考　視力何米指数とは眼の前何米に於て指の数を数え得るを示したもので実際上 1 米指数は盲とす。
出所：新潟県恩光会編集・発行『新潟県盲人救済事業』1927（昭和 2）年．21 頁。
　　　のことであり、黴毒とは梅毒のことである。性感染症からの失明が 22.85% にもなっている。

県失明者調査では 7,048 人[21] であり、1936（昭和 11）年 10 月 10 日の内務省通知による調査では 2,793 人と激減している[22]。これは、当時の医師と新潟県の政策によるものと考えられる。さらに、第 20 代新潟県知事小原新三が発起人となり 1939（大正 14）年に 5 月に結成された「恩光会」が大きく影響していると考察できる。表 3 は恩光会にて診察した千六百八十人（視力三米指数以下）の者に対して失明原因を調べたものである。成人膿漏眼とは淋病性結核炎のことであり、黴毒とは梅毒のことである。性感染症からの失明が 22.85% にもなっている。

（3）明治初期の障害児教育と盲学校

　明治期の教育の始まりは 1872（明治 5）年 8 月 3 日に出された「学制」からである。しかし、文部省「盲聾教育八十年史」によると「盲聾教育には国家も父兄も多くの出費を要することになると、盲聾児が実際には教育の対象とされなかったのは当然であろう。立身治産昌業を教育目的として出発した学生は、明治半ば以降盛んになった富国強兵の国家主義の影響を受けた結果、富国強兵とは何の縁もない盲聾児はますます

忘れられた存在となった」と言っている[23]。さらに、学制第29章には
「中学ハ小学ヲ経タル生徒ニ普通ノ学科ヲ教フル所ナリ上下二等トス二
等ノ外工業学校商業学校通弁学校農業学校諸民学校アリ此外廃人学校ア
ルベシ」と書かれており、この廃人の中に盲聾児も含まれていた[24]と
している。

　制度的に盲聾児の学校が整えられたのは、1923（大正12）年盲学校及
び聾唖学校令の制定からであると考えられる[25]。1923（大正12）年8月
勅令第375号「盲学校及び聾唖学校令」が制定され、その細目を定めた「公
立私立盲学校及聾唖学校規程」が制定され、翌年4月から実施された[26]。
学校規程には、第一条　盲学校ノ修業年限ハ初等部六年、中等部四年ヲ
常例トス。聾唖学校ノ修業年限ハ初等部六年、中等部五年ヲ常例トスと
あり、5・6条に学科目が書かれ、10条に教員資格が書かれている[27]。

　このように制度が不十分の明治初期において、まず、1878（明治11）
年5月24日に京都盲唖院が開校される。さらに、1880（明治13）年1
月、東京築地に東京訓盲院（東京盲唖学校）が事務を開始する。また、
明治20年代、30年代には表4のとおり、全国各地に盲・聾学校が新設
される。しかし、公的な支援は少なく、その多くは慈善的な資金により
運営されていた。

　新潟県の盲ろうあ学校の状況はどのようなものであったのだろうか。
1921（大正10）年「新潟県社会事業概覧」では5つの学校が紹介され
ている。

　財団法人新潟盲唖学校には財団法人新潟盲唖学校後援会が発足してお
り「本會ハ大正7年12月新潟盲唖學校生徒ヲ後援シソノ修行ヲ完成セ
シムルノ目的以テ市在住官民有志及ビ新聞雑誌業者等ノ同人相ヨリテ創
立セシモノナリ」とし、学費等の支援を行っている。また、長岡盲唖学
校には長岡盲唖樂善会が「本會ハ盲唖教育ノ効果尠カラサルニ感シ明治
42年8月1日市内有志者108名發起者トナリ金子徳十郎カ創始セシ盲
唖教育事業ニ後援セシ爲メ創設シタルモノナリ」としている。その他、
1917（大正6）年新潟懸盲人協会、1921（大正10）年に日本盲聾唖協会
長岡部会が組織されている[28]。

〈表 4〉 明治 20 年代・30 年代に設置された盲・聾学校

設置年	校名	設置者	設置年	校名	設置者
明治 21 年	横浜盲人学校	浅水十明	明治 36 年	鹿児島慈恵盲唖学校	伊集院藤一郎
明治 22 年	横浜福音会	マイライネ＝ドレパール	明治 36 年	岡崎盲学校	佐竹政次郎
明治 24 年	横須賀盲人学校	平野七蔵外	明治 36 年	米沢盲学校	遠藤良鍼
<u>明治 24 年</u>	高田訓蒙学校	<u>大杉隆碩</u>※	明治 36 年	盲人日曜学校（仙台）	折居松太郎
明治 24 年	東奥盲人教訓会	永洞清吉			
明治 26 年	松本訓盲院	桑沢清吉	明治 36 年	松江盲唖学校	福田ヨシ
明治 27 年	米沢盲唖会		明治 38 年	長岡盲唖学校	金子徳十郎
明治 27 年	岐阜聖公会訓盲院	Ａ・Ｆチャペル	明治 38 年	神戸訓盲院	左近允孝之進
明治 27 年	北盲学校（北海道札幌）		明治 38 年	上野教育会附属訓盲所	
明治 28 年	函館訓盲会	マイライネ＝ドレパール	明治 38 年	木更津訓盲院	大野三五郎
			明治 38 年	徳島盲唖学校	五宝翁太郎
明治 31 年	福島訓盲学校	宇田三郎外	明治 38 年	今冨盲学校館	今冨八郎
明治 31 年	東海訓盲院（静岡県）	松井豊吉	明治 39 年	小樽盲唖学校	小林運平
			明治 39 年	佐賀盲唖学校	宮崎正木
明治 31 年	長崎盲唖院	長崎慈善会	明治 39 年	中越盲唖学校（新潟県柏崎）	宮川文平
明治 33 年	長岡盲人教育所	鷲沢八重吉外			
明治 33 年	豊橋盲唖学校	鈴木講一郎	明治 39 年	磐城訓盲院	福島県教育会石城部会
明治 33 年	台南盲学校				
明治 33 年	大阪盲唖院	五代五兵衛	明治 39 年	成田清聚学院（千葉県）	成田新勝寺
明治 34 年	名古屋盲学校	長岡重厚			
明治 35 年	宮城師範附属小学校唖生部	宮城県	明治 39 年	宇治山田鍼按灸講習会	鍼按灸協会
			明治 39 年	仙台唖人学堂	菅原通

※大森隆碩について大杉隆碩と記されている。
出所：文部省『盲聾教育八十年史』日本図書センター 1981 年．48 ～ 50 頁。

明治期の盲教育と先駆者大森隆碩の足跡 ―目安箱事件の仮説検証から―

〈表5〉 新潟県の盲ろうあ学校

学校名	沿革	寄宿舎の状況
財団法人新潟盲唖學校	・明治38年新潟貯蓄銀行創立10周年記念トシテ金3万円ヲ市二寄付シ、之ヲ基金トシテ之ヨリ生スル利子ノ半額ヲ當校二投資スルノ適切ナルヲ一般ヨリ認メラレ、之力補助二依リテ創業ス。明治40年6月故荒川柳軒、長谷川一詮、鏡淵九茂六郎、前田惠隆等九名創業者トナリ東堀螢雪枝ノ一部ヲ借入シ開校ス。同43年6月西堀3番町二土地ヲ求メ新築移轉ヲナス。 ・明治43年6月財團法人トナス維持ノ方法ハ縣市ヨリノ補助金並二一般寄付金二依リ經營ス。 ・明治38年新潟貯蓄銀行創立10周年記念トシテ金3万円ヲ市二寄付シ、之ヲ基金トシテ之ヨリ生スル利子ノ半額ヲ當校二投資スルノ適切ナルヲ一般ヨリ認メラレ、之力補助二依リテ創業ス。明治40年6月故荒川柳軒、長谷川一詮、鏡淵九茂六郎、前田惠隆等九名創業者トナリ東堀螢雪枝ノ一部ヲ借入シ開校ス。同43年6月西堀3番町二土地ヲ求メ新築移轉ヲナス。 ・明治43年6月財團法人トナス維持ノ方法ハ縣市ヨリノ補助金並二一般寄付金二依リ經營ス。 住所　　新潟市四堀通三番町257甲ノ1	現在寄宿生30名ニシテ食費及ビ雑費7円ヲ要ス。舎監ヲ置キ監督保護二任ス。
財団法人新潟盲唖學校後援會	・本會ハ大正7年12月新潟盲唖學校生徒ヲ後援シソノ修行ヲ完成セシムルノ目的以テ市在住官民有志及ビ新聞雑誌業者等ノ同人相ヨリテ創立セシモノナリ。 イ、学費ノ全部ヲ支弁シ克ル家庭ノ事情二アル寄宿生4名二対シ食費ノ半額ヲ支給シ、ロ、成績優等ニシテ同一事情二アル盲部卒業生（1名）ヲ東京盲學校二在学セシム。ハ、毎期ノ卒業生二記念品ヲ贈リ修学旅行運動会忘年慰労会其ノ他有益ト認ムル生徒ノ集合費用二對シ相当ナル補助後援ヲナス。	
長岡盲唖學校	・本校ハ明治38年3月10日長岡市山本町金子徳十郎カ盲唖教育ノ必要ヲ感ジ時ノ町長秋庭半二謀リ有志者ノ助力ヲ得テ創立シタルモノナリ。時恰モ日露戦争中二テ事業緊縮ノ聲高ク寄付金募集二少ナカラザル困難ナリシモ徳十郎ハ寝食ヲ忘レ日夜東奔西走シ約5年間ヲ維持スベキ賃金ヲ得タルヲ以テ東京盲唖學校教員練習科卒業高取易太郎ヲ聘シ坂之上尋常小学校ノ一部ヲ借リ同年4月盲生6名、唖生7名ヲ以テ事業ヲ開始ス。同年10月中島尋常小学校ノ舊校舎全部ヲ借入レ寄宿舎二充用ス。明治41年2月27日學則ヲ改正シ修行年限ヲ5年トス。大正2年3月7日更二普通科ヲ6日年二延長セリ。貧困ナル盲唖者二就学ヲ容易ナラシムル為メ學費1カ月金参圓宛ノ補助ヲ実施シ同年11月御大典記念事業トシテ記念文庫ヲ創設シ主トシテ盲人用點字書き込ヲ蒐集ス。同6年6月ヨリ、盲人実習ノタメ施療ヲ開始シ一層内容ノ改善シ割レリ、同9年7月25日上中島町二建築セシ新校舎一部落成二付移轉翌日ヨリ授業ヲ開始セリ。 住所　　長岡市上長岡町	寄宿舎ハ本校ヲ距ル約二丁中島町20番地二在リ家族制度ニシテ自治的訓練ヲナス校長夫妻家長トナリ寝食ヲ共ニシ家庭的教育ヲナス寄宿料ハ物價ノ高低二ヨリ之ヲ定ム目下食費舎費トモ1ケ月金9圓ナリ。

Chapter 4

学校名	沿革	寄宿舎の状況
長岡盲唖樂善會	・本會ハ盲唖教育ノ効果尠（すくな）カラサルニ感シ明治 42 年 8 月 1 日市内有志者 108 名發起者トナリ金子徳十郎カ創始セシ盲唖教育事業ニ後援セシ爲メ創設シタルモノナリ。經濟界ノ波瀾シタメ寄附金ノ收受時ニ消長アリシト雖モ陰ニ陽ニ之力援助ヲ興ヘ長岡盲聾唖学校ヲシテ今日アラシムルニイタリシハ興シテカアリシナリ。	
高田盲學校	・當校ハ故大森隆碩眼病ガ患ウフコト数月方ニ盲セントスルニ際シ盲人教育ノ必要ヲ自覺シ盲人矯風研技會ヲ組織シニ始マル、明治 24 年 7 月 22 日學校設置認可ヲ得校名ヲ高田訓曚（くん）學校ト稱ス。其後大正 4 年 2 月高田盲學校改稱セリ、明治 24 年 7 月普通民家ヲ借リ受テ授業ヲ開始ス。明治 26 年相生町ニニ階建テ鎭坪數 47 坪ノ普通民家ヲ購入假校舎ニ充テ居リシモ不用ニ付明治 42 年 2 月賣却セリ。明治 42 年 2 月郡立病院不用病舎平屋建 53 坪 5 合及疊（たたみ）建具ノ無代讓與ヲ得タル以テ高田市中寺町 161 番地ニ 258 坪ノ地所ヲ借リ入レ同年 5 月起工 9 月 1 日ニ階建瓦葺總坪數 107 坪 5 合ノ新校舎竣成セシニ依リ授業ヲ開始ス。此年ヨリ教材教具モ稍（ようやく）完備スルニイタル。	食費ハ 1 ケ月 9 圓位ヲ要ス。机・本箱・蚊張・日用器具ヲ貸與ス。其他ハ自家ヨリ持チ來リ居レリ。舎坪ハ男室 8 坪女室 6 坪ナリ。
	住所　　　新潟県高田市中寺町 161 番地	
中越盲唖學校	・明治 39 年 10 月刈羽郡鍼灸治組合ハ宮川文平ヲ中心トシ盲者ノ授業ヲ開始セリ。初メハ盲生ノミヲ收容シ明治 44 年 4 月唖生ヲ入学セシムルニ至レリ。明治 44 年組合解散ト共ニ宮川文平ノ經營トナレリ。	寄宿セルモノ 2 人。寄宿舎坪數 23 坪 5 合。
新發田訓盲院	明治 43 年 7 月新發田町長谷川昌敬盲人教育の必要を認め郡警察署長町長及有志者と謀り寄附金を募り開院今日に至れり。	ナシ。
新潟懸盲人協會	・本縣ハ盲人ノ數多キコト全國第三位ヲ下ラズ實ニ其數三千七百餘名ニシテ學齡盲児ノミニテモ五百名近ク而シテ現在縣下 5 ケ所ノ盲学校ニ修學中ノモノ僅（わず）カニ二百二十名ニ過ギス。又従来の卒業者ヲ加フルモ三百名ヲ出テス。又不完全ナカラモ點字ヲ讀ミ得ル者ヲ合算スルモ七百名ヲ超エサル有様ニテ三千餘名ハ無教育ニシテ意義ナキ生活ヲナシツツアル状況ナリ。 ・盲人ハ一般ニ貧困者ノ家庭ニ多キ事實ハ全國盲學校調査票ノ示ス所ニシテ殊ニ本縣ニ於テ一層其甚シキヲ見ル斯ル有様ニテ家庭ノ不如意ハソノ子弟ノ一生ヲ葬リ或ルハ瞽女トナリテ人ノ門ニ職ヲ乞ヒ或ハ父兄ノ手足纏（まとい）トナリ或ハ救濟ヲ受ケ常ニ身ノ不幸ヲ悲シミ遂ニハ自暴自棄トナリテ救フヘルカラサル堕落ノ淵ニ沈ムモノ幾何ナルヲ知ラス。之レ畢境盲人ニ對スル教育機關ニ起因スルモノト認メム仍テ創立ノ機モ又之ニ存ス。高橋幸三郎　姉崎惣十郎　渡邊豊次　立川立藏　川瀬卯藏　八島権三郎ノ諸氏大正 6 年ヨリ本會ヲ組織セント企テ時々協議ヲ重ネツツアリシカ同 8 年 5 月高田盲學校ニ開催ノ第 7 回縣下盲唖學校協議會ニ提出其援助ヲ得テ第 8 回盲唖學校協議會ヲ期シ縣下盲亜學校出身者聯合會ヲ開催シテ之レカ協議ヲナスニ決ス。同 9 年 6 月 19 日午後 1 時ヨリ中越盲唖學校ニ於テ盲唖學校出身者聯（れん）合會ヲ開催本會組織ニ關（かん）スル協議ヲナシ設立ニ決定ス。	

学校名	沿革	寄宿舎の状況
日本盲聾唖協會長岡部會	・本協會ハ大正4年11月御大典記念トシテ東京京都大阪各盲唖學校出身者發起シ山尾子爵ヲ總裁ニ小西東京聾唖學校長ヲ會長ニ推戴シ全國聾唖者ノ親和團結ヲ計リ品性ノ修行ト知識ノ増進トヲツトメ社會ノ進歩ニ後レス人類ノ幸福ヲ享クルヲ目的トシ創設シタルモノナルカ本縣聾唖者亦如上ノ目的ヲ賛シ更ニ本縣ニ適切ナル施設ヲナサントテ大正10年6月5日長岡部會發會式ヲ擧ケタリ。	

出所：新潟県「新潟縣社會事業概覧」1921（大正10）年52頁〜70頁。
注）　数字は漢数字から英数字に直す。また、一部使用されていない漢字については当用漢字に直す。ルビ筆者、部分抜粋。

2　大森隆碩の足跡

　新潟県の盲・盲唖学校の草分けとなるのが、高田盲学校である。高田盲学校は大森隆碩の盲人に対す深い理解から始まったものである。本章では大森隆碩の人間的側面に視点をあて、交友関係などを中心に学校の発足、運営などを考察していくものである。

（1）大森隆碩の経歴と「長女ミキのメモ」

　高田盲学校の発足は表5の通り、「當校ハ故大森隆碩眼病ヲ患ウフコト數月方サニ盲セントスルニ際シ盲人教育ノ必要ヲ自覚シ盲人矯風研技會ヲ組織セシニ始マル」とあるように大森隆碩の尽力によるところが大きい。表6は大森隆碩と高田盲学校の年表である。

　大森隆碩自身の書籍はなく、資料も前述の通り焼失し、市史や記念誌に頼る手段しか見つからなかった。そこで、田部英一「"地方"に初めてできた雪国・高田の盲学校」の「長女・ミキのメモから」という一文に出会った。この長女ミキとは文字通り、隆碩の長女である大森ミキである。隆碩には一男四女の子供がいた。その中で、長女ミキは高田女学校から女子学院で学び、田部家に嫁いでいる。

　ミキのメモは2編あり、書かれた時期が違う。ご遺族の話では、ミキは1951（昭和26）年に脳卒中（脳血管障害）で倒れ、その後16年間寝て過ごしたとある。一編は「田部ミキ記ス」とあり、もう一編は「大森

〈表6〉 大森隆碩と高田盲学校

年号（年）	年齢	事項
1846（弘化3）	0	大森は弘化3（1846）年5月22日、高田町新須賀区（現上越市仲町2丁目）に生まれた。大森隆庵の長男として生まれる。（高田盲学校年表） ※ 隆庵の父は、大森重行隆碩は姫路藩士広野家四世・非左衛門友兄四男。大森家に養子に行き重行となる。注1)
1851（嘉永4）	5	嘉永4年4月から文久3年2月まで倉石典太について漢学を学ぶ。
1853（嘉永6）	7	（浦賀にペリー来航）
1854（安政1）	8	1853（嘉永6）年は11月26日まで、1854（安政1）年は11月27日から。
1856（安政3）	10	1月、丸山謹静が生まれる。
1862（文久2）	16	眼科を文久2年5月から蘭法眼科医土生玄杳（土生玄碩の関係者と考えられる）に学んだ。（江戸遊学）
1864（元治1）	18	元治元年2月、父が死亡したので帰高し五の辻で眼科医を開業した。 元治元年12月に高田藩医員に任ぜられた。家督を継いだ。
1867（慶応3）	21	（大政奉還　江戸幕府崩壊）
1869（明治2）	23	明治2年9月から11月の間、北陸道大病院医員に任ぜられた。 ※ 高田藩士族竹尾清照注3)の3女スミと結婚注3) ※ 藩籍を奉還し、藩主が知藩事となる。会津藩より降伏者1,744を預かる。
1870（明治3）	24	・明治3年1月から3カ月の間、会津降伏人病院付属医員となった。 ・目安箱事件から小林重明と名のっている注4) ・4月、医学研究に英語の必要性を痛感、大南学校に入学。在学中、横浜で米人医師ヘボン（宣教師）に師事、眼科を学ぶ注5)。
1871（明治4）	25	米国医師ヘボン（ヘプン）に従って上海に行きこれを助ける。 ※田部英一は5月と記載している。
1872（明治5）	26	明治5年9月に帰朝した。10月から、米人医師セメンズ（シモンズ）について医学を学んだ。
1876（明治9）	30	姉の婚家・鈴木家の主人（医師）が死去により乞われて高田に帰った。
1877（明治10）	31	明治10年12月に新須賀区で眼科医を開業した。高田藩士族竹尾清照の3女スミと結婚注6)。（高田盲学校年表）※数え年24歳で結婚との説もあり。 ※スミは85歳（昭和9年9月6日に亡くなっている）
1878（明治11）	32	明治11年1月15日高田病院長武者春道とはかって医会を開き、幹事に就任した。
1880（明治13）	34	長男　滋清生まれる。
1882（明治15）	36	明治15年12月には私立衛生会設立をはかった。
1883（明治16）	37	明治16年4月私立衛生会の許可がおり幹事に就任。
1886（明治19）	40	明治19年に目をわずらい、失明するばかりとなったことが動機となり、盲教育の重要性を痛感した。
1887（明治20）	41	1月30日　寺町2丁目　光樹寺において「訓盲談話会」発会式を行う。出席した世話人は大森隆碩、杉本直形など16名。関心のある盲人13名だった。
1888（明治21）	42	○訓盲談話会は山本貞次、丸山謹静の主唱により改組拡充され、会名を盲人矯風研技会（11月3日）と改め、鍼按・琴などの指導を組織的に開始した。 4月には中頸城郡にはじめての医師組合会を結成した際組合長に推された（高田史より）（翌年、明治22年4月に辞職）。※田部英一は明治20年と記している。 キリスト教系高田女学校の創設に参加する。

明治期の盲教育と先駆者大森隆碩の足跡　—目安箱事件の仮説検証から—

年号（年）	年齢	事項
1889（明治22）	43	小林から大森に復姓[注7]。 明治22年4月に、中頸城郡に鍼灸組合会が設置され、彼は第二部組長となった。 〇上越地方の教員の研究会「上越教育会」に諮って、協議の結果学校の名前を「盲人矯風技会付属訓矇学校」と定める。（高田盲学校年表） 〇大森隆碩、杉本直形を代表者として、学校設立認可を県に請願。組織不完全で却下される。
1890（明治23）	44	〇1月組織を改め第2回の請願。組織不完全で却下される。（高田盲学校年表） 〇3月第3回請願。組織不備のため却下。 上越教育会に訓矇学校研究会ができ、毎週木曜日委員が交代で指導法の研究に来校する。
1891（明治24）	45	東京盲唖学校の指導を受け、教材教具を充足。 〇4度、学校設立認可の件を申請する。7月22日新潟県知事より、私立訓矇学校の設立が認可される。 〇滝見直樹（普通科）丸山謹静（鍼按科）及び名誉教員に栗原とよ子を招き、さらに2名の事務員をおいた。
1892（明治25）	46	〇県の許可を得るため施設設備に寄附金のほとんどを使い4名の教員のうち、丸山謹静以外の3名が辞職したが補充することができず経営困難になった。6月についに学校運営が不能となり、東本願寺高田別院の仏教学院「米南教校」に校務をいっさい委託して閉校する。10月慈善家の援助を得て高田町府古区（本町2丁目）に民家を借り、授業を再開する。（高田盲学校年表） 〇明治25年12月のある日、本校を見学したダンロップは、その経営困難を知り、毎月6円ずつ寄付することを約し、同月から実行した。 〇また、今日まで残る日本唯一の文化遺産と言われる点字以前のカタカナ凸文字福音書7冊寄贈した[注8]。 〇3月滝見直樹を東京盲唖学校に送って教授法を学ばせようとしたが、経費の都合がつかず中止してしまい、4月に滝見が辞職するが補充することが出来なかった。 〇高田の各宗の寺院でも年額26円を送ることとし37年7月まで続いた。
1893（明治26）	47	明治26年3月から中頸城郡私立産婆養成所所長となった。 〇明治26年1月に私立訓矇学校長心得となった。 〇6月校舎を相生町に移した。丸山謹静東京盲唖学校に教授法を学ぶために出張。点字機を買って持ち帰った。
1894（明治27）	48	5月16日高田教会でキリスト教に受洗。
1895（明治28）	49	〇4月本校名誉教師松本常が東京盲唖学校を参観。6月も松本常上京。小西信八と学校教育について懇談。教科書等多数の書物を持ち帰える。 〇5月7日第一回卒業式を行う。（卒業生2名）　隆碩が病気のため二女ミツが祝辞を述べた。（当時18歳） ※ダンロップ高田の諸教会を担当。
1896（明治29）	50	明治29年3月中頸城郡私立産婆養成所が廃止になる。 ※　ダンロップ高田の諸教会を担当。 ※　51歳にて中風（脳血管障害）を起こす。
1897（明治30）	51	〇1月金谷村大貫字相生町の普通民家2階建てを購入し校舎に充てる。 〇4月7日、学校運営維持金を県に申請。（10月5日県知事より認可） ※ダンロップ賜暇でカナダに帰る。

Chapter 4

81

年号（年）	年齢	事項
1898（明治31）		○1月、大森校長東京盲唖学校、横浜訓盲院を見学。帰高後、教科書の全面点字化を実施。東京盲唖学校から点字機9台購入。 ○3月　丸山謹静退職。 ※明治31年には鍼灸研究会の会頭になった。 ○3月28日、第二回卒業式を行う。（卒業生3名） ※ダンロップ再来日して11月金沢教会に赴任。
1900（明治33）	54	○明治33年6月大森隆碩、学校長を辞した。後任に杉本直形が認可される。 ○6月ダンロップの寄付が打ち切られる。 ○校則変更の件を申請、私立高田訓矇学校と改称した（明治40年4月25日に「高田訓矇学校」に改称している）。 ※ダンロップ再来日して、金沢教会に赴任。
1900（明治33）	55	○3月28日、第三回卒業式を行う。（卒業生一名） ○7月30日　訓矇慈善会の招きにより、前島密氏（上越市出身東京盲あ学校設立発起人）来高、高田師範学校において盲唖教育の重要性についての講演会が開催される。その会場にて、本校生徒の点字による書読の実演が行なわれ、講演会の収入全額が本校に寄付される。
1903（明治36）	57	明治36年10月5日、東京にて死去した。

出所：新潟県立高田盲学校「記念誌」編集委員会編集『新潟県立高田盲学校創立九十周年記念誌』新潟県立高田盲学校創立九十実行委員会発行 1977年．10〜15頁。高田市史編集委員会『高田市史』信濃教育会出版部 1958年．771〜772頁。新潟県教育史研究会「新潟県教育史夜話」1973年．96〜97頁から作成。注に関しては大森隆碩を偲ぶ会　田部英一「〝地方〟に初めてできた雪国・高田の盲学校」ボロンテ 2003年．92頁「長女・ミキのメモから」を参照した。
※　注1）　嗣子「あととり」のこと。注1）長女・ミキのメモから参照。注3）長女・ミキのメモでは24歳にてとある。注4）目安箱事件については仔細不明。「越後佐渡デジタルライブラリー」によると 1869（明治2）年1月29日「柏崎県が設置した目安箱に、『眼政曲諸悪人』を揶揄する数え歌が投じられる」という事件が起こっている。また、「小林重明」については長女・ミキのメモによる。注5）ヘボンとの関係を示す書類が見つかっていない。新潟県教育百年史明治編、長女ミキのメモ等に記載されている。注6・7）長女・ミキのメモから参照。注8）小日向一枝「高田盲学校の資料」新潟県立歴史博物館『新潟県立歴史博物館研究紀要第3号』2002年．88〜89頁による。また、現存するカタカナ福音書は「盲人片假字凸字馬可伝福音書上巻」「盲人片假字凸字馬可伝福音書下巻」「盲人片假字凸字約翰伝福音書上巻」「盲人片假字凸字約翰伝福音書下巻」が残されており、ローマ字聖書「ruka den fuku-in sho」が残されており、現在、新潟県立博物館に保存されている。

家に関する人々」とある。どちらも自筆であり、「田部ミキ記ス」は片仮名、漢字の混じった書体であり、「大森家に関する人々」は平仮名、漢字の書体であることから、「田部ミキ記ス」については倒れる前に書かれたものと考えられる。下記の「田部ミキ記ス」は倒れる前に書かれたものである。

田部ミキ記ス

大森家ニハ是ヨリ以前ノ記録一切函館大火ニテ焼失センタメ不明ナルトモ記憶ニアル分ト廣野家ヨリ聞キ取リシ分ダケヲ記ス。

大森重行隆碩

（姫路藩士広野家四世・非左衛門友兄四男。大森重任隆庵に養子ニ行キ重行トナル）

姫路藩人極小禄ナレトモ高田藩ヘ御国替ノ時同地ニ移リ眼科医ヲ業トス。會津ニアリシ時溝口氏ノ女ヲ迎ヒ二男三女ヲ設ク隆庵ノ嗣子ナリ年―― 歳ニテ没ス其妻溝口氏74才ナリ。

大森重任隆庵

隆碩ノ第一子ニシテ父ノ業医ヲ継グ同藩人加浩氏ノ女ヲ迎ヒ一男二女アリタレトモ産後ノ病ニヨリ死去セリ、時ニ年二十九才ナリ次ニ、中頸城郡潟町村ノ小林氏ノ女ハルヲ迎ヒ数人ノ子ドモ得シモ早逝シ末女カツ一人兎ニ角三十六才迄永ラヱタリ（同人ハ東頸城郡秋山氏ニ嫁シタリ）隆庵氏ハ気ノ利キタル酒家ナリシ故家老伊藤氏ノ気ニ入リ毎日相手ヲナセシ故中毒ニヨリ四十九才ニテ早逝セリ。尚ホ小林氏ハ持病ノ心臓病アレトモ医師家ナルニヨリ手当ヲ加ヘシ故七十四才ニテ安ラカニ永眠セリ。

大森重明隆碩　（幼名繁三郎）弘化三年生。

父隆庵ノ早逝ノタメ二十才ニシテ家督ヲ継グ学ヲ倉石塾ニ於イテ受ケ医ヲ江戸ニテ学ブ二十四才ニテ竹尾清照氏ノ三女スミ（当時十九才）ヲ迎ヒ一男三女アリ（外ニ側室ニ一男三女ヲ設ケシモ早逝シテ残ルハ二女ノミトナリ、ヒロ、コウト云ウ）旧藩士ノ政治ニ関シ土地ノ人ニ助ケ倉石先生始メ他ノ士族町人等ト共ニ謀リ目安箱事件ヲ起コシ同人ハ最年少者ナルヲ以テ他ノ人々ニ代ワリ犠牲トナリ脱藩セリ、以後家計ハ実ニ困難ヲ極メシ由、当時、他ノ人々ニハ後ノ心配ハ無用トノ約束ノ様ナルモ表面ハ矢張罪人扱イサレ、死後今日ニ至ルモ旧主家ノ名簿ヨリ削リ去ラレル。然ルニ政治ハ本人等ノ意ノ如クニリシモ彼等ハ皆他人ノ形ナリ人ノ心ハ的ニナラヌナリ。此目

安箱事件ヨリ姓ヲ小林ト改メ高田町外肥田村ニ籍ヲ置キ小林重明ト云イタリ。江戸ニテ勉学中内科ハ「セメンズ」氏ニ眼科ハ「ヘボン」氏ニ就キテ勉学（無論学僕ノ如キモ時ニハ二百円位国元ヨリ得シト云ウ）其当時、小林繁三郎云イシ由、尚ホ「ヘボン」氏ニ就キシ頃、例ノ「ヘボン辞書」ノ編纂ニ預カリシ由、居ハ江戸ヨリ横浜、長崎、支那トテ移リ「ヘボン」先生ニ従イ生キタリ尚同師許ニハ銀座ニテ有名ニナル目薬ヤ岸田吟香氏モ共ニ居タレシ由　両人トモ同師ニ別レ之ヨリ讀賣新聞ニ入ル、次ニ前島氏カヲ頂ク駅遞寮（現在ノ遞信社）勤務スル事ニシ数年ニシテ高田鈴木家（姉ノ婚家）主人死去センナリ此レニヨリ高田ヘ帰リ眼科医ヲ始ム。明治廿十一越後地方ニ失明人ノ多キヲ憂イ且ツ又自身ノ殆ンド失明センナリノ眼病ニ罹リシニヨリ此レヲ機トシテ盲人ノ教育ヲ思イ立チ訓曚学校ヲ自費ニテ開ク此学校ハ同志モ諸方々増シ現今ニテハ高田盲学校ト改名セリ。此外高田地方産婆看護婦ノ不完全ヲ大ニ憂ヒ終ニ産婆看護婦養成所ヲ郡病院内ニ設ケ東京迄イデズシテ内務省ノ免許ヲ得ル様ニ運バセタリ。明治三十四年五十一才ニシテ中風ヲ起コシ永年住ミ慣レタ高田ノ家屋敷ヲ払ヒ東京ニ至レリ本庄ニ餘生ヲ送リシガ五十九歳（明治三十六年十月五日没）ニテ死去セリ変化ノ多イ生涯ヲ終リタリ。妻スミ竹尾氏ハ後ニアリ。明治二十二年姓ヲ大森ト復籍シ再来大森隆碩ト改メタリ。

大森スミ　　嘉永三年生

竹尾氏隆碩ノ妻トシテ明治元年十九才ニシテ嫁ス、長男滋清死後嫁ノ復籍ニヨリテ戸主トナル年老イタルニヨリ長女ミキ婚家田部家ニ寄遇ス同家ニアリテ一切ヲナシ居タルモ晩年ニ腎臓ヲ患イ八十五才ニシテ永眠時ニ昭和九年九月六日

出所：筆者所有「長女ミキのメモ」（写し）より作成下線ルビ筆者。

　大森隆碩は「目安箱事件」後の約19年間に関しては名前を変えて活動していると思えるため資料として残されていても、隆碩自身を確認できるものは少ない。しかし、この目安箱事件が大森隆碩の人生を大きく

変えたことだけは確かである。本研究では、この目安箱事件について著者自身が仮説を立てその事実を明らかにしていきたい。

（2）先行研究

　大森隆碩に関して高田市史で確認できるものは 1914（大正 3）年のもので、表 7 のように記されている。

〈表7〉 ―高田市史（大正 3 年）での大森隆碩―

　県立高田盲学校。盲人矯風研技會員大森隆碩・杉本直形等の發起する所にして明治廿四年七月開校す。初府古町の民家を借り二十六年一月別院前相生町に校舎を設け盲人唖者を教ふ四十二年九月中寺町に移轉す。

出所：新潟縣高田市教育會編集『高田市史』秀英舍 1914 年．376 頁。

　高田市史（大正 3 年）には、大森隆碩についてはほとんど触れられていない。その後 1921（大正 10）年新潟縣社會事業概覧では表 8 の通り眼病を患ったことが書かれている。

〈表8〉 ―新潟縣社會事業概覧（大正 10 年）での大森隆碩―

　當校ハ故大森隆碩眼病ヲ患ウフコト数月方サニ盲セントスルニ際シ盲人教育ノ必要ヲ自覚シ盲人矯風研技會ヲ組織セシニ始マル、明治 24 年 7 月 22 日學校設置認可ヲ得校名ヲ高田訓矇學校ト稱ス。其後大正 4 年 2 月高田盲學校改稱セリ、明治 24 年 7 月普通民家ヲ借リ受ケ授業ヲ開始ス。明治 26 年相生町ニ 2 階建テ鏓坪數 47 坪ノ普通民家ヲ購入假校舍ニ充テ居リシモ不用ニ付明治 42 年 2 月賣却セリ。明治 42 年 2 月郡立病院不用病舍平屋建 53 坪 5 合及 疊 建具ノ無代讓與ヲ得タル以テ高田市中寺町 161 番地ニ 258 坪ノ地所ヲ借リ入レ同年 5 月起工 9 月 1 日二階建瓦葺總坪數 107 坪 5 合ノ新校舍竣成セシニ依リ授業ヲ開始ス。此年ヨリ教材教具モ稍 完備スルニイタル。

出所：新潟縣『新潟縣社會事業概覧』1921（大正 10）年 60 頁～ 61 頁。ルビ筆者記載。

さらに、1958（昭和33）年の高田市史では高田盲学校については6頁にわたり書かれており、大森隆碩、杉本直形、丸山謹静について個別で紹介されている。表3は大森隆碩が個別に紹介されている部分である。高田市史から15年後に出された、新潟県教育史夜話でも同様に高田市史を超える内容のものは出されていない。ここで紹介されている史実から大森隆碩の記述は大きく変わらずに高田盲学校記念誌などでその後紹介されている。

〈表9〉 ―高田市史（昭和33年）での大森隆碩―

弘化3年5月22日生、嘉永4年4月から文久3年2月まで倉石典太について漢学を学び、眼科を文久2年5月から土生玄杏に学んだ。元治元年2月、父が死亡したので帰高し五の辻で眼科医を開業した。同年12月に高田藩医員に任ぜられた。明治2年9月から11月の間、北陸道大病院医員に任ぜられ3年1月から3カ月の間、会津降伏人病院付属医員となった。彼は医学研究に英語の必要なことを痛感し、同年4月上京して大学南校に入学した。彼の英語はたちまち上達し、翌4年米国医師ヘブンに従って上海に行きこれを助け、5年9月に帰朝した。この年の10月から、医師セメンズについて医学を学び10年12月高田に帰って新須賀町に眼科医を開いた。11年1月15日高田病院長武者春道とはかって医会を開き、幹事に就任した。又、15年12月には私立衛生会設立をはかり16年4月許可がおり幹事になった。21年1月杉本直形・小池玄育・中島繁之・丸山謹静などとはかり、訓盲談話会を開き、4月には中頸城郡にはじめての意志組合会を結成した際組合長に推された。（22年4月辞職）22年4月に、中頸城郡に鍼灸組合会が設置され、彼は第二部組長となり、26年1月に私立訓盲学校長心得となった。又、26年3月から中頸城郡私立産婆養成所所長となり、29年3月養成所が廃止になるまで所長をつとめた。31年には鍼灸研究会の会頭になった。33年6月訓盲学校長を辞し、36年10月5日に死去した。

出所：高田市史編集委員会『高田市史』信濃教育会出版部1958年. 771～772頁。漢数字を洋数字に筆者変換。

本論で取り上げる、目安箱事件は 1869（明治 2）年ごろに発生したものと考えられ、その後高田を離れ、名前を変えて 1876（明治 9）年ごろまでの 7 年間、大南学校に通い英語を学び、ヘボン、セメンズとの交流があったと考えられている。

3　目安箱事件の検証

大森隆碩は 1869（明治 2）年から 1870（明治 3）年にかけて、何らかの事件（目安箱事件）を起こして小林重明と名乗っている。この間の「高田市史」では「1869（明治 2）年 9 月から 11 月の間、北陸道大病院

〈表 10〉「長女ミキのメモ」による目安箱事件とその後の記載

　旧藩主ノ政事ニ関シ、土地ノ人々ヲ助ケ倉石先生始メ他ノ士族町人等ト共ニ謀リ目安箱事件ヲ起コシ同人ハ最年少者ナルヲ以テ他ノ人々ニ代ワリ犠牲トナリ脱藩セリ、以後家計ハ実ニ困難ヲ極メシ由、当時、他ノ人々ニハ後ノ心配ハ無用トノ約束ノ様ナルモ表面ハ矢張罪人扱イサレ、死後今日ニ至ルモ旧主家ノ名簿ヨリ削リ去ラレル。然ルニ政治ハ本人等ノ意ノ如クニリシモ彼等ハ皆他人ノ形ナリ人ノ心ハ的ニアラヌナリ。此目安箱事件ヨリ姓ヲ小林ト改メ高田町外肥田村ニ籍ヲ置キ小林重明ト云イタリ。江戸ニラ勉学中内科ハ『セメンズ』氏ニ眼科ハ『ヘボン』氏ニ就キテ勉学（易論学僕ノ如キモ時ニハ二百円位ハ国元ヨリ得レト云ウ）。其当時、小林繁三郎云イシ由、尚ホ「ヘボン」氏ニ就キシ頃、例ノ「ヘボン辞書」ノ編纂ニ預カリシ由、居ハ江戸ヨリ横浜、長崎、支那トテ移リ「ヘボン」先生ニ従イ生キタリ尚同師許ニハ銀座ニテ有名ニナル目薬ヤ岸田吟香氏モ共ニ居タレシ由　両人トモ同師ニ別レ之ヨリ讀賣新聞ニ入ル、次ニ前島氏力ヲ頂ク駅逓寮（現在ノ通信社）勤務スル事ニシ数年ニシテ

出所：筆者所有「長女ミキのメモ」（一部写し）より作成。

医員に任ぜられ、3年1月から3か月の間、会津降伏人病院付属医員となった。彼は、医学研究に英語の必要性を痛感し、同年4月に上京して大学南校に入校した[29]」と書かれている。

しかし、何らかの事件（目安箱事件）で高田藩にいられなくなったことが「長女ミキのメモ」から明らかになっている。目安箱事件については、倉石典太が中心となり謀がなされたと想定できる。

この「長女ミキのメモ」はかなり信頼できる史実が書かれている。例えば、出生についてであるが、大森重明隆碩　姫路藩士広野家四世・非左衛門屋門友兄四男。大森重任隆庵に養子に行き重行となる。隆庵は嗣子と記している。また、幼名について繁三郎と書かれている。隆碩が養子であったことについては、他では書かれていないことである。さらに、隆碩の結婚についても同様であり、隆碩24歳にて、高田藩士族竹尾清照の3女スミ（当時19歳）と結婚とある。その後、この目安箱事件があり、一人で行動していたと考えられる。

逸話ではあるが、高田市の表具師三上昌冶（1892年―1988年）が『新潟県立高田盲学校創立九十周年記念誌』に「創立者大森隆碩先生の人となり（談）」として次のように載せている。

〈表11〉　三上昌冶氏の目安箱事件とその後の記載

　明治維新になってからでしょうか。その頃、町に目安箱というものがあった。今でいう投書箱のことでしょう。それに意見を書いて入れたが取り上げてもらえなかったのでしょう。目安箱に爆弾を仕掛けてな。それがばれて横浜に逃げた。横浜では、小林半四郎と名乗っていたが、あるとき友人と議論をやった。ずい分激越な議論だったようで、相手が「もしおれの言っているのがうそだと言うなら。おれの腕をやろう」といった。大森さんは本当にくれるかと三度念を押してから、その友だちの腕を切ってしまった。横浜にもいられずに上海に飛び出した。

出所：新潟県立高田盲学校「記念誌」編集委員会『新潟県立高田盲学校創立九十周年記念誌』
　　　1977年．67頁。

横浜で名のっている小林半四郎とは長女ミキのメモに書かれている幼少名「繁三郎」のことであると考えられる。また、腕を切ったことから上海に飛び出したことについては、ヘボンによる澤村田之助の手術が影響し伝わったものではないかと考えられる。

　また、「高田盲学校三〇周年記念誌」については表12のとおりである。同誌に杉本直形の挨拶があり大正10年9月22日とある。

〈表12〉　高田盲学校三〇周年記念誌の目安箱事件

　市内北五の辻に代々医を業とした大森隆碩といふ人があった。高田藩の藩医に列せられたほどの名家であったが蘭学を研究した結果当地に於ける新人となり高田城の外堀を埋めて田とし、その収穫によって藩の財政を助くべくしとの意見書を藩の目安箱に投じたので注意人物となり藩主はその不遜を責めて遂に家名断絶くにがまいの処分を受くるに至った。

出所：http://blogs.yahoo.co.jp/kishi_1_99/38985040.html「高田盲学校三〇周年記念誌より」
　　　2013年10月1日確認。「これは、高田盲学校資料に点字本だけが所蔵されているものを、私が墨字に直したものです。一部、漢字に置き換えきれていない箇所があります」とある。

　「高田盲学校三〇周年記念誌」の存在については本研究の中では検証しきれてはいないが[30]、当時の高田藩の状況から考えると外堀を埋めて田とするという大森隆碩が提案したとされる。なお、高田藩には「榊原文書藩政日記」という慶応3年から明治期まで続く「日記」が現存しているが、1869（明治2）年から1870（明治3）年の日記については上越市立高田図書館には所蔵されていない[31]。しかし、その後の高田市史等でもこの目安箱事件については取り上げられていない。

　これらのことから、筆者は表13の「目安箱事件の仮説」をたててみた。

　仮説1として、1869（明治2）年1月29日「柏崎県が設置した目安箱に、「眼政曲諸悪人」を揶揄する数え歌が投じられる」という事件が記載されている。この事件を倉石典太らの門人と組んで起こしたということについては、まず、その目安箱に投じられた内容について検証したい。表9が柏崎目安箱事件の内容であり、一に迷惑致します、で始まっ

〈表 13〉 目安箱事件の仮説

1 目安箱についての史実として、1869（明治 2）年 1 月 29 日「柏崎県
が設置した目安箱に,「眼政曲諸悪人」を揶揄する数え歌が投じられる」
という事件が記載されている。この事件を大森隆碩などが倉石典太ら
の門人と組んで起こしたと考える。

2 当時、医師の仲間の中で一番若い（長女ミキのメモ「目安箱事件ヲ
起コシ同人ハ最年少者ナルヲ以テ他ノ人々ニ代ワリ犠牲トナリ脱藩セ
リ」）大森隆碩がその罪をかぶり目安箱事件の主犯者とされた。

3 このことにより、1889（明治 22）年に復籍するまでの間は、大森隆
碩の名前を捨て小林重明などと名っていた。

ている。金札とは本来は藩札のことであるが、1868（明治元）年 5 月か
ら 2 年間にかけて維新政府が大量に発行した太政官札のことを言う。
早々にお引き替えになるべきとしている。また、あげくのはては、価値
は知らずと言っている。

〈表 14〉 柏崎の目安箱事件

金札之文

一ニ迷惑仕候 二割半之直下ヶとは 山賊に逢った心持 四欲伝たないと
あきらめた 五日の程が恐ろしい 六な政治も出来もせて 七面倒に成
りました 八を摺出す太政官九家も勅使もあとたまし 十善の君をない
がしろ 十一ヶ国江聞いても 十二も角にも恥の種 十三ヶ年と言いずと
も 早々御引替可被成し 末のつまり価不知
眼政曲諸悪人中

出所：新潟県編集発行『新潟県史通史編 6 近代 1』1987 年．201 頁。

この投書は、子種新田の庄屋佐兵衛が、、1869（明治 2）年 1 月に柏
崎民政局に投じられたという落書きを書きとめたものである。太政官札
（金札）への不信感を中心に、新政府に対する痛烈な風刺でもあった。

新政府が戊辰戦争中に現地で調達した諸物品や人足役などの代価は、これで支払われていたから、越後においてもかなりの金札が出まわっていたと考えられる[32]。

　この柏崎の目安箱事件が起こった「時」に注目したい。目安箱事件は1869（明治2）年1月29日に起こっている。1868（明治元）年12月17日高田藩でも藩札を発行し、翌年1月5日から11日までに旧会津藩藩士1744人預かることになる。

　この当時の高田藩の内部事情についてみると、1869（明治2）年7月25日、明治政府により版籍奉還が行われた。高田藩でも版籍奉還に基づき、職制の改革が行われた。公選により執政・参政を定め、民生局・学生局・軍事局・会計局・刑法局の5局をおいた。これと併行して学生の改革が行われ藩校の修道館が学生局として5局の一つになった[33]。

　この時期の高田藩の状況は士族卒も合わせて1847戸で、そのうち609戸が士族に相当している。士族卒とは士族の下におかれた身分のもので足軽・中間などがこのように呼ばれた。高田藩の場合屋敷持ちが士族、長屋住まいが卒とされていた。士族卒の戸数は領内全戸数3万1千戸余りのうち約6%にしかないが、これらに藩庁費用の半分以上があてられていた[34]。また、この当時、禄制の改革も行われている。1900（明治33）年設置の臨時秩禄処分調査局が旧藩の事情を調査したところ高田藩は1968（元治元）年から1868（明治元）年までの実収入の平均が米3万7千石余りに過ぎないにも関わらず、士族に支給される家禄が4万7千石余りもあったという[35]。高田藩では寛保の転封以来、財政の逼迫により藩士の家禄の10分の9は藩へ借り上げられ、残り10分の1が支給されていたとていう。さらに1869（明治2）年の家禄改正により1000石の者は、改革後の禄高が42石9斗3升という厳しい改革であった。

　さらに、高田藩の会津藩士受け入れについては東本願寺高田別院をはじめ寺町の数十か所に配分され手当として二人扶持が与えられ、高田藩からも一人扶持ずつを至急した。高田藩では新政府の約束である新領地3万石が与えられないまま扶持米を支給したり、寝具など生活用品の準

備に一万七千両ほどの支給をするなどその負担は大変なものであったとしている [36]。

　これらの事情から高田藩では 1868（明治元）年 12 月 17 日高田藩は藩札を発行した。藩札の発行は戊辰戦争による財政悪化にともない藩財政を立て直すために行っている。高田藩の藩札は 15 万両の届け出であったが、会津藩 1744 人預かりから生ずる経費やこの年の大凶作などから 1870（明治 3）年 6 月までには 24 万 8 千 340 両も発行している [37]。藩札の内容は「『今日ヨリ高田地方ニ高田藩札通行ヲ達セラル、其種類壱両・五両・十両・一朱・一貫文・五百文・三百文、発行高ハ最終迄ニ壱九万両ニ及ベリ』とある。しかし、藩としては準備金もなく、不換紙幣であった。3 年春、柏崎県から藩札引換を命じられたが、その方法がなく、しかも 9 月 27 日には他の管下への藩札流通が厳禁され、商人は他からも仕入れもできず、領民の苦しみは大きかった [38]」とある。当然、明治政府から高田藩に支払われる太政官札の影響は大きかったと考えられる。

　柏崎目安箱事件は藩札が発行されて、約 1 か月後に起こっている。では、この当時、戊辰戦争における医師の配置などについては、どのような状況あったのか。また、当時の大森隆碩の状況はどうであったのか。表 9　明治 2 年禄制改革が入る。

　森川政一（1990 年）の「明治・大正上越医界史」によると戊辰戦争では大森隆碩は 1869（明治 2）年 2 月末日まで柏崎病院で治療に従事しているとある [39]。これは、柏崎の目安箱事件の時に大森隆碩は柏崎で勤務していたことを意味している。戊辰戦争従軍の後方支援の任務を与えられているため高田に簡単に戻ることはできないと考えられる。

　長女ミキのメモには「旧藩主ノ政事ニ関シ、土地ノ人々ヲ助ケ倉石先生始メ他ノ士族町人等ト共ニ謀リ目安箱事件ヲ起コシ同人ハ最年少者ナルヲ以テ他ノ人々ニ代ワリ犠牲トナリ脱藩セリ」とある。また、「表面ハ矢張罪人扱イサレ、死後今日ニ至ルモ旧主家ノ名簿ヨリ削リ去ラレル。然ルニ政治ハ本人等ノ意ノ如クニリシモ彼等ハ皆他人ノ形ナリ人ノ心ハ的ニナラヌナリ」とある。政事は本人の意の如くなりしもについて

は、太政官札のことを言っていると考えられる。さらに高田藩においては赤札事件のことをいっていると考えられる。廃藩置県の後、1873（明治6）年旧高田藩を接収した柏崎県で藩札の整理を進めていた際に規定額の15万両より1万3千4百両も多い藩札が発見され、大問題となった。当時、藩札の超過発行は政府より厳禁されていた。調査の結果、高田藩の会計方がひそかに3万両の藩札を製造し、他にかして利息を取っていたことが明らかとなった。そのうち1万5千5百両は回収され裁断されたが。残り1万4千5百両が回収できなかったことが判明した。発行に関わった旧藩士8名は1873（明治6）年3月10日に逮捕され、そのうち一人は割腹自殺し残り7名は柏崎県に護送された[40]。これが高田藩で起こった赤札事件の概要である。

　高田盲学校30周年記念誌の「高田城の外堀を埋めて田とし、その収穫によって藩の財政を助くべくしとの意見書を藩の目安箱に投じた」については1921（大正10）年9月22日に発効されており、杉本直形の記憶によるものと考えられる。杉本直形は戊辰戦争では若狭隊に属している[41]。高田藩は1868（明治元）年4月21日海辺道の本隊と松之山口の山道軍に別れて進軍、山道軍は千手より北進して雪峠で戦い、東軍を破って長岡城に向かった。先方は高田藩主一門の榊原若狭の隊であり。海辺道軍は高田藩竹田十左衛門を先鋒として鯨波で戦い長岡をめざした。長岡城陥落の折榊原若狭は戦死した。若松城開城後10月11日榊原若狭一手の隊員がまず帰軍した[42]。とある。大森隆碩と杉本直形は分かれて後方支援にあたっていることが分かる。また、長女ミキのメモによると1870（明治3）年隆碩24歳にて、高田藩士族竹尾清照の3女スミ（当時19歳）と結婚とある。目安箱事件により結婚をしたにもかかわらず一時的に解消し、東京に出たことになる。目安箱に投書したことから、事件の発覚までの期間を考えると目安箱事件は1869（明治2）年頃に起きたものではないかと推察できる。なお、柏崎市史資料集の中で「是年月日欠　曩ニ訴筥ヲ設置セシヲ以至是投書ノ主旨ヲ掲示ス[43]」とある。是年とは巳年と考えられ、明治2年と考えられる。目安箱が柏崎に明治2年に設置された。また、目安箱設置の後に「是年月日欠　匿名ノ

封事ヲ呈シ自己ノ癡情ヲ陳へ、或ハ不敬ノ文章ヲ路傍二帖スルヲ禁ス [44]」とあり、投書があったことに対して、対応していることが分かる。

　なお、「高田城の外堀を埋めて」の発想は、高田士族、家臣団の結びつきから考察すると 1971（明治 4）年 7 月 14 日の廃藩置県以降のものではないかと考えられる。1969（明治 2）年から 1970（明治 3）年かけては赤札事件に代表されるように藩財政の逼迫と官軍から支払われる太政官札の問題が当時の高田藩にとっては一番頭の痛い問題ではなかったか。

　さらに、仮説 2　当時、医師の仲間の中で一番若い大森隆碩がその罪をかぶり目安箱事件の主犯者とされたことについては、長女ミキのメモ

〈表15〉　戊辰戦争の時の主な高田藩医師の配置と当時の年齢

○　三藩病院（高田藩と薩長二藩の兵站病院）※天朝病院と呼ばれていた。

　小池玄育（27 歳）、神岡玄良（40 歳）、藤林玄仙（29 歳）、宮川動生（33 歳）、田中孝琢（34 歳）、黒沢宗順（37 歳）、渋川甫仙（維新 28 歳）など。

※宮川は津川病院までいっている。ウィリアム・ウィリスは高田から柏崎、中越、下越、の先方病院を回って会津まで行っている。瀬尾、小池、神岡は会津まで従軍している。水野立章は白河口戦場へ出陣し、合田洋莽（57 歳）、同洋順父子は共に下越まで出陣し、洋順は会津坂下まで従軍している。杉本直形は榊原若狭の軍に属して、宮ノ原から三條に移り、戦傷者の治療に従事している。

○　柏崎病院

　大森隆碩（22 歳）、上野貞斎（28 歳）など。

※藤林文竜（29 歳）柏崎病院から五泉まで行っている。

○　降伏人病院

　気質長祥（49 歳）、合田義宜、黒沢宗純など

※会津藩医塚原義則、中川昌泰の 2 名も加わる。

出所：森川政一『明治・大正上越医師会』上越出版 1990 年．378 頁〜 380 頁。

明治期の盲教育と先駆者大森隆碩の足跡　―目安箱事件の仮説検証から―

の「当時、医師の仲間の中で一番若い大森隆碩がその罪をかぶり目安箱事件の主犯者とされた」について考察したい。

　表 15 は当時の高田医師の動向・配置である。この中の医師の年齢をみると大森隆碩が最年少になる。また、目安箱事件が起こった時に柏崎に居たことになる。なお、ウィリアム・ウィリス（1837 ― 1894）は 1862（文久 2）年に英国総領事館パークス付医官として来日し、15 年間に渡り明治維新という歴史の転換期の中で明治政府の要請に応じて従軍医師として活躍し、1869（明治 2）年に大学東校の教授に就任した。しかし、明治政府がドイツ医学採用の方針をとったため退職、鹿児島医学校長、附属病院長に就任した。ウィリアム・ウィリスについては萩原延壽（2000 年）「遠い崖 ― アーネスト・サトウ日記抄」からその足跡を知ることができる。1868（明治元）年 9 月 1 日に高田に到着したウイリアム・ウィリスは、9 月 11 日の朝、柏崎に向けて出立するまで、約 10 日間高田で負傷者の治療にあたったが、その場所は「天朝病院」と呼ばれていた薩摩の軍病院で、ここには薩摩軍以外の負傷者も収容されていた（元帥侯爵大山巖）。1868（明治元）年 9 月 11 日高田を発ち、同日に柏崎に着いた。柏崎に 9 日間滞在し、9 月 20 日新潟に向けて出発、9 月 21 日新潟に到着。ここで、会津城の落城を知った。10 月 1 日（陽暦 11 月 15 日）に新潟を出発し新発田に着いた。10 月 4 日会津征討越後口総督仁和寺宮嘉彰親王に面会する。翌日 10 月 5 日若松行きの要請を受けた。10 月 6 日 34 名の新発田兵に護衛されて若松に向かう。10 月 19 日若松を後にしも新政府側の負傷兵が集結している柏崎を再度訪問する。若松から新潟まで 5 日かかっている。新潟で 1 日滞在し、3 日半かって柏崎に到着。させに、高田に半日ほど立ち寄り 11 月 15 日に江戸にもどっている[45]。わずかな期間であるが、ウィリアム・ウィリスが高田藩の医師に与えた影響は大きい。

　仮説 3 の目安箱事件により、1889（明治 22）年に復籍するまでの間は、大森隆碩の名前を捨て小林重明などと名っていたことについては、大森隆碩の父親大森隆庵は榊原式部太輔家臣知行高附によると六ノ辻で 7 人扶持になっている。武士の身分をもち医師を行っている[46]。なぜ、

小林姓を名乗ったかに関しては、仔細は分からない。長女・ミキのメモによると、隆碩の母ハル（隆庵の後妻）中頸城郡潟村の実家が小林を名乗っている。重明については「大森重明隆碩」が正式な名前であり、重明は諱である。何らかの事件（目安箱事件）により、姓や字が使用できなくなり母方の姓小林と諱である重明を名乗ったと推定される。

　大森隆碩が小林重明と名乗っていた根拠は 1887（明治 20）年の医籍禄にある。表 16 が内務省が出した医籍禄である。新須賀で開業した大森隆碩は小林重明と記載されている。

〈表 16〉　明治 20 年医籍禄（明治 21 年刊）内務省版

住所	（現住所）	医師名	住所	（現住所）	医師名
外馬塚町	南本町 3	中野千里	善光寺町	東本町 1	加川玉造
蓮池横町	南城町 2	小池玄育	下職人町	大町 4〜5	秋山祐哉
西会所通町	大手町	向野永業	上小町	本町 4	笠島太安
尾張町	南城町 1	合田義宜	中小町	本町 5	宮路重行
馬出町	大町 2	中川(真保)利雄	大鋸町	仲町 6	小杉繁三
新川原町	北城町	黒沢宗順	新田町	北本町 3	丸山與七郎
裏川原町	北城町	藤林玄仙	同	同	丸山巖太郎
東二ノ辻町	西城町 3	藤林文益	呉服町	本町 3	市野敬信
四ノ辻町	西城町 3	気質長祥	新須賀町	仲町 2	小林重明
同	同	気質登吾	上田端町	仲町 3	伊奈玄白
同	同	瀬尾玄弘	堅春田町	本町 1	鷹見盛保
五ノ辻町	西城町 4	中川昌義	同	同	溝口良繁
五分一壹町	幸町	水野道貞	横春日町	南本町 3	松井恵三
同	同	野本直好	檜物屋町	仲町 3	髙橋震九郎
五分一参町	同	垣上繁寧	高田病院	大手町	記村武五郎

出所：森川政一『明治・大正上越医師会』上越出版 1990 年．385 頁。下線筆者。

　明治初年の士族の状況は廃藩置県により「藩」というよりどころを失い、府県貫属として明治政府から家禄を支給される身分となった。この家禄支給が明治政府の財政を圧迫し、1873（明治 6）年華士族禄税制度を布告し、家禄税を創設した。同時に、家禄奉還ノ者へ資金被下方規則も布達された。士族の数は 1872（明治 5）年、新潟県・柏崎県合わせて 3619 戸、1 万 7443 人であり、卒が 5110 戸、1 万 9541 人であった[47]。

この状況は上記の通り高田藩でも同様であり、1883（明治16）年6月、新潟県を巡視した元老院議官渡辺清の報告書に「高田士族は概して困窮しており、しかも互いに猜忌しあって共同事業ができないでいる」と書かれている[48]。

これらのことから、「目安箱事件」は実際にあり、そのことにより大森隆碩が小林繁三郎なり、小林重明と名前を変えて生活しなければならない状況に追い込まれたことは事実であり、仮説の通り、柏崎目安箱事件を大森隆碩が起こした可能性は高いと考えられる。

4　おわりに

大森隆碩が目安箱事件で高田を居られなくなったことは「長女ミキのメモ」からも確かなことであると想定できる。本論では、大森隆碩の目安箱事件について、高田市史などどこにも取り上げられていないが、名前を変えて行動し、住み慣れた場所から別な場所で開業している事実から大森隆碩による目安箱事件があったことを想定し、仮説を立て検証したものである。同時期に起こり、目安箱に投函された柏崎目安箱事件については大森隆碩の行ったものと想定できる。

しかし、大森隆碩一人で行ったものか、倉石典太らの仲間と行ったのかについては検証できていない。高田訓曚学校の創設や中頸城郡医師組合初代組合長（明治20年4月結成、1郡175名の医師のほとんどが加入している[49]）などを行っていることから隆碩の高田での人望は厚かったと考える。20年以上も名前を変えて過ごしてきた隆碩の人となりを杉本直形などの多くの医師たちが支持していたのではないかと考える。いづれにしても今の世の中に紹介し、その功績を出来る限りあきらかにしていきたいと考える。

[参考・引用文献]

1) 文部省『学制百年史』1972年．113頁

2) 文部省『盲聾教育八十年史』日本図書センター 1981年．3頁

3) 福沢諭吉『西洋事情』尚古堂 1866 年．88 ～ 89 頁。

4) 前掲 2)．p 6。

5) 前掲 2)．p8。

6) 前掲 1) p516 ～ 517。

7) 垣次九水『日本国勢調査記念録第一巻』日本国勢調査記念出版協會 1922 年．54 頁。2010（平成 22）年 10 月 1 日 国勢調査人口では 2,347,092 人（全国で 14 番目）になっている。

8) 新潟県『新潟県百年のあゆみ』1971 年．202 ～ 203 頁。

　※なお、『新潟県史資料編 17』(1982 年）によると、明治年間の新潟県は本籍人口で見る限り、その末年まで全国第一位の人口であり、東京・北海道を凌いでいた。しかし、大正の初頭から人口の流失と、他方で、大都市への人口集中があいまって、1920（大正 9）年には、東京・大阪・北海道が 1 位、2 位、3 位となって以後その順位は定着する。また、同年には兵庫・福岡・愛知が上位となり、新潟は 7 位に転落したとある。

9) 新潟県『新潟県のあゆみ』旭光社 1990 年 389 ～ 391 頁。

10) 山浦松太郎『月刊中越の郷土史』月刊中越の郷土史編産室 1983 年 4 頁に五十嵐富士夫「飯盛り女―宿場の娼婦たち―」(1981 年　新人物往来社）が紹介されており、その中で「五十嵐氏によるとこの「はつ」のような飯盛り女たちは 18、9、21、22 歳でなくなっている者が多く、彼女たちの生命をむしばんだ原因は瘡気とその余病であったいう。また、五十嵐氏の宿場の飯盛り旅籠の抱え女たちの身元は越後生まれのものが圧倒的に多かったと指摘している」と書かれている。なお、瘡気とは梅毒のことである。

11) 安田辰美「新潟縣出稼概況」新潟縣社會事業協會『佐越社會事業第四巻十一月號』1932（昭和）7 年 58 ～ 60。

12) 出雲崎教育委員会編『出雲崎町史通史編下巻』出雲崎町 1997 年．65 頁。

13) 文部省『学制百年史』によると、「巡幸の結果、明治天皇は各地の教育の実態がはなはだ憂慮すべきものであることを痛感させられた。維新後の急激な教育体制の改革、文明開化運動および欧米流の知識の摂取は、

まだ人民の間にじゅうぶんに吸収されていなかったばかりでなく、混乱の様相さえ呈していたのである」と記してあり、巡幸により各地の視察を行っていたことが分かる。

14) 青柳清作『寺泊郷土史（1951 年刊の改訂版)』寺泊町公民館 1961 年. 540 頁。

15) 前掲 12). p71。

16) 前掲 12). p69。

17) 前掲 12). p74。

　※筆者はここに「瞽女」の文化が影響していると考察している。新潟県には長岡、高田に大きな瞽女集団があり、五十嵐富夫（1987 年）『瞽女』は「高田市には 1904（明治 37）には 17 件の瞽女屋敷があり瞽女の数は 1901（明治 34）には 89 人になっていたという」といっており、瞽女は 3 人一組になり地域の瞽女宿を中心に瞽女唄を歌い門付けでもらう米と瞽女宿での祝儀を得ていた。

18) 新潟懸社會事業協会『新潟縣社會事業』1942（昭和 17）年. 21 頁。

　※1942（昭和 17）年が第 4 回「目の記念日」となっている。このことから 1939（昭和 14）年から記念事業が開始されていることが分かる。また、全国中央盲人福祉協会主唱、内務省、文部省後援で 1931（昭和 6）年に失明予防の運動として、10 月 10 日を「視力保存デー」と定め活動していた。なお、1938（昭和 13）年から 1944（昭和 19）年までは、9 月 18 日を「目の記念日」としていたが、1947（昭和 22）年に 10 月 10 日を「目の愛護デー」として統一している。なお、9 月 18 日は新潟県の「天皇による金千円の新潟県下賜」によるものである。

19) 星野吉曹「新潟県の眼病患者失明者救済史（2)」北信越社会福祉史学会『北信越社会福祉史研究第 7 号』2008 年. 2 頁。

20) 出雲崎町史によると眼科講習会は 1879（明治 12）年 1 月から 7 月まで、各大区から医師を招集して新潟病院帳竹山屯から 60 日間にわたり眼科の大意を講義させ、2 回で 60 人の卒業生を出した。受講した者は各大区にもどり患者を治療し、また、予防の方法を講じたとしている。星野吉曹（2008 年）によると、眼科学講師を担当したのは産婦人科が専門の新潟

医学校教授オランダ人フォックス, C, H, M（Fock, C, H, M）であったとのこと。

21）前掲 10). p75。

22）前掲 18). p2。

23）新潟縣社會課内五十嵐裴『越佐社會事業 2 月號』中野財團 1937 年. 23 頁。

24）前掲 2). p8。

25）前掲 2). p8 ～ 9。

文部省『学制百年史』によると、「ようやく二十三年十月の改正小学校令で初めて第四十～四十二条によって盲唖学校の設置・廃止等に関する規定が設けられ、それを受けて翌年十一月の省令第十八号で、教員の資格、任用、解職、教則等に関する事項を定めた。これによって盲唖教育は法規上の準則を正規にもつに至ったわけである」としている。

26）前掲 1). p519。

27）前掲 2). p198 ～ 199。

28）新潟県『新潟縣社會事業概覧』1921（大正 10）年 52 頁～ 70 頁。

29）新潟県『新潟縣社會事業概覧』1921（大正 10）年 52 頁～ 70 頁。

30）http://blogs.yahoo.co.jp/kishi_1_99/38985040.html「高田盲学校三〇周年記念誌より」2013 年 10 月 1 日確認。「これは、高田盲学校資料に点字本だけが所蔵されているものを、私が墨字に直したものです。一部、漢字に置き換えきれていない箇所があります」とある。

31）「高田盲学校三〇周年記念誌」の存在については、2013 年 9 月 13 日、上越市福祉交流プラザにある、高田盲学校資料を確認したが不明。新潟盲学校に問い合わせるも不明であり、現在調査中である。

32）津南町史編さん委員会『津南町史　通史編上巻』1985 年. 706 頁。

33）上越市編さん委員会『上越市通史編 4 近世二』2004 年. 222 頁。

34）前掲 33). p234。

35）前掲 33). p230。

36）新潟県『新潟県史』新潟県史印刷共同企業体 1987 年. 78 頁。

37）上越市編さん委員会『上越市通史編 5 近代』2004 年. 240 頁

明治期の盲教育と先駆者大森隆碩の足跡 ―目安箱事件の仮説検証から―

38）中村辛一『高田藩政史研究編第 6 巻』風間書房 1971 年．600 頁。

39）森川政一『明治・大正上越医界史』北越出版 1990 年．379 頁。

40）前掲 38）．p240 〜 241。

41）前掲 39）．p380。

42）前掲 38）．p588。

43）柏崎市編さん委員会『柏崎市資料集　近現代 2』三秀社 1982 年．267
　頁。

44）前掲 38）．p268。

45）萩原延壽「遠い崖―アーネスト・サトウ日記抄」朝日新聞社 2000 年．
　261 〜 285 頁。

46）前掲 38）．p141。

47）新潟県『新潟県史』1987 年．373 〜 375 頁。

48）前掲 37）．p377。

49）前掲 39）．p120。

新潟県上越地方の職業紹介事業

―高田市職業紹介所を中心として―

荻野　基行

はじめに

第一次世界大戦終結後、それまでの労働需要の増大とは打って変わり、工場の閉鎖や事業の縮小[1]に伴い、1920（大正9）年から失業者が続出した[2]。この失業者に対する救済は焦眉の急務となり[3]、内務省社会局で、職業紹介所を取扱った[4]。翌1921（大正10）年4月には職業紹介法が発布され、同年7月から実施[5]されることとなった。その後1923（大正12）年4月に内務省社会局内に中央職業紹介事務局が設置されると同時に、東京・大阪に地方職業紹介事務局が開設され、全国的に連絡統一を図ることとなった[6]。しかし失業者はますます増し、地方にもこの事務所が必要[7]となり、1925（大正14）年4月には名古屋地方職業紹介事務局、1927（昭和2）年4月には福岡地方職業紹介事務局、そして青森地方・長野地方・岡山地方職業紹介事務局が増設され[8]ていった。

新潟県では1924（大正13）年11月に新潟県社会事業協会[9]が新潟市古町通十三番町（新潟救護院）に職業紹介所を設立した[10]のが最初となる。その後1926（大正15）年5月20日から新潟市の経営となった[11]が、同日には長岡市にも新潟県社会事業協会による職業紹介所が設置[12]された。一つの団体が多くの職業紹介所を経営している例は他県にはなく、新潟県社会事業協会が職業紹介事業のため貢献したことは甚大な功績であった[13]といえよう。しかし、新潟・長岡に次ぐ人口を有した高田市[14]の職業紹介所は、開設当初から市営であった。この高田市職業紹介所は酒造労務者の斡旋や製糸女工の紹介斡旋が多数あり、また少年職業指導と紹介斡旋も行っていた[15]。

本稿は高田市職業紹介所が開所した1925（大正14）年から国立となる1938（昭和13）年までの動向を、文献史料を中心にまとめた。

1. 大正末期の県内の失業状況

　最初に高田市職業紹介所開所前夜の新潟県内の失業状況の概要を述べる。

　1925（大正14）年4月11日付の高田日報には「マザマザ語る生活不安の世相」というタイトルで県職業紹介所 [16] による同年1月から3月の報告書を載せている。これによると、この期間の全求職者293名のうち、新潟県人は約8割にあたる234名の大多数を占めており、「求職の為めに態々来新したるものに至つては極めて少数で」あった。また出身地別にみると新潟市が圧倒的に多く、全体の約3割を占めていた（表1）。

〈表1〉　大正14年一季県内求職者出身地

	男	女	計		男	女	計
新潟縣（ママ）	71	21	92	北蒲原	29	—	29
長岡市	—	—	—	中蒲原	34	8	42
高田市	2	—	2	西蒲原	16	1	17
南蒲原	8	—	8	刈羽	4	—	4
東蒲原	1	1	2	東頸城	—	—	—
三島	7	—	7	中頸城	—	—	—
古志	2	1	2	西頸城	2	—	2
北魚沼	2	—	2	岩船	4	—	4
南魚沼	—	—	—	佐渡	16	3	19
中魚沼	—	1	1	計	198	36	234

注：女性及び計が計算上合わないがそのまま転記した。

　このことについて記事では「人口の都市集中はいづこも同じであるが、やはりこうして田舎に仕事がなくて都会に集まりそして一層深刻な失業者になるのである」と、田舎以上に都会の深刻な不況状態を述べている。

　また同記事では、失業者の戸主関係について記している（表2）。こ

れによると全失業者のうち、戸主と長男女が159名（54.2%）おり、両者だけで全体の過半数を占めている。戸主及び長男女は本来家族を統率すべき立場にあり、彼等彼女等が失業するということは、家族にとっても大きな痛手となったことは想像に難くない。

表2　失業者の戸主関係

戸主関係	男	女	計	戸主関係	男	女	計
戸主	99	3	102	八男女	1	—	1
長男女	50	7	57	甥姪	1	—	1
二男女	28	6	34	孫	2	1	3
三男女	20	3	23	弟妹	20	5	25
四男女	6	4	10	養子女	6	2	8
五男女	4	—	4	妻	—	9	9
六男女	—	—	—	不明	15	—	15
七男女	1	—	1	合計	253	40	293

出典：『高田日報』（大正14年4月11日）より作成。

表3　年代別失業者数　　　（人）

年齢別	男	女	計
十三歳以上	—	1	1
十四歳以上	2	1	3
十五歳以上	1	1	2
十六歳以上	6	2	8
十八歳以上	22	10	32
二十歳以上	75	10	85
廿五歳以上	51	5	56
三十歳以上	49	3	52
四十歳以上	35	6	41
五十歳以上	12	1	13
合計	253	40	293

出典：『高田日報』（大正14年4月11日）より作成。

記事でも、「生活難と失業苦はこうして家族制度を餐食して地上にのこる最後の楽園たる家庭すらも次第に崩壊せしめつゝある」として、失業による家庭崩壊を示唆している。

そして記事は失業者の年齢層にもふれている（表3）。全失業者のうちで最も多いのが141名の20歳代で、全体の半数近く（48.1%）を占めた。次いで52名の30歳代（17.7%）、41名の40歳代（14.0%）と続く。上で述べた戸主及び長男女を年齢でみれば、20歳代から40歳代と

いう働き盛りの年代になるであろう。そしてこの働き盛りの年代が失業者全体の約8割を占めていたということになる。同記事でも、「廿五歳までを修業時代としてみてもそれ以上の年齢に達して已に何か一かどの職業と地位とを持つべき人々が全数の過半を占むるのを見ても生活不安の一端を窺ふに足りる。」と述べている。

そしてまたこの年代は働き盛りの年代ということと共に、結婚や扶養者をもつ年代である。同記事では全失業者のうち配偶者のいる男性は83名、女性は9名と記している。つまり男性失業者253名のうち3割以上が既婚者であった。また男性失業者のうち約4割にあたる103名が扶養者を有していた（表4）。

続いて記事では、失業してから職業紹介所に登録するまでの期間について記している。失業してから職業紹介所に登録するまでの期間で、最も人数が多かった期間は、「1ヶ月以内」で、103名（約35.2％）であった（表5）。

〈表4〉 扶養者数（人）

扶養者数	人員
一人	31
二人	21
三人	19
四人	16
五人	9
六人	2
七人	5
無し	150
合計	253

出典:『高田日報』（大正14年4月11日）より作成。

〈表5〉 失業から登録までの期間（人）

失業期間	男	女	計
一ヶ月以内	94	9	103
二ヶ月以内	22	―	22
三ヶ月以内	18	―	18
六ヶ月以内	20	1	21
一ヶ年以内	9	1	10
一ヶ年以上	12	―	12
無し不明其他	78	29	107
合計	253	40	293

出典:『高田日報』（大正14年4月11日）より作成。

上記のくり返しになるが失業はその本人だけの問題ではなく、当然その家族や被扶養者にも波及する問題となり、ひいては家庭崩壊ともなりかねない。故に失業者は早く職に就きたいという気持ちになるのは当然の成り行きであり、失業して早々と登録することになったのではないか

と推測する。しかし少数ではあるが、中には「1年以内」という人が10名（3.4％）、「1年以上」という人になると12名（4.1％）いた。このことは同時に、半年以上、或いは1年以上失業しているということを表す。失業してから登録まで1年以上かかった原因については、この記事からは計り知ることはできないが、開所して間もない職業紹介所が人々に浸透していなかったのではないかと推察する。少し時代が下がるが、1929（昭和4）年7月18日の新潟新聞では新潟職業紹介所の同年4月から6月までの取り扱い数を記しており、その中で求職者数が求人数よりも少なかったことについて、「轉職を切望してゐるものは相當澤山あるのであるが矢張り紹介所へゆくのを恥かしく思つたり又は甲斐がないと考へて多くゆかない結果の数字であらう」と記している。昭和になって4年たつにもかかわらずこのような気持ちが人々にあったとするならば、開所してまもない大正末期では尚更のことであったのではないだろうか。

　失業者は20歳代を中心に30歳代、40歳代といった働き盛りの年代が多く、配偶者や扶養者をもつ一家の大黒柱の失業は家庭崩壊になりかねない危機的状況を呈していた。また田舎にいては職に就けないからと都会に出ても職に就けるとは限らない。このような失業による負の連鎖が人々の生活を苦しめていた時代に、高田市職業紹介所は開所したのであった。

2．職員構成とその変遷

　高田市職業紹介所は、職業紹介法に則り1925（大正14）年4月10日に設置された[17]。県内では新潟県社会事業協会職業紹介所に次ぐ開設だった。県内初の市立職業紹介所を設けたのは、初代所長となる川合直次市長の功績[18]があった[19]。

　場所は市役所構内に設けられ（資料1）たが、4年後の1929（昭和4）年11月9日に職業紹介所設備変更の認可により、市役所敷地内の旧商工会事務所の二階に移転[20]した。その後1937（昭和12）年11月には同

じく市役所の敷地内にあった旧常設消防詰所を改築してここに移った[21]。

資料 1　高田市職業紹介所規程

第一條　職業紹介法ニ依リ本市ハ職業紹介所ヲ設置ス

第二條　職業紹介所ハ高田市職業紹介所ト稱シ高田市市役所内ニ置ク

第三條　職業紹介所ハ左ノ事務ヲ行フ

　1、職業ノ紹介

　　　但職業ハ職業紹介法施行規則第十二條ノ範圍トス

　2、其他職業紹介ノ所管に屬スル事項

第四條　職業紹介所ノ紹介ハ手数料ヲ徴収セス又本所ノ紹介ニ依ル

　　　　就職者ニ對スル勞働賃金旅費又ハ勞働要具ハ必要ニ應ジ貸

　　　　付又ハ立替ヲ爲スコトヲ得

第五條　本規則施行ニ關スル細則ハ市長之ヲ定ム

出典：高田市職業紹介所『高田市職業紹介所要覧』1940 年 p20

『高田市職業紹介所要覧』によると、職員構成は市長が所長を兼任し、専任の事務員 1 名、兼任の事務員 2 名でスタートした。開設以来職員の異動は度々あったものの職員数は暫く変わらなかったが、1928（昭和 3）年 5 月に 1 名、翌 1929（昭和 4）年 11 月には 2 名の増員があった（表 6）。これらの増員は、不況が深刻になり、利用者が増えて来た[22]ためであり、特に 1929（昭和 4）年の 2 名増員は、後述する酒造労務者に対する出稼ぎ紹介斡旋のためであった。

　一方中央職業紹介事務局『職業紹介年報』によると、高田市職業紹介所の職員数は各年一人ずつ多くなっている。（表 7）これは各年の通算人数ではないかと想像する。これによれば、1 名の増員があった 1928（昭和 3）年は当時県内にあった三つの市（新潟市・長岡市・高田市）の中で最も多い職員数で運営されていたということになる。一方、新潟市は県社会事業協会による運営時には、所長は兼任で、4 名の職員は全員専任であったが、1926（大正 15）年に市立になると所長は専任となり、専任職員は 2 名に減員となった。また長岡市でも県社会事業協会に

〈表6〉 高田市職業紹介所の職員

大正 14 年 4 月 10 日	所長 事務員 事務員 事務員	兼任 兼任 兼任 専任	高田市長 高田市主事 高田市書記 高田市書記	
大正 14 年 11 月 12 日	退職事務員 新任事務員	兼任 兼任	高田市書記 高田市主事	
大正 15 年 4 月 1 日	退職事務員 新任事務員	兼任 兼任	高田市書記 高田市書記	
昭和 2 年 4 月 1 日	退職事務員 新任事務員	兼任 兼任	高田市書記 高田市書記	
昭和 2 年 12 月 12 日	退職事務員 退職事務員 新任事務員 新任事務員	兼任 専任 兼任 専任	高田市主事 高田市書記 高田市主事 高田市書記	
昭和 3 年 1 月 14 日	退職事務員 新任事務員	専任 専任	高田市書記 高田市書記	
昭和 3 年 5 月 5 日	新任事務員	専任	高田市書記	職員定数変更の認可により専任事務員一名増加
昭和 4 年 4 月 8 日	退職事務員 新任事務員	専任 専任	高田市書記 高田市書記	
昭和 4 年 11 月 21 日	嘱託員 嘱託員	兼任 専任	高田市書記	職員定数変更の認可により嘱託員二名増員 11 月 25 日就職

出典：高田市職業紹介所『高田市職業紹介所要覧』1940 年 pp4-5

〈表7〉 県内三市の職業構成　　　　　　　　　　　　　　（人）

	高田市		新潟市		長岡市	
	専任	兼任	専任	兼任	専任	兼任
大正 14 年	1	5	4	1	-	-
大正 15・昭和元年	1	5	3	0	3	1
昭和 2 年	1	5	3	0	3	1
昭和 3 年	2	5	3	0	2	1

注：新潟市は大正 15 年 5 月より、長岡市は昭和 3 年 4 月より、新潟県社会事業協会
　　の運営から市立に移管している。
出典：各年、中央職業紹介事務局『職業紹介年報』より抜粋。

Chapter 5

　よる運営時には、所長は専任で、2 名の専任職員と 1 名の兼任職員を有していたが、市立となった 1928（昭和 3）年には所長は兼任となり、兼任職員 1 名が減員している。
　このように、新潟市と長岡市は県社会事業協会から市への移管に伴

い、人員削減が行なわれた。しかし開設時より市立だった高田市においては、所長は開設より市長が兼任したものの人員削減はなく、逆に不況が深刻になり利用者も増加して来たということで、専任事務員を増員したのだった。

3．予算と決算

開設した1925（大正14）年度、高田市職業紹介所の予算額は850円であった。当時、東京地方職業紹介事務局管内の市町村職業紹介所64ヶ所の平均が6623.63円であり、高田市職業紹介所は鶴見（418円）、上田（518円）、古河（720円）に次ぐ低さだった。また同年度の高田市職業紹介所の国庫補助所要見込額は141.66円で、これも上田（86.33円）、古河（100円）[23]に次ぐ低さだった。ちなみに、市立と私立（協会）及び人口規模などの違いで一概に比較することはできないが、当時県社会事業協会の経営であった新潟の同年度の予算額は4,545円[24]で、高田市職業紹介所の約5倍であった。

また、1927（昭和2）年度から1933（昭和8）年度の高田市職業紹介所の経費決算の平均は、1203.64円であった。この金額に対し新潟市の

〈表8〉　三市職業紹介所経費決算　　　　　　　　　　　　　（単位：円）

	高田市	新潟市	長岡市[注]
昭和2年度	923.68	3695.49	―
昭和3年度	1353.15	3773.10	1750.92
昭和4年度	1344.90	3939.68	1790.99
昭和5年度	1268.70	2746.78	1851.74
昭和6年度	1161.01	2758.65	2029.09
昭和7年度	1161.13	2682.55	1740.78
昭和8年度	1212.90	2768.71	1696.25
平　均	1203.64	3194.99	1809.96

注：長岡市においては新潟県社会事業協会による運営が昭和3年3月31日に長岡市立職業紹介所として認可された。
出典：各年、中央職業紹介事務局『職業紹介年報』より抜粋。

平均決算額は高田市の約 2.7 倍となる 3194.99 円、長岡市の平均決算額は高田市の約 1.5 倍となる 1809.96 円であり、県内三市の中で最も低額だった。

　具体的にみると高田市職業紹介所の経費決算額は、1927（昭和 2）年度から 1928（昭和 3）年度にかけて約 1.5 倍増額し、その後 1930（昭和 5）年度まで緩やかに増加した。1931（昭和 6）年度に減額したが、その後はまた緩やかに増加した。しかしこの 7 年間、新潟市と長岡市の額を超えることはなかった（表 8）。職業紹介所の経営は地方自治体を主体とし、国家が一部の補助金を交付する程度であった[25] ため、新潟市や長岡市と比べた高田市職業紹介所の予算額・決算額の低さは、高田市の財政によるところが大きかったと思われる。

4．取り扱い状況

　表 9 で見る通り、高田市職業紹介所の就職率は開設から 5 年間は年々上昇し、1929（昭和 4）年には 61.2％となった。しかし、上述の通り1928（昭和 3）年に 1 名、翌 1929（昭和 4）年には 2 名の職員を増員したものの、1930（昭和 5）年の就職率は 27.4％と、前年と比べ半分以下の就職率となった。この大きな下落は不況の影響であったと思われる。この年は、「長野県下の各工場から解雇された女工で、高田市内の旅館や料理店に女中として住みこみを申しこむ者が多かった」[26] という。

　しかし、翌 1931（昭和 6）年は前年の 3 倍以上となる 98.0％となり、その後は 1930（昭和 5）年程に下がることはなかった。つまり各地が昭和恐慌で苦しむ中、高田市はさほど大きな影響を受けなかったようである。市社会課では、「高田は、財界の不況から直接打撃を受けるほど、産業にしろ商業にしろ発展しておらないから、影響は少ないのであって、一面消極的な市の現状を物語るものである。しかもこれらの失業者が、市内で職を求めようとすれば、過半は就職し得る求人があるにもかかわらず、依然失業者の減らないのは、一家の生計をささえる者の失業者が無いからで、市内の失業問題は深刻でない」と推定した[27]。確か

続 新潟県社会福祉史の基礎的研究

〈表 9〉　高田市職業紹介所取り扱い件数

	求人数			求職者数			就職者数			就職率		
	男	女	計	男	女	計	男	女	計	男	女	計
T14	569	167	736	386	62	448	86	14	100	22.3%	22.6%	22.3%
T15	600	174	774	474	77	551	105	20	125	22.2%	26.0%	22.7%
S2	595	123	718	407	60	467	133	23	156	32.7%	38.3%	33.4%
S3	519	175	694	373	100	473	147	63	210	39.4%	63.0%	44.4%
S4	3738	498	4236	3609	356	3965	2228	199	2427	61.7%	55.9%	61.2%
S5	274	362	636	343	732	1075	94	201	295	27.4%	27.5%	27.4%
S6	195	282	477	319	1899	2218	215	1959	2174	67.4%	103.2%	98.0%
S7	316	2302	2618	425	2229	2654	167	1725	1892	39.3%	77.4%	71.3%
S8	240	1625	1865	259	1248	1507	227	1570	1797	87.6%	125.8%	119.2%
S9	211	339	550	259	979	1238	173	926	1099	66.8%	94.6%	88.8%
S10	300	646	946	232	324	556	128	274	402	55.2%	84.6%	72.3%
S11	378	573	951	390	231	621	234	215	449	60.0%	93.1%	72.3%
S12	857	664	1521	943	336	1279	537	263	800	56.9%	78.3%	62.5%
S13	156	98	254	355	120	475	156	58	214	43.9%	48.3%	45.1%
合計	8948	8028	16976	8774	8753	17527	4630	7510	12140	52.8%	85.8%	69.3%

注1：昭和13年は5月まで。
注2：就職率は筆者算出。
出典：高田市職業紹介所『高田市職業紹介所要覧』1940 年 pp16-17

〈表 10〉　新潟市・長岡市の就職率

	新潟市			長岡市		
	男	女	計	男	女	計
大正 14 年	15.4	9.6	14.2	—	—	—
大正 15・昭和元年	36.4	46.6	37.9	44.9	47.9	45.2
昭和 2 年	36.3	48.8	38.7	41.8	55.1	44.7
昭和 3 年	35.2	66.9	44.4	49.3	80.6	62.2
昭和 4 年	46.1	67.4	51.5	30.9	49.6	36.6
昭和 5 年	52.4	67.0	57.0	45.8	59.5	49.6
昭和 6 年	45.4	62.6	53.8	43.4	89.7	72.0
昭和 7 年	31.1	59.9	40.4	50.4	89.1	76.8
昭和 8 年	55.7	78.4	63.5	36.6	80.0	63.4

注：大正 14 年の新潟市及び大正 15・昭和元年、昭和 2 年の長岡市はそれぞれ県社会事業協会の運営。
出典：各年『職業紹介年報』より筆者算出。

に就職率が98.0%となった1931（昭和6）年の求人数は477であったのに対して、1930（昭和5）年の求人数は男女合わせて636と多かったにもかかわらず就職率が低かった。これは上述のような「一家の生計をささえる者の失業者が無い」ことによる就職意欲の低下があったのかもしれない。

また1931（昭和6）年からの3年間は新潟市の就職率を上回っており、昭和4年、昭和6年、昭和8年においては長岡市をも上回っていた（表10）。このことからみても高田市における不況の影響の少なさが伺える。

次に男女それぞれの就職動向について見てみる。まず1929（昭和4）年は男性の求人数、求職者数、就職者数が桁違いに多くなっている。これは上越地方より他地方へ出稼ぎした酒造労働者によるものである。この年の男性の求人数、求職者数、就職者数に占める酒造労務者の割合は非常に多かった。なお、酒造労務者への紹介斡旋については後述する。

また、女性は昭和6年・7年頃に突出して多くなっている。これは出稼ぎ女工の多さによるものと思われる。全国的にみて、東京や大阪など大都市所在府県では各種の取り扱い数は何れも多いが、出稼ぎ者が多い新潟県や長野県においては、就職者数のみが相当多い[28]傾向にあった。実際、昭和6年7月の求人数、求職者数、就職者数共に最も多かったのが紡績女工であった[29]。（資料2・3）

資料2　七月取扱成績

　七月中ノ取扱成績ハ左表ノ如ク求人數ノ第一位ハ紡績女工デ雑業ノ外交員、女中之ニ次ギ他ハ人夫、自動車助手等デアル

　求職者中ノ最高モ亦紡績女工首位ヲ占メ之ニ次ギ事務員希望者多ク他ハ女中、人夫デアル

　就職者モ同様紡績女工、外交員、女中、人夫、自動車助手等デ事務員ノ就職ハ時節柄一人モナカッタ

出典：高田市『高田市公報　第五十三號』1931年8月 p7

> 資料 3　十一月取扱成績
>
> 　此月ニ於ケル紹介成績ハ左表ノ如ク工業ノ求人ハ紡績女工大部分ヲ占メ、他ハ酒造勞働者、菓子職見習及職工デ、求職者ハ紡績女工、裁縫見習、印刷職工及酒造勞働者等ニテ就職者ハ、紡績女工、酒造勞働者及菓子職見習等ナリ
>
> 出典：高田市『高田市公報　五十七號』1931 年 12 月 p7

　また男女の就職率は、1930（昭和 5）年に男性の求人数、求職者数、就職者数が大きく下がり、この年から 1935（昭和 10）年頃まで女性の求人数、求職者数、就職者数が男性のそれらを上回った。また総じて女性の就職率が男性のそれを上回った。これも出稼ぎ女工が多かったためと思われる。

　以下に高田市職業紹介所の特徴といってもよいであろう女工と酒造労働者の紹介斡旋について見ていく。

5.　製糸女工の紹介斡旋

　戦前、わが国の産業の中心は繊維産業であり、それを支えたのが製糸女工であった。新潟県の女工数は全国的に見ても最多で、例えば「昭和三年中に於ける全國道府縣外出稼者總數、九拾萬五千八百餘人の中、我新潟縣は男、六萬三千二百餘名、女、五萬五千百餘名、合計十一萬八千三百餘名を算し其の首位を占めて居る状態であ」[30]った。また新潟県内の職業紹介所は 1931（昭和 6）年 7 月より長野県、群馬県、山梨県、富山県と共に、長野地方職業紹介事務局の管内となった[31] が、当時この長野地方職業紹介事務局管内の就職者数は東京地方職業紹介事務局に次いで多かった。これは先述の通り、出稼ぎ者が多い新潟県や長野県においては、就職者数のみが相当多い[32] という特徴を示している。同様に、長野地方職業紹介事務局管内における 1933（昭和 8）年の「工業及鑛山」の就職率は 107％で首位を占め、その内訳は「殆んど製絲女

新潟県上越地方の職業紹介事業　―高田市職業紹介所を中心として―

工の取扱數にして女のみに就て見るも、一一二％となつて」[33] いた。この製糸女工の取り扱いは、毎年1月から3月の第一季が最盛期であった。このように新潟県は重要な「女工ノ供給地」[34] であったが、上越地方だけをみても「五千ノ出稼女工ヲ有シ其ノ収入年々數十万圓ヲ下ラズ地方經濟界ニ大ナル利潤ヲ與ヘツヽ」[35] あった。

　高田市職業紹介所が開設した「大正十四年当時は労働組合もなかったので、使用者の一方的な通告で賃金切下げや首切りが行われた。そのため、新潟県では、工女保護組合を作って、工女から委任状をとり、弱い工女の代りに、直接工場主と折衝することを各市にすすめた。しかし高田では、『工場主と工女との間に円満を欠くことが少ない』という理由で、『保護組合を作らず、必要を生じた際は、職業紹介所がその事務をとる』ことにした（大一四、九、二高田日報）」[36]。しかし、募集従事者の紹介により、「頻々トシテ賃金不拂等ノ不祥事」[37] が起こったため、新潟県では「女工の紹介幹旋は獨り女工保護組合にのみ止まらず、萬全を期するには公益職業紹介所の活動を必要と認め、昭和三年より製絲女工紹介は職業紹介所に於て紹介幹旋をすることになった」[38]。高田市職業紹介所は1929（昭和4）年に女工の紹介幹旋を始めるも、不況のため、翌1930（昭和5）年にはほとんど不可能であった[39]。

　一方、県内各地の職業紹介所が「需要地紹介所ト協調ヲ蜜ニシ組織的女工紹介ヲ試ミタ」[40] ところ、「其ノ成績概シテ良好」[41] であったため、高田市職業紹介所も1930（昭和5）年より「中頸城郡内ノ大部ニ互リ連絡紹介ニ努メシニ幸ニ佳良ナル結果ヲ収メ得」[42] た。そして翌1931（昭和6）年からは「女工保護組合連合会等と緊密なる連絡を保ち工場主並に出稼者の福利増進を図っ」[43] た。その結果、同年は男女合わせて2,000人近い製糸女工の就職が決まった。（表11）

　しかし、約3,000の製糸女工を有していた管内の頸南地区に、1934（昭和9）年7月、新潟県社会事業協会による新井職業紹介所が設置[44] されたことにより取扱数は激減した。具体的にみると1934（昭和9）年は前年と比較して求人数で91％、求職者数で78％、就職者数で79％の減少となった。しかし就職率はそれまでと変わらぬ80％代以上の高い

〈表11〉　製糸女工紹介取扱成績調

	求人数			求職者数			就職者数			就職率		
	男	女	計	男	女	計	男	女	計	男	女	計
昭和6年	178	2,113	2,291	177	2,076	2,253	152	1,823	1,975	85.9	87.8	87.7
昭和7年	118	2,504	2,622	154	1,667	1,821	134	1,409	1,543	87.0	84.5	84.7
昭和8年	103	1,726	1,829	73	1,066	1,139	68	1,031	1,099	93.2	96.7	96.5
昭和9年	25	132	157	102	147	249	88	140	228	86.3	95.2	91.6
昭和10年	23	300	323	31	290	321	26	281	307	83.9	96.9	95.6
昭和11年	74	150	224	93	147	240	86	147	233	92.5	100.0	97.1
昭和12年	13	80	93	53	81	134	43	81	124	81.1	100.0	92.5
合　計	534	7,005	7,539	683	5,474	6,157	597	4,912	5,509	87.4	89.7	89.5

注：就職率は筆者算出
出典：高田市職業紹介所『高田市職業紹介所要覧』1940年 p10

率を保持し続け、中でも1936（昭和11）年と翌1937（昭和12）年の女性の就職率は100％になるなど、昭和8年以降、女性の方が男性より高い就職率となった。そのような状況であったためか1938（昭和13）年1月の地元新聞には全国各地の会社等から職工募集の照会が殺到した[45]との記事が掲載されるほどであった。また、女工保護組合が出稼者保護組合となってからも、高田市職業紹介所は連絡町村とともに出稼ぎ者の調査や保護、或いは宣伝映画や講演会についての会議開催[46]の協議がされた。

　このように、女工供給地といわれた新潟県において、それまで各地にあった女工保護組合のよる職業斡旋を職業紹介所が担うことになり、高田市職業紹介所における取り扱い件数も製糸女工が多かった。それは後述する酒造出稼ぎ者と同様、地域に経済的潤沢を齎す職業斡旋事業であったといえよう。その後、県内各地の町村部に職業紹介所が開設されていき、高田市職業紹介所の管内であった頸南地区に新潟県社会事業協会新井職業紹介所が開設されたことにより、その取り扱い数は激減した。しかし、1938（昭和13）年になっても全国から職工募集が殺到し、就職率は新井職業紹介所開設前と変わらぬ高い割合を暫く維持していった。

6. 酒造出稼ぎ人の斡旋

　新潟県は出稼ぎ女工と共に古くから酒造りが盛んであった。上越地方の中頸城郡及び東頸城郡では 10 月から翌 3 月末頃までの冬季農閑期を利用して多数の酒造労働者が出稼ぎした [47]（表 12）。この頃酒造出稼ぎ人が最も多かった村は、中頸城郡では吉川村（1920（大正 9）年から1928（昭和 3）年までの 9 年間の平均が 461 人）、次いで明治村（同 254人）、旭村（同 247 人）と続き、東頸城郡では安塚村（同 189 人）、次いで松代村（同 187 人）、下保倉村（同 160 人）であった [48]。

〈表 12〉　酒造出稼人の推移

年	中頸城郡	東頸城郡	計
大正 9 年	2,401 人	604 人	3,005 人
大正 10 年	2,551 人	603 人	3,154 人
大正 11 年	2,569 人	631 人	3,200 人
大正 12 年	2,689 人	608 人	3,297 人
大正 13 年	2,874 人	619 人	3,493 人
大正 14 年	3,180 人	1,038 人	4,218 人
大正 15・昭和元年	3,193 人	1,047 人	4,240 人
昭和 2 年	3,257 人	1,084 人	4,341 人
昭和 3 年	2,769 人	1,067 人	3,863 人

出典：上越酒造研究会『上越の酒造出稼人』1930 年 pp17-19 より作成。

　また 1928（昭和 3）年中、両群合わせて最も多かった出稼ぎ先は、696 名（全体の 24.4％）の埼玉県で、次いで 409 名（同 14.3％）の長野県、389 名（同 13.6％）の群馬県と続く。出稼ぎ先としては関東地方が多かったが中には北海道もいた（表 13）。

　なぜこのように酒造出稼ぎ人が多かったのか。上述の通り「冬季農閑期」であるということが大きな理由であろうが、ここでは上越酒造研究会が記した、「出稼ぎが他の労働と比べて有利とする点」（資料 4）に着目する。

続 新潟県社会福祉史の基礎的研究

〈表13〉 重なる出稼先（昭和3年中）

出稼先	中頸城郡	東頸城郡	計
新潟	103人	23人	126人
長野	409人	0人	409人
三重	22人	0人	22人
愛知	164人	0人	164人
静岡	1人	1人	2人
岐阜	13人	0人	13人
山梨	326人	0人	326人
埼玉	630人	66人	696人
栃木	93人	8人	101人
群馬	385人	4人	389人
茨城	93人	2人	95人
神奈川	111人	7人	118人
千葉	193人	54人	247人
東京	98人	4人	102人
福島	24人	0人	24人
北海道	8人	0人	8人
その他	12人	0人	12人
計	2,685人	169人	2,854人

出典：上越酒造研究会『上越の酒造出稼人』1930年 pp24-26 より作成。

資料4 他の勞働に比して有利なる鮎

（一）、出稼人は一定期間に於ける勞働なるに依り、これに従事する勞力は永遠に農村より失はるゝものではない。

（二）、農村として勞力を要せざる期間のみの限らるゝ勞働なるが故に毫も農事の妨げとならぬ。

（三）、出稼人は郷里の消費を節して、他郷より巨額の勞銀を郷里に送金す。

（四）、一度酒造場に入りては、殆んど晝夜を通ずる勞務に服することゝて、遊興逸樂の時間なく、従つて散在及浪費の機會を有たぬ。或一定時間工場に働き、歸宅跡は安逸と遊興と

> に耽る一般労働者と大いに趣を異にするものがある。
>
> （五）、一度各種工場の労務に服したる者は、歸來再び犁鋤を手に
> することを嫌悪する風習あるも、酒造出稼に限りてこの風
> 習がない。
>
> （六）、酒造の終る頃は田植の始まる次期にて、出稼人は懐にせる
> 多大の賃金も費消の時間なく急ぎ故郷に之を齎す利がある。
>
> （七）、農村に於ける副業として好適なものである。
>
> 出典：上越酒造研究会『上越の酒造出稼人』1930 年 p16

　これによると、酒造労働者にとっては出稼ぎに行くことで無駄なお金を使うことなく生活をすることができる。また農村にとっては永久に労力が失われる訳ではなく、農事の妨げとはならない。そして「外貨」を得ることができる「農村に於ける副業として好適なもの」として捉えていた。つまり先述した製糸女工と同様、酒造出稼人は地域経済を潤す重要な外貨獲得の手段であったといえよう。家族や地元から離れての暮らしぶりまでは記されていないが、上記の文を見る限り、出稼ぎは酒造労働者にとっても農村にとっても有益なものであるとして、酒造労働者による出稼ぎを推奨している観さえある。

　しかし、酒造労働者の出稼ぎの殆どは統一されていない営利紹介業者等によって紹介されていたため、関西杜氏又は奥羽杜氏の進出により上越杜氏は年々出稼ぎ区域を縮小させられ失業する者が年々増加した[49]。これに対し、高田市職業紹介所は 1929（昭和 4）年 9 月に上越酒造研究会と連携し嘱託員二名を増員[50]して本格的に紹介斡旋に乗出した[51]。その結果は、求人数 3,321 人に対して求職者数が 3,318 人、就職者数は 2,150 人[52]であり、求人数を求職者数で除した求人倍率は 1.00 倍、就職者数を求職者数で除した就職率は 64.8％であった。また高田市職業紹介所におけるこの年の男性求人数は 3,738 人、求職者数 3,609 人、就職者数 2,228 人であったため、この年の男性の取り扱いの殆どは酒造労働者であった（表 14）。

続 新潟県社会福祉史の基礎的研究

〈表14〉　酒造労務者取扱成績（昭和4年）

	求人数	求職者数	就職者数
職業紹介所全体（男性）[1]	3738人	3609人	2228人
酒造労務者[2]	3321人	3318人	2150人
割合	88.8%	91.9%	96.5%

注1：出典　高田市職業紹介所『高田市職業紹介所要覧』1940年 p16
注2：出典　高田市職業紹介所『高田市職業紹介所要覧』1940年 p10

　この酒造などの出稼ぎ人に対する就職斡旋においては、汽車賃の割引
があった。大正12年の「職業紹介所紹介、就職者汽車汽船割引證交付
取扱心得」第二条では、製糸女工、酒造人夫その他之に類する者は常例
により、一時の出稼をなす者には割引証を交付しないことと規定してあ
ったが、1929（昭和4）年3月内務省訓令第三号でその第二条が削除さ
れ、酒造出稼人もこの恩典を受けることとなった[53][54]。これにより、
高田市職業紹介所より割引証の交付を受けた出稼人は1,460人、この年

〈表15〉　汽車賃割引證交付人員

中頸城郡	1,286人	東頸城郡	417人
大潟村	142人	安塚村	54人
明治村	119人	下保倉村	34人
旭村	116人	保倉村	50人
吉川村	192人	旭村	29人
源村	37人	大島村	8人
黒岩村	69人	松代村	149人
黒川村	104人	山平村	42人
下黒川村	121人	奴奈川村	16人
米山村	38人	浦田村	27人
柿崎村	60人	松之山村	8人
潟町村	93人	刈羽郡	1人
八千浦村	81人	高柳村	1人
美守村	54人		
保倉村	60人	合計	1,704人

出典：上越酒造研究会『上越の酒造出稼人』1930年 pp148-150より作成。

に設立された松代村職業紹介所による者は 244 人、合計 1,704 人がこの恩典[55]を受けたことになり、約 5,118 円程度の旅費が節せられたことになった[56]。

　また汽車運賃割引証の交付を受けた出稼人を村別にみると、中頸城郡で最も多かったのが吉川村で 192 名（郡内の 14.9％）、東頸城郡では松代村で 149 名（同 35.7％）、次いで安塚村の 54 名（同 12.9％）と続く（表 15）。これらの村は、先述した各郡で酒造出稼人が多かった村でもあった。

　この初めての試みが予想以上の成績を得た為、多数の出稼ぎ人を有する町村においては職業紹介所の設置が有利な事を認識[57]された。しかし、多くの酒造出稼ぎ人全員に対して、短期間に汽車賃割引の恩典を与えることは高田市及び松代村 2 ヶ所の職業紹介所だけでは困難であった[58]。そこで、1930（昭和 5）年より周辺の村に職業紹介所が続々設置され、その後の紹介は地元職業紹介所に於いて斡旋することとなった[59]（表16）。

〈表 16〉　中頸城郡及び東頸城郡内の職業紹介所

職業紹介所名	設立年月
高田市職業紹介所	大正 14 年 4 月
松代村職業紹介所	昭和 4 年 9 月
松之山村業紹介所	昭和 5 年 3 月
大瀁村職業紹介所	昭和 5 年 4 月
下保倉村職業紹介所	昭和 5 年 8 月
旭村職業紹介所	昭和 5 年 9 月
安塚村職業紹介所	昭和 5 年 10 月
奴奈川村職業紹介所	昭和 5 年 12 月
菱里村職業紹介所	昭和 6 年 4 月
山平村職業紹介所	昭和 6 年 9 月
浦田村職業紹介所	昭和 7 年 5 月
明治村職業紹介所	昭和 7 年 9 月
源村職業紹介所	昭和 7 年 9 月
吉川村職業紹介所	昭和 7 年 10 月
新潟県社会事業協会新井職業紹介所	昭和 9 年 7 月

出典：新潟県社会課『新潟県社会事業概要』1936 年 pp58-61 及び新潟県社会課『新潟県社会事業概覧』1930 年 pp161-179、中央職業紹介事務局『職業紹介年報』（昭和 3 年～昭和 8 年）より作成。

このように、高田市職業紹介所を主とした多くの酒造出稼ぎ者への斡旋の成功により、その後の中頸城郡及び東頸城郡内の職業紹介所設立に繋がっていったのであった。

7．少年職業指導と紹介斡旋

1925（大正14）年7月、中央職業紹介所は社会局第二部長及び文部省普通学務局長からの依命通牒を受け、地方職業紹介所事務局長宛に「少年職業紹介ニ関スル施設要領」を出した（資料5）。

資料5　少年職業紹介ニ關スル施設要領

一、地方職業紹介事務局ハ少年ノ職業選択指導ノ為メ職業紹介所職員ト小學校教員、醫師其他トノ聯絡ニ關シ提撕指導シ且可成委員會ヲ設置セシメ所期ノ目的ヲ達成セシムルコトニ努ムルコト

二、地方職業紹介事務局ハ市町村長ト協議シ職業紹介所ト聯絡スヘキ小學校ヲ定ムルコト

三、職業紹介所ハ各聯絡小學校ヨリ毎年兒童卒業期前左記事項ノ通報ヲ需ムルコト

　イ、卒業兒童性別豫定人員

　ロ、卒業兒童中就業セムトスル性別、希望職業別見込人員

　ハ、就業希望兒童（個人）別ニ對スル左ノ事項

　　一、希望職業

　　二、學業成績

　　三、體格

　　四、性質

　　五、特殊技能

　　六、其他參考トナルヘキ事項

　前項イ、ロ、ハ第一次調査トシテ最先ニ通報ヲ需メ、ハ、ハ就職希望者略決シタル時期ニ於テ第二次調査トシテ通報ヲ需ムルコト

四、職業紹介所ニ於テハ毎年卒業前少年職業ニ關スル求人口ノ開拓

調査ヲ行ヒ其ノ状況ヲ小學校ニ通報スルコト

五、職業紹介所ニ於テ求職少年ノ職業選擇ヲ行フ場合ハ兒童保護者、
　　小學校教員、委員、醫師等ト協議ノ上指導決定スルコト

六、職業紹介所ニ於テハ少年ノ職業選擇指導、紹介ヲ為シタル者ノ
　　就職後ノ状況等ヲ調査シ之ヲ關係小學校ニ通報スルコト

七、保護者會、講演會等ニハ可成地方職業紹介事務局又ハ職業紹介
　　所ノ職員出席少年職業ノ選擇ニツキ指導誘掖スルコト

八、地方職業紹介事務局又ハ職業紹介所ニ於テハ少年職業ノ作業状
　　況雇傭條件、適正關係等ニツキ其ノ實際ヲ調査シ小學校其他關
　　係者ニ頒布スルコト

九、職業紹介所ハ少年職業ノ選擇指導ニ關シ職業輔導事業ヲ經營セ
　　ル公共團體又ハ公益團體等ト聯絡ヲ圖ルコト

十、職業紹介所ハ可成少年ノ性能診査等ニ關スル設備ヲナスコト

十一、地方職業紹介事務局長ハ管轄區內ニ於ケル少年職業選擇指導
　　　ニ關スル設備状況並ニ其ノ成績ヲ適宜中央職業紹介事務局長
　　　ニ報告スルコト

出典：中央職業紹介事務局『職業紹介年報　大正十四年』1926 年 pp34-35

　この要領は、「從來青少年の就職に就て職業の指導、撰擇其の宜しき
を得ざる為め多數の少年が各自の性質、能力及趣味に適合せざる職業又
は不定の勞働に從事しその結果轉々として業務を變更し為めにその生涯
を誤るのみならず延いては一國産業の秩序を紊し產業能率上に悪影響を
及ぼすこと尠しと」[60] しなかったため、「小學校及職業紹介所は互に聯
絡提携し小學校卒業兒童に對して職業の撰擇指導並就職の斡旋に當らし
め兒童をして其の性能に適當なる職業を得しめ他日失業の機會を無から
しむることに努め」[61] ることとするものであった。

　高田市職業紹介所は開設當初から高田市內及び附近村落の小学校と連
絡をとり「來春の卒業生を以て需要側に充當せしめるべく計畫を進め」[62]
てきた。それは当時の状況が、「需要者の大半は十四五歳の小店員又は
女中等が占めてゐるに反して求職者の多くは廿五六歳以上の事務員級」[63]

125

と、求職者と求人側との間で年齢の開きがあったのが理由であった。こ
れは「高田のみでなく全国的の現象」[64] であったものの、高田市は「全
国紹介所統計月報に依ると比較的好成績の部であ」[65] った。

　高田市職業紹介所は、1938（昭和 13）年時点でその管内の小学校 35
校と連携して紹介斡旋に努めた（高田市職業紹介所要）。その一例とし
て、昭和 11 年 12 月 25 日から昭和 12 年 1 月 8 日の間、大町尋常小学校
高等科生徒の休暇を利用者して職業実習の斡旋を[67] 行った。

　表 17 は 1929（昭和 4）年から 1933（昭和 8）年にかけて全国の職業
紹介所の少年職業紹介の取り扱い成績を表したものである。求人数、求
職者数、就職者数それぞれ毎年増加しているのがわかる。求人倍率は各
年 1 倍代であり、男女で見ると男性が女性を上回った。求人数は毎年男
性が女性を上回ったが、就職者数は 1930（昭和 5）年以降、女性が男性
を上回った。また就職率は各年 40％代であり、毎年女性が男性を上回
った。

〈表 17〉　少年職業紹介取扱成績（全国）

	求人数			求職者数			就職者数			就職率		
	男	女	計	男	女	計	男	女	計	男	女	平均
昭和 4 年	79,775	30,255	110,030	44,872	24,769	69,641	16,941	11,538	28,479	37.8	46.6	40.9
昭和 5 年	111,432	65,436	176,868	73,428	58,194	131,622	27,837	32,560	60,397	37.9	56.0	45.9
昭和 6 年	139,939	101,826	241,765	110,037	102,817	212,854	37,036	50,781	87,817	33.7	49.4	41.3
昭和 7 年	166,343	160,514	326,857	117,714	132,785	250,499	44,304	73,520	117,824	37.6	55.4	47.0
昭和 8 年	183,318	166,607	349,925	125,495	145,481	270,976	48,133	77,666	125,799	38.4	53.4	46.4

注：求人倍率及び就職率は筆者算出。
出典：中央職業紹介事務局『職業紹介年報　昭和八年』1935 年 p53

　一方、高田市職業紹介所の少年職業紹介の取り扱い成績を表したもの
が表 18 である。求人数、求職者数、就職者数それぞれの推移は全国と
違い増減があった。また求人倍率は 1930（昭和 5）年から 1934（昭和
9）年にかけての 5 年間が 1 倍を下回ったが、1936（昭和 11）年は 3 倍
以上となるなど、全国と比べ変動が大きかった。特に求人倍率が低かっ
たのが 1931（昭和 6）年であり、全国では前年より増加しているが、高田
市職業紹介所の求人数は、他の年の求人数と比べて極端に少なかった。

一方就職率は1929（昭和4）年から1934（昭和9）年まで上昇し続け、特に1932（昭和7）年から1936（昭和11）年までは90％を超えていた。また1930（昭和5）年から1933（昭和8）年にかけて高田市職業紹介所の少年職業紹介の就職率は、全国を大きく上回っていた。その一方で、男性の求人倍率が女性のそれを上回っていた点や、女性の就職率が男性のそれを上回っていた点は全国と同様であった（表18）。

〈表18〉　少年職業紹介取扱成績（高田市職業紹介所）

	求人数			求職者数			就職者数			就職率		
	男	女	計	男	女	計	男	女	計	男	女	平均
昭和4年	264	130	394	66	63	129	14	45	59	21.2	71.4	45.7
昭和5年	408	100	508	346	191	537	261	167	428	75.4	87.4	79.7
昭和6年	27	19	46	83	300	383	62	256	318	74.7	85.3	83.0
昭和7年	31	159	190	30	205	235	22	197	219	73.3	96.1	93.2
昭和8年	41	174	215	37	226	263	34	212	246	91.9	93.8	93.5
昭和9年	84	96	180	52	270	322	48	257	305	92.3	95.2	94.7
昭和10年	201	297	498	64	164	228	59	155	214	92.2	94.5	93.9
昭和11年	246	298	544	30	128	158	25	120	145	83.3	93.8	91.8
昭和12年	256	125	381	74	100	174	50	71	121	67.6	71.0	69.5
昭和13年	259	123	382	305	109	414	175	70	245	57.4	64.2	59.2

出典：高田市職業紹介所『高田市職業紹介所要覧』1940年 p14
注：就職率は筆者算出。

　1930（昭和5）年から1933（昭和8）年にかけて高田市職業紹介所の少年の就職率が全国を大きく上回っていたことは、特筆すべきことであろう。これは少年に対する就職指導だけではなく、就職した後の補導、及び父兄や雇用主に対する指導があってのことと思われる（資料6）。

資料6　職業道五訓

1. 選　職　一に適職！二に努力
2. 個　性　得手に帆をあげ
3. 人と物　人に親切！物は大切
4. 精　進　本気と根気と元気で働け
5. 転　職　転職は経験の浪費

父兄心得五則

1. 子供の天分よく見て伸ばせ

2. 進学も選職も健康第一

3. 無理につけるな！嫌がる職に

4. 今の得より末の楽しみ

5. 子の不平叱って帰すも親の愛

雇主心得五則

1. 人を磨くは雇主

2. 人と鋏は使ひやう

3. 涙で訓へて笑顔で励ませ

4. 情実排して適材本位

5. 使用人！主人次第で善くも悪しくも

出典：高田市職業紹介所『高田市職業紹介所要覧』1940 年 pp12-13

　しかし、「少年職業紹介ニ關スル施設要領」の本来の目的である失職がどれ程改善されたかという史料は見つけることができなかった。また1937（昭和 12）年 9 月から「國家の施設として職業指導班が設けられ上越地方にも三人の係が配置され性能檢査・適性檢査・身体檢査の施行により適性を見出」[68] し指導にあたったが、表 18 を見る限り 1937（昭和 12）年及び 1938（昭和 13）年の就職率は、最盛期に及ぶ数値ではなく、1934（昭和 9）年をピークに下降していった。また 1927（昭和 2）年 5 月 19 日の新潟新聞には、同年 6 月に新潟、長岡、高田、出雲崎の職業紹介所が共同で、少年少女職業紹介委員会設置に関する具体案を審議することに決定したと記されているが、1934（昭和 8）年 5 月末時点、県内で少年職業紹介委員会が設置されたのは新潟市と南鯖石村のみであった（表 19）。

〈表19〉　県内少年職業紹介委員会

	委員会設置年月	委員数	活動状況
新潟市	昭和2年8月	48	委員会各自、自己の職業の立場を利用し少年職業紹介に尽力せり
南鯖石村	昭和3年12月	15	少年職業紹介要綱案を決定し、之に據って活動し好成績を得たり

出典：中央職業紹介事務局『職業紹介年報　昭和八年』1935年 p57

まとめにかえて

　昭和10年代には、「十一月十日ヲ職業紹介日ト定メ全國六百六十餘箇所ノ職業紹介所ハ全力ヲ擧ゲテ紹介事業ノ宣傳並ニ利用ノ勸奬ニ努メ」、高田市職業紹介所においても「各官公衙、銀行、會社、商店、工場主ニ宛依頼状ヲ發送シ、（全力ヲ擧ゲテ紹介事業ノ宣傳並ニ利用ノ勸奬）ノ徹底並ニ求人申込ヲナサシメ」たり、「聯絡町村ノ出稼者ノ就職斡旋ニ努メタリ」[69]した。しかし、「昭和七年に始まった満洲事変以後漸次軍需産業を中心として生産力の拡充が進められつつあったところ、昭和十二年七月支那事変の勃発はさらに従来の産業の進展に拍車をかけ」[70]ることとなった。高田市職業紹介所においても「入營者職業保障法の精神を尊重し、應招中に於ける優待並に歸郷後に於ける復職方につき萬全を期する一方遺家族の就職斡旋については優先的に斡旋」した「応召兵の職業保護」や、支那事変に伴う軍需労務要因の充足に関し、「管内に百廿七名の軍需勞務委員を委嘱し、陸海軍作業廳を初めとして民間軍需品製造工場其の他關係方面へ多數の勞務者を斡旋」[71]するようになっていった（表20）。

　これまでの職業紹介所の経営は地方自治体を主体とし、国家が一部の補助金を交付する程度であったため、「地方財力の影響等により種々の弊害」[72]があったが、上述のような事態を受け「全国職業紹介所長を中心とした積極的な『職業紹介所国営運動』の発展と相俟って急速に職業行政国営への歩を進めさせることとなった。」[73]かくして1938（昭和13）年4月、職業紹介法改正に伴い同年7月1日より各市の職業紹介所

〈表20〉　軍需勞務委員就職者數

會社工場名	男	女	計	會社工場名	男	女	計
昭和製鋼株式會社	16	—	16	東京合同運送株式會社	22	—	22
南滿洲鐵道株式會社	23	—	23	藤倉工業株式會社	38	—	38
住友鋼管株式會社	6	—	6	海軍航空廠	19	—	19
陸軍被服本廠	8	2	10	在滿航空廠	18	—	18
横須賀海軍工廠	15	—	15	陸軍名古屋工廠	37	—	37
石川島造船所	7	—	7	チヽハル高橋部隊	3	—	3
撫順炭鑛株式會社	4	—	4	日本ステンレス株式會社	10	—	10
中島飛行機株式會社	13	—	13	日本曹達株式會社	25	—	25
後藤鐘詰所	—	2	2	信越窒素合金鐵工場	20	—	20
日本レイヨン株式會社	26	1	27	合計	310	5	315

出典：高田市職業紹介所『高田市職業紹介所要覧』1940 年 p20

が国営に移管された。新潟県においては 7 月に「新潟、長岡、三条、高田、村上の五箇所に国営紹介所が設置され（全国一九六箇所）、十一月には柏崎、糸魚川、小出、新津、新発田、両津、十日町の七箇所にも設置を見、この区域内の町村立職業紹介所はすべて廃止された」[74]。国営高田職業紹介所は高田商工会議所の元商品陳列館跡で出発した。所員は所長以下 11 名、初代所長には前新潟市社会課長が就任した[75]。1925（大正 14）年 4 月に不況の中でスタートした高田市職業紹介所は、こうして 13 年間の活動に幕を下ろしたのであった。

　高田市職業紹介所は開所以来、上越地方から他の地方へ出稼ぎする多くの酒造労務者の斡旋や製糸女工紹介等を行った。全国的に見て、高田市職業紹介所の財政は決して裕福ではなかったが、1928（昭和 3）年に 1 名、翌 1929（昭和 4）年には 2 名の職員増員があった。また開所から 5 年間、就職率は上昇したが、それ以降の 4 年間は増減が続いた。しかし製糸女工や少年の就職率は全国より高かった。また上越酒造研究所と共に行った酒造労働者への出稼ぎ斡旋は成功をおさめ、上越地方における職業紹介所の設置促進に貢献したのであった。

［註］

　1）　高田市職業紹介所『高田市職業紹介所要覧』1940 年、p 1

　2）　新潟県高田市史編集委員会『高田市史　第二巻』1958 年、p191

3）前掲 1）

4）前掲 2）

5）同上

6）前掲 1）

7）前掲 2）

8）前掲 1）

9）新潟県社会事業協会の前身である新潟県慈善協会については、矢上克己（2017）『新潟県における社会事業の展開―新潟慈善協会の設立と新潟県社会課の設置を中心に―』清泉女学院短期大学研究紀要第 35 号が詳しい。

10）新潟県社会課『新潟県社会事業概要』1936 年、p58

11）中央職業紹介事務局『職業紹介年報　大正十五年昭和元年』1927 年、p6

12）同上

13）前掲 10）

14）政府統計の総合窓口（e-Stat）（http://www.e-stat.go.jp/）による 1925（大正 14）年の国勢調査によると、新潟市は約 10.9 万人、長岡市は約 5.3 万人、高田市は約 3.1 万人であった。

15）前掲 1）p9

16）これは新潟県社会事業協会職業紹介所を指していると思われる。

17）新潟県社会課『新潟県社会事業概覧』1930 年、p164

18）前掲 2）p177

19）川合の功績は市立職業紹介所の開設以外に、市立高田商工学校を県営に移行させたことや、上水道工事の完成、全市四小学校の同時改築、全市区画整理と町名改称、託児所、市営住宅の開設、市営火葬場やゴミ焼場の創設などがある。（高田市史編集委員会『高田市史　第二巻』1958 年、p 177）

20）前掲 1）p5

21）前掲 2）p192

22）同上

23）中央職業紹介事務局『職業紹介年報　大正十四年』1926 年、p23

24）前掲 23）p27

25）前掲1）p2

26）前掲2）p230

27）前掲2）p231

28）中央職業紹介所『職業紹介年報　昭和六年』1933 年、p130

29）前掲 28）p130

30）高田市「高田市公報　第五十三號」1931 年 8 月、p7

31）新潟県社会事業協会『越佐社会事業　六月号』第二巻第六号　1930 年
　　6 月、p34

32）前掲 28）p4

33）前掲 28）

34）前掲 28）

35）中央職業紹介事務局『職業紹介年報　昭和八年』1935 年、p114

36）高田市「高田市公報　第五十五號」1931 年 10 月、p9

37）同上

38）前掲2）p229

39）前掲 36）

40）前掲1）p10

39）前掲 26）

40）前掲 34）

41）同上

42）同上

43）前掲 38）

44）同上

45）『高田日報』昭和 13 年 1 月 21 日

46）高田市「高田市公報　第百二拾二號」1937 年 5 月、p6

47）前掲 15）

48）上越酒造研究会『上越の酒造出稼人』1930 年、p17-19

49）前掲 15）

50）前掲1）p4-5 では 1929（昭和 4）年 11 月となっている

51）前掲 15）

52）前掲 38）

53）前掲 48）p147

54）なお、この割引は汽車、汽船三等に限り往路片道分の 5 割引であった（前掲 53））。

55）前掲 48）p148

56）同上

57）前掲 15）

58）前掲 48）p152

59）前掲 15）

60）前掲 23）p33

61）同上

62）『高田新聞』大正 14 年 10 月 30 日

63）同上

64）同上

65）同上

66）前掲 1）p12

67）高田市「高田市公報　第百拾九號」1937 年 2 月、p1

68）前掲 1）p12

69）高田市「高田市公報　第百四號」1935 年 11 月、p9

70）小林耕『新潟県職業行政史』1957 年、p50

71）前掲 1）p 19

72）前掲 25）

73）前掲 70）

74）前掲 70）p52

75）『高田日報』昭和 13 年 7 月 2 日

本稿は平成 28 年度科学研究費補助金（基盤研究（C））（一般）の「新潟県社会福祉史の総合的研究」（課題番号 26380826）の研究成果の一部である。
本稿は第 65 回日本社会福祉学会での発表に加筆したものである。

戦時下新潟県における農村隣保事業の展開

畠中　耕

はじめに

　戦時下において総力戦を維持遂行するために、国民生活を戦時体制に強権的に動員することが求められたが、特に兵力や軍需産業における労働力の供給地であった農村社会の保全はその最も重要な課題の一つであった。農村社会の保全及び更生策は既に昭和初期、特に昭和恐慌下に顕著に確認できるが、その救農政策の中心に位置づけられたのが農民の隣保共助と生活改善を中心した農山漁村経済更生運動である。同運動に農村社会事業が動員されたことは吉田久一をはじめとして先行研究が明らかにしているところであるが[1]、その事業実態を明らかにするためには都道府県のみならず市町村レベルでの実態解明に向けた作業が必要不可欠である。本論では新潟県を事例として、昭和初期（恐慌下）における農村社会事業の内実と、農村社会事業が戦時下において農村隣保事業として変質していく過程を明らかにしてみたい。特に新潟県における農村社会事業の特徴として特筆すべきことは、早くから町村民の協同出資による組合事業の運営方式が採用され、その組合事業が厚生省主導で設置された国民健康保険組合事業と農村隣保事業に引き継がれていった事実である。本論ではその過程と事業の特質を明らかにしてみたい。

　ところで昭和恐慌下における農村社会事業と戦時下農村隣保事業との関連性については、既に佐々木拓哉によって昭和初期から展開された産業組合を中心とする農村保健事業との連続性を論じる中で明らかにされ、その歴史的評価並びに性質についても詳細な検討がなされている[2]。特に戦時下の農村隣保事業について、産業組合による農村保健対策への対抗策として厚生省社会局によって打ち出された事実を明らかにした意義は極めて大きい。また本論の研究対象となる新潟県隣保事業史については、田代国次郎によって研究が進められ県下の隣保館事業を中心にその全体像が明らかにされた[3]。しかしその研究途上で田代は急逝し、戦時下における農村隣保事業の解明が研究課題として残されることになった。そこで、筆者はこのような「空白」を埋めるためにも農村隣保事業

と隣保館の関係性についてもあわせて考察してみたい。特に本論ではその存在については確認されているものの[4]、いまだその創設目的や事業実態は解明されていない「田麦山隣保館」(北魚沼郡田麦山村)の創設過程を中心に戦時下の農村社会(隣保)事業の内実に迫ってみたい。

1. 昭和初期における農村社会事業

昭和恐慌下において農村社会を更生するべく政府主導による救農政策が展開されたが、その支柱となった農山漁村経済更生運動に農村社会事業が組み込まれたことは序論で触れたとおりである。本論で考察する戦時下の農村隣保事業は戦時厚生事業の一翼を担い、市町村レベルでの国民生活の刷新と労力確保を目的として展開されたが、それは昭和恐慌下の農村社会事業を基盤としたものであった。そこで最初に事業の連続性を確認するべく、昭和初期における新潟県内の農村社会事業の運営方式として採用された協同組合事業について取り上げてみたい。

1929年5月24日に新潟県社会事業協会主催による第四回県下社会事業大会が高田師範学校で開催された。この大会で「託児所ノ設置ヲ容易ナラシムル良法如何」と「出産相扶組合ノ普及ヲ圖ル良法如何」の二つの事項が諮問された。前者の諮問事項に対しては「世帯数五十以上集団セル地方竝人口千以上ヲ有スル市町村又ハ農会、漁業組合、産業組合、部落農區、寺院其他ノ團体ニ於テ必ス設置スルコト」が定められた。一方、後者については「今直ちに之が成案を得ることは困難である」ことを理由に具体的な議論がなされていない[5]。新潟県における出産相扶組合は「産婆のない農、山漁村等に對し産婆を普及せしめる目的で案出」された事業で[6]、社会事業関係者の中では知名度の高い事業組織であったが[7]、1928(昭和3)年10月に佐渡郡高千村で県内最初の出産相扶組合が創設された[8]。

出産相扶組合は町村内全世帯主を強制的に加入させて会費を徴収し、組合員である町村民の無料助産等に充当させる一種の保険方式を採用しているところに特徴をもつ。一例として東頸城郡牧村(現上越市)に設

置された出産組合規約を確認すると、村民から毎月 10 銭を組合費として徴収し、「巡回産婆ノ設置」、「組合員ノ無料助産」、「其ノ他評議員会議決ニ依リ必要ト認メタル児童保護ノ施設」の 3 事業が運営されていた。牧村出産相扶組合では 1931 年 4 月から 1932 年 3 月にかけて、151 人の取扱産児が報告されている[9]。しかし、その後「昭和七、八年を界として、衰退して来てゐるのは惜しい」と報告されているように[10]、出産相扶組合が県下全域に拡大することはなかった。

　出産相扶組合に見られる町村民の協同出資によって運営された協同組合事業は、同時期に展開された他の事業にも確認することができる。その一つが農繁期共同炊事である。共同炊事が新潟県下で注目されるきっかけを作ったのが、三島郡日越村（現長岡市）大字高瀬地区である。同地区における共同炊事は産業組合である共栄会によって創設運営された。共栄会は疲弊化が進行する同地区の振興を目的として、1922 年 1 月 23 日に区内 45 全世帯を包含して創設されたが、会長の立川秀司氏を中心として 1929 年 6 月に最初の共同炊事が実施された[11]。同時期は田植期と重なる農繁期で、12 日から 18 日まで 7 日間実施された。その間延べ 333 人が共同炊事を利用したが、その中心は世帯主ではなく他から手伝人として招聘された人々であった。その効果について、立川秀司は「手間の節約」、「雇われ人の不平や陰口がなくなる」、「主婦は炊事が簡単になる為によく眠ることが出来、従って翌日の能率が増進する」、「田植時には何の家でも餅一束位は購入するのだが、今年は其の必要がなかった」との談を残している[12]。なお、共同炊事に関連して特筆すべ事項は同事業と同時に託児所が併設経営されたことである。共同炊事には多くの主婦が動員されたが、その子どもたちの保育もまた共同炊事と合わせて展開されていた[13]。つまり、日越村では後に見る戦時下農村隣保事業の特徴である個別事業の「綜合化」ということがすでに先取りする形で実施されていた[14]。

　そもそも産業組合は無尽講や頼母子講といった販売および購入を促進する組合として各地域に設立された信用事業を継承して創設されたが、1900 年に産業組合法が制定された後も加入者はごく少数にとどまって

いた。このような状況の中で岩船郡村上町村上信用組合では、同組合に加入していない住民で小額の営業資本を必要とする者に対して、小口資金の貸付を行うことを目的に村上共栄会を創設している。同会は村上信用組合や有志の寄付金によって組織され、主に資金利用者の貯蓄奨励（管理）と組合への加入誘導を目的とする、いわば「大衆金融」としての役割をもっていた[15]。

　このように保育事業や出産助成事業といった母子保護事業の他、共同炊事、小口の資金貸付事業が昭和初期における新潟県農村社会事業の中心的活動であったが、注目すべきは事業運営方式の方法として、地域住民の協同出資に基づく相互扶助組織（協同組合）が採用されたことである。実際、女工保護組合を筆頭に、組合託児所、医療相扶組合など組合方式による事業運営は早くから定着しており、その意味で同形式による事業運営は新潟県農村社会事業の特徴といってよい。そしてこうした協同組合方式による農村社会事業は、最終的には国民健康保険法によって設立された国民健康保険組合と戦時下に創設された農村隣保協会に結実することになる。

　新潟県における国民健康保険組合や農村隣保協会の活動については次節で確認することにして、本節では昭和初期における農村保健医療事業について確認しておきたい。1930年の段階で新潟県内無医町村が111カ所あると報告されているが、済生会が同年7月より9郡28町村の無医町村を対象に医師を派遣して巡回診療を展開している[16]。同様に、中野財団でも無医村10カ所を対象に巡回診療所の開設を計画している。中野財団の巡回診療所では、患者を戸数割によって甲種（特別税戸数割平均額の10分の1以下の賦課を受ける者に対しては薬価、処方箋、処置料は無料）、乙種（特別税戸数割平均額5分の1以下の賦課を受ける者に対して薬価は1日1割5銭以上、処方箋は10銭、処置料は15銭以上2円以内範囲で徴収）、丙種（甲乙以外の一般には薬価1日1割15銭、処方箋20銭以上5円以内の範囲で徴収）の3種に区分し、貧困者に限定することなく診療希望者を受け入れる方針を示した[17]。また、皇室からの下賜金をもとに創設された恩賜救療事業では恩賜新潟県救療

規程（昭和七年九月二十二日付県令第五十六号）を定め、委託診療と出張診療の2事業を位置付け、無医町村を対象に出張診療を展開した[18]。1933年度の「恩賜医療救護成績」では、患者取扱実人員5,544名（治療延日数87,262日）が出張診療の対象となっている[19]。当初、同事業は1934年度で終了となる予定であったが、結果的には事業継続に至り、1935年には8,396名（治療延日数121,576日）まで対象者が増加した[20]。

　戦時色が濃厚になる中で、農村保健医療の課題も徐々に兵力増強を目的とした軍人養成に重点が置かれることになる。例えば、1936年10月4日に柏崎小学校で開催された第七回新潟県社会事業大会の席に招聘された社会局技師の西野陸夫が「医療に関しましては都会に比較して、農村は誠に気の毒の状況にありまして、徴兵検査に於ける壮丁の体位が年々下るといふことは甚だ憂ふべき問題であります。農村の医療状況を一瞥致しまするに、医師の都会集中の為に、医師なき村が全國的に増加しつゝあるのでありまして、本縣も亦この例に洩れないのであります」と述べているのは[21]、新潟県における農村保健医療事業が新たな段階（戦時体制下における国民体位の向上）に突入したことを端的に表現している。このような課題に対応するため、既存の個別事業を「綜合化」する必要があるとの認識が生み出されることになった。例えば、安井久（新潟県社会課長）は「事變下に於て國民體位の向上特に次代の國家を儋當する児童保健の向上を顧念し人的資源の充實を期する事は即ち以て長期抗戦に即應する所以であり同時に國家興隆の根基を培養する所以のもの」との認識のもとで、「此の機会に特に要望したい事は市町村に於ける各種社会事業の綜合的発展と言ふ事である。児童保護に関する社会施設を見るも其の廣範にして多岐なるを知るのであって其の他市町村に於ける各種医療施設、経済福利施設乃至社会教化施設等の必要なるを痛感せらるる時我々は直ちに此等各種の綜合化、統一化と言ふ事を考へざるを得ないのである」との主張を展開している[22]。つまり、それまで個々に展開されていた保育事業や保健医療事業を「人的資源の充実」を目的とした総合的事業として統一し、「農村社会事業の綜合的発展」形態として新たな枠組みを提示しようとする意図を確認することができ

る。そして、この点にこそ農村社会事業から農村隣保事業へと移行する
端緒があった。

　第七回新潟県社会事業大会は、県内農村社会事業において一つの明確
な方針を打ち出す大会となった。まず、西野は先に引用した講演で「要
するに、総合的社会施設が必要であると考へるのでありまして、バラッ
クでも何でも宜しいが、中心となる建物、例へば保険館とか、隣保館と
かいふやうな建物があって、茲に中心指導者たる人が居って、そこへ行
けば、救護、医療、助産、金融、就職何でも相談に乗って貰へるいふや
うにしたい」と結論づけて[23]、農村社会事業の拠点となる隣保館創設
を訴えている。また、同大会の第一部会（福利事業）では「農村隣保事
業振興方法如何」との諮問に対して、「農村隣保事業の振興を期する方
策多々有るべきも現在の農村に之が中心となるべき隣保館を設置し、指
導の中心人物を常住せしめ此の隣保館を通じ左の事業を行ふを適当と認
む」との答申を示し、「各種団体との連絡を密にし人格と人格との接触
に依り報徳精神を基調としたる強化の徹底を計ること」、「我國古来の美
風たる五人組制度の徹底強化を計ること」、「各部落の福利増進を目的と
する共同施設を行ふこと」、「児童保護に関する事業を行ふこと」の4事
業が推奨され、隣保館建設に対して県からも「相当の助成若は補助の
途」を講じることが建議された[24]。つまり、同大会において新潟県農
村社会事業の基本的方針として隣保館創設と中心人物の常設が推奨され
た。そして、その中心人物として想定されたのが方面委員であった。

　なお、第七回新潟県社会事業大会が開催されるに先立って1936年6
月13日付内務大臣の「農村ニ適切ナル社会施設並ニ其ノ運営ノ方法ニ
付調査考究ヲ遂ゲ或ハ法制ヲ整備シ或ハ施設ヲ擴充シ以テ農村社会事業
ノ振興ヲ圖ル為其ノ根本方針ヲ確立セントス」との諮問に対して、社会
事業調査会が「惟フニ農村ニ於ケル農村社会事業ノ要諦ハ我國固有ノ美
風タル隣保共助ノ精神ヲ基調トシ村民協同ノ良習ヲ涵養シテ相互扶助ニ
依ル社会施設ヲ振興セシムルニ在リト謂フベシ之ニ對シテハ固ヨリ政府
ニ於テモ助成ノ方途ヲ講ズルノ要アリト雖モ農村ノ更生ガ農村民ノ自力
奮起ニ俟ツ所極メテ多キニ鑑ミ徒ニ他ニ依頼スルノ弊ヲ除キ自主獨立ノ

気魄ヲ旺盛ナラシメンコトヲ期スベシ」との答申を示している[25]。つまり、農村社会事業の原則として隣保共助の基本方針が再確認され、その経営方法として「農村ニ於ケル社会事業ニ付テハ部落又ハ協同組合ノ経営ヲ奨励スルト共ニ國、公共團體等ノ施設ヲ一層擴充シ尚之ガ経営ニ當リテハ特ニ形式ノ煩雑ヲ避ケ経費ノ重複ヲ省キ成ルベク各種ノ事業ヲ綜合的ニ経営シ其ノ機能ヲ有機的発揚ニ努ムルコト」、「農村ニ於ケル方面委員ノ職責ノ重要ナルニ鑑ミ其ノ普及充實ヲ圖ルト共ニ委員ノ人選其ノ他運用ニ付テモ考究改善ヲ加ヘ一層其ノ機能ノ発揚ニ努ムルコト」が提示された[26]。特に、前者の協同組合による事業経営は前述したように新潟県農村社会事業の特徴を体現していて、各市町村に設立された国民健康保険組合及び農村隣保協会の基礎ともなった。第七回新潟県社会事業大会で決議された隣保館建設及び中心人物として方面委員を充当するといった方策案は、この答申をベースに決定されたものと判断できる。

　新潟県における農村隣保館については次節以下で述べることにして、ここでは農村社会事業推進の中心人物として白羽の矢が立てられた方面委員の動向について確認しておきたい。農村社会事業運営の中心人物として方面委員を充当する案は、福島正雄（新潟県社会事業主事補）や海野幸徳よって主張されていた[27]。また、1932年11月29日、30日の両日に財団法人中央社会事業協会主催で開催された「隣保事業保育事業全国協議会」でも、「隣保事業は方面事業と一層密接なる協同関係を保ち両者の機能を完からしむる」ことが決議された[28]。このように方面委員が農村社会事業においてリーダーシップを発揮することが期待されていたが、具体的には各市町村における農村社会事業計画を主導することが求められていた。1936年6月10日より8月21日まで県下13郡において「郡単位町村社会係並方面委員会」が開催されたが、そこで出された指示事項の一つに「医療救護ニ関スル件」や「託児所設置普及ニ関スル件」といった農村社会事業計画の推進が列挙されている[29]。つまり、方面委員がこうした計画の推進を担う役割を担うことが期待されていた。しかし、1936年に方面委員令が施行された後にも、方面委員の未

設置村の解消という根本的課題が残されるなど[30]、全体的に県下の方面事業は低調で方面委員が農村社会事業を主導できる状況にあったとは判断できない。「農村社会事業の綜合化」という課題を達成するためには、国家主導で市町村を統括し事業運営を主導することが必要であった。こうした課題に対応するため導入されたのが、農村隣保事業に対する助成制度であった。次節では国民健康保険組合事業と農村隣保事業との関係性について考察していきたい。

2. 国民健康保険組合と農村隣保協会

国民健康保険法は、「国民の健康が國力発展の源泉であり生産力の擴充も、産業の発達も、将又國防の充實も歸する所國民の健康に其の基礎を置いてゐる」との認識のもとで1938年4月に成立した[31]。その目的は国民の医療費負担の問題を解決するために、自治組合（国民健康保険組合）を市町村単位で設置し、組合員から掛金（保険料）を徴収することで患者の医療費負担軽減を図り、国民の健康不安を除去することにあった。

各市町村に設立された国民健康保険組合は、保険料徴収等の保険業務を担う保険者としての役割を担っただけでなく、組合員に対する健康相談や衛生思想を涵養するための実質的な「保健施設」としての役割も併せ持っていた[32]。このような保健施設としての役割を担った背景には、先にふれた農村を中心とした無医村問題があった。実際に1938年6月21日に新潟市で開催された全国方面委員大会の場で「医療保護制度確立ニ関スル決議」が為され、対策の一つとして「無医村ニ対スル対策」が決議された。その対策の一環として「農山漁村ノ医療施設ニ関シテハ今猶不備ニシテ全國ニ於ケル無医村三千有餘ヲ数フルノ実状ニアリ仍テ此等無医村ニ對シテハ速ニ医療機関ヲ設置スルノ方策ヲ樹テ之ガ実現ニ努ムルコト」が指示された[33]。実際に新潟県でも無医村対策は急務の課題で、南魚沼郡神立村（現湯沢町）の関係者が同大会で「自分は所謂『無医村』の実情（縣下の無医村一〇四）につき識者の御配慮を願ふべ

く、特に上越国境に近く山間僻陬に位する我が神立村を始め土樽三俣、三國各村の四ケ村が何れも一人の専門医なく、十二月中旬頃より四月初旬頃まで丈餘の積雪下に蟄居生活を餘儀なくせしめらる、農村生活の實情を述べ、尚ほ猛烈なる吹雪の中を三俣村方面より瀕死の重病人を擔架に乗せて、医師の居る湯澤村まで出て来る情けない場面に度々遭遇した事情を述べ、『無医村』を中心とする医療制度の国策化の緊急性を力説」するなど[34]、即座に対策が迫られていた問題であった。

このように保健施設としての役割を担うことが期待された国民健康保険組合であるが、県内では 1938 年 10 月に中蒲原郡根岸村（現新潟市）国民健康保険組合が最初に設立されたものの、その後遅々として設置普及が進まなかった[35]。1940 年の皇紀二千六百年記念事業の一環として新たに 5 村で国民健康保険組合が設立されたが（表 1）、その全てが1940 年度より導入された農村隣保施設指定村であったことは単なる偶然ではない。つまり結論を先取りすれば、新潟県では国民健康保険組合（保健施設）の中心機関として隣保館を創設し、隣保館が保育事業や保健医療事業、共同炊事といった農村社会事業を「綜合化」した「農村隣保事業」の中核的機関としての機能を果たすことになった。ここに戦時下新潟県農村社会事業（隣保事業）の特徴を見出すことができる。それは「國民の健康の保持増進を圖り旺盛なる精神力と強健なる體力を涵養し、以って兵力の充足に、産業能率の増進に、将又銃後萬般の備へに、

〈表 1〉 国民健康保険組合一覧

	岩室村	蒲田村	田麦山村	金澤村	畑野村
組合員数	505 人	491 人	258 人 (内法人たる組合員 5)	1,193 人	1,150 人
被保険者数	3,209	3,034	1,470	5,707	6,095
組合の種類	普通	代行	代行	代行	代行
保険給付の種類	療養の給付（歯科診療を除く）	療養の給付（歯科診療を除く）、助産の給付	療養の給付（歯科診療を除く）	療養の給付（歯科診療を除く）	療養の給付（歯科診療を除く）

「本縣に於ける国民健康保険組合の設立普及状況」『新潟県社会事業』（第十二巻、第二号）、1940 年、35 頁より引用。

萬遺憾なきを期すること」を目的とした国民健康保険制度の目的にも合致したシステムであった[36]。ここに国民健康保険制度と農村社会事業の統一化を確認することができる。

　新潟県では農村社会事業の「綜合化」に組み込まれた国民健康保険制度であるが、1942年の国民健康保険法改正によって、それまで各市町村の自由意志に委ねられていた組合設立及び住民の組合参加に対して強制化が進められることになった。つまり、「疾病の豫防、母性乳幼児の保健、健康診断及相談、營養の指導改善、衣服、住宅改善、體育保健衛生思想の普及涵養等保健問題全般に渉り、之が健康保持増進に関する限り、改正法は積極的に之等保健、療養施設の或は実施命令が或は設置命令が発せられ、其の費用の支出をも命ずることの出来る方途」が開かれることになった[37]。この法改正によって1939年の段階ではわずか2組合が設立されたにすぎない状況から[38]、1943年の段階に至って4市を除いて全県下町村に国民健康保険組合が設立され、「一應之ガ組織ハ完成」したとの報告がなされている[39]。

　以上のような経緯を経て全県的に設立された国民健康保険組合であるが、次に国民健康保険組合による保健事業が農村隣保事業に組み込まれていく経緯について確認してみたい。1938年10月31日付で県内最初に国民健康保険組合を設立した中蒲原郡根岸村では、翌1939年9月1日に専任保健婦を設置し、さらに1940年には農村隣保施設助成の指定を受けて根岸村隣保協会を設立した。そこで注目すべきは保健婦事業や保育事業、さらには栄養食共同炊事事業等の各事業を「綜合統一」する必要があるとの認識に基づいて、隣保館が創設された事実である。つまり栗林貞介（根岸村長）が「以上の施設は之を綜合統一するに依り確実なる母性乳幼児の保護と農村労働力の不足を補ふ効果を期待するを得るものは體験を通して確信する處であります、即ち農村に隣保館を設置して前記三事業（保健婦、保育所、共同炊事事業）を綜合統一し実践體系を確立するのであります之に要する費用は私の村人口三千二百二十六人の純農村に於て経常費八千圓を要しますが之に依り村民の體位の向上と母性児童の保護並に結核豫防を実践し得ると信ずる」と述べているのは[40]、

国民健康保険事業と農村社会事業を「綜合化」した農村隣保事業の実態を端的に表しているといえよう。つまり、戦時下農村隣保事業の中核的理念となっていたのが村民の体位向上を目的とした「保健」であった。

　このことは村民の営養補給を目的とした共同炊事にも確認することができる。農繁期託児所と共同炊事が同時に展開された例は、先に触れた三島郡日越村大字高瀬地区や東頸城郡安塚村（現上越市）でも確認できる。例えば安塚村大字牧野部落は1940年春季に最初の農繁期共同炊事と農繁期保育所を同時に開設した他、農区長を中心に共同作業を実施し、その成績良好なことから県農会から表彰を受けるなど、生活改善において同部落は「率先範」とみなされていた[41]。同部落では6月1日より8日間、保育所と共同炊事が同時開設された。同事業に対して増田秀雄（安塚村社会事業助成会）が「共同炊事は農村の労力節約の上に非常に有益であり又物資の節約殊に燃料の節約の上に甚大であることを確認いたしました一面共同炊事に依り一層共同精神を涵養することを得たることを心より喜んで居ります。保育所は父兄より非常に喜ばれ又共同炊事とは是非併設する必要のあることを認めました」と述べているのは[42]、両事業が農繁期における労力増強や村民間の隣保共助精神の涵養に有益であるという認識のもとで展開されていたことを示している。しかし、両事業が村民の保健衛生の向上に有益であるという認識のもとで、「綜合化」して展開されるのは、国民健康保険組合及び隣保協会の設立を待たねばならなかった。実際に根岸村における共同炊事は1940年に厚生省から助成を受けて設立された隣保協会の事業に位置付けられ、単に労力の節約といった消極的な事業にとどまらず、明確に保健施設としての位置づけが与えられて展開された。この点について洪野博孜（根岸村松橋国民学校長）が「私の村の共同炊事は隣保協会の事業の一つでありまして全く保健の立場に基礎を置いてあります即ち過労に対する栄養の補給特に女子の過労を防止し健全な母體の育成をなし乳幼児の健全な発達を目的とするものであります。他は第二義的なものであります」と述べているのは[43]、農村隣保事業が農繁期託児所と並んで母体の保護を第一義的に考慮した保健施設としての機能を担っていた事実を

物語っている [44]。

　ところで 1940 年度より厚生省によって導入された農村隣保施設助成制度は、「町村民生活協同體の意識の下に隣保相扶の精神に則り、農山漁村に於ける共同生活を圖り其の厚生福利を増進することを目的とするのであるが、差當り、現下農山漁村の實情に鑑み最も緊要である児童竝に母性の適正なる保護を圖ることを以て其の中心目的」としていた [45]。新潟県では 1940 年度に根岸村を筆頭に 3 村が、1941 年度には 6 村がそれぞれ選定され、施設設置の助成を受けている（表 2）。

〈表 2〉　新潟県農村隣保施設一覧

年度	昭和十五年度			昭和十六年度					
設置 町村名	中蒲原郡 根岸村※	佐渡郡 金澤村※	北蒲原郡 木崎村	西蒲原郡 岩室村※	北魚沼郡 田麥山村※	東頸城郡 安塚村	東頸城郡 牧村	東頸城郡 浦田村※	中蒲原郡 菅名村
名称	根岸村 隣保協会	金澤村 隣保協会	木崎村 愛育会	岩室村 隣保協会	田麥山村隣 保協会	安塚村 隣保協会	牧村 隣保協会	浦田村 隣保協会	菅名村 隣保協会

※国民健康保険組合設置村（昭和 15 年段階）
厚生省生活局『昭和十五年十六年度設置助成農村隣保施設一覧』48 ～ 50 頁より引用作成。

　上記の表からも確認されるように農村隣保事業の経営主体に位置づけられたのが、本制度の導入によって各村単位で設置された隣保協会であった。隣保協会の事業組織については別の所で触れておいたのでここでは繰り返さないが [46]、一般的には隣保協会の本部を役場内に設置し、町村内の集落ごとに支部を設けて支部ごとに隣保班を編成することで隣保施設事業の実施体制を整備していった。同時に隣保協会長は町村長が兼任し、支部は各集落の会長宅に置かれ、支部長が隣保班長を選任することが一般的であった。つまり、既存の厚生施設をそのまま農村隣保事業という枠組みの中に動員することで、農村における相互扶助組織の再編成を図ろうとした。この点こそが本事業を「都市に多く見る従来の会館中心的隣保館の事業や、指導者の個人的人格や理想を中心として単に他動的に地域住民に呼びかける所謂セツツルメント事業でもない」と言わしめた所以である [47]。しかし、一方で「隣保会館を建築するのが理想」とされたように [48]、同事業を運営するため隣保館新設が奨励され

ていたことも事実である。そして、その「理想」を体現した都道府県の一つが新潟県であった[49]。次節では1941年度に設置助成の対象となった北魚沼郡田麦山村隣保協会の活動と、田麦山隣保館建設に至るプロセスを確認してみたい。

3．農村隣保館の創設─田麦山隣保館の創設─

　北魚沼郡田麦山村（旧川口町、現長岡市川口田麦山地区）は、1889年に村政が施行された。同村は魚沼丘陵内に位置する豪雪地域の一つで、養蚕や稲作を中心とした小規模な農業経営が中心の山村であったが、戦後は油田及び天然ガス開発が進行するなど工業開発で一躍注目されることになった。隣保館が創設された1943年の時点では、247世帯（1538人）の人口を擁していたが、その圧倒的多数（239世帯）が農業に従事していた。村内には村役場の他、国民学校3棟、教員住宅1棟の他、米穀貯蔵倉庫の設備が存在していたにすぎず、村民の健康や生活に寄与するような施設は皆無であった[50]。

　戦前における田麦山村は北魚沼郡の他村と同様に無医産婆村の一つであり、県内では早期に国民健康保険組合が設置された（1939年12月31日設置）。同組合の創設を契機として専任の保健婦を設置し、家庭訪問や、健康相談、共同保育、共同炊事が展開されたとの記録が残されている[51]。

田麦山村国民健康保険組合状況

保険料			
被保険者一人当平均年額	組合員一人当平均年額	最高月額	最低月額
2円912	16円92	4円50	10銭

被保険者一人當療養の給付費年額	療養の給付支給期間	一部負担の割合	村費補助年額
5円	120日	3割、入院手術等4割	350円

「本縣に於ける国民健康保険組合の設立普及状況」『新潟県社会事業』（第十二巻、第二号）、1940年、35頁より引用作成。

同時に同村は 1941 年に厚生省から農村隣保施設助成の対象に指定され、同年 6 月 1 日付で田麦山村隣保協会を発足させた。その目的は「田麥山村隣保協会規約」第三条に規定されているように「隣保相扶ノ観念ニ基キ本村乳幼児、児童及母性ノ適正ナル保護並ニ一般ノ保健向上ト労力補給ノ施設ヲ講ジ銃後村民生活ノ安定強化ニ資スル」ことにあった[52]。また、同協会規約第二条で「本会ハ本村ニ一世帯ヲ有スル世帯主ヲ以テ組織ス」と規定されているように、村民を強制的に隣保協会に加入させて会費を徴収することで事業展開されていた。具体的に想定されていた事業が、「乳幼児及児童ノ保育養護並ニ其ノ教化ニ関スル事項」、「母性ノ保護教化並ニ家庭教育ノ充實促進ニ関スル事項」、「児童並ニ母性ノ福祉ニ関スル社会教育的施設ノ促進ニ関スル事項」、「栄養並ニ一般保健衛生ニ関スル施設實施ニ関スル事項」、「農村労力補給並ニ人事相談ニ関スル事項」、「隣保思想ノ普及其ノ他ニ関スル事項」の 6 事業であった（同規約第四条）[53]。これらの事業を統括して運営する「綜合的社会事業」の中核的な機関として設置されたのが隣保協会であった。また、田麦山村隣保協会の下部組織（実行組合）として前原（四個班）、大形（四個班）、田中（三個班）、大谷内（二個班）、小高（四個班）、山相川（四個班）の 6 部落（支部）に 20 の隣保班が創設され、それぞれの隣保班には班長が置かれた[54]。ここでは 1941（昭和 16）年度の事業成績を参考に、同事業の内実（主に保健事業、保育事業、共同炊事の三事業を中心に）に迫ってみたい。

　最初に保健事業であるが、田麦山村では国民健康保健組合が設置されたのと同時に専任の保健婦を設置し、日割を定めて各部落を巡回し妊産婦、乳幼児、一般患者の家庭を訪問して保健衛生の指導にあたっていた。田麦山隣保隣保協会が創設された後には保健婦による家庭訪問事業は農村隣保施設事業の一部に位置付けられ、村内六部落を毎月三回巡回し妊産婦、乳幼児等への保健衛生指導を行った他、患家に対しては随時臨時巡回を行っていた。このような保健婦による訪問事業とは別に産業組合による相談所が設置され、妊産婦や乳幼児の健康相談や療養相談、医師の選択、栄養相談等の健康相談事業が実施されていた[55]。

次に保育事業であるが同村内には常設の保育所は存在せず、農繁期託児所の社会的意義が注目され県内各町村で随時設置されていた同時期においても、同村で農繁期託児所が設置されたという事実を確認することはできない。筆者が同村内における農繁期託児所の設置が確認できたのは、同隣保協会が設置した保育所が最初である。1941年には隣保協会の事業の一環として春季・秋季の農繁期に、村内3部落に無料の季節保育所（田麥山国民学校、小高分教場、山相川分教場）がそれぞれ設置されている。なお前節で確認したように、季節保育所の設置と合わせて（秋季のみであるが）共同炊事場が併設され、朝、昼、夕の1日三回の主食・副食が共に時間を定めて配給された（先の三保育所の他に大形、大谷内の両部落でも開設された）[56]。このように国民健康保健組合事業をはじめとした既存の厚生事業施設を統一かつ「綜合化」したところに、「綜合的社会事業」としての農村隣保施設事業の特質があった。

ところで綜合的社会事業としての特質を持つ田麦山村隣保協会の事業運営にかかる費用は、どのようにねん出されていたのか。「昭和十七年度田麥山隣保協会歳入歳出決算書」によれば、1942年度の歳入決算額1740円86銭のうち、県補助金80円、田麦山農会補助金246円、産業組合補助金214円86銭、国保部補助金1000円、銃後奉公会補助金200円のほか、寄付金266円45銭、会費収入297円59銭となっており、圧倒的に国保部補助金の比重が大きいことが理解できる[57]。それは農村隣保協会が村内の既存の厚生事業施設を包括することを目的として設置されたものであり、その中心なっていた保健施設が元来国保組合の事業として創設されたことに由来するものと判断される。実際に同年度の歳出額をみても、保健施設費が715円68銭と他の事業（保育所費350円68銭、共同炊事費617円32銭）と比較して最も多い[58]。こうした点にも国民健康保険事業の農村隣保事業への統合化という事実を確認することができる。

以上見てきたような「綜合的社会事業」への志向が、その事業推進の拠点となる「隣保館」創設に進展したことは極めて自然な流れといえよう。それは1943年3月29日付で村長（隣保協会長）より三井報恩会に

対してなされた補助申請の中で「既設隣保事業ノ強化ヲ図リ綜合的設備タル隣保館」と記されていることからも理解できる[59]。つまり、戦時厚生事業施設運営の中核的機関として隣保館建設が最終的な目標と実質的な帰結となった。そして、このことは国民健康保健組合と隣保協会の設置（保健指導等の教化事業）だけでは乳幼児死亡率の改善等を志向した保健事業が完結しなかった事実を端的に表しているといえよう。村民の保健を推進するためには保健婦による教化指導だけでは不十分で、実質的な保健衛生施設の整備が何より必要であった。

田麦山隣保館は、総工費 12,070 円（延坪一坪當 220 円）をかけて1944 年に竣工した[60]。建設費用は三井報恩会の補助金 2000 円や新潟県社会事業協会の補助金 1000 円の他、産業組合から 5070 円の助成を受けて 1943 年建設に着手された（その他、村補助金 2000 円、農会補助金1000 円の他、村民有志から 1000 円の寄付が充当された）。当初の計画では 1943 年 5 月 20 日に着工し同年 9 月 30 日に竣工予定であったが、計画が遅れた理由は不明である。建物は木造瓦葺 2 階建ての一棟で、一階には診察室、薬剤室、事務室、保健婦室、相談室、産室、共同炊事場、浴室、便所が設置された他、二階には会議室、娯楽室、講習会場、結婚式場、休憩室が設置された[61]。こうした設備から判断されるように田麦山隣保館の第一義的な機能は、保健衛生施設にあったといえよう。無論、実際に同隣保館が農村隣保事業の目的であった「隣保相扶ノ観念ニ基キ農村隣保施設ノ機能ヲ発揮シ生産擴充シ乳幼児及母性ノ保護、保健指導、教養教化事業等ノ厚生施設ヲ綜合的ニ運営シ庶民生活ノ確保ト刷新ヲ図ル」ことにどの程度寄与したのか[62]、戦争末期における同隣保館の事業実態に関する資料を確認できていないので、現段階で評価することはできない。しかし、既存の厚生事業施設を組織的に「綜合化」することを目的としていた農村隣保施設の最終形態が隣保館で、同事業の象徴的な意味を持ったことは事実である。それは村民間の隣保共助精神を発揚するのに寄与したのみならず、実際の設備を整備することで共同炊事等の村民による自発的な共同活動を促進・組織化した意味では重要な役割を果たしたといえよう。労働力及び兵力の供給地であっ

た農村社会の保全はその供給源である母子の保健向上を緊急課題としていたが、農村隣保事業（隣保館）が目指したものはそれにとどまらず、総力戦を維持遂行するための広範な銃後後援体制の構築にあったといえる。

まとめ

　以上、新潟県を事例として農村社会事業が戦時下の農村隣保事業に移行するプロセスを確認してきた。新潟県では早期から出産相扶組合や共栄会等の地域住民の協同出資に基づく相互扶助組織（組合）が創設され、住民の健康を保持することを目的とした保健事業が展開されていた。つまり、戦時下の国民健康保健組合や農村隣保協会の基盤となる組織が昭和初期に既に形成されていた。戦時下に創設された国民健康保健組合や農村隣保協会は、そうした既存の組織を国家主導で再編成し、国家の管理下に置くことによって全国的に統一化した組織基盤を形成することを目的に創設されたといえる。

　しかし、新潟県ではそのような国家主導による個別事業の「総合化」の流れとは別に、各地域の需要に応じて独自に「農村社会事業の綜合的発展」を図る途が模索されていたことが明らかにされた。具体的には農繁期における労力養成を目的とした共同炊事に託児所が併設され、そこに栄養指導等の保健事業を統合することで母体の健康を維持するという協同（相関）関係を生み出した。こうした個別事業の「総合化」の最終形態が、戦時下における国民健康保険事業と農村隣保事業の統合（実際的には前者の後者への組み込み）であった。この統合によって組織的には「総合化」された農村社会事業制度が整備されたといえる。そしてその「総合化」の象徴的な意味を持ったのが、新たに建設された隣保館であった。

　以上見てきたように県社会課（厚生省）が主体となって推進されてきた農村社会事業の「総合化」であるが、戦時下の新潟県では別途に県農会及び農務課主導で農繁期託児所及び共同炊事設置の奨励及び指導が展

開されていた。その目的は戦時下において必需とされた食料増産を目的とした「農村労力対策」にあった。つまり「農村労働力の消耗を防ぎ、浩渕たる農村労働力の源泉を涵養するための諸施設を今速かに農村に拡充することこそが、諸々の戦時農村労働対策の健全にして正しき実現を可能ならしむる第一条件であり、食糧増産運動の出発点である」との認識に基づいて、同目的に合致した農繁期託児所及び共同炊事事業の優良事例を紹介している[63]。そこでは「労力上の影響」や「経済上の影響」などの生産性が重視され、農村隣保協会が重視した「保健」の視点は陰を潜めている。

　農村労力対策に重点が置かれるようになった既存の農村社会施設は、その後農務課及び系統農会が主体の統制下におかれることになる。つまり、農村社会施設は「如何に労力が、肥料が、そして機械が不足しても断じて国家の要求する計画生産を完遂し、一面民族力の源泉として世界に冠たる健全なる農村人口を培養育成」することに重点が置かれるようになった。換言すれば「必勝の態勢を確立」するために、県、大政翼賛会県支部、県農会、産業組合中央会県支会、県販購利用組合連合会が「一貫せる方針の下に前年に倍加しその総力を挙げて農業共同作業、共同炊事、保育所の普及奨励に努め」る体制が確立されることになった[64]。具体的には農業生産統制令に基づき新潟県では1943年2月16日付で「昭和十八年度農村労力調整実施方針」が打出され、農業労働能率の増進と農村労力の組織化を推進し、不足労力の自給化を図る方策の一環として農業共同作業、共同炊事、共同保育が重点種目に位置づけられた。そして、その実施主体に据えられたのが系統農会と部落農業団体であった[65]。

　このような農会主導で設置された農村社会施設と農村隣保事業はどのような関係性にあったのか、また銃後々援施設として各市町村に設置された銃後奉公会との関係性はどのようなものであったのか[66]、今後の研究課題としたい。

【註】

1）吉田久一『昭和社会事業史』ミネルヴァ書房、1971 年、137 頁。

2）佐々木拓哉「戦時期の農村隣保事業に関する一考察」洛北史学会『洛北史学』（第 15 巻）、2013 年、28 〜 46 頁。

3）田代国次郎「新潟県社会事業史の一断面―その 2― ―県内隣保館、セツルメント施設小史―」社会福祉研究センター『草の根福祉』（第 43 号）、2013 年、14 〜 29 頁。

4）田代国次郎、同前「新潟県社会事業史の一断面―その 2― ―県内隣保館、セツルメント施設小史―」18 頁。

5）新潟県社会事業協会『越佐社会事業』（創刊号）、1929 年、94 〜 95 頁。

6）鈴木慶四郎『新潟県下に於ける出産相扶組合調査報告書』7 頁。なお、同組合の創設と普及の過程については橋本理子「新潟県の妊産婦保護事業―その 1 ―」田代国次郎先生喜寿記念論文集編集委員会『いのち輝く野に咲く草花に』2012 年、20 〜 22 頁を参照。

7）例えば農民組合運動の指導者であった杉山元治郎も「新潟縣では一戸に付き一カ月十銭宛の出資による出産組合を作り、出産から産後のいろいろの世話までやり好成績を上げてゐる様であるが、斯る組合を産婆なき地方で設立せしめ、當該町村等に府縣が組合のために多少の補助をする様にでもなれば、確かに乳幼児死亡率低下の一助となるであらう」とその効能について注目していた（杉山元治郎「農村と社会事業」『農村社会事業』朝日新聞社会事業団、1934 年、3 頁）。

8）『越佐社会事業』（第三巻、五月号）、1931 年、37 頁。なお新潟県社会課編『新潟県社会事業概要』（昭和十一年十二月）では「昭和三年末、蒲田村出産相扶組合が設立せられたのを始め」（昭和三年十一月三日設立）と記されているが、東京市会議員で浅草第四方面委員長鈴木慶四郎の視察報告（前掲、『新潟県下に於ける出産相扶組合調査報告書』8 頁）及び橋本理子の調査（前掲、「新潟県の妊産婦保護事業―その 1 ―」21 頁）でも佐渡郡高千村（昭和三年十月創設）を最初の組合設立村としている。

9）鈴木慶四郎、前掲『新潟県下に於ける出産相扶組合調査報告書』10 〜

12 頁。

10) 新潟県社会課編、前掲『新潟県社会事業概要』（昭和十一年十二月）
102 頁。

11) 佐々木元三「共同炊事に就て」『越佐社会事業』（第一巻、第二号）、
1929 年、41 〜 42 頁。

12) 佐々木元三、同前「共同炊事に就て」43 〜 45 頁。

13) 佐々木元三、同前「共同炊事に就て」50 頁。

14) なお、同村高瀬地区は県より「模範農区」に指定され、特に共同炊事、
託児所が「模範的施設」に位置付けられていた。田中賢治郎「本村に於
ける社会教化並に事業」『越佐社会事業』（第三巻、第一号）、1931 年、
86 頁。

15)『越佐社会事業』（第二巻、第一号）、1930 年、140 頁。

16)『越佐社会事業』（第二巻、第七号）、1930 年、97 頁。

17)『越佐社会事業』（第三巻、第八号）、1931 年、72 〜 73 頁。

18) 安宅久郎「出張診療に就て」『越佐社会事業』（第四巻、第十一号）、
1932 年、54 〜 57 頁。

19)「恩賜医療救護成績（昭和八年度）」『越佐社会事業』（第六巻、第七号）、
1934 年、69 〜 76 頁。

20)「昭和十年度恩賜医療救護救療成績」『越佐社会事業』（第八巻、第八
号）、1936 年、40 〜 46 頁。

21) 西野隆夫「農村に於ける社会事業」『越佐社会事業』（第八巻、第十一
号）、1936 年、 4 頁。

22) 安井久「児童愛護週間と都市及農村社会事業の綜合的進展に就いて」
『新潟県社会事業』（第十巻、第五号）、1938 年、10 〜 12 頁。

23) 西野隆夫、前掲「農村に於ける社会事業」 7 頁。

24)「第七回新潟県社会事業大会概況」、前掲『越佐社会事業』（第八巻、第
十一号）、22 頁。

25)「社会事業調査会答申」、同前『越佐社会事業』（第八巻、第十一号）、
36 頁。

26) 同前「社会事業調査会答申」、37 頁。

27) 例えば福島正雄は次のように主張する。「私は農村に社会事業を発達せしむる為には、縣下全農村に方面委員制度の普及を計ることである。社会事業は言ふ迄もなく、完全なる社会調査を基調として、この調査の結果を社会に反映せしむることで、その調査の精否は斯業の発達に重大の関係を有するものである（福島正雄「農村社会事業に對する一つの提唱」『越佐社会事業』【第二巻、第七号】、22 頁）。また、海野幸徳は「農村には農民に対し各種困窮を取扱ふ諸々の施設も乏しければ、それに當る人に乏しい。多くの場合、農村には方面委員が唯一の社会事業家であるであらう。これ、方面委員を以て農村社会事業の中心となし、本位となす所以である」と農村社会事業の推進役として方面委員の充当を求めている（海野幸徳「農村社会事業提要（１）」『越佐社会事業』【第三巻、第三号】、1931 年、９頁）。なお、両者とも方面委員の農村社会事業への充当のみならず、早くから農村の特質を考慮して個別事業の統一化を主張していたことも共通している。

28) 中央社会事業協会『日本社会事業年鑑』1933 年、331 頁。

29) 「郡単位方面委員会概況」、前掲『越佐社会事業』（第八巻、第十一号）、45 ～ 49 頁。

30) 例えば、1939 年１月の段階で「尚三十の方面未設置村の残存せるをみた」と報告されている（「全縣下『方面委員網』の完成近し—縣社会課、未設置村解消に全馬力—」『新潟県社会事業』【第十一巻、第四号】、1939 年、94 頁）。

31) 国民健康保険係「国民健康保険制度の概要」『新潟県社会事業』（第十三巻、第六号）、1941 年、２頁。

32) 国民健康保険係、同前「国民健康保険制度の概要」４頁。

33) 『新潟県社会事業』（第十巻、第七号）、1938 年、19 ～ 21 頁。

34) 中村無外「第九回全国方面委員大会の諸感想」、同前『新潟県社会事業』（第十巻、第七号）、111 頁。

35) 「本縣に於ける国民健康保険組合の設立普及状況」『新潟県社会事業』（第十二巻、第二号）、1940 年、35 頁

36) 国民健康保険係、前掲「国民健康保険制度の概要」５頁。

37）土居顯「改正厚生立法の保健問題について」『新潟県社会事業』（第
　　十四巻、第六号）、1942年、7頁。

38）「国民健康保険講習会開催」『新潟県社会事業』（第十一巻、第六号）、
　　1939年、64〜65頁。

39）「地方事務所厚生課長会議知事訓示」『新潟県社会事業』（第十六巻、第
　　二号）、1944年、3頁。

40）栗林貞助「国民健康保険組合の保健施設対策に付て」『新潟県社会事業』
　　（第十四号、第十二巻）、1942年、6頁。

41）増田秀雄「安塚村牧野部落の農繁期共同炊事と農繁期保育所に就て」
　　『新潟県社会事業』（第十二巻、第八号）、1940年、9頁。

42）増田秀雄、同前「安塚村牧野部落の農繁期共同炊事と農繁期保育所に
　　就て」11頁。

43）洪野博孜「我が村の共同炊事のやり方」『新潟県社会事業』（第十三巻、
　　第十号）、1941年、25頁。

44）この点について富永孝一郎（新潟県社会事業主事）が「政府に於いて
　　も厚生事業の今後の発展を隣保事業に置き隣保事業開設が第一に保育所
　　の設置を条件とするを見る時方面委員の職務として是非之の問題に乗り
　　出して貰はねばならぬと思ふ。最近兎もすれば『増産の目的』のみを採
　　り上げ労力調整の手段として季節保育所の開設が図られ之の結果母子保
　　護の目的の閑却せられつゝあるは『物』の為に『人』を考へざる米英思
　　想を思はしめるものであり時代錯誤も甚だしい」と批判の言を強めてい
　　るのは、保育所の開設でもって万事完了するとの風潮に対する戒めであ
　　り、個別事業の「綜合化」とその指導役として方面委員の役割を重視し
　　たからに他ならない（富永孝一郎「季節保育所の指導と方面委員の任務」
　　新潟県社会事業協会『方面の友』【第廿四号】、1942年、39頁）。

45）厚生省社会局『農村隣保施設に就て』1941年、1頁。

46）畠中耕「滋賀県における農村隣保施設事業の展開―戦時下を事例とし
　　て―」田代国次郎編『続・地域から社会福祉を切り開く』本の泉社、
　　2011年。

47）厚生省社会局、前掲『農村隣保施設に就て』4頁。

48）厚生省社会局、同前『農村隣保施設に就て』26～27頁。

49）この点について次の事実を挙げておきたい。新潟県で最初に国民健康
保険組合を創設し、同時に農村隣保施設助成対象に選定されて隣保協会
を創設した中蒲原郡根岸村における回顧記録である。「健康管理にかかる
事業は当時『隣保館』（施設）の事業として、地道に努力され、住民の中
に浸透していったことも知ることができた。この小村のほとんどの人々
は朝早くから夜遅くまで働かなければならない農業にかかわっていたこ
とから健康管理と作業時間の合理化とを考慮し、農繁期には、その『隣
保館』において集団で炊事をなし、又、児童の保育を始めたというもの
である。主婦が順番に、そしてそれに部落の子供たちが手伝い、部落全
戸の食事を作り、また要保育児童をあずかるというこの農村の知恵は、
農家負担の軽減と健康管理、とりわけ食生活の改善には大きな成果を生
んだという。核施設たる『隣保館』は二〇〇平方米（六〇坪）程の施設
で、当時国の補助を受け、昭和一三年に建設されたものであり、現在で
も地域生活センターとして住民の地域生活の融和の場となっている」（新
潟県民生部国民健康保険課編『新潟県国民健康保険四十年誌』1978年、
4～5頁）。つまり、次節で見る北魚沼郡田麦山村とあわせて少なくとも
2村で保健事業を行う拠点として新たに隣保館が創設されていた事実を
確認することができる。この「隣保館」が実際にどのような経緯で創設
されたのか、またどのような役割を果たしていたのか、今後の資料発掘
を待つしかない。しかし、少なくとも隣保館が保育、保健、協同炊事と
いった個別事業の「綜合化」することを目的に建設され、実際にその目
的に寄与したことは事実であろう。

50）新潟県立文書館所蔵「隣保館建設ニ関スル綴（昭和十八年三月）」『北
魚沼郡川口町川口町役場2（田麦山支所文書）』。

51）新潟県立文書館所蔵「隣保協会規約」『北魚沼郡川口町川口町役場2
（田麦山支所文書）』。

52）新潟県立文書館所蔵、同前「隣保協会規約」。

53）新潟県立文書館所蔵、同前「隣保協会規約」。

54）新潟県立文書館所蔵、同前「隣保協会規約」。

55）新潟県立文書館所蔵「昭和十六年度事業成績」、前掲「隣保館建設ニ関スル綴（昭和十八年三月）」。

56）新潟県立文書館所蔵、同前「昭和十六年度事業成績」。

57）新潟県立文書館所蔵「昭和十七年度田麥山隣保協会歳入歳出決算書」、前掲「隣保館建設ニ関スル綴（昭和十八年三月）」。

58）新潟県立文書館所蔵、同前「昭和十七年度田麥山隣保協会歳入歳出決算書」。

59）新潟県立文書館所蔵、「隣保館建設補助申請」（昭和十八年三月二十九日）、前掲「隣保館建設ニ関スル綴（昭和十八年三月）」。

60）川口町史編さん委員会『川口町史』1986 年、1009 頁。

61）新潟県立文書館所蔵、前掲「隣保館建設補助申請」。

62）新潟県立文書館所蔵、同前「隣保館建設補助申請」。

63）新潟県・新潟県農会『新潟県に於ける農繁期託児所及共同炊事優良事例』（昭和十六年）、２頁。

64）新潟県・新潟県農会・大政翼賛会新潟県支部・大日本婦人会新潟県支部『農繁期に於ける共同作業と共同炊事及共同保育』（昭和十八年三月）、１頁。

65）同前、『農繁期に於ける共同作業と共同炊事及共同保育』40 頁。

66）例えば、県及び県農会が優良事例として取り上げた岩船郡保内村託児所は昭和 13 年に応召農家の労力援護を目的に県の助成をうけて設置されたが、昭和 14 年度より村銃後奉公会の経営に移管されている（新潟県・新潟県農会『新潟県に於ける農繁期託児所及共同炊事優良事例』、１～２頁）。

なお、本稿は『地域社会福祉史研究』（第 6 号）2015 年に掲載した拙稿を加筆修正したものである。

新潟県における軍事援護体制と銃後奉公会

―三島郡日越村を事例として―

畠中　耕

Ⅰ．はじめに

　戦時下の兵力に対する需要の増大は、その供給地となる農村社会（地域共同体）がもつ相互扶助力（コミュニティ）低下を招くのが常である。それは E.H. カーが指摘したように、戦争は銃後の安定と持久力を低下させ、同時に地域社会存立の基盤を崩壊させるリスクを高める[1]。しかし、そのようなリスクの高揚は戦時下特有の現象では決してない。近代日本では地域共同体が崩壊の危機に直面するたびに国家が地域社会や国民生活に介入し、国民主体＝相互扶助（運動という名目）で地域共同体を再生させるための様々な方策を展開してきた。日露戦争後に展開された地方改良運動や第一次世界大戦（米騒動）後に展開された民力涵養運動、昭和恐慌期に展開された農山漁村経済更生運動（国民更生運動）に代表される更生運動はその典型例といえる。そして一連の更生運動の思想的中核を占めていたのが、社会連帯思想と伝統的家族観が奇妙な形態で結合した皇国主義であった。つまり、「陛下の赤子」としての国民を地域社会における「隣保共助」というイデオロギーで包括させることでコミュニティ＝国民生活を維持しようとした[2]。ここに日本社会事業の近代理念の特質を見出すことができる。

　皇国主義に基づく支配体制のイデオロギーは、太平洋戦争下における軍事援護の分野でも遺憾なく発揮された。軍隊や軍需産業への労働力供出は、地域の相互扶助力を低下させ、新たな相互扶助組織を生み出す契機となった。戦時下における軍事援護に対する需要が高まる中で生まれた相互扶助組織が、各市町村単位で設置された銃後奉公会である。銃後奉公会の機能及び軍事援護事業の内実については、すでに佐賀朝[3]、郡司淳[4]、一之瀬俊也[5]、金炫我[6] によってその詳細が明らかにされてきた。本稿ではこうした先行研究の成果を踏まえ、新潟県三島郡日越村（現長岡市）銃後奉公会の軍事援護事業の内実に迫ってみたい。その際、特に以下の点に注目してみたい。

　筆者は以前に、軍事援護を含めた新潟県における厚生事業組織の形成

過程を論じたことがあった。その際に、軍事保護院から軍人援護会新潟県支部、市町村銃後奉公会へと直轄する指令系統の一部に「銃後奉公会聯合会」なる新潟県独自の組織が郡単位で設置されていた事実を明らかにした[7]。本稿では三島郡・古志郡を管轄する三古地方事務所に設置された三古銃後奉公会聯合会から郡内各町村銃後奉公会へ至る指令系統の内実と日越村銃後奉公会の軍事援護事業、さらには同会の戦後に至る動向について明らかにしてみたい[8]。

II. 新潟県における軍事援護組織と銃後奉公会

　最初に軍事保護院と恩賜財団軍人援護会、軍人援護会都道府県支部、さらには市町村銃後奉公会の関係性について整理しておきたい。1942年に軍人援護会が作成した「軍人援護事業一覧表」では、軍人援護（軍事援護）は一般軍人援護、遺族援護、帰郷軍人援護、傷痍軍人保護、教化指導、其の他の6事業に大別整理されている。この表の作成意図として「軍事保護院ノ國家事業ニ對シ本会ノ補完ノ関係ヲ明カニシ以テ事業内容ノ了解ヲ容易ナラシメントス」と記されているように[9]、軍人援護会は政府（軍事保護院）による軍事援護政策を補完することに重点が置かれていた。実際に「軍人援護事業一覧表」では、軍人援護会の役割は「軍人援護ノ中樞團體ニシテ、政府ノ施設ト相俟ツテ銃後後援ノ完璧ヲ期スル為各種ノ軍人援護事業ヲ行フ」ことと位置付けられている[10]。

　「軍事援護一覧表」では、同時に軍人援護会都道府県支部及び銃後奉公会の役割を次のように位置づけている。つまり、軍人援護会都道府県支部に対しては「當該地区内ニ於ケル軍人援護ノ中樞團體トシテ本部ノ事業ヲ支援補完」することを求め、市町村銃後奉公会は「當該地区ニ於ケル軍人援護ノ中樞團體トシテ各種ノ軍人援護事業ヲ行フト共ニ兵役義務服行ノ準備ヲ整フルヲ以テ目的トス尚恩賜財團軍人援護会ノ市区町村ニ於ケル実質上ノ分会トシテノ機能ヲモ有ス」との位置づけがなされている[11]。つまり、銃後奉公会は軍人援護会都道府県支部の実質的な補完機関としての地位が与えられ、国策として位置づけられた軍事援護事

業を市町村単位で着実に展開するための地方機関としての役割を担っていた。ここに、軍事保護院から軍人援護会都道府県支部、市町村銃後奉公会に至る指令系統の完備を確認することができる。

一方で、新潟県独自の組織として軍人援護会新潟県支部と各市町村銃後奉公会との間に、郡支所単位で「銃後奉公会聯合会」という組織が設置されていたことは序で述べた通りである。同会の役割は「銃後奉公会聯合会設置要項」に記されているように、各市町村銃後奉公会の整備強化と軍人援護会新潟県支部をはじめとした関係団体との連絡調整を担うことにあった。一方「要項」では軍人及び軍人の遺族、家族に対する直接的な援護は実施しない旨定めている[12]。つまり、軍事保護院及び軍人援護会新潟県支部による監督指示を、市町村銃後奉公会を通して確実に県民に浸透させることが同会の第一義的な機能であった。その意味で銃後奉公会聯合会は、軍人援護会新潟県支部の意向を受けつつ、各市町村銃後奉公会に対する直接的な指令組織としての役割を担った。その指示指令がどのように浸透していくのか。以下、三島郡日越村銃後奉公会を事例として考察してみたい[13]。

1944年2月23日付で三古銃後奉公会聯合会長より各町村銃後奉公会長宛てに「銃後奉公会の昭和十九年度予算編成に関する件」が提示され、次の事項が指示された。つまり「時局ハ愈々苛烈深刻ト為リ決戦段階ニ突入セルノ秋軍人援護ノ重要性ハ益々増大シ一段ト其ノ強化徹底ヲ図ル為ニハ銃後奉公会ノ活動ヲ俟ツ処大ナルモノアルニ鑑ミ今後一層其ノ活発ナル活動ヲ促スルコト最モ緊要」とし、昭和19年度の予算編成における各費目に充分なる予算経費を計上することで「大東亜戦争完勝ノ基礎ヲ固ムベキ」との指示である[14]。特に軍事保護院及び軍人援護会新潟県支部が関心を寄せていたのが銃後奉公会専任職員の設置に関する費目で、「戦時勤勉手當臨時手當、及家族手當等ヲモ計上シ町村吏員ノ待遇ト均衡ヲ保タシムルニ留意」することが指示されていた[15]。このように銃後奉公会専任職員の設置及び給与に関する補助として軍事保護院及び軍人援護会新潟県支部から助成金が支出されるなど、銃後奉公会専任職員は軍人援護事業遂行において重要な位置づけが与えられてい

た。つまり、後述するように、軍事保護院から軍人援護会新潟県支部、銃後奉公会聯合会を通じて確実に県民に指示事項を浸透させるためには、各町村単位でその指令を町村民に浸透させる直接的な指導役を必要としていた。

銃後奉公会専任職員設置の他にも、軍人援護会新潟県支部では別途銃後奉公会に対する助成金の交付を行っていた。助成の対象となる事業は一時生活援護（軍事扶助もしくは其の他の援護を受けるまでの一時的援護又は臨時応急援護）、医療費の給与、助産費の給与、埋葬、労力奉仕援護（遺族並びに家族の労力不足に対する奉仕助成費）、中元歳末援護、慰問慰藉、遺族家族家庭強化（市町村婦人相談員設置費）の8事業で、軍人援護会新潟県支部では各市町村銃後奉公会に対して、当該年度の上記事業に関する計画書の提出を求めていた[16]。この指示に対して日越村銃後奉公会では「昭和十八年度銃後奉公会指定事業計画書」を提出しているが、同計画書から同村銃後奉公会の事業内容を推察することができる。つまり上記指定8事業の中で一時生活援護30円、医療費給与10円、助産費給与10円、労力奉仕施設100円、慰問慰藉305円、遺族家族家庭強化77円が計上されているように[17]、日越村銃後奉公会の事業は、慰問慰藉及び労力奉仕、遺族家族家庭強化といった事業が中心であった。一方で慰問慰藉事業では出征軍人慰問4回（延人員850人）、慰藉4回を実施し、労力奉仕施設は村内奉仕班10班を編成し、1年間を通して2500人の延人員が動員された。その他、遺族家族家庭強化事業では、婦人相談員設置費に助成金が活用されている[18]。

無論、軍人援護会新潟県支部の助成対象となる指定事業だけが、銃後奉公会の事業ではなかった。次に昭和十八年度日越村銃後奉公会歳入歳出予算（抄本）から、同会の大まかな事業内容を割り出してみたい。1943年度に同村の歳出（4269円）に占める割合の中で、犒軍費の割合が最も多く2000円を占めていた。一方で生活援護や医療援護、生業援護等の援護費等はごく一部にすぎず（100円）、餞別金250円や公葬費500円よりも少ない状況であった[19]。つまり、指定事業と比較してそれ以外の軍事援護事業は同会の中では比重が低かったといえる。「犒軍」

とは見送りや帰郷軍人及び遺骨等の出迎えなど、出征軍人の士気向上を目的とした一連の行事である。このことから軍事援護事業を各銃後奉公会の自由な裁量に委ねることはできず、軍事保護院及び軍人援護会による統制下において着実に履行させる必要があった事情をうかがい知ることができる。つまり戦時体制を維持するためには「銃後の護」を遂行することが不可欠で、そのためには国家主導で地域の軍事援護事業を着実に遂行することが必要であった。軍人援護会新潟県支部による専任職員設置や指定事業への助成制度は、各銃後奉公会組織を国家の統制下に置くことを目的に創設されたといえる。

　ところで新潟県では各郡支所単位で銃後奉公会聯合会が設置されたことは最初に触れたが、ここでは三古地方事務所に設置された三古銃後奉公聯合会の役割について確認してみたい。銃後奉公会聯合会は軍人及び軍人の遺族、家族に対する直接的な援護を実施しないことが方針で定められていたが、実際に聯合会はどのような機能を担っていたのか。ここでは「昭和十九年度三古銃後奉公会聯合会事業計画書」を基にその事業の内実に迫ってみたい。同会の主要事業は調査研究（町村銃後奉公会の整備強化運営の改善を目的とした資料蒐集及び調査研究）、連絡調整（所属銃後奉公会の採長補短を目的とした関係官庁団体との連絡調整）、町村指導（所属銃後奉公会の事務の円滑適正と相互の連絡）、銃後強化後援（軍事援護精神の昂揚）、遺家族指導後援（遺家族精神指導）の５事業である。具体的な事業計画に盛り込まれていた事業が、「優良市町村銃後奉公会の視察、軍事工場療養所等の視察研究」、「軍人援護会県支部、県厚生課、傷痍軍人会、日婦、翼賛会各支部との連絡」、「事務担当者を郷単位九カ所に年二回招致、講習指導会を開催」、「郷単位講演会十カ所開催予定、特に辺村に対しては特別派遣、管内軍需工場従業員の精神指導後援」、「関係官庁団体との共同主催による指導会開催」等である[20]。こうした事業計画にみられるように、銃後奉公会聯合会の主要事業は、各種軍事援護団体との連絡及び連携体制の整備、さらには県民に対する軍人援護精神を浸透させるための講演会等の教化指導の計画が中心であった。

上記のような各市町村銃後奉公会に対する指揮監督機能を発揮した銃後奉公会聯合会であるが、1944年5月1日付で軍人援護会新潟県支部から各銃後奉公会聯合会会長に一部事務分掌の委嘱がなされた。つまり、従来の視学行政分野で実施されていた不良児防止保護施設、靖国神社参拝遺児錬成、学用品給与、軍事援護教育施設助成、勤労奉仕の5事業の他、軍人援護会の監督の下で実施されていた遺族家族見舞金贈呈、傷痍軍人歳末見舞金贈呈といった軍事援護事業の実施責任が各銃後奉公会聯合会長に委嘱されることになった。その意図について「戦局ノ推移ニ伴ヒ軍人援護事務モ亦激増シ之レカ敏速適機ノ運営ヲ要望セラルル現下ノ状勢ニ鑑ミ従来支部ニ於テ施行シタル（中略）事項ハ五月一日以降総テ銃後奉公会聯合会長ニ之レカ処理ヲ委嘱」すると記されている[21]。つまり、質量ともに増大する軍事援護事業を全て軍人援護会新潟県支部で一元的に監視把握することは困難であった。このように一部事務分掌を地方支部に委譲することによって、軍事援護事業の合理的運営を意図したところに銃後奉公会聯合会の設置目的があったといえる。そしてその監督体制のもとで、各市町村単位で軍事援護事業を展開したのが銃後奉公会であった。このような監督体制が整備される中で、各市町村の銃後奉公会はどのような役割を果たしていくのか。次節では日越村銃後奉公会の活動の内実に迫ってみたい。

Ⅲ. 銃後奉公会と軍事援護

軍事援護事業を担う銃後奉公会の事業がしばしば銃後々援事業と呼称されたように、前線で行軍に従事する兵士の士気高揚を目的とした慰問事業は、銃後奉公会の主要事業の一つであった。実際に新潟県でも戦地に赴く出征軍人に対する慰問品を送付することを目的とした慰問袋募集事業が、銃後奉公会を中心に実施されていた。1944年1月25日付で三古地方事務所長より、三古郡各町村宛てに「昭和十八年度第四回慰問袋募集に関する件」が発せられ、次の指示事項が伝えられた。つまり、慰問品の拠出期日や取りまとめ場所への遅延によって関係方面部隊に多大

な迷惑をもたらしていた先例を伝え、期日厳守とともに「内容品ハ郷土色豊カニシテ眞心籠リタルモノナルコト」が指示されていた[22]。実際に戦争末期ではどのような内容のものが慰問品として収集されたのか。軍部から「当分ノ間読物類（書籍、新聞、雑誌、慰問文、慰問張）ノミニ限定セラレタル」ことが指示されていたように[23]、前線兵士の士気を向上させることを目的に実施された慰問袋事業であるが、生活物資が不足する中では充分な拠出を見込むことはできなかった。その一方で「銃後」の護りを維持するためには、貴重な生活物資を節約維持することも重要な課題であった。実際に慰問袋によって収集された拠出品をつめる梱包箱についても「新規格ノ箱ヲ使用シ木箱上蓋部ニ必ズ内容袋数、及町村名ヲ表示スルコト、組立ニ使用スル釘ハ概ネ一寸六部洋丸釘（代用品ハ絶対不可）四〇本乃至四五本ヲ使用」するといった詳細な指示がなされるなど[24]、物資の節約に対して細かい指示が為されていた。また、「慰問袋詰込発送ニ當リ袋数ノ関係上梱包箱ニ過不足生ジタル場合ハ隣接町村連絡ノ上梱包箱ニ無駄無キ様キセラレタキコト」といった指示がなされるなど[25]、一村のみで梱包箱を満杯にすることは困難であった様子がうかがいしれる。慰問袋事業の中身を一つみても、前線と銃後両面における当時の状況を確認することができる。

　出動部隊に対する生活物資の寄贈を目的とした慰問袋事業は、実際にはその後継続が困難になっていく。その状況について「国内非常態勢ノ強化ニ伴フ国内物資ノ重点使用ノタメ慰問袋ノ作製モ近時著シク困難トナリタルタメ今般故○ノ便リヲ以テ蒐集シタル慰問張ヲ作製シ慰問袋ト共ニ前線慰恤ノ主幹ト致」（○は判読不能）と述べられているように[26]、比較的収集が簡易な慰問帳に中身が変えられるとともに、生活物資の前線への送付よりも銃後における活用ということに重点が置かれるようになった。このようにして、徐々に規模が縮小された慰問袋事業であるが、最終的には「戦局ノ推移ト共ニ輸送並ニ緊迫シアル現況ニ鑑ミ本年度ニ於テハ慰問袋ノ割當蒐集ヲ中止致ス」状況に追い込まれた[27]。

　前線兵士に対する慰問事業とは別に、地域における出征軍人家族及び遺家族に対する援護活動も銃後奉公会の主要事業であった。銃後奉公会

の機能が主に慰問や慰藉等の精神的援護にあったことは先行研究が指摘するところであるが[28]、実際にどのような活動が展開されていたのか。1944年6月18日付で三古銃後奉公会聯合会長より郡内各銃後奉公会長宛てに「軍人軍属遺族家族及傷痍軍人家族精神指導に関する件」が提示され、7月の精神指導並びに慰安会開催に向けて該当者数の報告を求めている[29]。日越村からの報告が残されているので引用してみる。

軍人遺族戸数	軍属遺族戸数	傷痍軍人戸数	現役応召軍人家族戸数
36	無	12	298

三島郡日越村銃後奉公会聯合会長「軍人軍属家族及傷痍軍人家族精神指導に関する件」新潟県三島郡日越村役場『銃後奉公会ニ関スル綴』より引用作成。

　軍人援護会新潟県支部では上記の対象者に対して慰問慰謝等の精神援護を行っただけではなく、戦傷病没及び行方不明の軍人軍属遺族の中で生活困窮と認められる者（軍事扶助法に依り生活扶助を受けている者、生活扶助を受けていなくても之に準ずる程度の者）を対象に、遺家族見舞金を贈呈している[30]。しかし、そのような現金支給は例外的な事業で、慰問慰謝や表彰等による名誉意識の醸成こそが援護事業の中心であった。遺家族に対する精神的援護の一つとして実施されたのが、靖国母性及び寡婦に対する精神的援護である。三古銃後奉公会聯合会では、昭和19年度事業計画に基づき軍人援護会新潟県支部との共催で靖国母性並びに寡婦に対する指導会を企画している。靖国母性とは「遺族中曽テ靖国神社参拝シ又ハ遺児ヲ参拝セシメタル未亡人」で、若年寡婦とは「結婚後間モナク夫ニ戦死サレ子供ヲ持タザル未亡人」の事を指す[31]。なお、日越村では同調査に対して靖国母性名、若年寡婦1名との回答を提示している[32]。

　前節で述べた1944年の組織改組によって上記のような軍事援護の事務分掌とは別に、軍人遺家族への表彰対象等の調査ならびに伝達等も軍人援護会新潟県支部に一元化されることになった。特筆すべきは、「二名以上戦死者を出したる家庭表彰要項」で確認されるように、「大東亜戦争並既往ノ外征戦役事変ニ因リ戦死者又ハ戦傷死者二名以上ヲ出シタ

ル家庭」等に対する表彰を実施した事実である。表彰といっても戦争末期の物資が不足するなかで表彰状と記念品の贈呈にとどまっていたが、家庭から戦死者を出すことは名誉の対象と位置付ける事で戦争続行を正当化しようとした事実を確認することができる[33]。このように生命の代償を表彰によって正当化しようとした点に軍事援護事業の特質があった。

出征軍人や遺家族に対する慰問や表彰の他にも、稀有な例として出征軍人家族を対象に「出征軍人家族慰問撮影」が実施されていた。同事業は大日本写真報国会が主体となって実施されていたが、活用が不十分であるとの理由から銃後奉公会との協同事業とすることによって活性化が意図された。撮影は原則無料とし（銃後奉公会より実際に撮影を実施した慰問撮影奉仕会員に対して資金を交付）、撮影を実施した家族に対しては必ず前線に写真を送付するように銃後奉公会からの指示が徹底されていた[34]。同事業は物資が不足し慰問袋が廃止されるなかでの、精一杯の前線への慰問活動であったといえる。

精神的援護を中心とした軍事援護事業も物資が枯渇するなかで、着実に縮小の傾向を示すようになる。新潟県では軍人援護会新潟県支部との共催で「軍人軍属遺族現役応召傷病軍人家族」を参集しての「精神指導並慰安会」を企画実施している。三古地方事務所では11月3日から7日までの5日間、郡内5カ所にて2040人を招集し、上記の指導会を実施した[35]。内容としては講話等の精神教化と慰安が中心であったが、「戦時下物資欠乏ノ折柄ニ付午勝手昼食御携行」することが指示されるなど[36]、むしろ精神教化指導が主で慰安会としての機能は明らかに狭隘化していった。

軍人援護会新潟県支部及び銃後奉公会による県民に対する教化指導は、軍事援護分野にとどまらず県民生活全般で発揮されていた。その教化指導の一つが、「墓碑建設指導」である。新潟県では1944年3月2日に次官会議を開催し、「墓碑建設指導に関する件」の指導方針を決定した。その趣旨について次のように記している。「支那事変ニ引続キ大東亜戦争勃発以来皇国ニ殉シタル戦没者ノ数ハ次第ニ増加スルニ至レリ一

方銃後国民ノ軍人援護精神ハ益々旺盛トナリ英霊ヲ讃仰シ殊ニ忠魂ノ祭祀ニ當リテハ伝統的国民ノ至情ヲ捧ケツツアリ而シテ戦没者ノ墓碑建設ニ関シテハ従来ヨリ質素ヲ肯トスベキ方針ノ下ニ鋭意指導ヲ来シタルニ拘ハラズ戦局苛烈化ニ伴ヒ（中略）建設費ノ増高ヲ来スノ風ヲ馴致スルニ至リ中ニハ賜金ノ大部分ヲ投シ或ハ遺族扶助料等ヲモ之ニ充當シ遺族将来ノ生活ニ支障ヲ来スノ處アルガ如キ事実ヲサヘ生ズルニ至レルモノアリ斯ノ如キハ遺族ノ追慕追善ノ至情ニ出ツルモノニシテ濫リニ制限スベキコトニハ非スト雖モ今ヤ決戦下労力及資材ハ著シク不足セル実情ニ鑑ミ尓今當分ノ内一般死者ノ墓碑ハ勿論戦没者ノ墓碑ニ付テモ又努メテ質素ヲ肯トスル様措置スルヲ適當ト認メラル」[37]。つまり、遺族の戦没者に対する追慕追善の感情を保持させつつも、物資不足が慢性化する状況においてその感情が墓碑建設費の高騰を招き、結果そのことが遺族の生活困難を招く要因となっていた。こうした状況の中で県及び軍人援護会新潟県支部では各市町村及び銃後奉公会を通じて統制に乗り出すことになる。県が定めた「指導要領」では、墓碑建設は「當分ノ内（戦時中ヲ意味ス）努メテ質素ナル」ものに代替することが求められていた。尚注目すべきは同指導要領で「本件ノ新聞発表ハ之ヲ為サザルコト」とされている点である[38]。つまり、先に述べた遺族の追慕追善の感情を肯定する観点から、強権的な指導体制を採ることはできず、銃後奉公会や方面委員等を通して秘密裡に家庭指導をすることが求められていた。実際に日越村ではこの決定を受けて、6月12日付で村内区長及び団体長に同様の指示を行っている。

　以上のような精神的活動や教化指導とは別に、従来軍事援護（保護）の対象とみなされていた軍人遺家族や傷痍軍人を銃後における労働力として動員する施策が進行していく。その一つの例が生業援護事業である。1944年度には、新たに軍事援護会新潟県支部による軍事援護事業に対する助成事業が開始されることになった。新たに助成金の交付対象となった軍人援護事業は、助産場、託児所（常設に限定）、其の他軍人援護施設の3事業で、「本事業ハ軍人援護ヲ主眼トスルモノニシテ且事業ノ設置並ニ経営主体ハ銃後奉公会ニ限ルモノトス」、「助成金額ハ創設

費ノ三分ノ一以内トス」ることが定められていた[39]。さらに県では1944年4月11日付で「軍人援護授産事業に関する件」を提示し、新たに授産場を設置する町村に対して経費を助成することを決定している。その目的について「時局ノ現段階ニ鑑ミ軍人ノ遺族家族竝傷痍軍人ノ家族等モ適當ナル重要工場、事業場ニ挺身シ率先戦力増強ニ寄与セシムルノ要有」と述べられ[40]、授産場を設置する町村に対して500円から1000円の範囲で助成することを決定している。同時に軍人援護会新潟県支部では召集解除者又は除隊した下士官兵に対して生業復帰への援護を目的とした「召集解除者生業資金貸付規定」を定め、1人1000円以内の貸付を行っていた。しかし、同規定第一条に「応召入営前ノ事務又ハ新規事業ヲ維持経営セントスルモノニシテ相當ノ収益ヲ挙ゲ償還ノ見込確実ナルモノ」、「志操堅実ニシテ其事業ノ維持経営ニ必要ナル才能又ハ経験ヲ有スル者」、「住所地銃後奉公会長ニ於テ推薦シタルモノ」といった厳格な貸付条件があったため[41]、同制度が広く活用されていたとは考えにくい。実際に軍人援護会新潟県支部でも「未タ徹底セサル感有」ため、銃後奉公聯合会及び銃後奉公会に対して同制度の趣旨を管内で徹底するように求めていた[42]。同時に県支部では、県内7カ所にて生業資金貸付に関する事務の研究及び円滑なる運営を目的とした事務連絡打合会を開催している[43]。このようにかつて畏敬や援護の対象として位置づけられた軍事援護対象者を労働力として動員しようとする状況が顕著になっていた。そしてそれは出征等によって地域社会（コミュニティ）を支える人材が不足し、生産性や相互扶助機能が着実に衰退する中で、軍事援護対象者が銃後社会を維持するための主体に動員されたことを意味する。

Ⅳ. 銃後奉公会の組織と戦後

前節で述べたように地域の生産力や相互扶助機能が低下する中で、戦争末期における銃後奉公会は地域の相互扶助機能の強化にその重点を置くようになる。三古地方事務所では1944年4月28日に管内町村軍事援

護事務担当者を参集し、軍事援護事務打合会の開催している。この打合会の目的が「時局軍事援護事業ハ戦争ノ進展ニ伴ヒ愈々複雑化シ一面之ガ対象タル出征軍人及軍人遺族並傷痍軍人数モ遂年増加シアリ今後益々此等ニ対スル施策ノ充実ヲ図リ以テ第一線武力ヲシテ些少モ揺ギナカラレメン」と記されているように[44]、軍事援護のさらなる統制を目的に実施された。その統制を確実に推進するために設置されたのが、最初の節でとりあげた銃後奉公会専任職員である。銃後奉公会の専任職員設置に対して助成金が支出されていたことは先に述べたとおりであるが、その目的は単に職員の設置にとどまらず助成金と専任職員を通じて軍人援護会県支部の指令を着実に県民に浸透させる狙いがあった。その取り組みの一つが、銃後奉公会専任職人錬成講習会の開催である。1944年9月2日付で三古銃後奉公会聯合会より郡内各銃後奉公会会長宛てに「銃後奉公会専任職員錬成講習会開催に関する件」が提示され、添付された「銃後奉公会専任職員錬成講習会要綱」ではその目的が次のように記されている。「銃後奉公会専任職員ニ対シ銃後奉公会ノ運営並ニ其ノ連絡指導ニ必要ナル諸般ノ智識ヲ授クルト共ニ透徹セル時局観ヲ○○○○陶冶シ以テ第一線指導者ヲ養成シ銃後奉公会運営ノ為萬全ヲ圖ラントス」（○は判読不能）[45]。つまり、銃後奉公会専任職員としての責務と指導内容に関して統制が意図されるとともに、職員としての業務を着実に履行させることを目的として実施された。実際の講習会の内容も新潟連帯区司令部や軍人援護会、厚生課長らが講師となり、精神講話、時局講話、軍人援護の精神といった教化講話指導から、軍事扶助一般、銃後奉公会の運営、遺家族の指導に関する講習科目が展開された。講習会は2泊3日の日程で三島郡寺泊町の興琳寺で実施されるなど、戦争末期の段階にあって密度の濃いものであった[46]。

　ところで軍人援護会新潟県支部では「市町村銃後奉公会専任職員設置費助成要綱」を定め、専任職員一名に限りその俸給手当（市町村吏員の支給枠に準じて戦時勤勉手当、臨時手当及び家族手当）を支給することを認めていた[47]。日越村の銃後奉公会専任職員に任命されたのが、島宗ヤイ氏である。島宗氏は1922年1月8日に生まれ、1944年度より日

越村銃後奉公会書記として任命されたとの記録があるが[48]、其の他の詳細は不明である。なお銃後奉公会専任職員（書記）としての給与は俸給37円で、戦時勤勉手当3円の合計40円が毎月支給されていた。その職務内容は書記という名称から判断されるように、直接的な相談援護活動に従事することよりも事務的な業務内容が中心だったのではないかと推察される。それはともかく名目上は住民相互の自助組織であった銃後奉公会に専任職員を配置することで、組織の合理的な運営を企図したところに助成制度の意図があった。つまり、出征もしくは其の他の事情で地域の相互扶助機能が低下する中で、再度組織の再編成が求められていた事情を確認することができる。

　地域における援護主体となる人員の不足は、方面委員の改選にも影響を与えることになった。1945年度は方面委員令施行後2回目の改選期となったが、「現下ノ緊迫セル情勢ニ鑑ミ極力事務ノ簡素化ヲ図ルト共ニ已ニ経験ヲ積メル方面委員ヲシテ今後充分其ノ機能ヲ発揮セシムル為」、1945年1月以降に任期満了となる方面委員の任期を一年延長することとした[49]。このように地域で軍事援護を主体的に担う人的資源は着実に不足していたが、そのことは地域における相互扶助機能の直接的な低下を意味した。

　このように太平洋戦争末期、人材の枯渇による相互扶助機能が低下する中で、銃後奉公会はどのような事業を展開していたのか。この点を1944年度における日越村銃後奉公会の事業動向を同じく「昭和十九年度銃後奉公会指定事業計画書」から割り出してみたい。1944年度には指定事業の中から遺族家族家庭強化（市町村婦人相談員設置費）が除外され、残りの7事業が指定事業に位置づけられている。1943年度と同様に、慰問慰藉に対してもっとも多くの予算が割り振られている[50]。一方で指定事業以外の一般援護事業についても「昭和十九年度三島郡日越村銃後奉公会歳入出予算」から割り出してみたい。前年度よりも援護費が急激に伸び、100円から850円まで支出が伸びている。特に著しく増加しているが「援護費」で、前年の100円から850円と8倍以上の伸びを示している。遺家族生活援護の対象者が1年で急激に増加している

ことが理解できる。同時に餞別金及び慰問慰藉費もそれぞれ 250 円から
500 円、305 円から 650 円と倍近く増加していることが理解できる（歳
出合計では 4269 円から 5197 円と 928 円の増加）。一方で「犒軍費」が
2000 円から 1000 円に半減するなど、慰問袋事業の中止が歳出の削減と
なって表れていることが確認できる[51]。戦争末期になって遺家族等の
軍事援護対象者の増加を確認することができる他、「前線」のことまで
配慮する余裕はなく「銃後の護り」に終始している状況がうかびあがっ
てくる。

　最後に、戦後における軍人援護会新潟県支部及び銃後奉公会の動向に
ついて確認しておきたい。終戦後に軍人援護会新潟県支部による傷痍軍
人援護及び退役軍人援護事業を継受したのが新潟連隊区司令部に設置さ
れた輔導会新潟支部である。その目的は「終戦後ニ於ケル遺家族傷痍軍
人ノ援護並ニ退職軍人職業斡旋最モ重要ナルニ鑑ミ今般輔導会新潟支部
設立セラレ遺族傷痍軍人保護並退職軍人職業輔導ニ関シ積極的活動ヲ開
始致シタル」ことにあった[52]。同会は事業を展開するにあたって対象
となる遺族傷痍軍人数を把握するために各郡市町村に対して調査を依頼
している。この調査依頼に対する日越村の調査結果（軍事援護対象者
数）が残されているので引用してみる。

	本籍居住者数	入寄留者数	計
遺族数	66	3	69
傷痍軍人数	15	—	15
現在軍事扶助をなしたる数	24	6	30

三島郡日越村「遺族傷痍軍人に関する調査書」新潟県三島郡日越村役場『銃後奉公会ニ関スル綴』より
作成。

　終戦に伴い県内でも召集解除者及び除隊者及とその家族といった要援
護者が増加することが見込まれていたが、1945 年 9 月 6 日付で三古地
方事務所長より郡内各町村に対して「戦時終結に伴ふ軍人援護事業の実
施に関する件」が提示され、「軍事扶助に関する事項」と「召集解除者
生業援護に関する事項」と題された指示がなされている。前者について

は「下士官兵ノ家族ニ対スル援助ハ下士官兵ノ除隊又ハ召集解除ノ日ヲ以テ廃止スベキモ必要ニ応シ法第十三條ノ規程ニ依リ尚三ヶ月以内継続シ得ルニ付実情ニ即シ可然措置スルコト」、後者については「除隊又ハ召集解除トナリタル下士官兵ニシテ速ニ生業ニ復帰スル為援護ノ要スル者又ハ其ノ家族ニ対シテハ従前ノ方法ニ依リ生業費ノ給與生活費ノ補給及ビ医療費ノ給與等ニ関シ積極的ニ実施スルコト」、「恩賜財団軍人援護会新潟県支部ニ於テ行フ生業資金貸付ヲ活用シムル様関係方面ヲ積極的ニ指導スルコト」の指示がなされていた[53]。この指示内容からも明らかなとおり、終戦後においても軍事扶助法の適用及び軍人援護会新潟県支部による援護活動が継続していた。同時に各町村銃後奉公会に対する専任職員費助成も一定期間継続されていた。

　戦後における銃後奉公会の活動の一つに「軍人遺家族の虚弱乳幼児調査」がある。同調査は1945年12月21日付で三古地方事務所より郡内各町村銃後奉公会長宛に実施依頼が為されているが、その目的は「虚弱乳幼児ニ対スル栄養品補給ノタメ該栄養品研究ノ処今般之カ完成ヲ見近ク製作ニ着手シ可急的ニ現品支給」するための対象者の実態把握にあった[54]。日越村からの回答書が現存しているので引用してみる。

遺族		家族	
乳児	幼児	乳児	幼児
2	8	13	20

三島郡日越村銃後奉公会長「軍人遺族家族ノ虚弱乳幼児調査ノ件回答」（昭和二十一年二月二十一日）新潟県三島郡日越村役場『銃後奉公会ニ関スル綴』。

　このように戦時下の軍人援護事業が戦後も継続して展開される一方で、表彰等の精神的援護活動は徐々に廃止の方向に進んでいくことになる。例えば従来実施されていた軍事援護事業功労団体の選定や「五人以上軍人を出したる家庭表彰」は「都合に依り中止」に至っている[55]。同じく「特別勲労者家門顕彰並二名以上ノ戦死者ヲ出シタル家庭表彰」についても「終戦後ノ情勢ニ鑑ミ本年中ニ一應之ヲ打切ルコト」が各銃後奉公会に指示されている[56]。占領下における民主化政策が進められる

中で、軍人及び遺家族に対する精神的援護や名誉意識の醸成を目的とした事業は一転して廃止の一途をたどっていった。

こうした動きは当然に軍事援護組織の改組及び廃止の流れを決定付けることになる。三島郡及び古志郡で結成された三古銃後奉公会聯合会は、1946年1月31日限りで恩賜財団軍人援護会新潟県支部（三古支所）に統合されることになった。これにともなって同聯合会が保有していた財産及び各種事業はすべて軍人援護会新潟県支部に継受された[57]。一方で、軍事扶助法の廃止によって「新社会法制定ニ至ル迄本法ニ依リ扶助ヲ受ケシモノハ生活困窮者緊急生活援護要綱ニ依リ実施」することが決定した他、恩賜財団軍人援護会による軍人援護事業助成、傷痍軍人及現役応召軍人等の子女育英事業助成、軍人援護相談所助成、銃後奉公会専任職員設置助成は全て廃止された。その他銃後奉公会が担っていた遺族援護についてもその多くが廃止されたが、一方で「遺家族ノ精神指導ニ関シテハ方面委員ヲシテ之ニ当ラシムルコト」が指示されていた。また大日本婦人会に設置されていた婦人相談員については「婦人方面委員ニ充ツルモ全員ハ不可能ノ見込」と記されているように、戦時下に展開されていた相談援護事業は方面委員がその機能を継承することが計画されていた[58]。つまり、戦後の社会福祉制度が生活保護制度を中心に整備され、民生委員が福祉行政の補助機関として整備されるまでの間、方面委員を主体とした相互扶助によって地域共同体を維持しようとしていた。戦争が終結しても遺族の生活不安は解消されることはなかったし、遺家族としての名誉意識を保持させつつ生活を安定させることはそのまま地域共同体を維持することを意味していた。

V. まとめ

以上、三島郡・古志郡地方を中心に銃後奉公会と銃後奉公会聯合会との関係性について考察してきた。新潟県では郡支所単位で銃後奉公会聯合会が設置され、同聯合会を通じて軍事保護院から軍事援護会新潟県支部、市町村銃後奉公会に至る指令系統が完備された。その目的は当初各

市町村銃後奉公会の整備強化と軍人援護会県支部をはじめとした関係団体との連絡調整を担うことにあったが、実際には下部組織である銃後奉公会（市町村）の統制が中心であった。その統制を意図して設置されたのが、銃後奉公会専任職員や指定事業への助成制度であった。

しかし、専任職員を設置するだけで地域の相互扶助機能（軍事援護体制）を維持できたとは到底考えられない。戦争末期において地域社会（コミュニティ）を支える人材が不足し生産力や相互扶助機能が着実に衰退する中で、軍事援護対象者をも銃後社会を維持するための主体に動員された状況は本論で確認したとおりである。そうした状況のなかで援護主体となる人材を自然発生的に地域内に求めることは最初から無理な状況であった。特に戦争末期物資が質量とも不足する中で、実際にコミュニティを維持するために必要とされたのは方面委員など既存の社会施設であった。軍事援護が銃後奉公会聯合会や銃後奉公会を通じて隣保共助体制を強制的に演出したとしても、それを構築するためには上からの統制よりも末端地域から統制を支える「人」の存在が重要であった。社会がどのように変化しても市民生活のニーズが消滅することはないし、市民生活を維持するためには地域におけるコミュニティの基盤が必要不可欠な要素となる。戦後における方面委員制度の改組と民生委員制度の創設は、その意味で歴史的必然であったといえる。

［註］

1）E.H. カー（清水幾太郎訳）『新しい社会』岩波書店、1963 年、133 頁。

2）石田雄『日本の政治と言葉（上）―「自由」と「福祉」―』東京大学出版会、1989 年、273 頁。

3）佐賀朝「日中戦争期における軍事援護事業の展開」『日本史研究』（第385 号）、1994 年、27 〜 56 頁。佐賀朝「銃後奉公会体制の地位的実態―兵庫県武庫郡大庄村の史料紹介―」『戦争と平和―大阪国際平和研究所紀要―』（第 17 巻）、2008 年、35 〜 46 頁。

4）郡司淳『軍事援護の世界―軍隊と地域社会―』同成社、2004 年。

5）一之瀬俊也『近代日本の徴兵制と社会』吉川弘文館、2004 年。一之瀬

俊也『銃後の社会史―戦死者と遺族―』吉川弘文館、2005 年。

6）金炫我「銃後奉公会と軍事援護―茨城県那珂郡村松村の事例を中心に―」『史境』（第 69 号）、2015 年、14 ～ 34 頁。

7）畠中耕「新潟県における厚生事業組織の形成―軍事援護・方面事業組織の形成を中心に―」『中国四国社会福祉史研究』（第 13 号）、2014 年。

8）なお、本研究が依拠している資料が長岡市立中央図書室文書資料室所蔵、新潟県三島郡日越村役場『銃後奉公会ニ関スル綴』（自昭和十九年一月）である。以下、特に断りのないかぎり、同資料からの引用とする。

9）恩賜財団軍人援護会『軍人援護事業一覧』昭和十七年十月。

10）恩賜財団軍人援護会、同前『軍人援護事業一覧』。

11）恩賜財団軍人援護会、同前『軍人援護事業一覧』。

12）「銃後奉公会聯合会設置要項」新潟県社会事業協会『新潟県社会事業』（第十四巻、第十号）、1942 年、15 ～ 16 頁。

13）三島郡日越村は、1889（明治 22）年の市町村制の施行によって設置された。市町村制が施行された当初、同村は 16 の字で構成されていたが、その後各字は 9 つの大字（上除、石動、北才津、福山、喜多、寶地、高瀬、堺、雨池）に集約された。1934（昭和 9）年 12 月当時における同村の人口総数は 3620 人（580 戸数）という状況であった。同村の主要産業は農業で、総戸数のうち 446 戸が専業農家、59 戸が半農半商、19 戸が半農半庶で、「挙村これ農」と称される米作畑作が中心の農村であった（三島郡教育会『三島郡誌』昭和十二年、138 ～ 139 頁、210 頁、369 ～ 374 頁）。

14）三古銃後奉公会聯合会長「銃後奉公会ノ昭和十九年度予算編成ニ関スル件」（三古銃奉第一九号）、昭和十九年二月二十三日、新潟県三島郡日越村役場『銃後奉公会ニ関スル綴』。

15）三古銃後奉公会聯合会長、同前「銃後奉公会ノ昭和十九年度予算編成ニ関スル件」（三古銃奉第一九号）。

16）恩賜財団軍人援護会新潟県支部副支部長「銃後奉公会助成金交付ニ関スル件」（恩新支第二二号）、昭和十九年二月五日、新潟県三島郡日越村役場『銃後奉公会ニ関スル綴』。

新潟県における軍事援護体制と銃後奉公会　―三島郡日越村を事例として―

17）三島郡日越村銃後奉公会長「昭和十八年度銃後奉公会指定事業計画書」、
新潟県三島郡日越村役場『銃後奉公会ニ関スル綴』。

18）三島郡日越村銃後奉公会長、同前「昭和十八年度銃後奉公会指定事業
計画書」。

19）「昭和十八年度日越村銃後奉公会歳入歳出予算（抄本)」、新潟県三島郡
日越村役場『銃後奉公会ニ関スル綴』。

20）「昭和十九年度三古銃後奉公会聯合会事業計画書」、新潟県三島郡日越
村役場『銃後奉公会ニ関スル綴』。

21）恩賜財団軍人援護会新潟県支部長「援護事務処理ニ関スル件通牒」昭
和十九年四月二十八日、新潟県三島郡日越村役場『銃後奉公会ニ関スル
綴』。

22）三古地方事務所長「昭和十八年度第四回慰問袋募集ニ関スル件」（古兵
厚第一三五号）、昭和十九年一月二十五日、新潟県三島郡日越村役場『銃
後奉公会ニ関スル綴』。

23）三古地方事務所長、同前「昭和十八年度第四回慰問袋募集ニ関スル件」。

24）三古地方事務所長、同前「昭和十八年度第四回慰問袋募集ニ関スル件」。

25）三古地方事務所長「慰問袋梱包箱送付ノ件」昭和十九年一月二十一日、
新潟県三島郡日越村役場『銃後奉公会ニ関スル綴』。

26）三古地方事務所長「慰問袋ノ作製指導ニ関スル件」昭和十九年二月
十五日、新潟県三島郡日越村役場『銃後奉公会ニ関スル綴』。

27）三古地方事務所長・三古銃後奉公会聯合会長「慰問袋蒐集中止ニ関ス
ル件」（三古厚第九四四号）、昭和十九年五月五日、新潟県三島郡日越村
役場『銃後奉公会ニ関スル綴』。

28）一之瀬俊也、前掲『近代日本の徴兵制と社会』263頁。

29）三古銃後奉公会聯合会長「軍人軍属遺族家族及傷痍軍人家族精神指導
ニ関スル件」（第三二号）昭和十九年六月十八日、新潟県三島郡日越村役
場『銃後奉公会ニ関スル綴』。

30）三古銃後奉公会聯合会長「遺家族見舞金贈呈ニ関スル件」昭和十九年
六月十八日、新潟県三島郡日越村役場『銃後奉公会ニ関スル綴』。

31）三古銃後奉公会聯合会長「靖国母性並ニ若年寡婦調査ニ関スル件」（銃

181

Chapter 7

奉第三〇号）、昭和一九年五月六日、新潟県三島郡日越村役場『銃後奉公会ニ関スル綴』。

32）三島郡日越村長「靖国母性並若年寡婦調査ノ件回答」昭和十九年五月十二日、新潟県三島郡日越村役場『銃後奉公会ニ関スル綴』。

33）恩賜財団軍人援護会新潟県支部副支部長「二名以上ノ戦死者ヲ出シタル家庭表彰ニ関スル件」（恩新支第一〇九号）、昭和十九年四月二十四日、新潟県三島郡日越村役場『銃後奉公会ニ関スル綴』。

34）三古地方事務所長「大日本写真報国会ノ行フ出征軍人遺家族慰問撮影ニ関スル件」（厚第一七〇七号）、昭和十九年八月九日、新潟県三島郡日越村役場『銃後奉公会ニ関スル綴』。

35）三古地方事務所長「軍人軍属遺族現役応召傷病軍人家族ノ精神指導並慰安会開催ノ件」（三古銃奉第一〇四号）、昭和十九年十月十九日、新潟県三島郡日越村役場『銃後奉公会ニ関スル綴』。

36）「軍人軍属遺族現役応召傷病軍人家族精神指導会要綱」、新潟県三島郡日越村役場『銃後奉公会ニ関スル綴』。

37）「墓碑建設指導ニ関スル件」（昭和一九.三.二次官会議決定）、新潟県三島郡日越村役場『銃後奉公会ニ関スル綴』。

38）日越村長「墓碑建設指導ニ関スル件」昭和十九年六月二十二日、新潟県三島郡日越村役場『銃後奉公会ニ関スル綴』。

39）恩賜財団軍人援護会新潟県支部長「軍人援護事業助成ニ関スル件」（恩新支第七七号）、昭和十九年四月一日、新潟県三島郡日越村役場『銃後奉公会ニ関スル綴』。

40）三古地方事務所長「軍人援護授産事業ニ関スル件」昭和十九年四月一日、新潟県三島郡日越村役場『銃後奉公会ニ関スル綴』。

41）恩賜財団軍人援護会新潟県支部副支部長「召集解除者生業資金ニ関スル件」（恩新支第一一二号）、昭和十九年四月二十五日、新潟県三島郡日越村役場『銃後奉公会ニ関スル綴』。

42）恩賜財団軍人援護会新潟県支部副支部長、同前「召集解除者生業資金ニ関スル件」。

43）賜財団軍人援護会新潟県支部長「生業補導員生業資金貸付事務連絡打

合会開催ノ件」（恩新支第一八一号）、昭和十九年六月十日、新潟県三島
郡日越村役場『銃後奉公会ニ関スル綴』。

44）三古地方事務所長「軍事援護事務打合会開催ニ関スル件」（三古厚第
八七四号）、昭和十九年四月二十一日、新潟県三島郡日越村役場『銃後奉
公会ニ関スル綴』。

45）三古銃後奉公会聯合会長「銃後奉公会専任職員錬成講習会開催ニ関ス
ル件」（三古銃奉第七二号）、昭和十九年九月二日、新潟県三島郡日越村
役場『銃後奉公会ニ関スル綴』。

46）「銃後奉公会専任職員錬成講習会要綱」、新潟県三島郡日越村役場『銃
後奉公会ニ関スル綴』。

47）恩賜財団軍人援護会新潟県支部「市町村銃後奉公会専任職員設置費助
成要綱」、新潟県三島郡日越村役場『銃後奉公会ニ関スル綴』。

48）なお島宗ヤイ子氏は昭和9年に三島郡日越尋常高等小学校を卒業後、
同高等科に進学する。昭和11年に高等科を卒業後、長岡市高等実業女学
校に入学、昭和13年に卒業している。その後は自宅にて家事に従事して
いたが、昭和19年4月より日越村銃後奉公会書記として採用されたとの
記録である。生存その他の確認については今後の研究課題としたい（三
島郡日越村銃後奉公会長「銃後奉公会専任職員採用報告」昭和十九年十
月五日、新潟県三島郡日越村役場『銃後奉公会ニ関スル綴』）。

49）新潟県内政部長「方面委員選任方法臨時措置ニ関スル件依命通牒」（厚
第二八六四号）、昭和十九年十二月十五日、『新潟県報』（第百号）昭和
十九年。

50）三島郡日越村銃後奉公会「昭和十九年度銃後奉公会指定事業計画書」、
新潟県三島郡日越村役場『銃後奉公会ニ関スル綴』。

51）「昭和十九年度三島郡日越村銃後奉公会歳入出予算」、新潟県三島郡日
越村役場『銃後奉公会ニ関スル綴』。

52）輔導会新潟支部長山内保次「軍人援護ニ関スル実情調査等ニ関スル件
依頼」（新援発第一号）、昭和二十年九月二十一日、新潟県三島郡日越村
役場『銃後奉公会ニ関スル綴』。

53）三古地方事務所長「戦時終結ニ伴フ軍人援護事業ノ実施ニ関スル件」

（三古総第五三号）、昭和二十年九月六日、新潟県三島郡日越村役場『銃
後奉公会ニ関スル綴』。

54）三古地方事務所長「軍人遺族家族ノ虚弱乳幼児調査ノ件」昭和二十年
十二月二十一日、新潟県三島郡日越村役場『銃後奉公会ニ関スル綴』。

55）三古支所長「軍人援護事業功労団体及個人並ニ五人以上ヲ出シタル家
庭表彰ノ件」昭和二十年十月十五日、新潟県三島郡日越村役場『銃後奉
公会ニ関スル綴』。

56）三古支所長「特別勲功者家門顕彰並ニ二名以上ノ戦死者ヲ出シタル家
庭表彰ニ関スル件」（三古支第八四号）、昭和二十年十二月二十四日、新
潟県三島郡日越村役場『銃後奉公会ニ関スル綴』。

57）三古銃後奉公会聯合会長「銃後奉公会聯合会改組ニ関スル件」（三古支
第四一号）、昭和二十一年二月十三日、新潟県三島郡日越村役場『銃後奉
公会ニ関スル綴』。

58）こうした軍事援護団体の戦後における組織改組は、新潟県三島郡日越
村役場『銃後奉公会ニ関スル綴』に収録されている資料（表題無し）よ
り引用。

なお、本稿は『中国四国社会福祉史研究』（第15号）2016年に掲載した拙
稿を加筆修正したものである。

新潟県における救護法の運用と社会事業助成会

畠中　耕

はじめに

　社会福祉の歴史が「その時代と社会に出現した生活問題、貧困問題に、いかに挑戦し、解決への道を切り拓いて行くのかが、重要な基本的課題」であったことはもはや自明の理であろう[1]。つまり、R. ピンカーが指摘するように、貧困や欠乏状態が一般的となり、社会サービスの需要が供給を潜在的に超える状態では、「割り当て（rationing）」という形態が普及することになる[2]。しかし、社会福祉は需要と供給の論理によってのみ、成立ないしは理解できる性質のものではない。そこには制度を取りまく対象者や関係者による「運動」の要素が、重要な意味を持ってきた。その一例を救護法施行と方面委員による「実施促進運動」の関係性に確認することができる。昭和恐慌がもたらした政治的インパクトは、石田雄が指摘するように国民間に醸成されつつあった「階級意識」を民族あるいは国民協同体の意識によって克服するための社会的衝撃となってあらわれた[3]。つまり、方面委員が地方的影響力を利用して「共同体的連帯を動員しようとうする上からの『運動』の伝統が、下から（正確には地方サブリーダーたち）の『運動』をひきおこす皮肉な結果となった」と指摘されているように[4]、地域の末端組織を統治する中心人物として発展してきた方面委員が圧力団体としての役割を果たした。無論、それは社会連帯観念による貧困層の社会的包摂というよりも、後述するように皇道主義に基づく隣保相扶観念がその基本的な動機となっていた。その動機は別にして、救護法の成立が方面委員に一定の法的根拠を与えるなど、地域の救貧事業＝社会事業に与えた影響は極めて大きかったといえる。本論では新潟県を事例として、救護法の成立及び施行が地域の社会事業に与えた影響について考察してみたい。

　救護法の施行状況に関する先行研究としては、既に寺脇隆夫によって膨大な資料を駆使した詳細な実証的研究が存在している[5]。寺脇の業績は救護法の成立及び施行に関する政策的動向のみならず、各都道府県単位での救護人員・救護率及び救護費額等の救護状況についても統計的資

料を緻密に駆使し、救護法の施行状況の全体像を明らかにしている点で、同法を概略的に取り上げてきた既存の社会保障・社会福祉の通史研究とは明らかに一線を画している。こうした他の追随を許さない研究業績を前にして、救護法の運用に関する「地域史」を論じても、単なる「二番煎じ」になることは明白であった。筆者が「新潟県社会福祉史の総合的研究」プロジェクトの一員として「救護」分野を担当しつつ、他メンバーから突かれながらも救護法を研究テーマとすることを避けてきた一番の理由はここに存している。しかし、救護法施行後すぐに顕在化したのが所謂「漏救」と「救護法に該当せざる要救護者」の救護問題で、新潟県ではこの問題に取り組むために独自の救護行政を展開していることが資料を読み解く中で明らかになってきた。さらに救護行政における「漏救」の問題と、現代における生活保護問題やワーキングプア問題等の貧困問題が、オーバーラップして見えてきたことも事実である。貧困対策が「階級や階層ごとに分裂した社会を、暴力や脅しによってではなく福祉機能によって融和と安定に導いていく」性質のものである以上[6]、やはり地域における救貧制度の運用と実践から学ぶ意義は大きい。

　ところで救護法が施行される以前から関係者の中で絶えず憂慮の対象となっていたのは、所謂「濫救」の問題であった。つまり、イギリス救貧法の先例と、日本固有の救済文化とされてきた「隣保相扶」観念の崩壊に対する憂慮が、近代救貧制度の成立と施行を間接的に遅延させたといえる。しかし、実際に救護法が施行された後に顕在化したのは「濫救」の問題ではなく、「漏救」と法の対象から除外された「要救護者」への対応であった[7]。そこで本稿では新潟県内各市町村における要救護者数や救護人員等については必要最低限の記述にとどめ（それとて先行研究からの「孫引き」の域を出ないが）、主に救護法の対象から除外された「要救護者」に対する救護事業に焦点をあててみたい。新潟県ではその方途として方面委員と社会事業助成会という名称の組織が整備され、その救護活動にあたっていた。本論ではその内実に迫ってみたい。

1．新潟県における救護法促進運動と要救護者調査

　救護法は昭和恐慌下における構造的かつ慢性的な貧困問題に対応するべく、「一般的救貧制度の整備を期するは国民生活の不安を芟除し思想の動揺を防止」することを目的に1929年に制定された。しかし政府は肝心の予算措置を講じず、同法の施行は1932年まで持ち越されることになった。このような状況下で法の早急な施行を目指すべく、日常的に地域の貧困問題に接していた方面委員が主体となって全国的な救護法制定実施促進運動が勃興することになる[8]。最初に県内における同運動の状況を整理してみたい。

　新潟県における方面委員制度は、1923年に新潟市で発足したのを皮切りに1928年に「新潟県方面委員設置規程」が公布され、県内に普及することになった[9]。1929年8月22日には新潟高等女学校において第二回県下方面委員大会が開催されている。その席で新発田町（現新発田市）より、「救護法ヲ速ニ実施セラレムコトヲ其ノ筋ニ建議」する議案が提出され、関係官庁に請願することを方針として決定している[10]。同じく、1929年11月に東京で開催された第二回全国方面委員会では、救護法実施促進に関して建議陳述委員が選任され、昭和五年度からの救護法実施を要望することを建議している。この陳述委員に新潟県からは中戸賢亮が選任されたが、その後救護法実施促進運動に関しては六大都市所在の府県方面委員を中心に継続委員会を組織して運動を進めることが決定した[11]。こうした中で生まれたのが救護法実施期成同盟会である。以降、新潟県における救護法促進運動は同盟会と歩調をあわせる形で展開されていく。

　1930年度より救護法施行を目指すべく展開された救護法促進運動であるが、その方法として採用されたのが陳述である。1930年3月18日に赤十字社新潟支部において方面常務委員会が開催されたが、その席で新潟市委員より緊急動議として「救護法案を今期特別議会に提出するや首相、内相、蔵相並に縣選出代議士に陳述する義」が決議され、即時電

報が打電された[12]。この決議に基づき、同年3月19日付で首相・蔵相・内相宛てに「救護法ヲ昭和年五四月一日ヨリ施行セラレタキコト」といった内容の建議書が提出された[13]。また、同年9月14、15日の両日にわたって長岡市で開催された第三回県下方面委員大会でも、「救護法ヲ速ニ実施セラレムコトヲ其筋ヘ建議スルノ件」(新発田町)、「救護法実施促進方其筋ヘ建議スルノ件」(新潟市)が提起されている。なお、この建議については「これは請願することも一方法ではあるが之に関しては縣に一任して適當の方法を講ずることに決定」した[14]。つまり、各方面委員による請願及び陳述に対して、県当局がその内容を精査した上で「上達」する仕組みが形成されたといえる。

　このような仕組みが形成された背景にはどのような事情があったのか。1928年以降に県下に普及した方面委員制度であるが、一律に全県下へ普及したわけではなかった。実際に、再三にわたって方面委員制度の全県的設置が関係者によって説かれる状況が続くなど、その普及への歩みは遅かった。その一方で他郡町村に先がけて方面委員を設置した町村では、月1回のペースで方面委員会が開催されるなど、連携や組織化に向けた活動が展開されていたことも事実である。救護法促進運動について見れば、例えば1931年1月13日に開催された柏崎方面委員会では、「救護法実施ニ関スル件」として「一委員廿名宛ノ同志糾合ヲ約ス」ことが決定した他、1月16日に開催された栃尾町方面委員会でも「救護法実施ニ付請願ニ関スル件」が協議されている[15]。しかし、方面委員会による救護法上奏案調印に対しては、直江津町方面委員会で「救護法上奏案ニ対シテハ調印拒絶ニ決ス」など[16]、上奏に関していえば新潟県方面委員は必ずしも一枚岩ではなかった(おそらくは上奏に対する「不敬」の念が方面委員の内面にあったものと推察される)。また、方面委員を設置している町村の中でも、方面委員会を常時開催している町村はごく一部に限られ、方面事業の組織化や委員間の連携体制も充分に構築されていなかった。こうした事情が複合的に絡み合うなかで、県当局による監視によって請願及び陳述があくまで方面委員の主体によって為されている状況を演出するのと同時に、それが「騒擾」とならぬよう県

当局が背後で手綱を握っていたといえる。

　ところで県当局及び方面委員をして、救護法を成就させようとした内的な動機は何処にあったのか。その動機の一端を『越佐社会事業』（第三巻、第三号）の巻頭言に確認することができる。つまり「飢餓線上に立つ我が同胞二十萬の生霊は、此法律の実施如何に依って断末魔となるのだ。これは到底忍ぶ訳には行かない。若しこれをしも忍ぶ可くんば、世に又たと忍ぶべきものあらんやだ。全国方面委員挙って、遂に上奏の手続を執るに至ったことは、遺憾とする所ではあるが、是又萬止むを得ざる措置と謂はなくてはなるまい。我国に生を享くる者、これ悉く陛下の赤子である。同胞相携へて之を扶くることは、吾等同族當然の責務である」[17]。つまり、先行研究が「社会連帯の日本化」と称した皇道主義に基づく隣保相扶観念がその基本的な動機となっていた[18]。「上奏」と「隣保相扶」は、天皇制国家による支配体制の手段として両輪の関係にあり、矛盾する関係ではなかった。

　救護法の実施が「何うやら物になりそうな形勢に傾いて来たやうだ」と認識されはじめた中で[19]、県当局でもその施行準備に追われることになる。その嚆矢となったのが、県内救護法対象者調査の実施である。既に全市町村を対象とした要救護者調査（全数調査）が内務省社会局によって1929年に実施され、翌々年の1931年にも同様の調査が実施されていることは先行研究が明らかにするところである[20]。このような社会局主導で実施された要保護者調査とは別に、新潟県では社会課が主体となり1931年に「被救護者調査」という名称の予備調査を実施している（実施時期は不明であるが、2回目の全国調査が指示された社会部長依命通牒の通知以前に実施・集計されていたことは確かである）[21]。被救護者調査という名称であるが、法施行以前に実施された調査であるため、実質的には「要救護者調査」である。この予備調査と社会局調査の数値を比較してみたい。

続 新潟県社会福祉史の基礎的研究

救護法による県内の被救護者（＝要救護者数）（新潟県社会課予備調査）

郡市名	北蒲原郡	中蒲原郡	西蒲原郡	南蒲原郡	東蒲原郡	三島郡	古志郡	北魚沼郡	中魚沼郡
被救護者	57	203	96	136	7	27	36	70	65

南魚沼郡	刈羽郡	東頸城郡	中頸城郡	西頸城郡	岩船郡	佐渡郡	新潟市	長岡市	高田市
54	24	115	65	67	24	46	341	50	70

合計 2,253 名 1,185 世帯

出典：新潟県社会事業協会『越佐社会事業』（第三巻、第五号）、1931 年、28 頁より引用作成。

要救護者数調査（1929 年）における新潟県要救護者数

院外該当者数		院内該当者数	合計
市部	郡部	45	2,335
961	1,329		

出典引用：「道府県別要救護者総数」寺脇隆夫編『救護法成立・施行関係資料集成』ドメス出版、2007 年、479 頁より引用。

要救護者数調査（1931 年）における新潟県要救護者数

院外該当者数		院内該当者数	合計
市部	郡部	35	2,754
552	2,167		

出典引用：「道府県別要救護者総数」（昭和六年調）寺脇隆夫編『救護法成立・施行関係資料集成』ドメス出版、2007 年、806 頁より引用。

　こうした一連の調査から、次の点を指摘することができる。つまり、要救護者が僅か２年で急激に増加していることは全国的動向でも確認することができるが、頓に新潟県における要救護者数は法が成立した1929 年と法施行前年の 1931 年では、明らかに市部の要救護者数が減少し、郡部のそれが大幅に増加していることが確認できる。郡部における要救護者の急激な増加は昭和恐慌下における農村の疲弊化の進行といった状況から理解できようが、不可解なのは市部（新潟・高田・長岡）における要救護者数の著しい減少である。例えば 1929 年の調査では、要救護者数（院外）として新潟市 841 名、長岡市 50 名、高田市 70 名が算定されているのに対して、1931 年の調査では新潟市 298 名、長岡市 188名、高田市 66 名となっている。つまり、新潟市における要救護者数の

著しい減少と長岡市における要救護者の急激な増加を指摘することができる。特に、長岡市の要救護者数は新潟県が独自に実施した予備調査と比較しても、誤差の範囲を通り越して明らかに不可解な数値の推移を示している。この要因としては調査精度の不足、あるいは要救護者数の増加とそれに伴う財政負担に対する憂慮から県当局によって意図的に改ざんされた可能性が仮説として浮かび上がるが、ここでは新潟市の要救護者数の急激な減少について考えてみたい。その際に参考の一つとなるのが、「失業者」と「要保護者」の境界及び比較である。労働能力のある失業者は救護法の対象から除外されていたが、調査が実施された段階ではこの両者を明確に分離して考慮していなかった節がある。例えば、新潟市では市内における失業者数とその要因について独自の調査を実施している。その中で 1930 年に実施された国勢調査が新潟市内の失業者数を 1,452 人（総人口 123,994 人）と報告していることに対し、「その数量的方面にては確にある基準を示したものと云ふことが出来るが、同法に定められた極めて概括的な失業者の定義が、凡ての国民にいかやうに理解せられて申告せられたるかに想到するとき、その質的方面には可なりの疑を存するものがあることは否み得ない」と疑義を唱えている [22]。実際に 1930 年 10 月 1 日時点での推定失業者数は 462 名、登録失業者数は 428 名となっていて、およそ 1,000 人近くの開きがあることが確認される。この差異について新潟市は「失業者の定義に幾分の差異があったこと及解釈範囲の広狭による」と説明しているが [23]、失業者の定義については議論の余地が大きく、「失業者」と「要救護者」の境界を判断することが困難であった事情をうかがい知ることができる [24]。

　その一方で、新潟市における「要救護者」の実数を判断するのに参考となるのが、救護法施行以前に実施されていた市費による救助者数である。実際に、市費救助（恤救規則）者数と救護法による被救護者数とは相関関係が指摘されている [25]。1930 年 12 月末日段階における新潟市の市費救助者数が表 1 である。

〈表1〉 市費救助者数

給米								合計
	廃疾	老衰	疾病	幼弱	白痴	収容	木賃料給与	
救助者数	21	40	83	95	2	19	22	282

出典：新潟市役所「新潟市に於ける失業事情」『越佐社会事業』（第三巻、第九号）、1931年、87頁。

　新潟市における救護法「要救護者」の実数は、上記の市費救助者数に近いものと判断される。そして、このことは救護法による法的救護の対象に包括されない、多数の「要救護者」が存在していたことを裏付けている。救護法による救護費用を負担する立場の市町村としては、当然に要救護数を過少評価する方向へとバイアスが働く。しかし、その新潟市が「この最低生活所謂貧乏線上に彷徨する生活がいかに不安で危険であるかは云ふまでもない。不慮の災厄、疾病、失費は忽ちにして彼等を極度の窮乏に陥れて了うふ（中略）現在の被救護者は全くの孤独は少なく大抵は家族親戚をもってゐるがそれらが、共に貧困にして扶養義務を果す能力がないのである」と報告するなど[26]、家族親族間による「隣保相扶」はもはや限界にあり、「失業者」と「要救護者」の境界を見極めることは困難な状況にあった。つまり、次節で確認するように救護法の対象から除外される「要救護者」の救護問題が顕在化してくるのは必然であった。

　要救護者数調査と並んで各都道府県における法施行準備の重要な作業が、「施行細則」の制定である。救護法施行直前に発行された『越佐社会事業』（第三巻、十二月号）は「救護法施行準備特号」として刊行され、同号から新潟県における法施行準備過程の一端を確認することができる。同号には新潟県における施行細則は掲載されていないが（おそらくこの段階では未完成だったと思われる）、昭和六年及び七年度救護県費予算草案及び「救護法施行に要する予算説明」が掲載されている。この資料から新潟県における施行準備状況の概況を確認することができる。

　まず県費補助の基礎となる要救護者数は、1931年5月20日に実施さ

れた調査に依っていることが記されている。この「五月二十日調査」というのが、同時期に実施された全国要救護者数調査を指しているが、要救護者数の数値が若干異なっている。つまり、「院外要救護者数二、六九三人院内要救護者一二一人（私設ノ施設二在ル者三八人要収容救護ノ者八三人）計二、八一四人」が[27]、救護県費予算編成の基本数値となった。さらに「而シテ右院内要救護者ノ内私設ノ救護施設二在ル者三八人ハ本法施行二当リテモ直二全部之ヲ本法ノ対象トシテ取扱ノ要ナキヲ以テ当分ノ内此五割十九人ヲ減シタルモノヲ予算ノ基礎ト為ス」こと、さらに「尚院外要救護者二、六九三人ハ本法施行後直二全部ヲ救護スルコトハ至難ナルヲ以テハ其ノ五分ヲ減シ二、五五九人トシ之二基キテ予算ヲ編成」することが決定している[28]。以上が新潟県における救護県費予算編成の基礎となった要救護者数に関するデータである。先ず、要救護者数（2,814 人）は、公表された全国調査における要救護者数（2,754 人）よりも若干増加している。しかし、実際の予算編成にあたっては、私設の施設に収容されている院内要救護者数の他、院外要救護者数についても「全部ヲ救護スルコトハ至難」との理由で低く算定されている。救護法施行後の被救護者数は次節で確認するとおり予算編成で算定された人数よりもずっと少なくなるが、予算編成の段階において既に救護に対する抑制が働いていたことが理解できる。

　さらに新潟県の救護費予算にかかる単価算出の基礎となった、各救護種目の限度額を確認しておきたい。救護費予算における単価は従来の制度及び救護施設の実績を資料として、これに物価の現況及び内務省の指示を参酌して決定されたと説明されている。新潟県における主な救護種目の限度額をまとめたのが表2である。

　一例として、院外生活扶助費をとりあげてみたい。院外生活扶助費は救護法施行令第13条によって最高限度が1人1日25銭以内、1世帯1日1円以内と定められていたが、新潟県の場合には1人1日20銭以内、1世帯80銭以内に限定された。この算定の根拠となったのが軍事救護法による現金給与の実績で、「一人一日当十五銭三銭三厘ナルモ物価下落ノ趨勢二鑑ミ之ヲ十二銭トス」ることが妥当と判断された[29]。他の

〈表2〉　新潟県救護限度一覧

種目	新潟県救護限度額	救護法施行令限度額
院外生活扶助費	1人1日12銭（1人20銭以内、1世帯80銭以内）	1人1日25銭以内、1世帯1日1円以内
院外医療費	1人1日12銭	省略
院外助産費	1人6円	10円
生業扶助費	1人20円	30円
埋葬費	1人7円	10円以内

新潟県社会課『救護法施行準備資料』（昭和六年十一月）より作成。

種目でも先行して実施されていた制度や事業（済生会、産婆組合、罹災救助基金法、行旅死亡人埋葬費等）を参酌して決定したと報告されているが[30]、全ての種目で救護法施行令に定められていた上限よりも低く見積もられている。こうした点にも救護費用の負担を抑制しようとうする県当局の思惑を確認することができるが、昭和六年度における救護費県費予算として9,009円が、昭和七年度における救護費県費予算として37,846円がそれぞれ計上されることになった[31]。

　以上みてきたように救護法施行前の予算編成の段階から、救護に対する抑制の意図が働いていたことが確認できる。そしてそのことが、法施行後に顕在化した「漏救」あるいは「救護法に該当せざる要救護者」の救護問題を生み出す直接的な要因ともなった。次節ではこの問題に注目してみたい。

2．社会事業助成会による救護事業

　1932年1月より救護法が施行され、新潟県でも漸次救護法による救護人員や救護件数を公表しているが、そうした数値は寺脇隆夫が指摘するように誤用や混同をまねく可能性がある。しかし、救護費についてはそのようなリスクはなく、一定の信ぴょう性を保つものと判断される[32]。救護法施行から半年が経過した段階で、福島正雄（新潟県社会事業主事補）は県内市町村が支出した救護費について調査検討し、次のように述

べている。「昭和六年度に於ける縣下各市町村の予算は二萬二千七十二圓に過ぎない、本法は新年度迄ゆっくり研究して昭和七年度の予算に計上すること、し其迄は従来の所謂市町村の貧民救済費等の費用に間に合はせようとの意思から殊更救護費を計上せぬ為か我々が最初想像してゐた額よりも幾分減じてゐる様である（中略）尚全部の市町村からの報告を俟たねば昭和六年度中に於ける救護の状況は判明せぬが以上の統計に依って見ても減じてゐることが明である」[33]。福島が引用した調査は3市201町村を集計したもので、全市町村を対象としたものではないが、市町村における救護費支出抑制の動きが顕著に確認できる。

　このような救護費支出の抑制は全国的な動向として確認されるが[34]、救護法施行に関していえば「濫救に依る財政の膨張と、惰民の養成とを防止」することが懸念事項として社会事業関係者の共通認識であったはずである。しかし、実際に「救護法実施半歳にして被救護者数は當初の全国調査に表はれたる要救護者十萬六千餘人中の約半数位」であったことから、「洩救の懸念が全くない訳ではない」と消極的ながらも「漏救」の問題が徐々に認識されはじめていた[35]。実際に1932年8月22日に新潟師範学校で開催された県下方面委員大会の席で、「昨年五月二十日現在ノ調査ニ依リマスレバ本縣ノ要救護者二二二市町村ニ亘リ総数二、七一九人デアリマス。然ルニ本年三月末日迄ノ救護法実施ノ跡ヲ見マスレバ一七一市町村ニ亘リ実人員一、七六八名ガ本法ニ依リ救護ヲ受ケテ居リマス。更ニ四月一日以降六月末日マデノ実績ヲ見ルニ一六七市町村ニ亘リ一、九七三名ガ救護ヲ受ケテ居ルノデアリマス。如上ノ数字ヲ昨年五月二十日現在ノ要救護者数ニ比較スルトキハ未ダ救護ヲ受ケザル者ノ多イノニ一驚ヲ禁ジ得ナイノデアリマス」と報告されるなど[36]、関係者の問題意識は明らかに「濫救」よりも「漏救」に移っていた。この「漏救」者への対応については後で触れるが、同会で「別に予算を取るなり助成金を作るなりして之を救済するの外はない」と指示されているように[37]、各市町村に救済責任が課されていた。

　「漏救」の問題は、その後も引き続き関係者の間で憂慮の対象となっていた。例えば福島正雄は「救護法が施行せられてから茲に九ケ月を経

過した。過去の状況を眺めて見ると、我々が予期してゐた様な効果を納め得たとは思はれない（中略）現下の様に深刻な不況に當っては一層に要救護者が増加して来なければならぬ筈であるにも不拘斯の如き状況では未だ救護洩れとなってゐるものが有るのではないかと想像せられる」と述べるなど[38]、「漏救」について憂慮の態度を示している。その漏救の原因について福島は、「法の理解が乏しく、救護法に該當すると否とを問はず全部が法該當者として調査の範囲に入れたこと」、「法の運用に対して疑義が生じて各市町村が要救護者の救護に當って躊躇したこと」、「新年度迄充分本法を研究して七年度から救護事務を開始しようと考へたこと」の３つを主因として挙げている[39]。救護法そのものが「見切り発車」的に施行されたことを考慮すれば、この３つの主因が複合的に重なり合って多量の漏救者が生じたことは首肯できるが、その一方で「救護法が施行された為に救護の範囲が限定されたので却て不便を感じて来た」という意見があったことも見逃し得ない事実であろう[40]。つまり、かつて窮民救助は主に市町村予算の中で自由な裁量に基づき実施されていたが（僅少な予算の中であるが）、救護法施行によって窮民救助費用が救護法に組み替えられたため、条項に該当しない要救護者は一律に保護の範疇から除外されることになった。実際に新潟県における救護法該当者以外の要救護者を調査した統計資料があるので引用してみる。

救護法に該當せざる要救護者数（1932 年 7 月 1 日現在）

生活扶助を必要とする者	医療保護を必要とする者	助産を必要とする者	生業扶助を必要とする者	合計
1,830	573	48	129	2,580

『越佐社会事業』（第四巻、第十二号）、1932 年、81 ～ 82 頁。

法該当者以外の要救護者（1932 年 9 月 3 日現在）

生活扶助人員	医療救護人員	助産人員	生業扶助人員	合計
1,491 人	517 人	44 人	80 人	2,132 人

『越佐社会事業』（第四巻、第十号）、1932 年、31 頁。

僅か2カ月の間で450名近くの漏救者（救護法に該当しない要救護者）が減少しているが、これは県内における被救護人員の増加を考慮すると漸次救護法の対象に移行していったものと推察される[41]。しかし、県が公表している被救護人員が2,282人（1932年7月1日現在）であることから、被救護人員とほぼ同数の適用除外者がいることを県当局が承認する事態であった[42]。このような「救護法に該當せざる要救護者」の救護について、どのような対策を考慮したのか。福島正雄は次の二つの案を提唱している。つまり、「萬事救護法に於ては軍人援護資金が各府県にあると同様に救護法に於てもこれの同性質を持つ特別資金を持って救護法に該當せざる要救護者はこの資金に依って救護する途を講ずること」、「市町村に対し社会事業助成会の設置を奨励し右団体をして『救護法に該当せざる要救護者を救護に當らしむること』」の2案である[43]。前者の案が都道府県レベルにおける生活資金給与制度であるとすれば、後者の案は市町村レベルでのそれである。そして新潟県が選択したのが後者の案で、市町村単位で救済組織を設置し独自に給与制度を設置する方途であった。こうした動きに対応するために設置普及したのが社会事業助成会である。

　社会事業助成会は1928年に新潟市に設置されたのを皮切りに、1929年には2町が、1930年には5町で設置された[44]。その先駆けとなった新潟市社会事業助成会は1924年に設置された方面委員後援会を起源としているとおり、方面委員活動の後援機関としての役割が第一義であった。その後新潟市社会事業助成会は有明松風園（静養施設）や信楽園（女子結核患者収容所）、新潟隣保館といった社会事業施設を独自に設置展開していく[45]。つまり、県レベルにおける社会事業協会と同様に、市町村レベルにおける社会事業の計画的統制と合理的運用を担うことが社会事業助成会の設立目的であった。その機能について福島正雄は次のように主張する。「如何に委員各位が血みどろな活動を為されて居っても、一般民衆の支持が無ければ到底所期の目的は達し得られない（中略）於之に我々は方面委員仕事に対して理解を持つの後援者結合より成る所謂社会事業助成会乃至方面事業助成会の必要が痛感されるのであ

る。この団体の力に依り一面には財的援助を與へ、一面には一般大衆に呼びかけ以て社会に対して方面事業が如何に重要な役目を持ってゐるかを覚らしめたい」[46]。つまり、社会事業助成会の主要な事業は、方面委員活動に対する財政的支援と地域住民に対する広報活動の二つであった。しかし、一方で「本縣社会事業は時代に相応しき連絡統制ある社会事業として発達し同時に又前に述べた救護法に該當せざる要救護者の救護もこの助成会の力に依って解決し得るものと確信する。徒に國や縣の政策を俟つ迄もなく全縣一千数百名の方面委員の手に依って全縣的に社会事業助成会網を完成し以て我々が日夜悩まされる救護法に該當せざる要救護者に対して保護救済の途を講じ又一面本縣社会事業が連絡統制のある時代に相応しい社会事業たらしめたいことを熱望」するにとどまり[47]、「社会事業助成会網」でもってどのように「救護法に該當せざる要救護者」の救護を展開するのか、具体的な救護方法については示されていない。「社会事業助成会網」による救護方法が一部示されているのが、福島の別稿「社会事業助成会の使命」である。つまり「この団体は方面委員の活動を援助することを主要なる目的とするもので、其他『その方面』に必要なる社会事業の経営、又は助成を為すのであります。その組織は、其方面の人々を以て会員とするのであります（中略）本縣は方面委員制度実施以来茲に五ケ年を閲して居りますが方面事業の後援団体は僅に十団体に過ぎません」と述べているように[48]、町村民有志による会費を徴収して、その費用で方面委員の活動を後援しようとの考案である。これは市町村レベルにおける「社会事業の組織化」活動であり、県社会事業協会が担ってきた同様の事業を市町村でも展開しようとする意図があったことを物語っている。

　市町村における「社会事業の組織化」及び方面委員の後方支援とともに、社会事業助成会の主要な業務が管轄市町村内における窮民救護等の救護事業であった。例えば、1930年11月14日付で古志郡栃尾町（現長岡市）社会事業助成会が創設され、窮民救護、治療券配布、治療斡旋、埋葬費支給等の救護事業を展開している。救護法が1932年1月から施行されたのに伴い、栃尾町社会事業助成会では次のことを決議して

いる。「本縣ノ生活扶助費ノ標準規定ハ一日一人最高二十銭最低十二銭、一世帯八十銭ヲ超エザル範囲ニ於テ金品ノ給與ヲナスモノニシテ本年五月二十日現在調ノ要救護者数ハ十戸三十一人ニシテ之ヲ平均シテ十五人トシ一月ヨリ三月迄一日一人十二銭トシテ此金百六十二圓埋葬費二件此金十圓ノ追加予算ヲ計上シテ去十二月十四日町会ノ議決ヲ経タル次第ニシテ之ニ該當セサルモノノ救助費及一時的金品ノ給與見舞其ノ他通信費、印刷費等ハ私設機関タル助成会ニ於テ支辯スルコトトナル」[49]。この決議から判断されるように、救護法の救護対象とならない「要救護者」に対する救護費の支給を助成会が担うことになった。そして、その給付水準は救護法と同様、もしくはそれに準じた水準であったことが理解できる。以降、県下各市町村に設置された社会事業助成会は、法適用除外者を救済することを主要な事業に位置づけていく。

　救護法による救護人員は施行後から全国的に増加していったことは先に触れたが、新潟県における救護人員も漸次増加を示し、法施行後の調査と比較して 1933 年 9 月にはおよそ 1,000 名以上増加していた（県の報告によれば 3,250 名）[50]。その一方で、「救護法に該当せざる要救護者数」も増加の一途を辿っていった。例えば、1934 年 11 月 9 日に県庁会議室で開催された第一回県下社会事業助成会長会議の席で、県学務部長の柴山博が「現在の社会情勢を観まするに累年の財界の不況に加ふるに本年は予期しない災害が頻頻と起りまして都市と言はず特に農村は疲弊困憊の裡に呻吟しつゝあります此の秋に當りましてかゝる不幸な社会の落伍者を保護救済する社会事業施設の敏速適宜の活動を圖るのは急務中の急務と存じます。救護法に依りまして同法該當者を救済するのは勿論でありあすが其の恩恵に浴し得るものは自ら限られて居りまして同法に該當せざる多数の要救護者の救護は遺憾ながら他の社会事業団体の活動又は私人の慈恵的救済に俟たなければならない状態であります然もかゝる要救護者は逐年増加の趨勢にありました處特に本年は稀有の凶作に依り極度に一般経済生活の困窮化を来し愈々其の数は激増するものと考へられますかゝる不況時に際しまして之等要救護者の救護を等閑に付して置くことは社会の不安と憂悶とを倍加するに外ならない」と述べて

いることからも「救護法に該當せざる要救護者」の救済は急務な課題であった[51]。

　ところで、こうした要救護者増加の原因はどこにあったのか。先に引用した柴山の発言にあるとおり、1934年は東北地方を中心に1931年以来の凶作が襲った年である。凶作による農村窮乏が救護人員のみならず「救護法に該當せざる要救護者」を増加させたことは事実であるが、それだけが要因ではない。むしろそれは救護法が持つ構造的問題の所産でもあった。新潟県社会事業主事の佐々木元三は「救護法に就いて」と題した論考で次のように主張する。「新潟縣では毎年約三千人の結核に依る死亡者がある。総死亡三萬人の一割を占めてゐる。そして新潟市の結核死亡者が毎年三百人である（中略）然るに、新潟縣には新潟市立有明療養所（病床六十）がある丈で他市町村には何等の施設もなく、人口五萬を超ゆる長岡市でも療養所を経営してゐない（中略）予防法によっても救護されることが出来ず、結核予防法といふ法律がある許りに救護法でも救護されることの出来ぬ結核患者よ何處にゆく。答へて曰く、『私共は墓穴に向って急ぎます』」[52]。この佐々木の主張は、救護法の規定が生み出す構造的な問題を突いていた。つまり、1931年10月14日付で発せられた社会局長官依命通牒「救護法ニ関スル件」（発社第八三号）で、「軍事救護法、廃兵院法、行旅病人及行旅死亡人取扱法、結核予防法、精神病院法癩予防法其ノ他ノ特別法ニ依リ救護ヲ受ケ得ヘキ者ハ是等ノ特別法ニ依リ救護スヘキモノナルヲ以テ本法ノ救護ハ之ヲ為サシメサルコト」が規定されていた[53]。軍事救護法や廃兵院法はその法的な性格上、対象者を全て救済することが原則となっていたが、結核予防法や精神病院法及び癩予防法は地方自治体の予算によって制約される以上、そもそも全対象者を救済する前提とはなっていない。つまり佐々木が「結核について云ふならば人口五萬以上の都市は結核予防法に依り結核療養所を建てなければならないことになってゐるが、それが完全には履行されて居ず、従って全国では七十幾つかの都市に療養所を建てしむる様法の履行方を社会事業大会の折に各所で建議されてゐる様な有様である」と述べているように[54]、都市部はおろか農山漁村や小都市でも

療養所設置の義務が課せられていない状況であった。つまり結核予防法と救護法の狭間で、救済対象から除外される多数の結核患者が生み出される構造となっていた。

こうした問題は救護法が生み出す構造的な問題であったといえるが、そのしわ寄せは全て末端の市町村に向けられることになった。救護財源が何ら保障されていない状況の中で[55]、市町村は救護法による救護とあわせて「救護法に該当せざる要救護者」の救済を一手に担わざるをえない状況にあった。こうした状況の中で設置が促進されたのが社会事業助成会であるが、1930年の段階で7市町村に設置され、1936年の段階では69市町村にまで拡大している[56]。元来、社会事業助成会は方面委員の後援団体であったことは先に述べた通りであるが、救護法施行以降は同法の対象から除外された要救護者に対する救済活動が主要事業となっていった。青野俊梁（新潟県社会事業主事補）の調査によれば、1933年度には県内26市町村で設置された社会事業助成会が「救護法に該当せざる要救護者」に対する救済を行っている。救済の内実は救護法に準じて、医療、生業、生活、埋葬、其の他の各救護で、実人員2,830人（延人員19,591人）の要救護者が救済を受けていた（金額5045円26銭）[57]。さらに翌1934年度には43市町村の社会事業助成会で、実人員4,432人（金額8669円）の救済を行っている[58]。なお、同年度の新潟県における救護法の救護人員が6,680人と報告されている[59]。つまり、詳細な数値には異論をはさむ余地があるものの、救護法による救護人員とともに社会事業助成会による救済を受けた適用除外者の数も増加していったことは事実である。こうした状況の中で、各市町村の社会事業助成会が単独で救済活動を展開するには組織的にも財政的にも限界があった。県社会課では、社会事業助成会組織の再編成と救済にかかる財源確保の問題に取り組むことになる。

1934年11月9日に新潟県庁で、第一回県下社会事業助成会長会議が開催された。同会議では「現下農山漁村窮乏ニ対スル社会事業助成会ノ採ルヘキ方策」が検討され、「社会事業助成会は市町村當局と連絡を密にし飯米不足者に対しては安価に給與若は販売の斡旋を為すこと」、「政

府払下米に対しては敏速且つ安価に払下らるゝ様其筋に要望すること」、
「方面委員の活動を促し就労により賃銀を得しむる方法を講ずること」、
「家庭内副業を研究選定し奨励助成すること」、「社会事業助成会が主と
なり各種社会事業団体並教化団体と相謀り凶作非常突破精神の強調運動
を興すこと」の5つの方針が打ち出された[60]。内容としては農山漁村
経済更生運動や国民更生運動の流れをくむ教化指導的傾向が色濃く反映
しているが、「凶作非常突破精神の強調運動」を展開する中心的機関と
して社会事業助成会が位置づけられた。そして、そうした動きは、県下
社会事業助成会の統制及び指導体制を求める機運を高めることになっ
た。実際に同会議の席では、「新潟県社会事業助成連盟」なる組織を設
置することが決議され、新潟県社会事業助成連盟規約案が提示された。
規約案第二条では「県内社会事業助成会相互ノ連絡ヲ圖リ本縣社会業ノ
健全ナル普及発達ヲ期スル」ことが同連盟の目的に位置づけられ、その
目的を達成するために第三条では「社会事業助成会ノ連絡統制ヲ圖ルコ
ト」「社会事業ニ関スル調査研究ヲ為スコト」が定められた[61]。しかし、
この社会事業助成連盟の設置構想は「本縣ノ実情ハ本聯盟ト同一目的ニ
依リ活動シツゝアル本縣社会事業協会ノ設置アリ、此ノ上聯盟ヲ結成ス
ルコトハ屋上屋ノ憾ナキニ非ラサルヲ以テ寧ロ全縣社会事業助成会カ一
致シ同会ト融合一体トナリ歩調ヲ一ニシ本縣社会事業ノ発展ニ寄與」す
ると後に述べられているように廃案となり[62]、以降は県社会事業協会
が県下社会事業助成会の統制及び指導を担う実質的な機関となった。そ
の意味で社会事業助成会は、県社会事業協会の実質的な市町村機関とし
ての性質を帯びるようになったといえよう。このように社会事業助成会
は方面委員の後援団体から、広く市町村内における社会事業の連絡統制
を担う機関に大きく様変わりすることになった。

　さらに1935年12月3日に新潟県庁で開催された第二回社会事業助成
会長会議では「任意救護ノ徹底ニ関スル件」が協議され、「本縣社会事
業助成会ノ実情ハ資金ノ不足ヨリ充分ナル活動ヲ期シ得サルノ現況ニ在
リ各位ハ管下ノ内外ヲ問ハス志士仁人ノ篤志ニ訴ヘ若クハ其ノ他ノ方法
ニ依リ資金ノ充実ヲ計リ其ノ活動ヲ一層敏活ナラシメラレ度」とするこ

とが決定した[63]。具体的な資金調達の方途として採用されたのが、年末同情週間の実施である。これまでも各市町村方面委員会が主体となって年末同情週間は実施継続されてきたが、本会議において「時代ハ一層社会事業助成会ノ活動ヲ必要トセラレツヽアルノ状勢ニ在リ此ノ秋ニ方リ斯業ノ重要性ヲ一般ニ認識セシムルト共ニ一面年末ニ喘ク窮民ノ実情ヲ社会ニ訴ヘ同情金品ノ喜捨ヲ仰キ温キ救ノ手ヲ伸フル為」[64]、新たに社会事業助成会の事業に位置づけられることになった。その他、活動映写会の実施によって広く寄付金を募ろうとした動きもあったが（南魚沼郡伊米ヶ崎村）、「町の方は余程優秀のフヰルムに非らざれば永続困難ならん」（三島郡関原町）、「警察にて非常の努力をして映写会を開催したが餘り上々の成績は得らなかった」（中蒲原郡新津町）等の報告が為されているように、全体的に低調であった。結局のところ「方法としては篤志家を動すの外なく又助成会の事業を理解せしめて冠婚葬祭に於ける冗費を寄付せしむを必要とするが要は幹部の大活動に待づべきであらう」（中蒲原郡村松町）といった見解が大勢をしめていた[65]。つまり、町村民からの会費徴収は「幾多の困難」がある以上、年末同情週間やボロデーといった募金活動の他、町村民に対する冗費節約を呼びかける教化活動、篤志家への寄附募集や「隣保相扶」観念の発揚といった従来型の活動に終始することになった。その他新しい募金活動として先に触れた巡回映画会は、社会事業助成聯盟結成の構想を継受した県社会事業協会によって社会事業助成会の事業資金を獲得することを目的に、1936年8月から9月にかけて県下15市町村で実施されている。同映画会はオールキネマ社の後援を得て、643円46銭の純利益を挙げている[66]。救護法の財源が何ら保障されていない中で市町村は「救護法に該當せざる要救護者」の救済まで一手に担うことになったが、それは既存の「隣保相扶」体制の再編成と財源確保を新たな問題として突きつけられることになった。社会事業助成会はこうした二つの問題に同時に対応するため成立普及したといえる。

3. 救護法と方面委員

　以上見てきたように方面委員の後援団体として設置普及してきた社会事業助成会であるが、救護法施行にともない漏救者及び「救護法に該当せざる要救護者」の救済が同会の主要事業となった。その後、県社会課や社会事業協会の意向を受け、市町村内における社会事業組織を統括する連絡統制機関としての性格を帯びるようになった。その一方で社会事業助成会の後援対象となっていた方面委員は、救護法施行後は同法における救護委員としての役割と適用除外者に対する救済活動の両方を担う事になった。最後に救護法に関連した方面委員の活動を確認しておきたい。

　1931年4月2日に県庁内で第三回県下方面委員常務委員会が開催されている。その席における黒崎真也知事の挨拶は、方面委員と救護法との関係性を端的に表現している。「救護法が実施となれば従来は各地方の任意施設であった方面委員制度が今後法律に根拠を持つ国家の一制度となる次第で方面委員各位の責務は一層重大となるものと考へなければならぬ。本法が議会を通過した事自体が時代の反映であって、従来篤志家一個人の慈善的行為に委ねて置かれた窮民の救済が国家の義務なりと考へられる様になったことを示すものである、これは実に重大なる一転機であるが、茲に最も注意しなければならぬことは、法の運用のことである、漏救は固より宜しくないが、さりとて濫救に失すれば徒らに国民の怠惰心を助長するのみならず国家地方団体の財政を紊る丶ことは想像に難からぬ、其救済の宜しきを得しむるものは即ち方面委員各位である」[67]。つまり、方面委員が救護法の成立によって法的な存在根拠が得られたとの認識のもとで、無条件に救護委員として充当されるとの意識が先行し、方面委員自身による主体的な判断や抵抗は全く考慮されていない。実際、当時の県下方面委員活動は「月々の取扱集計、カード数異動報告、方面委員状況報告等は、毎月五日に前月分を縣に報告すべき定めであるのに中には二三ヶ月も遅延する向きがある」と社会事業主事か

ら苦言を受ける状況であった[68]。新潟県における方面委員制度は新潟市で先行する形で設置されていたとはいえ、その後も普及は遅々として進まず[69]、全県的設置の報告が確認されるのは方面委員令施行4年後のことであった[70]。

　方面委員の普及が停滞する一方で、救護法施行前から方面委員が救護委員としての職能を発揮することが期待されていた。例えば、葛野教聞（弘済会）が「救護法のみならず何れの法に於ても法そのものを正しく生かすことは人の如何によるものである。人そのよろしきを得れば法は完全に運轉さるべきものである。救護法の如き社会事業に関する法規は之れを行ふことに於てそこに人間感情の伴ふ複雑性を含み得るものである。この複雑性を誘ふ法規が突発的の感情に動かされまたそこに事業精神の認識不足が加味してチグハグな事実が遂行さるゝことにもなれば救護法でなくて窮誤法と成り終るのである」と述べるなど[71]、方面委員が救護法運用の成否を決定するとの考えは当時の社会事業関係者の共通認識でもあった。救護委員としての方面委員が求められた具体的な業務内容が、要救護調査と市町村長への意見の具申、さらに要（被）救護者に対する教化指導である。この機能が当時「ケースウォーク」と称され、方面委員は「ケースワーカー」としての職能が求められた。例えば小澤一は「従来全国に院外救護団体があるが、訪問救護の従事員を置いてケース、ウォークを行ふ組織の完備した院外救護団体は殆んどない。茲に於て方面委員制度その他院外救助団体の組織、方法の改善、助成等の計画を立てることが又重要の問題である」として、方面委員に「ケースウォーク」の機能を付加することを提案している[72]。また、中村孝太郎も濫救防止の観点から「即ち一言にして云へばケース、メソッドを必須条件とするのである（中略）救護法は既に救護の正確を期し濫救なかりしむる為委員制度を採用し救護委員の良きケースワアカーとしての活動によってのみ如上の目的の達成を期するの趣旨を明にして居る」と主張し、救護委員としての方面委員の機能を、「救護の正確」（生活調査）と「貧困者の自奮心の向上精神的発揚」（教化事業）に区分して考察している[73]。つまり、方面委員は救護可否を判断して実施機関であ

る市町村長に意見を具申すると同時に、被要救護者の生活に干渉しその教化指導まで担うことが求められていた。このように法制定以前から広く憂慮の対象になっていた「濫救」の防止と、弛緩した「隣保相扶」体制の再構築の課題を方面委員が一手に担う事になった。

　救護法施行と歩調をあわせる形で県では1931年12月4日付で新たに方面委員設置規定を定め、1932年1月1日より施行された。救護法との関係では第二条で「方面委員ハ救護法第四条ノ委員ヲ以テ之ニ充ツ」ことが規定され、「一般社会事業ヲ調査シ適切ナル社会事業ヲ遂行スル為市町村ニ方面委員ヲ置ク」(第一条) こととされた[74]。救護委員としての方面委員の活動について事例を紹介してみよう。

　救護法制定によって新たに方面委員に就任した山本寛雄(岩船郡平林村方面委員)は、生活扶助の運用について次のような談を残している。「被救護者の家族に於ける扶養義務者が往々にして無気力、怠惰に陥るのである。種々手を盡して働かせようとすればする程依他的になる。例へば救農土木事業の如きその係りの者又は監督者の諒解を得て、特に毎日人夫を使って貰ふやうにしてあるのに拘らず、自家の理由を申立てゝ屢々休む。社会の義務、責任を諄々と説き鞭撻するのである。又仕事の都合に依って監督者が人夫の交代休止を指名して申渡すやうな場合過って指名された時、進んで伺ひ立てゝ更に願はふとはせず、唯々として翌日から休むほど無気力な者もある。就中困るのは被救護者にして俸給取りであると自ら公言して居る者さへあった。かうなると法の精神が何處にあるかと、一時は呆然たらざるを得ないのである」[75]。このような扶養義務の不履行や怠惰を嘆く記事は枚挙に暇がないが、山本はこうした状況に対して「現実の社会人心といふものが単純でなく、率直でなく、殊に所謂下層階級あたりの人心は大人でも子供でも一様に歪曲されてゐるということがよく分るのである。而して我々方面委員として特に宗教家としてこれらの人々を同じく友とし、更に又等しく佛の子として手を携へてよりよき道へと進まふとするには深く自ら省み努めねばならぬと痛切に感じられる」とし[76]、仏教に基づく連帯共同の視点から教化指導の重要性を説いている。

Chapter 8

一方で田中眞越（佐渡郡吉井村方面委員）は、村内の母子世帯に対する救護について次のように述べる。「救護法の実施と共に之に救済の手が伸びて方面委員会と警察當局とで相談の上〇宅地の一隅に二坪ばかりの住宅を作ってやり子供も人手に委託して養育する事となったが彼女に其恩恵は感じなくとも、近所合壁の人々には社会恩の深きを示してゐる次第である」（〇は判読不能）[77]。これは要救護者（母子）の要望に応じて救護を適用したものではなく、「救護」という枠で母子を強制的に隔離することによって地域における社会的安全を保持しようとする警察的対応から為された救護事例である。

以上２つの救護事例から見えてくるのは、救護対象者に対する露骨な蔑視である。それとあわせて救護の動機が法的根拠に基づくものではなく、方面委員もしくは地域社会の需要（連帯思想及び治安維持）に基づいている事実である。救護法は国家及び公共団体の完全な「義務的救護主義」を明確にしていたが[78]、その救済論理は対象者よりも地域社会あるいは国家の需要に基づいて形成されたものであった。方面委員や社会事業助成会等の救済制度は地域の需要に応じて独自に発展してきたが、救護法施行を契機として同法による救済を補完する役割を担うことになった。こうした事業組織の再編成が昭和恐慌によって弛緩した地域の「隣保相扶」体制の再構築と、既存の救済施設の合理的運営を目指したものであったことは言うまでもない。そしてそれが被救護者の権利や需要を第一義的に考慮して為されたものでないことは強調しすぎても足りることはない。

まとめ

以上、新潟県における救護法の施行準備と施行状況を概略的にレビューしてきたが、救護法施行前における予算編成の段階から救護に対する抑制の意図が働いていたことが明らかとなった。そしてそのことが施行直後に「漏救」及び「救護法に該当せざる要救護者」の救護問題として顕在化し、救護行政はこの問題の対応に追われることになった。このよ

うな問題が顕在化した要因としては、救護費用負担を回避しようとする思惑から生まれる要救護人員数の過小評価、「失業者」と「要救護者」の境界を見極める困難さが挙げられる。そこに救護法が持つ構造的要因、つまり条項に基づく救護対象の狭隘化と特別法優先の原則といった制度的前提が必然的に「救護法に該当せざる要救護者」を生み出すという要因が重なり、法施行後における新潟県救護行政の中心的課題となった。

　救護法の実施主体である市町村はこうした要救護者の救済まで一手に担うことになったが、それは既存の「隣保相扶」体制の再編成と財源確保を新たな問題として突きつけられることになった。つまり、既存の社会事業を合理的かつ統制的に運営するために市町村単位で組織的管理を行う中心的機関が求められた。その役割を担ったのが、各市町村に設置されていた社会事業助成会であった。社会事業助成会は方面委員の後援団体から、広く市町村内における社会事業の連絡統制を担う機関に様変わりすることになった。

　無論、社会事業助成会の設置によって「救護法に該当せざる要救護者」の救済が万全を極めたとは到底考えられない。本論でも述べたように市町村に対しては何ら財源が保障されていない中で、各市町村は独自に救護財政をやり繰りしなければならない状況にあった。疲弊化が進んでいた当時の家計状況の中で、町村民からの会費徴収は殆ど期待できない一方で、社会事業助成会の活動は年末同情週間やボロデーといった募金活動の他、町村民に対する冗費節約を呼びかける教化活動、篤志家への寄附募集といった従来型の活動と何ら変わることはなかった。その意味で社会事業助成会は、隣保相扶観念の高揚を目的とした広報機関として実質的な活動を担ったにすぎなかったといえる。

　しかし、救護法の施行と同法が構造的に生み出した「救護法に該当せざる要救護者」の存在が地域における隣保組織体制の改組をもたらし、新たな社会事業組織の形成発展に寄与したことは事実である。救貧制度が万能であることはいつの時代でもありえず、ここに地域固有のニーズに対応する独自の対策が求められる所以がある。社会事業助成会はその

新潟県における救護法の運用と社会事業助成会

一つの先例として評価されてよい。

［註］

1）田代国次郎『社会福祉学とは何か─現代社会福祉学批判─』本の泉社、2011年、10頁。

2）R.ピンカー（岡田藤太郎・柏野健三訳）『社会福祉学原論』黎明書房、1985年、113頁。

3）石田雄『日本の社会科学』東京大学出版会、1984年、125頁。

4）石田雄『近代日本の政治文化と言語象徴』東京大学出版会、1983年、198～199頁。

5）寺脇隆夫『救護法の成立と施行状況の研究』ドメス出版、2007年。

6）岩田正美『現代の貧困─ワーキングプア・ホームレス・生活保護─』ちくま新書、2007年、207頁。

7）寺脇隆夫、前掲『救護法の成立と施行状況の研究』426～430頁。

8）同運動については、柴田敬次郎『救護法実施促進運動史』（復刻版）、1997年、日本図書センターを参照。

9）新潟県における方面委員制度史については、遠藤昭継『物語新潟県民生委員史─遠藤昭継遺稿集─』1977年の他、新潟県民生委員児童委員協議会編『新潟県民生委員児童委員協議会五十年史』1998年、新潟市民性委員児童委員協議会連合会『新潟市民生委員制度八十年史』2003年等を参照。

10）「第二回県下方面委員大会」新潟県社会事業協会『越佐社会事業』（第一巻、第二号）、1929年、107頁。

11）『越佐社会事業』（第二巻、第二号）、1930年、107～109頁。

12）『越佐社会事業』（第二巻、第四号）、1930年、86頁。

13）『越佐社会事業』（第二巻、第五号）、1930年、58頁。

14）『越佐社会事業』（第二巻、第十号）、1930年、69頁。

15）『越佐社会事業』（第三巻、第三号）、1931年、70～72頁。

16）同前、『越佐社会事業』（第三巻、第三号）、74～75頁。

17）前掲、『越佐社会事業』（第三巻、第三号）、1頁。

18) 池本美和子『日本における社会事業の形成―内務行政と連帯思想をめ
ぐって―』法律文化社、1999 年、152 頁。

19) 前掲、『越佐社会事業』（第三巻、第三号）、86 頁。

20) 寺脇隆夫、前掲『救護法の成立と施行状況の研究』231 ～ 233 頁及び
306 ～ 310 頁。

21) 『越佐社会事業』（第三巻、第五号）、1931 年、28 頁。

22) 新潟市役所「新潟市に於ける失業事情」『越佐社会事業』（第三巻、第
九号）、1931 年、72 頁。

23) 新潟市役所、同前「新潟市に於ける失業事情」74 頁。

24) この点に関連して新潟県における失業救済事業について付言しておき
たい。新潟県では 1931（昭和 6）年 5 月から内務省によって北蒲原郡濁
川村、佐々木村間の国道改良工事が起工された。失業救済事業の状況に
ついて福島正雄は次のように述べている。「その當時は失業者として登録
された者は僅に六百数十名に過ぎず、内要救済者で労働手帳の交附を受
けたものが百八十餘名に過ぎなかったのであった。然るに愈々国道の改
良工事が起されることが一度発表されるや『我れも』と失業者と名乗っ
て出る者が多く今では千数百名に上ってゐる（中略）言はゝ失業救済事
業でなく事業の施行によって失業者を製造したかの観がある（中略）故
に私はこの事業は失業者の救済事業であると同時に又貧困者の救済事業
で所謂農村の不況対策の事業とも見ることが出来ると思ふ」。新潟県では
失業者の登録制度を 1930 年度より採用し要救済者に対しては労働手帳を
交付していたが、失業者として登録されたのは 600 名程度（内要救済者
は 180 名）であった。内務省では失業救済事業の対象となる失業者中の
「要救済者」を定義していたが、その範疇に含まれない要救護者が当時の
農村を中心に多数潜在していた。実際に失業者、要救済者、要救護者を
明確に区分することは困難で、福島自身も「この事業施行の主たる目的
は勿論失業者を救済することであるが、又一面貧困者をも併せて救済す
べきものゝ様にも思はれる」と述べている。福島正雄「失業救済の事業
施行に就て」『越佐社会事業』（第三巻、第八号）、1931 年、35 ～ 36 頁。

25) 寺脇隆夫、前掲『救護法の成立と施行状況の研究』562 ～ 564 頁。

Chapter 8

新潟県における救護法の運用と社会事業助成会

26）新潟市役所、前掲「新潟市に於ける失業事情」87頁。

27）『越佐社会事業』（第三巻、第十二号）、1931年、122頁。

28）同前、『越佐社会事業』（第三巻、第十二号）、122頁。

29）同前、『越佐社会事業』（第三巻、第十二号）、123頁。

30）同前、『越佐社会事業』（第三巻、第十二号）、122〜125頁。

31）同前、『越佐社会事業』（第三巻、第十二号）、117〜119頁。

32）寺脇隆夫、前掲『救護法の成立と施行状況の研究』400頁。

33）福島正雄「市町村に現れたる昭和七年度の救護費」『越佐社会事業』（第四巻、第六号）、1932年、27〜28頁。

34）寺脇隆夫、前掲『救護法の成立と施行状況の研究』「425〜426頁。

35）中村孝太郎「救護法実施半歳の感想」『越佐社会事業』（第四巻、第九号）、1932年、35頁。

36）「縣下方面常務委員大会」、同前『越佐社会事業』（第四巻、第九号）、92頁。

37）同前「縣下方面常務委員大会」96頁。

38）福島正雄「救護法の施行後半歳を顧て」『越佐社会事業』（第四巻、第十号）、1932年、27頁。

39）福島正雄、同前「救護法の施行後半歳を顧て」29〜30頁。

40）福島正雄、同前「救護法の施行後半歳を顧て」30頁。

41）寺脇隆夫、前掲『救護法の成立と施行状況の研究』555頁。

42）「救護法に該当せざる要救護者調」『越佐社会事業』（第四巻、第十二号）、1932年、81頁。

43）福島正雄、前掲「救護法の施行後半歳を顧て」32頁。

44）中野財団『新潟県社会事業一覧』1930年、2〜3頁。

45）新潟市社会事業助成『新潟市社会事業助成会要覧（第一号）』1932年、1〜3頁。

46）福島正雄「社会事業助成会を提唱す」『越佐社会事業』（第五巻、第一号）、1933年、62頁。

47）福島正雄、同前「社会事業助成会を提唱す」62頁。

48）福島正雄「社会事業助成会の使命」『越佐社会事業』（第五巻、第二号）、

1933 年、10 頁。

49)「古志郡栃尾町に於ける社会事業助成会活動状況」『越佐社会事業』（第四巻、第二号）、1932 年、83 頁。

50)「昭和八上半期の救護状況」『越佐社会事業』（第六巻、第一号）、1934年、102 〜 104 頁。

51)『越佐社会事業』（第六巻、第十二号）、1934 年、55 頁。

52) 佐々木元三「救護法に就いて」『越佐社会事業』（第七巻、第九号）、1936 年、31 〜 32 頁。

53) 新潟県社会課『救護法施行準備資料』1931 年、44 頁。

54) 佐々木元三、前掲「救護法に就いて」31 頁。

55) 寺脇隆夫、前掲『救護法の成立と施行状況の研究』434 〜 437 頁。

56) 新潟県社会課編『新潟県社会事業概要』1946 年、31 〜 32 頁。

57) 青野俊梁「社会事業助成会の活動に就いて」『越佐社会事業』（第六巻、第十二号）、1934 年、19 〜 21 頁。

58)『越佐社会事業』（第八巻、第一号）、1936 年、63 〜 66 頁。

59)「社会事業助成会長会議」、同前『越佐社会事業』（第八巻、第一号）、56 頁。ただし、この報告の救護人員は誇張と判断される。寺脇隆夫の調査でも、新潟県内における救護人員が 6,000 人を超えたことはない（寺脇隆夫編、前掲『救護法成立・施行関係資料集成』1518 〜 1524 頁）。

60) 前掲、『越佐社会事業』（第六巻、第十二号）、56 〜 58 頁。

61) 同前、『越佐社会事業』（第六巻、第十二号）、58 〜 59 頁。

62) 前掲、「社会事業助成会長会議」57 頁。

63) 同前、「社会事業助成会長会議」56 〜 57 頁。

64) 同前、「社会事業助成会長会議」57 頁。

65) 同前、「社会事業助成会長会議」58 頁。

66)「社会事業助成会巡回映画会開催状況」『越佐社会事業』（第八巻、第十一号）、1936 年、50 頁。

67)「縣下方面委員常務委員会」『越佐社会事業』（第三巻、第五号）、1931年、59 〜 60 頁。

68) 同前、「縣下方面委員常務委員会」60 頁。

69) 例えば、1937（昭和12）年6月の段階では新潟県内402市町村で方面委員が設置された市町村は306市町村で、依然として100近くの未設置町村があった（「方面委員設置状況調」昭和十二年六月一日現在、『新潟県社会事業』【第九巻、第七号】、1937年、25～26頁）。なお、同年12月には方面委員未設置村は57まで減少している（『新潟県社会事業』【第十巻、第二号】、1938年、48頁）。

70) 1940（昭和15）年3月に新潟市公会堂で開催された新潟県方面委員総会の席で、「本縣ニ於テモ縣下全市町村ニ本制度ノ実施ヲ見」と報告されている（「新潟県方面委員総会状況報告」『新潟県社会事業』【第十二巻、第五号】、1940年、26頁）。

71) 葛野教聞「救護法の悲喜」『越佐社会事業』（第三巻、第六号）、1931年、14頁。

72) 小澤一「救護法運用の基本問題」『越佐社会事業』（第三巻、第九号）、1931年、31頁。

73) 中村孝太郎「救護法実施に関する二三の重要点」『越佐社会事業』（第四巻、第一号）、1932年、35～36頁。

74) 前掲、『越佐社会事業』（第四巻、第一号）、86～87頁。

75) 山本寛雄「方面委員より（一）」『越佐社会事業』（第五巻、第四号）、1933年、49頁。

76) 山本寛雄、同前「方面委員より（一）」49頁。

77) 田中眞越「方面委員より」『越佐社会事業』（第五巻、第五号）、1933年、30頁。

78) 新潟県社会課、前掲『救護法施行準備資料』53頁。

なお、本稿は『草の根福祉』（第46号）2016年に掲載した拙稿を加筆修正したものである。

新潟県における経済保護事業の展開

畠中　耕

I．はじめに

　本論は、新潟県における経済保護事業を考察対象とする。経済保護事業とは武島一義が「社会政策の實行手段であって、庶民階級に対する社会効用から云へば、経済保護施設は社会政策上實に中樞的地位を占め、その意義や国民生活の安定を期する上に於て極めて重要なるもの」と述べているように[1]、職業紹介事業や公益質屋に代表される一般低所得者層を対象とした事業である。つまり、社会事業の社会政策に対する「補充性」や「代替性」といった伝統的な社会事業理論にしたがえば[2]、経済保護事業は失業保険等の広範な国民を対象とする制度の不備を補完するために発展した事業といえる[3]。また一方で、経済保護事業が「あきらかに、国が指導、奨励し、その下で地方が実施するという方針が貫かれている」と指摘されているように[4]、国家による一律的な統制のもとに置かれていたとの評価が浸透している。しかし、そうした国家による統制とは別に、経済保護事業が地域の需要によって発展した側面があったことも事実である。特に本研究の対象とする新潟県の場合、女工を含めて10万人以上の出稼ぎ労働者を生み出していた特殊事情から、女工保護組合に代表される新潟県独自の供給＝保護機関が早くから整備されていた。さらに新潟県における職業紹介所の設置動向をみると、高田市職業紹介所（1925年設置）、新潟市職業紹介所（1926年設置）を嚆矢として、1929年の段階で17市町村に職業紹介所が設置されている。これは同時期の東京府42カ所、大阪府20カ所に次ぐ数であった[5]。このように職業紹介事業一つ例に挙げても、経済保護事業の内実は地域によって差があることが理解できる。

　経済保護事業に関する先行研究としては先述した野口の研究の他、山口県を対象とした杉山博昭による研究があり、山口県における経済保護事業の中心は公益質屋であったことが明らかにされている[6]。先述したように、新潟県における初期の経済保護事業の中心が職業紹介事業であったことについては、異論の余地がない。ただ、職業紹介事業について

は早くから職業行政として経済保護事業の枠から分離し、独自の発展を遂げていった経緯がある[7]。本論では公益質屋と生業資金貸付の二事業に焦点をあてて、新潟県における経済保護事業の内実に迫ってみたい。

Ⅱ. 新潟県における経済保護事業の形成

　大正中期以降における窮乏層の増加と生活不満の昂揚が米騒動に代表される騒擾を生みだし、感化救済事業に対する支配層の関心を呼び覚ましたとする論理はもはや定石であろう。特に恤救規則等の救貧制度の対象となっていた窮乏層とは別に、一般低所得者層を対象とした救済施設の設置は急務の課題であった。例えば藤野恵が「先ず現実の経済組織の系統的探索に依るべきであって、其の探求の結果は、必ずや金融機関と謂ふものが、現実社会に於ける諸般の経済活動に対して有する統制的機能及び言動的実勢と謂ふものに想到せざるを得ないのである。換言すれば経済貧の悩みに沈淪せる小額所得者階級といふ一の社会郡に対する金融機関が整備して、よく之等の階級の為めに生活向上の希望と機会とを與へ、他面其の貧窮生活への没落に備へると謂ふことが、社会政策上最も緊要とする所であり、同時に亦国民経済上極めて肝要のことであると謂ふ結論に達せざるを得ない」と述べているように[8]、防貧事業としての機能が新たに感化救済事業に付加され社会事業（経済保護事業）として再編成されることになった。

　防貧事業としての社会事業について、当時どのような認識が示されていたのか。最初に新潟県における経済保護事業論を整理しておきたい。1926年3月に高田市役所において第一回県下社会事業大会が開催された。その席に招聘された生江孝之が講演で「社会事業とは社会的弱者を保護し社会的弱者の発生を防止する事業を謂ふことになるであろう。即ち現在の社会組織に於て必然的に生ずる弱者を社会連帯の責任として保護すること、、更に弱者に陥らんとするものを弱者たらしめざるやう防止する事業を社会事業と考へてよろしいと思ふ」と述べているように[9]、社会連帯思想に基づく社会事業の機能としての防貧事業を主張してい

る。一方で佐々木元三（新潟県社会事業主事補）は「恤救の策も一層完全になる必要がある。救貧よりも防貧が根本的政策であるが防貧よりも救貧の完成が急務である」として[10]、当面の課題として救貧制度の完備を主張する。つまり、社会事業（救貧事業）の対象として認識されず放置されていた低所得者層に対する救済政策こそが、防貧事業対象の照準となっていた。新潟市内における自由労働者（主に日雇労働者）の実態調査を試みた小島了秀（新潟県社会事業主事補）は、「彼等の需要供給の間に公設労働紹介所の割込み或は労働者に対する保護条例の設定例へば社会保険制の如き、失業防止令又は閑散期に於ける企業家の活躍等数へ来れば枚挙に遑なき状況であるが之等がやがて自由労働者の生活向上に一大重要な役割を持つことが出来ると思惟される」と主張している[11]。

　失業保険等の社会保険制度の不備を補完するために、当時どのような施設整備が模索されていたのか。1930年7月に佐渡郡相川村尋常高等小学校で開催された第五回新潟県社会事業大会では、「本縣の現状に鑑み最も緊急を要する経済的福利事業如何」との県諮問事項に対して、佐々木元三が「社会問題は換言すれば貧乏問題の解決である。一方に収入を多くすると同時に一方に支出を少くすることが貧乏問題解決の要諦である社会事業はどん底生活にあるものを対象としては一は防貧一は救貧の問題を解決せんとするのであるが経済的福利事業とは謂はゞ此防貧的事業を目安とする」と主張する[12]。つまり、経済保護事業（経済福利事業）は先述した防貧事業としての社会事業的機能を一手に担うことになった。そして、その中心を構成していたのが低所得者層の経済的自立策であった。先述の諮問事項に対する答申案として出された「本縣ノ現状ニ鑑ミ必要ト認ムル経済的福利事項」として、公益質屋の設置、季節託児所の設置、授産所の設置、生業資金の貸与、職業紹介所の普及増設の5事業が提案されている[13]。

　第五回新潟県社会事業大会の答申を受けて、新潟県社会事業協会では職業紹介所の新設（柏崎及び魚沼）と公益質屋設置の奨励を新規事業の一つに位置づけている。また、1931年4月に新潟県庁で第三回県下方面委員常務委員会が開催され、前年の第五回社会事業大会の答申を受け

て、公益質屋普及び生業資金貸付の利用促進に関する協議がなされている。その席上で出された意見を一部引用してみる。最初に公益質屋に関する意見であるが「新潟市に於てもこれが設置を希望し種々調査を行って見た、其結果に依れば二カ所と仮定して年額約一萬位の欠損のある事が明かに判明した、然かも民営質屋の得意先を見ると稍や好ましからざる傾向がある為めに悩んで居る」（若松重太郎、新潟市）との意見に対し「公益質屋の設置は欠損を頭に置いては不可ない、救済事業であるからである、長岡に於ては今一ヶ所殖やしたいといふ希望さへある」（河路辰蔵、長岡市）、「社会事業の振興は欠損を考へてゐてはならないから大に普及せしむることにしては如何」（野澤康平、白根町）といった反論が展開された。結果、常務委員会としては「縣は之を奨励する為めに縣費五百圓、外に五百圓計一千圓を奨励に充てんとしてゐる」（安田社会課長）、「私の方で各方面に照会を発して聞いた處によれば大抵一ヶ所二千圓位の欠損があるやうである、此欠損金を國又は縣で補償してくれるならば普及するだらう」（天野道隆、新潟市）といった意見に集約され[14]、県主導で県下に公益質屋設置を奨励していく方向性が打ち出された。

　一方、生業資金貸付制度に関する意見であるが、「中間者の介在を必要とする」（小柳復次、加茂町）、「此程度の貸主（弐百圓）は多く危険を含むものとしなければならぬ、故に方面委員に於て確実に調達する必要がある」（佐藤末吉、栃尾町）、「町の信用にも関する事柄故斡旋者も責任を負ふ覚悟でやって貰ひたい、出来得るならば助成会で転貸する方法は如何」（佐々木主事）、「新潟市では生業扶助として五十圓以内の金品其他物品を給與する方法を講じてゐる、経験する所によれば此等の借主は多くは資本金とせずに借金に利用する傾きがある」（天野道隆、新潟市）との意見がだされた。結果「結局調査を充分にすること、償還期に至らば本人に督促すると同時に市町村竝に方面委員等にも通知して盡力して貰ふことに満場一致申合せ」をすることになったが[15]、制度利用の拡張にむけた具体的な対応策が議論・決議されたわけではなかった。つまり、公益質屋及び生業資金貸付は、金銭の償還によって事業資

金を運用していくことが原則となっていた。低所得者を対象とする黒字経営を見込めない公益質屋の設置運営と生業資金貸付事業の拡張に対しては、懐疑的な意見が大半を占めていた。

さらに、1932年11月に長岡中学校で開催された第六回県下社会事業大会では、「縣下の情況に鑑み最も緊急を要する社会施設竝之が実施普及の方法如何」との諮問事項について、佐々木元三（社会事業主事）が「社会政策社会事業の実施に依り中産階級より第三階級に崩落するを貧乏線に於て防止し、更に貧乏線以下に在るものを引上げやうとする施設について衣食住或は医療方面等に於て日常の体験に基く適切なる投信を得たし」と主張し、同諮問事項に対して同大会では「中産階級の医療費低減」に関する事項を緊急必要事項の1つとして決議している[16]。この答申案を受けて新潟県社会事業協会では「逐年経済界ノ不況等ノ影響ヲ蒙リ中産階級ヨリ第三、第四階級ニ没落スル者頗ル多ク之カ重大原因トミルヘキモノ種々雑多ナレトモ日常生活ニ於テ主トシテ医療費ノ増大ナルニ依ルモノト思料セラル（中略）中産階級ニ至リテハ何等ノ途未タ講セラレス逐年中産階級没落スルノハ邦家ノ為寔ニ寒心ニ耐ヱス之ヲ防止スルノ一端トシテ医療費ノ低減ノ途ヲ講セラレムコトヲ望ム」との建議を内務大臣宛に行っている[17]。窮乏層に対しては済生会による救療事業の他、1932年より政府主導で時局匡救医療救護事業が展開されたが、一般低所得者層を対象とした医療的措置は何ら整備されていなかった。上記の建議はそうした制度的不備を補完することを目的に為された対応であったが、一般低所得者層に対する医療的救済措置は1938年の国民健康保険法の制定を待たねばならなかった。

その他、経済保護事業の一環として高田市では窮民者に対する住宅提供を目的とした「簡易住宅」が、1932年に高田市方面委員会経営主体のもとで整備された[18]。また、三島郡関原村では1938年12月に近藤勘次郎が同村の公益事業に奉仕することを目的に2万円を提供し、「近藤奉仕団」なる組織が発足している。同奉仕団の事業として位置づけられていたのが、村戸数割を免除されている低所得者に対する無料治療券の支給、医療費の貸付、生業資金の貸付、奨学資金の貸付等である。い

続 新潟県社会福祉史の基礎的研究

ずれの事業も同村内に居住する村民が対象であったが[19]、利用者数等の実態については不明である。

　以上みてきたように、経済保護事業の対象として想定されていたのが、恤救規則等の救貧制度の対象となる窮乏層とは異なる一般低所得者層であった。そして、経済保護事業の中心となっていくのが職業紹介、公益質屋、生業資金貸付の3事業である。職業紹介は原則無料紹介とし、後者2事業は低利ながらも利用者には一定の利子が課せられていた。また、建物と職員の配置のみで事業展開を行うことができる利点があり、低予算で運営可能な事業であったといえる。次節以下では、生業資金貸付と公益質屋を中心にその内実にせまってみたい。

Ⅲ. 生業資金貸付と自力更生

　新潟県生業資金貸付制度は、1923年に発生した関東大震災を契機に発足した県臨時震災救護委員部が、県内に流入してきた罹災者を対象として1人あたり200円を上限として資金の貸付を実施したことに端を発している。翌年、臨時震災救護委員部が廃止されたことにともない、新潟県社会事業協会が生業資金貸付制度を引き継いだことで罹災者のみならず、広く県民が活用できる制度として再整備された。しかし、その「生業資金貸付規程」第二条で「縣内居住者ニシテ自営シ得ル能力ヲ有シ引続キ居住スル者」と貸付対象が厳しく限定されていたこと、さらに1930年度における県社会事業協会の同制度の予算が5000円であったことから「所謂大海の一滴にしか過ぎない」と称される状況であった[20]。実際に生業資金貸付事業は1924年以降、一般無資産者を対象に貸付が運用されたが、1929年10月までの総貸付人員は230人（総額31,825円）で、県民が広汎に出来る制度ではなかった[21]。

　生業資金貸付制度の狭隘性は、貸付対象が厳格に制限されていたことだけが要因ではない。1932年3月に開催された「社会事業協会理事会」の席で、同年度における社会事業協会歳入歳出予算に関して安田辰美（社会事業協会幹事長）は次のように説明している。つまり「生業資金

貸付の方は五千圓と計上したこれは返還金を五千圓と見込んでの計算であるから若し返還金が三千圓しか無い場合は貸付金も三千圓に止まる訳である」と述べているように[22]、返還金が次の貸付原資として充当される仕組みになっていた。つまり償還が貸付の条件となっていたため、その見込みのない者は同制度が利用できない仕組みになっていた。一方で資金の償還状況について安田穣（社会事業協会理事）が「充分督励はして居るが思ふやうに戻入を見ないのは遺憾である」と述べているように[23]、償還金以外に新たな補助金の充当が利用促進の必要条件であった。しかし、県当局が同制度の拡充や利用促進に動き出した形跡を確認することはできない。

　その後、生業資金貸付事業はどのような経緯をたどったのか。1934年に東京朝日新聞社会事業団から委託を受けて朝日出世資金が制度化されたことを契機として、社会事業協会による貸出は中止され「貸付金の整理時代」と称される状況に至った。14年間で391人（貸付金額52,000円）が生業資金貸付制度を利用したが、利用状況からもわかるとおり「要救護者の救貧と云ふ消極的な立場から防貧へと要救護者の独立自営の精神を涵養せしむる積極的な意味」をもった事業とは到底いえない状況に追い込まれていた[24]。制度衰退の直接的な要因は、貸付金回収の遅れによる事業資金の枯渇である。この点について福島正雄が「結局借受人の精神要素に幾多の欠陥のあることを見逃してはならぬ。これを教化し、善導しない限り到底困難である（中略）故に私はこの生業資金貸付事業の完璧を期する為には、既に過去に於て試験済であり而も立派な成績を収めた二宮先生創造に係る五常講の精神を以て運用して行くより途が無い様に思はれる（中略）本縣の生業資金貸付事業の行詰りも結局借受人がこの五常の精神が欠けてゐたからであって、貸付資金が固定し次の貸出が不可能となって了ったのである」と述べているように[25]、最後は利用者側の報徳精神の欠如と、それに対する精神教化の問題にすり替えられている。実際に1937年3月に新潟市役所で方面委員令制定後における最初の方面常務委員会が開催され、「朝日出世資金ニ関スル件」が指示事項の一つとして伝達された。その中で「志操堅実ニシテ前

途ノ見込アル者ニ対シ之ガ貸付ヲ斡旋セラレ尚貸付ヲ受ケタル者ニ対シテ充分ナル指導監督ヲ加ヘ目的ノ達成付特ニ留意セラレタシ」ことが指示されるなど[26]、貸付事業と方面委員による教化指導が制度的に結びつくことになった。

　方面委員による教化指導は、農民の自力更生においてもその役割が重要視されていた。例えば葛岡生が「農村に於て選ばれたる委員は、あらゆる意味に於て村民の選良であり、衆人尊敬の対象であり、郷黨を率ひて立たねばならぬ身分でもあり、従て救護救済の消極的部面から、副業の指導、生活改善、国民精神作興、教育村治の進展等々各般を綜合した立場に於ての活動を余儀なくされ、又斯くあることが自村の発展を招来し、斯くてこそ方面委員に對する郷黨の要望が満されてゆく関係にある」と述べているように[27]、方面委員は農村における自力更生運動の中心人物としての地位におかれ、村民に対する精神教化指導を担うことになった。

　昭和恐慌期における救農対策の一環として農村の自力更生論が急速に勃興したが、その中心的対策が個別農家の生産量の増加と負債整理である。その一例を協調会が打ち出した「農村窮乏打開策」に見ることができる。協調会では「農村に就きては農業本然の特質に鑑み農村自體の努力と協同とに依る自力主義を基調として、窮乏打開の方策を樹立するの要ありと信す」との認識に基づき農村救済策として、農業経営の改善、負債整理及び金融改善、農産物価格の統制、負担軽減地方財政確立、農魚関係諸機関の整理改善、農村平和の確立、農民精神の作興並に農村教育の刷新の七案を提示している。この中で経済保護事業に関連している事業が負債整理及び金融改善で、「短期少額の金融を圖る為無盡、頼母子講等を改善し庶民銀行、公益質屋等を発達せしむること」が提案された[28]。また、守屋秀夫は「都市にある民衆だけが陛下の赤子ではない。地方に於ける民衆も亦陛下の赤子たることを一にする。従ってその生活する地の都鄙如何に依って仁政の均霑に格段の相違を来すべきではない。これ社会政策の地方化が高調されねばならぬ所以であり、同時に地方に仁政を普遍して一視同仁の聖旨に答へ奉ることの急務たる所以であ

ると信ずる」との認識を示している[29]。同時に守屋は「社会政策の地方化」の施策案の一つに「金融施設の改善」を掲げ、「地方民ももっと金融機関を利用し低利の資金を使用しうるの策を立つることが肝要である」として「公益質屋を弘く地方に分布すること」を主張している[30]。つまり、経済保護事業は農村における自力更生運動の一翼に位置づけられていくことになる。そして、その中心的施設となるのが公益質屋であった。

Ⅳ．公益質屋

1927年に公益質屋法が施行されたことにともない、新潟県では1928年に東頸城郡松乃山村で公益質屋が設置されたのを嚆矢として、長岡市（1929年）、西頸城郡根知村（1930年）にそれぞれ設置された[31]。また、1929年に新潟県では「庶民唯一の金融機関」として認知されていた公益質屋を設置奨励するために、県下9郡13町村に対して主務官を派遣して順次啓蒙に努めるなど、その拡大に尽力した跡がうかがえる[32]。その後公益質屋は、低所得者に対する資金融資の中心的存在となっていく。1929年7月から事業を開始した長岡市公益質屋では、3カ月間で利用者が673人に達し、「好成績を示し庶民唯一の金融」として期待される状況であった（貸付金額2314円10銭）[33]。しかし、こうした関係者の努力にもかかわらず、その後公益質屋の設置は遅々として進まなかった。先述した3市村以外に公益質屋が普及するには、1932年から展開された政府主導による時局匡救事業の始動を待たねばならなかった。

農村を中心とした自力更生の需要が高まる中で、政府は経済更生の一環として公益質屋の設置奨励に動き出すことになる。政府は時局匡救事業の一環として1932年度追加予算に於いて公益質屋奨励費を設けて、全国に200カ所の公益質屋を設置する計画を打ち出した[34]。これを契機として、新潟県でも公益質屋法制定後3カ所の設置にとどまっていた公益質屋は9カ所まで増加し、さらに1933年には8カ所増設されることになった。さらに公益質屋の増設を契機として県では「其の取扱上

区々の貼があり其統制の上に於ても幾多改善を要する貼がある」との理由で、6月に県下公益質屋主任者を県庁に招聘して「公益質屋主任協議会」を開催している[35]。同協議会で公益質屋の連絡統制を目的とした公益質屋連合会の創設が協議され、同年10月に長岡市で創立総会が開催され、「新潟県公益質屋連合会」が発足した。それにあわせて新たに規定された「新潟県公益質屋連合会規約」第三条で「本会ハ縣内ニ於ケル公益質屋ノ聯絡ヲ圖リ其ノ事業ノ健全ナル普及発達ヲ圖ルヲ以テ目的トス」と定められたように、連合会の設置目的は県による各公益質屋の統制にあったといえる。その一例として、同連合会では各公益質屋に対して月例事業成績報告を義務付けている[36]。また、同連合会の事業の一環として、公益質屋関係者を招集しての公益質屋事務講習会を実施した他[37]、翌1934年7月にも東頸城郡松之山村で総会を実施し、最初の試みとして質物の鑑定を議題とした研究会を開催している[38]。しかしその後同連合会の目立った活動として確認できるのは、精々のところ県外公益質屋視察程度で（後述）、特段公益質屋を含めた経済保護事業に寄与する事業が展開されていた事実を確認することはできない。実際に、1935年3月に第三回公益質屋連合会総会が開催されているが、その席で熊野新潟県学務部長が「本会モ各位ノ御賛同ニ依リマシテ既ニ二ヶ年ヲ経過致シマシタカ未タ見ルヘキ事業ヲ致シテ居リマセヌコトハ事務ノ掌ニ當ッテ居ルモノト致シマシテ洵ニ遺憾ニ存シテ居リマス」と述べているように[39]、県下公益質屋事業の普及及び統制を目的とした公益質屋連合会も有名無実な存在でしかなかった。

　ここで、実際の公益質屋利用者の状況を確認しておきたい。先に述べたように、新潟県では1928年東頸城郡松乃山村に県内最初の公益質屋が設置されたのを嚆矢として、1932年の段階で9カ所（1市、8村）が設置されている。1932年度における県内公益質屋利用者は5,171人（貸付口数5,513）に達しているが、その大半を長岡市公益質屋利用者が占めており（4,167名）、次いで水澤村公益質屋（326名）、松之山村公益質屋（261名）、根知村公益質屋（122名）となっている。さらに同年に始動した時局匡救事業によって、新潟県では1933年度には新たに8

カ所整備され、利用者も 7,909 名（貸付口数 8,975）まで増加している。その内訳をみると、長岡市公益質屋（4,328 名）、水澤村公益質屋（1,059 名）、入廣瀬村公益質屋（855 名）の順番に多くなっている。つまり、公益質屋利用者の約半数は長岡市公益質屋の利用者が占めていたものの、徐々に農村に公益質屋が浸透していった事実を確認することができる。実際に職業別利用者数を見ると、昭和 7 年度の段階では労働者（2,206 名）、小商人（1,028 名）、農業者（455 名）の順番に多かった利用者数が、昭和 8 年度の段階では労働者（2,600 名）、農業者（2,032 名）、小商人（1,545 名）の順番となっており、農業者の増加が著しい[40]。つまり、公益質屋の増設は、農村における需要の増大に対応するために為された措置であったと判断することができる

　その後も農業者の公益質屋利用者数は増加の一途を辿っていく。1934 年度には県内公益質屋数も 20 カ所まで増設され、利用者も 11,382 名（貸付口数 12,521）まで増加している。公益質屋別に見た利用者数は、長岡市公益質屋（5,268 名）、栃尾町公益質屋（1,280 名）、水澤村公益質屋（1,019 名）の順番に多くなっていて、全体的に農村部における利用者数の増加が著しい。実際に同年度における職業別利用者数を見ると、労働者 3,791 名（前年 2,600 名）、農業者 3,173 名（前年 2,032 名）、小商人 2,232 名（1,545 名）の順番に多く、労働者と農業者の伸びが著しい[41]。さらに 1936 年度における公益質屋事業成績を見ると、県内公益質屋数も 23 カ所まで増加し、利用者も 14,561 名まで増加した。公益質屋別に見た利用者数は、長岡市公益質屋（5,841 名）、栃尾町公益質屋（1,456 名）、水澤村公益質屋（1,214 名）、須原町公益質屋（1,149 名）の順番に多くなっている。職業別利用者数を見ると、労働者 4,531 名、農業者 4,507 名、小商人 2,895 名となっていて、やはり農業者の伸びが大きい[42]。

　農村における公益質屋の需要増大について、福島正雄は「斯く農村が急激に希望して来た所以は金融行詰りの結果何等かの方法に依って打開の方途を講じなければならぬと腐心した結果の現れであると見ることが出来やう」と述べている[43]。つまり新潟県の場合、公益質屋の整備普及を見たのは都市部よりも農村であったといえる。さらに福島が「眞に

農山村の現況を正視して公益質屋の公益性を認識し以て庶民金融機関としての機能を充分発揮せしめ本縣法益質屋の進展に寄與することが政府の奨励の趣旨に副ふことにもなり。延ては行詰れる農村更生の一歩でもあると確信する」と述べているように[44]、公益質屋は農村における自力更生を意図した農村経済更生運動の一翼に位置付けられることになった。

ところで、実際の公益質屋の運用について、利用者数等の統計的資料以外にその実態を知りうる資料はいまのところ確認できない。そこで、ここでは公益質屋事業の視察記録から、当時の公益質屋事業が直面していた課題を割り出してみたい。新潟県公益質屋連合会の事業の一環として、1935年に3県5カ所の公益質屋の視察を行った福島正雄は次の談を残している。「視察する場合は一府縣一ヶ所に充分だと思った。各府縣の公益質屋は大体府縣の指導方針に依って大体一定してゐる（中略）我々が公益質屋法を眞面目に考へてゐたのが或点では相當便宜主義で取扱はれてゐることである。我々は決して其等を全部受け入れ様とは思って居らないけれ共事業を行って行く人々に對しては相當考へさせられることだらうと思はれたが、我々は将来共、これ等悪いと思はれた点は全然取入れないことを深く注意せねばなるまい」[45]。この福島の視察録から、各府県による公益質屋への指導統制がある程度浸透していた事実と、それが「便宜主義」と称された機械的な運用に陥っていた事実をあわせて読み取ることが出来る。つまり、画一的な制度運用が逆に利用者のニーズ充足に対応できないといったジレンマを公益質屋事業は抱えていたといえる。

公益質屋がもつ「便宜主義」の弊害は、その後新潟県でも議論の対象となっていく。戦時色が濃厚になる中で公益質屋利用者が減少していくことは全国的な動向として確認されるが、新たに対象者として増加傾向にあったのが応召軍人家族である。新潟県の場合、前述したように長岡市を除けば主に農村を中心に公益質屋が整備されていたが、専任職員は役場書記が兼任するのが一般的であった。この点における弊害について、成澤初男（社会事業主事補）は次のように主張する。「先般、三重、奈良、和歌山各縣の優良公益質屋を視察した時、或る公益質屋は、応召

家庭の利用者に對し、利子免除の方法を講じたところそれを悪用する者が頻発した為中止したとの事であるし、また奈良縣の或る公益質屋に応召者が出征前に入質したものに限り之を利子免除してゐた。本縣に於ても応召家庭の利用者に對し特別な善處の方法を講じてゐるところが沢山あるやうであるが、私は今度の視察により痛切に感じられた事は、斯くの如き方法も勿論結構であるが、これと同時にもっと突っ込んだ根本的な対策を積極的に講ずる必要もありはしまいと思はれるのである。たとへば、その応召家庭の困窮の程度とか軍事扶助を受けてゐるかゐないかとか、扶助を受けてゐるとしたなら現在の扶助額で生計が維持し得らるるかどうか、さうした事を適當な方法で調査の上、それに基いて根本的な解決策を役場等と相談の上講じてやる親切さが肝要であると思はれるのである」[46]。つまり、公益質屋職員に対して方面委員と同様に「利用者のよき相談相手たれ」との認識に基づいて、入質者へのケースワーク的機能まで担うことを求めている。それは応召軍人家族の生活設計と名誉感情の保持を促すことで、出征兵士の後顧の憂いを払拭させるための、銃後々援（軍事援護）的な対応でもあった。

　同様の主張は町井生（新潟県社会事業協会）にも確認することができる。「現在當質庫に於ては約二千世帯が各々切実なる家計上の必要に對し質庫の資金を利用して居りますが、これからの質庫は只単に品物を預って金を貸して丈けでなく、一歩進んで場合に依っては貧乏相談の相手になってやる位の心構へが肝要なるものではなかろうか」[47]。つまり質庫の機械的運用によって、本来の社会事業的機能が充分に発揮されていないとの批判である。ここでも公益質屋職員に対して、生活相談等のケースワーク的機能を発揮することが求められている。しかし、書記等の役場職員にその役割を求めることは「無い物ねだり」に近い状況で、公益質屋における社会事業の「専門職化」ともいえるこの議論は、実現化することはなかった。経済保護事業におけるケースワーク的機能の導入論は、軍事援護と比較しても議論の俎上にすら載らず、その後自然消滅していくことになる。

V. まとめ

　以上、公益質屋及び生業資金貸付事業を中心に新潟県における経済保護事業の内実に迫って来た。本論で見てきたように一般低所得者層を対象とした経済保護事業は、新潟県の場合都市よりも農村を中心に発展してきたといえる。そして、その事業の中心となっていたのが職業紹介所を除けば公益質屋であった。経済保護事業は昭和恐慌期に勃興した自力更生運動（農村経済更生運動）の中で、農村における生産量拡大と負債整理の一翼を担うことになった。そしてそれと歩調を合わせる形で、方面委員による自力更生の教化指導が経済保護事業に動員されることになった。その後、教化指導や生活相談といったケースワーク的機能は、公益質屋においても導入の議論が展開されていく。しかし、公益質屋や生業資金貸付等の経済保護事業と教化指導とは最初から性質が異なっていた。経済保護事業は低所得者に対する所得保障的な機能をもっていたが、償還が前提となっている公益質屋、生業資金貸付を利用できた県民は全体からすればごく一部に限られていた。そうした状況の中で仮に公益質屋や生業資金貸付制度にケースワーク的機能を導入したとしても、勤倹節約等の教化指導に終始していくのが関の山であったといえる。

　一方で、経済保護事業が一部の窮乏層だけに限定されていた社会事業の存在を広く県民に認知させ、利用可能な制度として浸透させた側面があったことは否定できない。それは昭和恐慌下における隣保共助体制の再構築と農村社会事業及び農村隣保事業の成立、さらには戦時厚生事業へと県民を動員する布石ともなった。本論でも引用した守屋秀夫が提唱した「社会政策の地方化」は経済保護事業がその旗手となり、皇道主義に基づく隣保共助体制の構築に寄与したといえよう。

［註］

1）武島一義『経済保護事業』常磐書房、1938年、59頁。

2）例えば孝橋正一『全訂・社会事業の基本問題』ミネルヴァ書房、1962年、49頁。

3）なお、経済保護事業の「社会政策の代替」論といった通俗的な見解に対して異議を唱えたのが野口友紀子である。野口は経済保護事業としての職業紹介事業（論）の分析を通じて、「社会政策の代替としての経済保護事業という従来の評価では収まりきらない」との認識を示している（野口友紀子「社会事業に見る経済保護事業の位置づけ─職業紹介事業の対象者の変化から─」『長野大学紀要』【第27巻、第3号】、2005年、47頁）。

4）池本美和子『日本における社会事業の形成─内務行政と連帯思想をめぐって─』法律文化社、1999年、203頁。

5）安田辰美「縣下における職業紹介事業の現勢」新潟県社会事業協会『越佐社会事業』（第二巻、第六号）、1930年、34〜35頁。

6）杉山博昭「経済保護事業の展開過程」長崎純心大学・長崎純心短期大学『純心人文研究』（第8号）、2002年、31頁。

7）新潟県における職業行政史については、小林耕編『新潟県職業行政史』日本職業安定協会新潟県支部、1957年に詳しい。

8）藤野恵『公益質屋法要論』良書普及会、1927年、3〜4頁。

9）生江孝之「社会事業の基礎観念」新潟県社会事業協会『会報』（第六号）、1926年、2頁。

10）佐々木元三「緩急の序」新潟県社会事業協会『会報』（第十号）、1929年、4頁。

11）小島了秀「新潟市内自由労働者に就て」『越佐社会事業』（創刊号）、1929年、42頁。

12）『越佐社会事業』（第二巻、第八号）、1930年、68頁。

13）同前、『越佐社会事業』（第二巻、第八号）、69頁。

14）『越佐社会事業』（第三巻、第五号）、1931年、61〜62頁。

15）同前、『越佐社会事業』（第三巻、第五号）、62頁。

16)『越佐社会事業』（第四巻、第十二号）、1932 年、69 〜 70 頁。

17)『越佐社会事業』（第五巻、第二号）、1933 年、52 頁。

18)『越佐社会事業』（第四巻、第一号）、1932 年、73 〜 74 頁。

19)『越佐社会事業』（第六巻、第二号）、1934 年、85 〜 86 頁。

20) 福島正雄「経済的福利事業としての生業資金貸付制度に就て」『越佐社
　　会事業』（第二巻、第九号）、1930 年、46 〜 47 頁。

21)『越佐社会事業』（第一巻、第三号）、1929 年、101 頁。

22)『越佐社会事業』（第四巻、第五号）、1932 年、40 頁。

23) 同前、『越佐社会事業』（第四巻、第五号）、40 頁。

24) 福島正雄「生業資金の貸付と五常講」『越佐社会事業』（第九巻、第三
　　号）、1937 年、19 頁。

25) 福島正雄、同前「生業資金の貸付と五常講」20 〜 21 頁。

26)『越佐社会事業』（第九巻、第四号）、1937 年、38 頁。

27) 葛岡生「農村に於ける方面事業の特異性」『越佐社会事業』（第九巻、
　　第九号）、1937 年、5 頁。

28)「協調会の農村窮乏打開策」『越佐社会事業』（第四巻、第九号）、1932
　　年、58 〜 60 頁。

29) 守屋秀夫「社会政策の地方化」『越佐社会事業』（第四巻、第十一号）、
　　1932 年、32 頁。

30) 守屋秀夫、同前「社会政策の地方化」36 頁。

31) 新潟県社会事業協会『新潟県社会事業一覧』1931 年、19 頁。

32) 前掲、『越佐社会事業』（創刊号）、99 頁。

33)『越佐社会事業』（第一巻、第四号）、1929 年、100 頁。

34) 持永義夫「時局匡救と公益質屋」『越佐社会事業』（第五巻、第七号）、
　　1933 年、27 頁。

35)『越佐社会事業』（第五巻、第八号）、1933 年、90 〜 92 頁。

36)『越佐社会事業』（第五巻、第十一号）、1933 年、77 〜 79 頁。

37)『越佐社会事業』（第六巻、第三号）、1934 年、74 頁。

38)『越佐社会事業』（第六巻、第八号）、1934 年、75 〜 76 頁。

39)『越佐社会事業』（第七巻、第五号）、1935 年、62 頁。

40)「本縣公益質屋事業成績」（第六巻、第九号）、1934 年、95 ～ 98 頁。

41)「公益質屋統計」『越佐社会事業』（第七巻、第七号）、1935 年、78 ～ 81 頁。

42)「昭和十一年度公益質屋事業成績」『新潟県社会事業』（第九巻、第八号）、1937 年、28 ～ 34 頁。

43) 福島正雄「農村更正と公益質屋の運営」『越佐社会事業』（第六巻、第一号）、1934 年、31 ～ 32 頁。

44) 福島正雄、同前「農村更正と公益質屋の運営」34 頁。

45) 福島正雄「縣外公益質屋視察」『越佐社会事業』（第七巻、第一号）、1935 年、68 頁。

46) 成澤初男「公益質屋事業者に望む」『新潟県社会事業』（第十二巻、第一号）、1940 年、13 頁。

47) 町井生「公益質屋と雑感」『新潟県社会事業』（第十三巻、第一号）、1941 年、33 頁。

なお、本稿は『中国四国社会福祉史研究』（第 16 号）2017 年に掲載した拙稿を加筆修正したものである。

新潟県における女工保護組合事業の展開と女工保護の論理

―北魚沼郡堀之内町女工保護組合を中心に―

畠中　耕

I．はじめに

　新潟県における「出稼ぎ」労働の歴史は古い。かつて新潟県は東京、大阪といった都市を凌ぐ人口を有する大県であった。しかし、その広大な面積に比して農村における産業予備軍を吸収する労働市場が県内には存在せず、必然的に「家」の家督相続を担う長兄以外の子弟子女は、県外に生活の活路を見出さなければならなかった。一方で繊維産業を支柱とする日本の産業資本主義は、潜在的労働力である農村の子女を動員することで発展していった[1]。新潟県は最盛期において３万人以上に及ぶ出稼ぎ女工を送り出す繊維産業への労働力の一大供給地であったが[2]、出稼ぎ女工の増加と比例して噴出した弊害に対応するため成立発展したのが女工保護組合である。

　新潟県女工保護組合は、これまで経済史や労資関係史、労務管理史の分野において関心が寄せられてきた[3]。そこでは女工保護組合が担った女工（労働力）供給と製糸及び紡績資本による労働者募集活動との関係性に重点がおかれ、女工保護組合の工場資本に対する収斂ないしは抵抗といった文脈で論じられてきた。その結果、女工供給に比して女工保護事業は第二義的な事業として認識され、充分に評価されてこなかった[4]。無論、女工供給と女工保護は不可分の関係にあり、出稼ぎ先における労働条件の評価と「優良工場」への女工供給は、女工の生活（福祉）保障を意味していた。また、1927（昭和２）年から施行された営利職業紹介取締規則によって、女工保護組合から女工供給の機能が分化して漸次職業紹介所に移管されたことが、直接的な女工保護組合衰退の要因となった事実も否定できない。こうした点からも女工保護組合の中心的機能が女工供給にあったことは首肯できる事実である。しかしジャネット・ハンターが、女工保護組合結成の背後にある動機が「労働者の福祉」にあり、女工保護組合が「労働者が地域にもたらす所得の重要性にも着目していた」と指摘しているように[5]、女工がもたらす賃金は個々の家計ひいてはコミュニティ（農村地域共同体）全体の保全を意味することを組

合関係者は熟知していた。そのことが女工保護組合結成の基本的な動機で、保護事業は女工の正当な賃金獲得を担保する上で組合の重要な事業であったといえる。本論では主に女工保護組合による女工保護事業に注目して、その歴史的意義を考察してみたい。

そもそも、当時の新潟県社会事業関係者の女工保護組合に対する主要な関心事は、女工供給よりも風紀問題に対する女工の教化及び矯風事業や女工の保健衛生活動に置かれていた。そして女工保護に関心が寄せられた背景にあったのが、次の二点である。第一に、女工が個別農家の家計収入の補充を担う重要な「稼ぎ手」であったため、出稼ぎ労働からの逃避を予防することが何より重要であった。それは本論でみるように女工保護組合の労働争議に対する介入（切り崩し）という事実からも理解できる。第二に、女工は一定の年齢に達した段階で「出稼ぎ」を卒業し、同村内で他家へと嫁ぎ「家」を支える主婦生活に従事し、コミュニティ（農村地域共同体）の維持、さらには次世代の労働力を再生産（出産）することが義務付けられていた。つまり、女工の出稼ぎ先（都市）への逃避を予防し、農村への帰属を確実なものとするためには、女工を「家族」として「家」ないし「村」に従属させる必要があった。端的にいえばこの二つの「予防線」は、コミュニティの保全及び再生産を志向したものであったといえる[6]。女工保護組合はその機能を遂行するために発展したというのが、本研究における仮説（結論）である[7]。

本稿では北魚沼郡堀之内町（現魚沼市堀之内地区）女工保護組合の事業を中心に、上記の仮説を検証していきたい。同組合は新潟県内では早期に創設された古参の組合（北魚沼郡中部女工保護組合として1920年に創設）で、西頸城郡女工保護組合と並んで初期の新潟県女工保護事業では一大勢力を保った組合として認知されている[8]。その結成に携わった森山政吉氏（1899～1980）が遺した資料が、『森山博之氏文書』として魚沼市堀之内支所に所蔵されている[9]。本稿では同文書の他、新聞資料、新潟県社会事業協会機関紙『越佐社会事業』を基礎資料として、女工保護組合による保護事業の内実とそれを支えた論理に迫ってみたい。

Ⅱ．新潟県女工保護組合の成立と展開

　序論でも述べたように明治末期から昭和初期にかけて新潟県から全国の製糸及び紡績工場に出稼ぎ女工が送り出されたが、多くは尋常小学校を卒業したばかりの10代の子女で、12歳以下の子女も養成工として各工場の労働に従事していた。良質な労働力の確保は製糸及び紡績資本にとっても生産性を維持向上する必要不可欠な要素で、当時県内には3,000人以上の募集従事者が潜伏していたといわれている[10]。その募集競争は熾烈を極め、多くの弊害を生み出した。募集競争の激化がもたらした弊害として、桐生熊蔵（新潟県社会事業主事）は誇大宣伝、前貸金による女工の誘惑（善良なる民情の蠱毒）、女工の虚栄心及射利心の助長、契約破毀、契約書の偽造、女工誘拐の6点を挙げている[11]。さらに、桐生は次のように主張する。「其農村の民情に及ぼす悪影響は一二でなく、其農民の民情に及ぼす悪影響は之を軽々に看過することを許さざるものがあった。その他出稼女工に関しては尚幾多の弊害があった。女工が都会地に出稼中其の悪風に感染して、諄朴なるべき農村勤倹の美風を損することは決して尠くなかった。のみならず農業を圧ふの結果をも惹起し、或蠱は風紀問題に悩み、其の他衛生上の不備或は身体の過労より生ずる病症等寒心すべき状態に陥らむとすることが多々あった」[12]。つまり、女工が出稼ぎ先より持ち帰る風紀上の悪弊や結核等の病症、さらには私生児の増加が地域共同体の保全に支障をきたすという認識が、女工保護組合成立の基本的な動機となっていた。

　上記のような女工が郷里にもたらす弊害に対して、南魚沼郡における関係者の中で父兄を中心とした「工女を善導せしむ可きかに就いて充分研究せざる可からず」といった認識が生まれていた[13]。また、刈羽郡の関係者の中でも「工女問題」について、岐阜で組織されていた「禁婚同盟」の設置を主張する声まであがっていた[14]。こうした女工保護の需要が高まる中で模索されたのが、岐阜や長野の各村で普及していた「工女組合」の設置である[15]。新潟県では1920年1月に刈羽郡南鯖石

村女工保護組合の設立をその嚆矢とするが[16]、同組合は「その後著しく凋楽して殆ど其の影を没する」ことになる[17]。一方で、同年10月には北魚沼郡中部女工保護組合が、11月には中魚沼郡女工保護組合が、12月には西頸城郡女工保護組合がそれぞれ設置された[18]。新潟県ではこの三組合が古参の組合として、県下女工保護組合活動に多くの影響を与えていくことになる。ここでは北魚沼郡中部女工保護組合（堀之内町女工保護組合の前身）の設立の背景について論じてみたい。

　北魚沼郡役所では、1920年5月19日付で郡内各町村に対して「出稼人保護組合設立ニ関スル件」を発している。その中で組合設置の目的として「該組合ヲ組織セシメ各種ノ弊害ヲ除去シ出稼人ノ収得ヲ確実増大セシメルノ肝要ナル」と記されているように[19]、女工保護組合の設立の動機は女工がもたらす正当な賃金の確保にあったことが理解できる。当時、出稼ぎによってもたらされる賃金は個別農家の家計ひいては農村共同体の維持及び保全にとって決定的に重要な要素となっていた[20]。実際に「北魚沼郡中部女工保護組合規約」案の第二条には「本組合ノ女工衛生ヲ保全シ且ツ収入ノ増進ヲ計ルヲ以テ目的トス」ることが定められた。このように創設期の女工保護組合は労働組合（圧力団体）としての性格を帯びていたといえるが、後にこの条項中「収入ノ増進ヲ計ルヲ」の個所が削除され、代わって「需要供給ノ便ヲ圖ル」の一文が挿入された[21]。さらに県が各郡町村に対して女工保護組合の設置を奨励し補助金を支出する段階になれば、労使協調路線が明確となっていく。実際に県が組合創設を奨励するにあたって各町村に提示した女工保護組合規約準則では、女工保護組合の目的は「女工ノ品性ヲ向上スルト共ニ其ノ風紀衛生ヲ保全シ並ニ工場主女工間ノ融和疎通ヲ圖リ其ノ共同ノ利益ヲ増進スル」ことに統一された[22]。つまり、女工保護組合と工場資本とは賃金収入確保と労働力確保を通して両者の利害が一致したいわば蜜月の関係にあり[23]、県（女工保護組合）自体が労資協調を主導した側面があった。

　そもそも北魚沼郡中部女工保護組合の創設は、1920年2月に堀之内村で開催された新潟県勧業主務者会における「副業ノ奨励ト労力ノ利

用」と題された研究事項に端を発している[24]。それに先立って農事講習講師として魚沼郡内を巡回した半田氏（新潟県農業技師）が女工出稼ぎについて「単に婦女子間に於てのみならず一般青年間にも波及し郷に在って農事に努力するもの亦た漸次減少する傾きあり此の弊害は到底現在に於て防止する能はざるも将来同地方に於ける有志者相謀り此出稼者より生ずる裏面の悪弊を一般に知らせしめ以て之を防止すると共にその改良に努めざれば農村の経営寔寒心に堪へざる結果を見るべし」と訴えているように[25]、女工保護は農村における生産力増大とその基盤となる次代の労働力確保との関連性で主張されていた。つまり、女工保護組合は疲弊化が進行する当時の農村社会において、小作農の自作農化や副業奨励といった個別農家における生産性（収入）向上の需要が高まりを示す中で模索された社会的方策であったといえる。

1920 年 8 月 23 日に堀之内尋常高等小学校で北魚沼郡堀之内村及び田川入村の関係者が結集して、北魚沼郡中部女工保護組合の創立総会が開催された。創設初年度における同組合の再入出予算書が残されているので、そこから組合組織の大まかな動向を割り出してみたい。初年度には2810 円の歳入が報告されているが、その大半 2710 円が女工の供給手数料によって占められていた（残り 100 円は堀之内、田川入両村からの補助金）。つまり、女工 350 人の供給手数料を工場側から徴収（村外 10 人【1 人に付き 2 円】、郡外 10 人【1 人に付き 5 円】、県外 320 人【1 人に付き 8 円】）することで、事業費用を工面していた。「北魚沼郡中部女工保護組合規約」では、「女工の就業すべき工場の選定及び共同供給の幹旋」の他、「女工供給工場に於ける契約事項の履行監督」、「女工供給地の視察調査」、「女工の智識及利益増進並に衛生風紀の改良保全に関する施設」が組合の主要事業に位置づけられていた。しかし、歳出部門の事業費で慰安会費 300 円、弔慰費用 300 円の他、工場視察費として 500 円が計上されているものの、「智識及利益増進並に衛生風紀の改良保全に関する施設」事業は皆無であった[26]。こうした事実からも判断されるように女工保護組合の初期の活動は、女工供給事業が中心であった。

北魚沼郡中部女工保護組合では、別途「女工供給規定」を定めて女工

を募集する工場に対して組合による契約締結と一括供給を行う体制を構築していった。これによって工場による賃金未払い等の契約不履行問題に対しては、女工保護組合が代理で直接交渉する仕組みが整備された。出稼ぎを希望する家庭に対する就業先の紹介や斡旋も女保護組合が中心となって実施されたが、北魚沼郡中部女工保護組合の場合堀之内、田入川の両村を6区に区分し、それぞれの地区に世話人を配置してその対応にあたっていた[27]。しかし、1926（大正15）年に両村が合併し堀之内町が結成され（名称も堀之内町女工保護組合に変更）、1928年（昭和3）年に堀之内町職業紹介所が設置されたことに伴い、女工保護組合による女工供給事業は漸次堀之内町職業紹介所に移管されていくことになる[28]。その一方で堀之内町女工保護組合の事業は職業紹介所と連動する形で特別教養、健康診断、慰安会、慰問、視察や各種調査等の事業に特化していく[29]。組合の女工保護事業については後述することにして、ここでは新たに採用された移動紹介事業について取り上げてみたい。

　移動紹介事業とは、1928年より女工需要地である前橋の製糸工場及び職業紹介所の提案を受けて展開された、需要地と供給地における職業紹介所間による女工紹介（供給）体制の総称である。そこで協議された「女工紹介協議会協定事項」では、女工紹介における「絶対無料紹介」及び「寄付行為ニ対シテハ保護組合ヨリハ何等要求ヲナサザル」原則が打ち出された。この原則に基づき、職業紹介所による女工紹介に一本化（紹介所所在地における募集従事者の募集行為の禁止）する方向性に集約されることになった。堀之内町職業紹介所及び女工保護組合では17の大字地区に30人の委員を配置し、それぞれの委員が女工の帰郷する年末から担当区域の女工及び父兄の求職申込を徴収し、132名の女工紹介を行った（前年比117.8%）[30]。結果、堀之内町職業紹介所としては「幸ニ豫期以上ノ成績ヲ収メタ」との評価を残している。

　先に触れたように営利職業紹介事業取締規則の施行により、紹介手数料を伴う女工供給事業を展開するためには有料職業紹介事業としての準用を受けることが原則となった[31]。一方で職業紹介所が県内各地に創設され、「無料紹介」を原則とする公営職業紹介所の女工供給体制が整

備される中で、女工保護組合による女工供給に関する事業は出稼ぎ希望者の職業紹介所への斡旋、もしくは労働契約の締結に止まることになる[32]。そうした中で女工保護組合事業の中心となっていくのが女工保護事業であった。

Ⅲ. 女工保護組合の拡大と女工保護事業

　1921年の段階において4郡町村で設置された女工保護組合であるが、1930年の段階では92町村にまで設置範囲が拡大している。そして、設置の大半は1925年、1926年の2年間に集中している[33]。これは1925年から県主導で各郡町村に女工保護組合の設置が奨励され、同年度より県費補助金が支給されたことが要因である[34]。新潟県が女工保護組合の設置奨励の一環として各町村に提示した女工保護組合規約準則では、女工供給及び労働契約の締結の他に、賃金の支払交渉、病気を罹患した女工等の帰郷交渉、女工の修養矯風慰安保健に関する施設が定められていた[35]。実際に各町村に設置された女工保護組合では、女工供給とは別に女工保護に関する項目を事業目的に位置づけていた。その内実について新潟県社会事業協会機関紙『越佐社会事業』の記事から迫ってみたい。

　最初に「移動紹介事業」が導入された1928年度における女工保護組合の活動状況から保護事業の大枠をつかんでいきたい。「移動紹介事業」が導入されたことによって女工保護組合の活動は専ら保護事業に専念するとの方向性が打ち出されたことは先に触れたが、女工の就業斡旋紹介以外では、「女工の特別教養」、「女工の健康診断」、「女工慰安会」、「工場視察」、「女工に関連した事件における工場との直接交渉」が、女工保護組合の主要事業であった。

　まず女工の特別教養であるが、製糸女工が帰郷中の冬季1月から2月に裁縫、家事、修身、国語、算術、手芸、農業、唱歌、体操といった科目を各女工保護組合主催で開講していた。それは適齢期を迎えて出稼ぎを卒業し、農村における主婦業としての素養を習得させるための措置で

もあった。1928年度においては県下56の女工保護組合で実施され、6,777人の女工が出席したとの記録である。次に女工の健康診断であるが、新潟県では日本赤十字社新潟県支部の援助を得て女工の帰郷時に実施された。1928年に健康診断を実施した女工保護組合は63組合で、受診女工数は8547人。健康診断の結果、1割以上の942人の女工が内疾患を患っているとの結果が報告されている。一方、女工慰安会は女工の帰郷時期となる12月ないし1月中に63の女工保護組合が精神修養に関する講演や、活動写真、講談、演芸、舞踏等を主に地域の小学校、町村役場、劇場等で開催し、17,201人の女工が参加している[36]。1929年度以降の県社会課調査を基に、県内女工保護組会による女工保護事業の動向をまとめたのが表1である

〈表1〉　新潟県下女工保護組合活動状況

事業年度	事業内容	実施組合数	参加女工数
1929年度	特別教養	58組合	5,465人
	健康診断	64組合	8,881人（疾患者788人）
	慰安会	62組合	20,583人
1930年度	特別教養	52組合	9,419人
	健康診断	60組合	8,628人（疾患者851人）
	慰安会	66組合	21,847人
1931年度	特別教養	57組合	6,014人
	健康診断	60組合	6,765人（疾患者666人）
	慰安会	69組合	18,050人

「女工保護組合活動状況」各年度及び「六年度女工保護組合事業成績」より作成。

　表からも明らかなとおり、1931年度を境として各事業とも参加者が大幅に減少している（一方で就業斡旋数に変化はない）。それは昭和恐慌下において全国の製糸工場が休業もしくは閉鎖に追い込まれていくなかで発生した女工の失業帰郷と再就職問題、賃金未払い問題の発生と無関係ではない。実際に、もう一つの主要事業である労働契約に関係して発生した事件に関する工場との交渉案件は漸次増加していった。1928年度における事件交渉で特に多かったのは賃金及び賞与金未払い問題

で、組合が直接工場と交渉した事件は116件に及び、未払い金2376円21銭の回収に成功している（未済金額4036円97銭）。賃金未払い問題の次に多かった交渉案件が、女工の帰郷問題である。家事の都合や病気等によって帰郷する必要が生じた女工の申し出を拒絶した工場に対しては、組合が代理交渉を行い、帰郷を実現した事例は85件にのぼった。その他、帰郷女工の所有荷物の送付を拒否した工場に対し、交渉によって送付を実現させた事案（36件）や、工場より借財の返済請求を受けるも返済することが困難な女工の例で、交渉の結果延期の承諾を得た事案（18件、金額518円30銭）、前借金のある女工が病気等で返金することが困難となり組合の交渉によって円満解決した事案（12件）が報告されている[37]。このように利益の確保、特に賃金確保にむけた交渉に関しては、女工保護組合は工場資本に対する圧力団体としての役割を果たしたといえよう。つまり供給事業を含めて女工保護組合の第一義的な関心は、出稼ぎ労働の対価としての正当な賃金確保に向けられていた。なお、県社会課調査を基に女工保護組合と工場との交渉事件数を年度ごとにまとめたのが表2である。

〈表2〉 女工保護組合による事件交渉件数

事件内容	年度	件数	請求金額（解決済）
賃金・賞与金未払いに対する交渉	1929年度	125	13,692円26銭
	1930年度	382	22,513円76銭
	1931年度	594	23,828円42銭
女工所有荷物の送付交渉	1929年度	40	
	1930年度	62	
	1931年度	99	
女工の帰郷交渉	1929年度	107	
	1930年度	106	
	1931年度	322	

「女工保護組合活動状況」各年度及び「六年度女工保護組合事業成績」より作成。

その他、女工保護組合は優良工場を選定評価し、町村内の出稼ぎを希望する女工に対して就業斡旋を行っていた。優良工場を評価選定するために実施されていたのが、工場視察である[38]。工場視察は1928年度には35組合（視察員数75）、1929年度には25組合（視察員数63人）には、1930年度には18組合（視察員数41人）、1931年度には33組合（視察員数64人）でそれぞれ実施された（「女工保護組合活動状況」各年度及び「六年度女工保護組合事業成績」より）。工場視察は女工の慰問を兼ねて実施されるのが一般的であった。以下、北魚沼郡堀之内町職業紹介所及び女工保護組合が実施した工場視察から、その効能を割り出してみたい。

　堀之内町女工保護組合では1930年12月6日から11日まで長野、岐阜、愛知県内の製糸・紡績の8工場を対象に、視察及び慰問を目的とした「第一回関西工場視察」を行っている。その目的は「本町の現在を見ますに昨年末現在七百餘名の出稼男女工持ってゐます。其の年収平均を二百圓と見るも全収入は約十四萬圓の多額に上ります。従って本町としては其の就職指導の如何は実に重大なる問題であります。其の指導と就職の全責任を有する職業紹介所並に吾々教職員としてかゝる重大なる責任に直面しては何といっても実際に活動してゐる女工の生活状態を知り更に其の工場設備教育の実状を徹底的に知って之を知識内容として将来ある児童の為め職業指導適性補導の道に向って邁進せねばなりません」と述べられているように[39]、賃金確保とそれを将来的に保障するための職業指導にあったといえる。

　視察の対象は工場設備、工場教育方針、教育施設、寄宿舎生活の状態等で、視察者の主要な関心は工場内教育や風紀衛生にあった。無論それは女工の生活環境改善（＝福祉）を意図したものであったが、視察者の関心はそこにとどまらず郷里堀之内町の将来に向けられていた。つまり、視察を終えた感想として「出稼といふことは唯単にお金を得て貯蓄したり、或は家の助けをなすばかりではない。個人から見る時は大切な修養期間である。而かも社会的訓練を受けて他日一家の主婦として活動するに充分な者となる様に心掛けさせること」と述べられているように[40]、

工場視察は女工の将来的な帰郷と婚姻を通して郷里（コミュニティ）への帰属を担保する、いわば「監視」としての機能を兼ね備えていた。ここに女工保護事業としての視察（慰問）の本質を確認することができる。

Ⅳ．女工保護の論理

　以上見てきたように女工保護組合は繊維産業へ労働力を拠出する供給機関としての役割だけではなく、女工保護事業についても一定の役割を果たしていたといえる。最後にそれがどのような論理で展開されていたのか、女工保護組合（社会事業）関係者の主張に迫ってみたい。ここでは女工保護組合の需要、女工保護組合と労働運動との関係性、そして「女工の教養問題」の三点に絞り、女工保護の論理を抽出してみたい。

　第一に、女工保護組合（社会事業）関係者の女工保護への第一義的な関心は、女工が個別農家ひいては地域にもたらす賃金の順当な確保にあった。そして県当局が各町村に対して補助金を支出し、県主導で女工保護組合の全県下設置に動き出した背景には、自作農化や副業奨励といった農村社会の更生と生産性向上を企図した農政上の課題があった。朝比奈策太郎（新潟県社会課長）は、女工保護組合の設置奨励について次のように主張する。「本縣より年々縣外に出稼する女工、数萬に及び是等女工の齎す金額は、年額約七百萬圓に上り之を以て各自家庭経済を緩和すると雖も一面都会の悪風をも惹起し、或は風紀問題に悩み其の他衛生上の不備安或は身體過労より生ずる病症等実に憂慮すべき状態に陥らんとすること多々あり、是等に対する保護救済は社会問題として決して等閑に附すべきにあらず」[41]。同様に女工保護を社会問題＝農村問題として主張したのが、生江孝之である。生江は 1925 年に開催された社会事業第一回大会の講演で、「女工保護の問題は重大なる意義を持つものである。単に保護の健康保護のみに止まらず、農村問題として考へても将来又風俗上の見地より見ても之が保護施設を講ずること恟に今日の急務であることを思はしめる」と述べ、女工保護組合の普及設置を主張する[42]。

つまり両者とも女工保護は賃金の順当な確保だけにとどまらず、健康な将来の母体の帰郷が郷里（農村）社会を維持しいていく基本的要件であるという認識を示している。

　第二に、女工保護組合と労働運動との関連性についてである。前節で確認した工場資本に対する女工保護組合による代理交渉が、女工のもたらす賃金の順当な確保を意図して展開されたものであったことはいうまでもない。実際に福島正雄（新潟県社会事業主事）が、「女工保護組合の設立、職業紹介所の増設、女工の保健、保護教養等の女工に対して幾多の問題があるけれ共女工問題の根本となすものは結局女工の働いた賃銀を受取ることに在ると信ずる」と述べているのは[43]、女工保護組合の事業目的を端的に示している。しかし、それは左傾化していた当時の戦闘的な労働運動の論理とは異なる、全く別の視点で展開されたものであった。奥田久七郎（新潟県社会課長）は、次のように主張する。「茲に挿んで注意して置き度いことは我等は社会組織、経済組織を是認し、その基調の上に保護組合を仕事を為してゆくものだと云ふことである。自由主義が幾多の社会悪を醸成しつゝある事実は吾人と雖も認めない訳ではないが現在我等は社会改良主義の立場に在る以上左傾的傾向には全く左組することは出来ない。之は女工保護組合を赤からしめんとする一切の運動に対する反対宣言である。この意味に於て我等は諸他一切の労働組合運動と提携せざることと断言するのである」[44]。これは、事実上の女工保護組合と労働運動との絶縁宣言に他ならない。

　実際、女工保護組合は労働組合（労働争議）に対してはどのような態度で臨んだのか。1927 年に岡谷で勃発した山一林組争議では、女工保護（供給）組合が争議の「切り崩し」に一役買ったことが先行研究でも指摘されている[45]。争議勃発後に中魚沼郡女工保護組合では、諏訪製糸研究所に対して次の態度を表明している。「工場主が倒れてしまへば職工方は自分の働くべき御得意がなくなるのであります。職工方は単に給料や賃銭を多く得る事丈が目的ではありますまい。給料や賃銭は自己の全能力と全労力とを発揮せしめた報酬として自然的に得られた物でなくては真の価値はないのであります。又工場主側に置かれても職工に対

して労銀を與へて単に労力を買取るとったやうな冷たい考へを以て向って頂いてはなりません。飽くまで職工の人格を認め之に同情し其の立場を理解して充分大切に職工方を待遇して戴かなければなりません」[46]。つまり、労働争議の影響によって工場閉鎖となれば、女工がもたらす賃金の補充を経営基盤としている個別農家にとっては死活問題となる。女工保護組合が労働組合との絶縁を宣言し、労働争議に際して工場側の要望に応じて女工の強制的帰郷に乗り出したことは、意図的に労働争議の「切り崩し」を狙ったものではなく、農村にとっては「ドル箱」や「金柱」と言われた女工の身の安全、ひいては女工がもたらす賃金（次の出稼ぎ先でのそれを含む）の確保を意図したものであった。

　同様の対応は、1930年に勃発した東洋モスリン亀戸工場労働争議でも確認される。堀之内町女工保護組合主事の森山政吉が、工場側の要請に応じて町内出身女工の強制帰郷に乗り出したことは、先行研究でも指摘されている。中村政則は森山ら堀之内町女工保護組合の介入を「争議団の内部崩壊を願う資本家の希望に合致し、それに加担するものであった」と論じているが[47]、森山の関心は「資本家の希望」とは別に向けられていた。女工と共に帰郷した森山は、次の談を『北越新報』紙上に残している。「北魚沼郡からは亀戸工場へは九十餘名も居るので工女を争議の中へ置くことは風紀上からも思想上からも甚だしい不良の結果を生むものとして争議団から抜き出すことに苦心した、会社側が好いか争議団が悪いかそんなことは吾々保護組合では考究する必要を認めないが何分争議団は結束を堅め、外界との連絡を絶対に絶って居るので非常手段を講じて大部分は既に帰郷せしめ僅かに十名前後が居残ったのみであるから私共としては大成功であった」[48]。つまり森山をはじめとした女工保護組合関係者（父兄）の関心は、労働争議の是非ではなく、労働争議が原因と吹聴された女工を取り巻く風紀上思想上の弊害除去にあった。工場側が訴えた工場内における女工の妊娠と私生児発生の問題は、たとえそれが誇張であったとしても女工を送り出す父兄の心を動かすには十二分すぎるほど効果があった。強制帰郷後の11月6日に広瀬村役場で「東京府下亀戸町東洋モスリン株式会社本郡関係者父兄女工懇談

会」が開催され、その席で「再ヒ斯カル争議ニ加盟セサルトノ宣誓」を為している[49]。

　第三に、「女工の風紀思想問題」の改善と「女工の教養問題」についてである。女工保護組合による保護事業の一環として、各地域では女工の一時帰郷の時期となる12月から1月にかけて、裁縫等の特別教養が実施されていた。特別教養は「逐次女工の父兄自身の自覚により将来良妻賢母としての講習」としての意図で実施されていたが[50]、それはどのような論理で実施されていたのか。ここでは上村栄重（堀之内小学校長）の発言に耳を傾けてみたい。上村は「女工の数は八百五十名に及び且つ年々の増加は五十名を超えやがては千名を突破する勢を持ってゐる」堀之内町の現状において、「女子として工場に働く者には将来携はる家業の実際とは全く異る作業に依り而かも大切な家政実習の機会を失ってゐる。これは将来ある子女の為め且つ農村の為め同情を禁ずる事が出来ない」と述べている[51]。上村の関心は、工場生活が家庭生活に必要な修養の機会を喪失させているとの危惧に向けられていた。つまり「家庭生活に恵まれてゐない僅かに退社から嫁入まで数カ月の期間を経験するのみで嫁いで仕まふ者が多い。此の欠陥を補ふには何したらよいか工場に於ては既定時間の労働と僅かに舎内の清掃ほかないしかもそれ等の仕事は単調で誠に変化に乏しい其の結果動もすれば怠惰に墜り易く複雑な主婦の生活には次第に遠ざかる事になる。之に反して家庭に過す娘さんは農事の手傳は無論のこと子供の面倒から炊事来客の応接年寄へのお仕へ、近所の交際に到る迄細心の注意を以て修行する機会が與へられてゐる」と述べているように、女工が将来従事する農村家庭主婦としての自覚ないし素養を修得する機会を、特別教養や工場教育の中で提供することを提案している。その目的は「女工さんの将来は一家の主婦として恥しからぬ立派な人に作り上る」ことにあった[52]。

　同様に「女工の風紀思想」の善導も、女工保護組合結成時からの主要な問題関心事であった。女工保護組合設置奨励のため、南魚沼郡を視察した桐生熊蔵は「繊弱な女子の力として大なる働きであるが、一面に於て多額の金を郷里に送るといふ事が農村に適さざる美装を整ひて帰る為

め、兎角虚栄に憧れ次第に嗜侈の風に感染し、醇朴な農村勤倹の美風を損ずることがすくなくないのみならず、農村を厭う風を惹起するが是等は農村の為に憂慮に堪えぬ」と述べている[53]。つまり、永年にわたる工場（都会）生活が将来主婦として従事する農事から逃避する感情を惹起することは、農村地域共同体の基盤を崩壊させることを意味していた。例えば、女工の服装が「これ程困ってゐる農村の家庭を考へる子女であるならば一枚の着物を雖も決して派手に着流してゐられる筈はない。そう云ふ女工さんの心は已に農村を忘れ完全に都会の擒になってゐるのだ」と監視の対象になっていた背景には[54]、女工の郷里社会（コミュニティ）への従属と、都会生活への逃避を防止する狙いがあった。

　一時帰郷中における特別教養事業とは別に、工場内における教養施設も女工保護組合の関心事の一つであった。工場内における教養施設の充実度は、優良工場選定の指標の一つにもなっていた。実際の工場視察において「近来の工場に於ける教育の進歩には今更の如く驚嘆に値するものがある。昔の工場について聞かされる毎に行届いてゐる現今の教育に対しては啓虔の感を深くする」と評されているように[55]、女工を送り出す父兄の工場内教育への関心は一概に高かった。その関心が「小学校を卒業して工場に働く事になると大抵はお嫁入りの前まで勤めることになる。そうするとその期間が大事な娘時代であるわけで、これを修養から見ると娘時代には娘時代の修養が必要でそれがやがてお嫁の時になって役立つものになるわけだ。従ってお嫁の時の修養は主婦時代の基礎であると考へる時此の大切な娘時代を全部工場で過ごして仕舞ふ方達には余程考へねばならぬ所があると思ふ」との認識に基づいているように[56]、ここでも女工の出稼ぎ卒業後における主婦生活としての従属が前提となっている。つまり女工の教養問題は、帰郷後の農家における主婦としての生活をいわば強制的に確保し、次世代のコミュニティを形成維持していくことと同義に論じられていた。

V. まとめ

　以上、新潟県女工保護組合事業とそれを内面から支えた論理にせまってきた。新潟県女工保護組合は組合の乱立と補助金の枯渇を直接的な契機として、1934年度より女工以外の出稼ぎ労働者を保護対象に包括した「出稼者保護組合」に再編成された[57]。つまり1920年に成立した新潟県女工保護組合は、わずか15年でその歴史的役割を終えたことになる。

　本論では主に女工保護組合による保護事業に焦点をあててきたが、その事業内容から女工保護組合が担った役割は次の五点に集約できる。つまり、第一に工場視察による優良工場の選定。第二に交渉手段による賃金の順当な確保。第三に健康診断による病症女工の再入場の拒否。第四に農村主婦としての素養を修得させる特別教養の実施。そして、第五に労働運動への介入と労働組合との絶縁工作である。この五点が本論で繰り返し述べてきたように、コミュニティ（農村地域共同体）の保全及び再生産を意図したものであったことは明らかである[58]。特別教養や工場内教育において「女工の品性」ということがしきりに叫ばれたが、彼女たちは適齢期に達した段階で女工を卒業し帰農することが最初から要求されていた。その将来の「良妻賢母」候補が結核に罹患したり、都会の誘惑に魅了されて帰農を嫌悪するようなことがあったり、さらには左翼思想に感化されるようなことがあっては、家及びコミュティ存続危機の憂き目に直面する。また、「家」が「世帯の共同とは関係のない血統集団であって、構成員の死亡・出生・結婚等による変動があってもその同一性を保持して存続してゆくものだという信念」を伴って成立するものである以上[59]、出稼ぎによる一時的な離農後も女工を家族として従属させることは必然であった。特に本論で述べたように、女工がもたらす賃金は個別農家の家計を側面から支える補充的なものではなく、農家経営の存立をかけた主要な収入源であった。ここに女工を労働災害や結核等の病症、さらには悪辣な風紀から防衛するための方策を必要とするばかりでなく、個別の「家」が「家連合」として組織化される端緒を確

認することができる。つまり、「家」が「家族の生活保障をその大きな目標としながら、その充分な能力を持たなかったので、何らかの家の連合体にたよらなければならなかった」とする論理は[60]、女工保護組合成立にもあてはまるといえよう。

　一方でコミュニティは「常にそれを含む全体社会との連関なしには考えることができない」と指摘されているとおり[61]、女工保護組合が家及び地域の需要だけで成立発展したと捉えることはできない。女工保護組合による女工保護事業が、工場における教育施設等の福利厚生施設の改善を促進するなど、工場法の不備を補完する役割を果したことは事実である。しかし、それは同時に良質な労働力の確保及び再生産を求める繊維産業の需要にも合致していた。また「出稼者保護組合」への再編成と職業紹介法改正による職業紹介所の国営化は、繊維産業から重工業へ労働力を移行配置させる戦時社会政策的意図と決して無関係ではなかった。その意味で女工保護組合の発展と衰退は、繊維産業のそれと表裏一体であったといえる。

［註］

1）隅谷三喜男・小林謙一・兵藤釗（1967）『日本資本主義と労働問題』東京大学出版会、90-104

2）新潟県農会が県下94町村の女工保護組合の協力のもとで実施した調査では、1927（昭和2）年5月1日段階で30,563人の女工を輩出していた（新潟県農会調査報告〔1935〕「出稼女工調査概要」『越佐社会事業』7〔3〕、77）。新潟県における出稼ぎ女工の析出については、古厩忠夫（1979）「新潟県の女工出稼ぎに関するノート」『新潟県史研究』5、56-71、平賀知子（1980）「新潟県における出稼女工について」『新潟近代史研究』1、37-57に詳しい。

3）新潟県女工保護組合史に関する先行研究としては次の著作を参照。渡邊信一（1938）『日本農村人口論』南郊社、332-369。高木紘一（1971）「諏訪製糸業における女工保護組合の生成と発展―職業紹介法発展史の一側面―」『山形大学紀要』3（4）、499-543。和多利三津子（1975）「大

正期における女工供給（保護）組合について—製糸女工の供給形態を中心に—」『歴史評論』301、33-50。村岡悦子（1982）「日本製糸業における労働政策の一齣—新潟県女工保護組合の歴史と活動を中心に—」『労働問題研究』16、39-58。中村政則（1990）『労働者と農民（文庫版）』小学館。橋口勝利（2013）「両大戦間期における女工保護組合の活動と紡績資本—新潟県における東洋紡績知多工場の女工募集—」『政策創造研究』6、101-130。西成田豊（1988）『近代日本労資関係史の研究』東京大学出版会、57-59 及び（2013）「一九二〇代の女工供給（保護）組合—「組合」の女工供給事業—」『人文・自然研究』7、4-86。また『新潟県史』をはじめ各郡町村史でも女工保護組合の活動に関する記述が豊富にある。特に史料集として刊行された栃尾市史編集委員会（1981）『栃尾市史史料集（第二十三集）女工出稼ぎ編』、津南町史編集委員会（1982）『津南町史編集資料第8集—（女工）出稼関係資料及び聞きとり—』、小出町教育委員会（1983）『小出町歴史資料集第四集（工女出稼と小出郷）』は、女工の聞き取り証言及び女工保護組合に関する基礎資料が網羅されている貴重な業績である。

4）例えば西成田豊は、「女工供給（保護）組合の活動の中心は、全体としてみれば女工供給事業にあり、保護活動は規約上はたしかに明文化されていたものの、その活動実態はきわめて乏しかった」と結論づけている（西成田豊 2013：80）。

5）Janet Hunter（2003）Women and the Labour Market in japan's Industrialising Economy:The Textile Industry before the Pacific War（= 2008、阿部武司・谷本雅之監訳『日本の工業化と女性労働—戦前期の繊維産業—』有斐閣、260）

6）古厩忠夫は女工保護組合の本質が「『ムラ』の利益の保護」にあり、「農村共同体再生産の不可欠のもとで病魔におかされ、消耗していった時、また賃金不払いが農家の家計をおびやかした時、女工保護組合は活躍した。同時にやがて主婦として家とムラを支えていくべき女工が、『都会の悪習』に染まることも防止した」としている（古厩忠夫 1979：61、津南町史編集委員会 1982：10-11）。筆者もこの主張に基本的に同意するが、

それが具体的にどのような論理及び事業によって展開されたのかについては充分に実証されていない。

7）各郡町村に設置された女工保護組合は、女工の父兄によって組織される形態が一般的であったが、これに関連して筆者に着想の機会を提供したのが、有賀喜左衛門の提唱した「家連合」の概念である。有賀は水利組合の結成を例に、個々の家々が共同の利害を持つ家連合として結合する契機を主張しているが、女工保護組合についても女工の父兄の共同利害に基づいて結成されていた。つまり「家連合が生活単位としての家の存立をより強くするために結ばれたものであることは、社会政策のきわめて貧弱な政治構造においてはいかに重要であったかを知ることが知ることが出来る。それゆえ家連合はいかなるものでも生活上のある機能について利害の共同を目標とするものとして成立した」と指摘されているように、賃金の順当な確保とコミュニティの保全という共通する利害存在が組合結成を促進したといえる（中野卓・柿崎京一・米地実編〔2001a〕『有賀喜左衛門著作集Ⅹ（第二版）』未来社、124-125、148）。

8）「鬼の佐藤（西頸城の人）にエンマの森山」（『新潟日報』1965年1月12日）と称された両組合の中心人物二人の存在が、女工保護組合による活動に大きな影響を与えたと評価されているが、女工保護組合（＝家連合）が「中心となる有力家によって統率される」ことによって生成発展したことを考慮すれば、やはり女工保護組合を主導した人物と思想に注目する意義は大きい（中野卓・柿崎京一・米地実編〔2001b〕『有賀喜左衛門著作集Ⅸ（第二版）』未来社、134）。本研究では先行研究の成果を踏まえつつ、特に女工保護組合関係者の思想（論理）に着目していきたい。

9）同資料の一部が、小出町教育委員会（1983）の他、堀之内町編（1995）『堀之内町史（資料編下巻）』に収録されている。また、生前の森山政吉氏への「聞き取り」をもとに、堀之内町女工保護組合の活動を論じたのが中村政則である（中村政則1990：272-278、393-401）。しかし、「聞き取り」を中心としたその研究方法に対しては批判もある（西成田豊2013：85）。なお一連の資料を堀之内支所に寄贈した森山博之氏もすでに故人となったが、森山政吉の女工保護組合及び職業紹介事業所における

続 新潟県社会福祉史の基礎的研究

　　活動を記録している（阪西省吾編〔1992〕『わがまち昭和おもいで集（昭和小史）—第二集—』54-64）。

10）東京職業紹介所事務局（1929）『女工紹介顛末』3‐4

11）桐生熊蔵（1929）「女工保護組合史」『越佐社会事業』創刊号、60-61

12）桐生熊蔵 1929:61

13）『魚沼新報』1918 年 12 月 21 日。なお、同記事では女工の結核問題のみなず、女工の風紀衛生問題にも注目していた。つまり「工女が僅か数年間に於ける利益収得の為、一生を奢侈の風に染め、延いては其の農村をして危ふからしむるに至るは寒心すべき事実なり。のみならず、年々農村青年間に花柳病患者を増加せしむる如き、不品行極まれる行為をなすも又彼等なりと称せらるは、毎年の徴兵検査に於て明かなる處なり」と述べられているように、「工女の善導」を通じて地域共同体を維持保全しようとする志向の一端を確認することができる。

14）その意図は、村の青年と「工女上り」との結婚を禁止（ひいては将来的な子女の出稼ぎを禁止）することで「工女問題」を一掃することにあった（『越後タイムス』1918 年 10 月 6 日）。しかしこの「極端なる手段」が、女工労働力を求める繊維資本と子女の出稼ぎによって得られる賃金を命綱としていた個別農家の家計状況を無視した暴論であったことは明白で、「私は寧ろ工女同盟組合の如きものを設立して、工女争奪に依って起る其土地の人気の悪化をふせぎ、而しても設備整然たる工場を選びて、工場と組合とは常に隔意なき意見の交換をなし、改善する事が出来るならば、御高説の如きご心配は、断じてあり得べからざる事と信ずる次第です（中略）今更禁婚同盟といふが如き問題を御提出になるよりも尚容易な事柄である工女を如何にし改良せしめるかといふ事によって、工場の改善を促がし、御求めになる目的を見出しなされた方が、よろしいと存じます」との反論が展開されている（中村義次「工女問題に就て」『越後タイムス』1918 年 10 月 27 日）。ここで注目すべきは「工女同盟組合」の整備が工場側（前橋共同製糸所）から提案されている事実である。つまり女工募集競争の激化による募集費用の高騰を抑制する上で、一元的な供給機関の整備は工場資本にとっても利点が大きかったといえる。

15)『越後タイムス』（1919年1月19日）では「工女組合を設けよ」と題した社説を掲載し、刈羽郡内に女工保護組合の設置を呼び掛けている。つまり「工場の善悪は募集人の甘言の為めに多く誤り信ぜしめらる〻事が多い。夫れ故工女組合を設立して、各工場の内容調査及び選択等を行ひ、比較的完全なる工場に工女を契約せしめ、以て両者の正当なる権利義務の履行を助くる事は、最も策を得たものである」として、専らその役割を優良工場の評価及び選定に求めている。

16)『新潟新聞』（夕刊）1920年11月24日

17) 桐生熊蔵1929:62。なお、その衰退の要因として、工場側の抵抗が大きかったことが挙げられる。『越後タイムス』（1921年12月4日）はその状況を次のように報告している。「組合があるにも係らず、工女募集の争奪戦は依然其村内に繰り返へされ、従来弊害と認められて居た事は何等改善せらる〻事なしに今日に及んで居る。工場側は、只同組合あるが為めに従来より却って余計組合費の負担をしなければならない状態で、組合は又政府が通行者に通行税を課するが如き心持で之れに対してゐる」。つまり、女工保護組合による女工の独占供給体制を整備するためには工場側の理解が必要であったが、それが一応達成されるのは後述する「移動紹介事業」体制の確立を待たねばならなかった。

18) 東京職業紹介所事務局1929：1

19) 魚沼市堀之内支所所蔵、北魚沼郡中部女工保護組合「女工保護組合ニ関スル綴」（大正九年）、『森山博之氏所蔵文書』

20) この点に関連して、長野県五加村における女工の析出基盤を分析した靱負みはるは、女工賃金が家計補充的性格以上のものであったことを明らかにしている（靱負みはる〔1978〕「第1次大戦後の製糸女工の析出基盤」大江志乃夫編『日本ファシズムの形成と農村』校倉書房、102-108）。また、先に引用した新潟県農会調査報告でも「女工農村に於ては、女工の賃銀収入は一村生産額中、重要項目であることがわかる」と述べられている（83）。実際に堀之内町でも「工女の帰郷に際して持ち帰る金額は見習ひ工女の最低四、五十圓位から最高六百圓位まで〻あって一人当り平均百五、六十圓に達して居るから十萬圓近い金が父兄の懐中をふくら

せることになって工女様々でひかることおびたゞしい」と報告されているように、女工が持ち帰る賃金は、補充の域を超えたものであった（『北越新報』1927年1月13日）。

21）前掲、北魚沼郡中部女工保護組合「女工保護組合ニ関スル綴」

22）南魚沼市郷土史編さん係所蔵、五十沢村女工保護組合『女工保護組合関係綴』（大正十五年十二月）

23）実際に、工場側の募集行為がもたらす弊害に対抗することを目的に設置された女工保護組合であるが、全ての組合が組織的に抵抗の姿勢を示したわけではなかった。中には工場に対して過剰な寄附を募り、女工慰安会や父兄懇談会と称した酒席を設けるなど、従来の募集行為の弊害を助長するような組合も存在した。この点について、県でも各郡長に対して「弊害ヲ醸スコトナキヲ保セズ延テ組合全般ノ威信ニモ影響有」と警告するなど、女工保護組合に対する監督の姿勢を強化している（新潟県立文書館所蔵、北魚沼郡広神村役場広瀬支所「社会事業ニ関スル件（一）」〔大正十五年〕、『北魚沼郡広神村役場広瀬支所旧蔵文書』）。

24）魚沼市堀之内支所所蔵、新潟県堀之内町職業紹介所「女工紹介成績」『森山博之氏所蔵文書』

25）『新潟新聞』1918年2月19日

26）前掲、北魚沼郡中部女工保護組合「女工保護組合ニ関スル綴」

27）同前、北魚沼郡中部女工保護組合「女工保護組合ニ関スル綴」

28）堀之内町（1997）『堀之内町史（通史編下巻）』258-259

29）なお、先述したように女工保護組合が1927（昭和2）年から施行された営利職業紹介取締規則によって女工供給に対して制限が課させられることになった。新潟県当局の方針としては「女工ノ紹介斡旋ノ事業ノ如キハ職業紹介所ノ進度ニ伴ヒ漸次是ト聯絡提携ヲ保チ紹介所ノ手ニ移シ組合トシテハ専ラ保護事業ニ力ヲ注ク」とする一方で、継続して女工保護組合が主体となって女工供給を行う町村では「紹介所トノ緊密ナル聯絡」を保つことが奨励されていた（「縣下女工保護組合長会議」『越佐社会事業』2（1）、1930、138-139）。しかし、堀之内町のように女工保護組合と職業紹介所の連携体制が構築できた例ばかりではなかった。両機

関の連携体制構築が可能であったのは、森山政吉をはじめとした関係者が両機関の役職を兼任していたことが大きい。1920年に女工保護組合を結成して幹事となった森山は、1928年に堀之内町職業紹介所主事に任命されている（阪西省吾編 1992：59-60）。そもそも女工供給の手数料や工場からの寄付金によって発展してきた女工保護組合（社会事業）と、無料紹介を前提とする職業紹介所（労働市場政策）とは性格的に相反する側面があった。実際に1931年に東京地方職業紹介事務局長より管内職業紹介所宛に通牒された「製糸女工紹介要綱」では、職業紹介所と女工保護組合との連携を奨励しつつも、「自ラ紹介斡旋ヲ為スモノアリ斯ノ如キモノハ事実上職業紹介所ノ紹介ハ必要ナキヲ以テ紹介ニ関シテハ絶対ニ提携ス可ラザルモノトス尚職業紹介所ノ紹介ニ関聯シテ寄付金ヲ受クルガ如キ組合トモ提携ス可ラザルモノトス」と一定の距離を保つことが指示されていた（『越佐社会事業』3（8）、1931、49）。

30）魚沼市堀之内支所所蔵、「女工移動紹介」『森山博之氏所蔵文書』。一方で「時ニハ募集従事者ノ反対的行動アリ、父兄ノ無理解ナルアリテ、途中懇談会ヤ宣傳会ノ必要ニモ迫ラレ其ノ困難名状スベカラサルノ状態アリシ」という状況でもあった。特に最後まで自前の募集人による募集活動を承認するように迫った工場もあった。

31）ただし、職業紹介所と女工保護組合が完全に分化したとはいえない事情もあった。堀之内町もその傾向にあるが、実際には職業紹介所より女工保護組合が依然として実権を維持する町村もあった。この点について白木末三（柏崎町職業紹介所）は、「組合は紹介法の適用をうけない団体である故當然労働募集取締令の適用を受けなければならぬが、職員の概ねは紹介所員が兼任してゐるので、警察方面では取締令を此組合に及ぼすことは出来難い貼が多々あるのである（中略）要は女工保護本来の目的に徹して組合が活躍してゐれば、何の模糊たるところはないのであるが、未拂賃金問題より組合は奮起し優良工場選択の目標をかかげて活動をはじめた為め、勢ひ募集戦線まで進捗するに至ったのである。殊に現在の紹介所は、未た其の機能を発揮するまでに至らないので、町村當局、女工父兄の強力なる援護背景をもつ組合が紹介所より活発なる活動をな

すは當然である」との談を残している（白木末三「女工保護組合の今昔」
『越後タイムス』(1937 年 3 月 21 日)。

32) 逆をいえばむしろこの点にこそ、職業紹介所の機能が及ばない女工保
護組合固有の活動領域が広がったといえる。福島正雄（新潟県社会事業主
事補）が「公設職業紹介所の立場からすれば、紹介所は所謂労働市場であ
るから工場の良否、賃銀の不拂、等に関して何等の考慮すべきものでな
く、只工場側の求人申込と女工の求職申込の条件が一致した場合にのみ之
を紹介斡旋すべきものである」と述べているように、職業紹介所の設置増
加が女工保護事業の需要を喪失させたわけではなかった（福島正雄〔1931〕
「女工の賃銀不拂問題と女工紹介に就て」『越佐社会事業』3〔3〕、52）。

33) 中野財団（1930）『新潟県社会事業一覧』16-21

34) 1925（大正 14）年から刈羽、東頸城、北魚沼、三島の 4 郡を指定して
女工保護組合の設立が奨励され、組合設立に対して県 3000 円、社会事業
協会 1000 円の補助金が支出されていた（『北越新報』1926 年 2 月 6 日）。

35) 南魚沼市郷土史編さん係所蔵、前掲、五十沢村女工保護組合『女工保
護組合関係綴』。

36)「昭和三年中の縣下女工保護組合活動状況」、前掲『越佐社会事業』2
（1）、142-143

37) 同前、「昭和三年中の縣下女工保護組合活動状況」143-144

38) 工場視察の成果として確認されるのが、「縣外優良工場調査書」の作成
である。「調査書」の中身は業種や工場名、所在地等の記載だけで「優良
工場」の指標となるものは記されていないが、女工保護組合関係者（父
兄）の間で共有されていたものと判断される（前掲、五十沢村女工保護
組合『女工保護組合関係綴』）。

39)「製糸紡績絹紡工場設備並に教育視察報告」『越佐社会事業』3（9）、
1931、52

40) 同前、「製糸紡績絹紡工場設備並に教育視察報告」68

41) 朝比奈策太郎（1926）「社会事業大観」新潟県社会事業協会『会報』
（5）、23

42) 生江孝之（1926）「社会事業の基礎観念」『会報』（6）、9

43）福島正雄 1931：54

44）奥田久七郎（1928）「女工保護組合に就ての所感」『会報』（8）、2-3

45）楫西光速・帯刀貞世・古島敏雄・小口賢三（1955）『製糸労働者の歴史』
岩波書店、68-69、塩沢町（2003）『塩沢町史（通史編下巻）』447-448

46）津南町史編さん委員会（1984）『津南町史（資料編下巻）』249-250

47）中村政則 1990：375

48）『北越新報』1930 年 10 月 28 日

49）魚沼市堀之内支所所蔵「東洋モスリン争議関係書類」『森山博之氏所蔵文書』

50）『新潟新聞』1926 年 1 月 20 日

51）上村榮重（1934a）「女工教育管見」『越佐社会事業』6（11）、27

52）上村榮重（1934a）：34-35

53）『北越新報』1924 年 10 月 11 日

54）上村榮重（1934a）：35

55）上村榮重（1934b）「工場に於ける教養問題について」『ふるさと』（12）、
2。なお、同誌は堀之内町女工保護組合が各出稼ぎ女工に送付していた
女工保護組合機関誌である。『森山博之氏文書』には第1、4、12号の
3冊が保管されている。その発行目的は上村が主張しているように郷里
堀之内の情報を提供することで、女工に愛郷心とでもいうべき感情を保
持させ、郷里への確実な帰郷を担保する狙いがあった（上村榮重
1934a:35-36）。

56）上村榮重（1934b）：2

57）新潟県社会課編（1936）『新潟県社会事業概要』70。さらに 1938 年の
職業紹介法改正によって職業紹介所が国営に移管されたことにともない、
職業紹介所との連携を基盤としていた出稼者保護組合もその存在意義を
喪失し、消滅の一途を辿ることになる。

58）同様の論理は工場法（1916 年施行）にも確認することができる。千本
暁子は「女工が家庭生活と職業生活を両立できるような労働環境の整備
の必要性を認識させ、女性の労働時間を制限する内容の工場法の制定へ
と結びついた」とし、女工の就労継続策（熟練職工の育成）に工場法の
意義を見出している（千本暁子〔2008〕「日本における工場法成立史—熟

練形成の視点から—」『阪南論集（社会科学編）』43〔2〕、12）。

59）川島武宜（1957）『イデオロギーとしての家族制度』岩波書店、33

60）中野卓・柿崎京一・米地実編（2001b）：『有賀喜左衛門著作集Ⅸ（第二版）』134

61）冨田富士雄（1986）「コミュニティの現代的意義」阿部志郎編『地域福祉の思想と実践』海声社、14

[参考文献]

・青木紀（1988）『日本経済と兼業農家』農林統計協会

・糸魚川市（2003）『糸魚川市史（昭和編2）』

・岩室村史編纂委員会（1974）『岩室村史』

・越後町（1999）『越後町史（資料編3近代・現代)』

・越後町（2001）『越後町史（通史編下巻)』

・大川賢嗣（1978）『出稼ぎの経済学』紀伊国屋書店

・大島村教育委員会（1991）『大島村史』

・鏡泰征（1997）『越後女工史再発見』高志書院

・楫西光速・帯刀貞世・古島敏雄・小口賢三（1955）『製糸労働者の歴史』岩波書店

・川島武宜（1957）『イデオロギーとしての家族制度』岩波書店

・川西町史編さん委員会（1986）『川西町史（資料編下巻)』

・川西町史編さん委員会（1987）『川西町史（通史編下巻)』

・小出町教育委員会（1983）『小出町歴史資料集第四集（工女出稼と小出郷)』

・小出町教育委員会（1998）『小出町史下巻（近代・現代・人物)』

・阪西省吾編（1992）『わがまち昭和おもいで集（昭和小史）―第二集―』

・小林耕編（1957）『新潟県職業行政史』日本職業安定協会新潟県支部

・塩沢町（2003）『塩沢町史（通史編下巻)』

・Janet Hunter（2003）Women and the Labour Market in japan's Industrialising Economy:The Textile Industry before the Pacific War（＝2008、阿部武司・谷本雅之監訳『日本の工業化と女性労働―戦前期の繊維産業―』有斐閣）

- 上越市史編さん委員会（2002）『上越市史（資料編6近代)』
- 上越市史編さん委員会（2004）『上越市史（通史編5近代)』
- 隅谷三喜男・小林謙一・兵藤釗（1967）『日本資本主義と労働問題』東京大学出版会
- 高木紘一（1971）「諏訪製糸業における女工保護組合の生成と発展—職業紹介法発展史の一側面—」『山形大学紀要』 3 （4）、499-543
- 高柳町史編集委員会（1985）『高柳町史（本文編)』
- 千本暁子（1998）「明治期紡績業における通勤女工から寄宿女工への転換」『阪南論集（社会科学編)』34 （2）、13-26
- 千本暁子（1999）「20世紀初頭における紡績業の寄宿女工と社宅制度の導入」『阪南論集（社会科学編)』34（3）、57-67
- 千本暁子（1999）「20世紀初頭の紡績業における母親女工とその就労継続策」『同志社商学』50 （5-6）、265-282
- 千本暁子（2008）「日本における工場法成立史—熟練形成の視点から—」『阪南論集（社会科学編)』43 （2）、 1 -17
- 中央職業紹介事務局（1928）『女工供給（保護）組合調査』
- 中央職業紹介事務局（1928）『本邦製糸労働事情』
- 津南町史編集委員会（1982）『津南町史編集資料第8集—（女工）出稼関係資料及び聞きとり—』
- 津南町史編さん委員会（1984）『津南町史（資料編下巻)』
- 十日町市史編さん委員会（1988）『手記わたしの証言（第一集)』
- 十日町市史編さん委員会（1995）『十日町市史（資料編6近・現代一)』
- 十日町市史編さん委員会（1996）『十日町市史（通史編4近・現代一)』
- 東京職業紹介所事務局（1929）『女工紹介顛末』
- 栃尾市史編集委員会（1981）『栃尾市史史料集（第二十三集）女工出稼ぎ編』
- 冨田富士雄（1986）「コミュニティの現代的意義」阿部志郎編『地域福祉の思想と実践』海声社
- 中野卓・柿崎京一・米地実編（2001）『有賀喜左衛門著作集Ⅹ（第二版)』未来社
- 中野卓・柿崎京一・米地実編（2001）『有賀喜左衛門著作集Ⅸ（第二版)』

未来社

- 中村隆英編（1997）『日本の経済発展と在来産業』山川出版社
- 中村政則（1990）『労働者と農民（文庫版）』小学館
- 新潟県（1983）『新潟県史資料編（第19巻）』
- 西成田豊（1988）『近代日本労資関係史の研究』東京大学出版会
- 西成田豊（2013）「一九二〇代の女工供給（保護）組合―「組合」の女工供給事業―」『人文・自然研究』7、4-86
- 橋口勝利（2013）「両大戦間期における女工保護組合の活動と紡績資本―新潟県における東洋紡績知多工場の女工募集―」『政策創造研究』6、101-130
- 平賀知子（1980）「新潟県における出稼女工について」『新潟近代史研究』1、37-57
- 古厩忠夫（1979）「新潟県の女工出稼ぎに関するノート」『新潟県史研究』5、56-71
- 堀之内町（1997）『堀之内町史（通史編下巻）』
- 堀之内町（1997）『堀之内町史（資料編下巻）』
- 牧村史編さん委員会（1998）『牧村史（通史編）』
- 南魚沼市教育委員会（2012）『六日町史資料編（第二巻）』
- 村岡悦子（1982）「日本製糸業における労働政策の一齣―新潟県女工保護組合の歴史と活動を中心に―」『労働問題研究』16、39-58
- 山古志村史編集委員会（1985）『山古志村史（通史）』
- 山下雄三（1978）『出稼ぎの社会学』国書刊行会
- 靹負みはる（1978）「第1次大戦後の製糸女工の析出基盤」大江志乃夫編『日本ファシズムの形成と農村』校倉書房、82-115
- 両津市誌編さん委員会（1989）『両津市誌（下巻）』
- 渡邊信一（1938）『日本農村人口論』南郊社
- 和多利三津子（1975）「大正期における女工供給（保護）組合について―製糸女工の供給形態を中心に―」『歴史評論』301、33-50

　なお、本稿は『社会事業史研究』（第52号）2017年に掲載した拙稿を加筆修正したものである。

新潟県における原始蓄積期の窮乏状況（1）

― 1880（明治 13）年からの窮乏状況を中心に―

矢上　克己

新潟県における原始蓄積期の窮乏状況（1） ― 1880（明治 13）年からの窮乏状況を中心に―

はじめに

　明治維新から明治 20 年代にかけては、資本の原始蓄積過程である。マルクスは本源的蓄積について「本源的蓄積の歴史で歴史的に画期的なものは、形成されつつある資本家階級に槓桿として役立つすべてがそれであるが、なかにも、人間の大群が突如暴力的にその生計手段から引き離されて、無保護のプロレタリアとして労働市場に投げ出される瞬間は、ことにそうである。農業生産者からの、農民からの土地収奪は、全過程の基礎をなす。この収奪の歴史は、国によって異なる色彩をとり、順序を異にし、歴史的時代を異にして、異なる諸段階を通過する。」[1] と述べている。

　新潟県では、1868（明治元）年より、戦火や洪水、大火、流行病の蔓延が相次いでいた（表1）。

　1880（明治 13）年から 1885（同 18）年にかけての経済不況および 1890（同 23）年の経済恐慌に不作や水害をはじめ各種災害が重なり、中・下層農民、漁民、下級士族および商工業者の窮乏が深刻化した。こうした中で、新潟県内の原始蓄積過程が進められた。

　本稿では、新潟県における 1880（明治 13）年から 1885（同 18）年にかけての経済不況および自然災害を背景とする窮乏状況について述べる。

　なお、貧困史の研究では日本の全体史を扱った田代国次郎の『日本の貧困階層』[2] 及び吉田久一の『日本貧困史』[3] があり、地方の貧困をとりあげたものでは田代の「宮城県発達史研究」(1-9)[4] 及び富山県の貧困をとりあげた浦田正吉の『近代地方下層社会の研究』[5] などがある。

Chapter 11

269

〈表1〉 新潟県凶作災害年表（1868年～1895年）

1868年	5月長岡で戦火により2,511戸焼失
	同月信濃川洪水
	県内凶作
1869年	10月新潟大火
	6月新潟大火、7月再び新潟大火、合わせて1,500戸焼失
1871年	7月越後水害、同月県内にコレラ流行、10月17日までに3,000人余死亡
	5月三條大火、2,500戸焼失
	8月新潟大火、約5,000戸焼失
1879年	4月信濃川反乱150余村被害
	4月信濃川洪水、県下不作
1880年	6月～7月県下水害
	コレラ流行、県下9,000人の罹患者中、死亡約6,000人
	10月三條大火、600余戸焼失
1881年	6月県下洪水
	7月信濃川洪水
1884年	5月新井町等大火、570戸焼失、8月新潟大火
	8月県下水害
1885年	6月新発田大火、2,400戸焼失
1886年	コレラ流行、県下9,000人の罹患者中、死亡約6,000人
1887年	10月三條大火、600余戸焼失
1889年	8月県下水害
1891年	7月信濃川洪水
1893年	5月新井町等大火、570戸焼失、8月新潟大火
1894年	8月県下水害
1895年	6月新発田大火、2,400戸焼失

注）『新潟県史』別編1年表、平成元年3月および『新潟新聞』より筆者作成

（1）1879（明治12）年新潟県下の窮乏状況

　米価については、1878（明治11）年の東京正米相場が年平均1石6円3銭のところ、1879（同12）年には年平均7円90銭となり、1円87銭と、3割強の急騰を示した[6]。これに新潟県ではコレラ流行が重なり、騒動が惹起された。

　以下にその概況について示す。新潟平均正米相場は1877（同）10年、一石3円44銭が1878年、1879年と4円51銭と上昇し、1880年には9円22銭と前年の倍増となる[7]。

　1879（明治12）年8月には「明治十二年八月五日新潟港内舊四五小区漁業等ノ貧民数百群ヲ為シ警察官区吏員ニ抗シ民家四戸を毀シ同湊□

ヲ閉チ街上人ヲ塡シ暴民ハ屋ニ乗リ警官ハ軒ニ隠レ巨石飛ヒ短棹揮ヒ或ハ刀先ヲ爛々タルヲ見ル暴民遂ニ威ヲ畏レ奔脱縛ニ就ク者七名トス其夜火起リ暴民等ノ家ヲ焚ク凡ソ百戸其騒擾ハ五年一揆ノ乱以来ノ始メテ見ル所ナリ実ニ異常ノ変事トス」[8]と新潟新聞に報じられ、米価騰貴とコレラの蔓延から、新潟区で困窮する漁師などにより構成された窮民集団が騒擾を惹起した。その原因として「遠因ハ既ニ米価騰貴ニ在リ近因ハ予防法過厳ノ致ス所ナリト」[9]とし、さらに、コレラ予防法過厳について「第一或菜菓物販売禁止第二或介魚類販売禁止第三漁船検査第四虎列刺患者ノ家外人通行禁止第五虎列刺患者一切避病院送付第六避病院ノ一（炎沙ノ中ニ在リ）席間（僅カ四五坪アルニ過キス）取扱（種々ノ風説アレ共未タ其確報ヲ得ス而レ共其取扱ノ不十分ナルニハ相違ナシ）ノ不完全第七焼場ノ人家接近第八患者死屍焼場ニ親戚ノ入ルヲ禁ス第九虎列刺眞假症診断ニ疑ヲ抱ク第十港口検疫所ノ所置不斉第十一魚野川及信濃川通船ノ検疫（本月二日ノ発令ニシ未タ実行スル者多カラサレ共兼テ評判ニテ）」[10]の11項目を挙げ、農民は菜菓物の、漁民は漁獲物の販売禁止は、米価騰貴の中、窮乏化に連動したほかコレラ予防の過ぎた処置に貧窮民の不満が爆発したのである。

　この騒擾に対して新潟区役所は臨時区会を豊照校において開き、当時米価白米一升8銭8厘のところを7銭4厘で貧民への廉売を決定し、新潟区書記が貧民を説諭したが受け入れられず、騒擾は拡大した[11]。

　こうした窮乏化の端的な現出に対して、管轄する新潟区当局の対応は、新潟区の書記が区内の富裕階層の慈善心や情誼を期待して拠金を募り、その金額は5,000円となり（最終的に拠金額は6,487円）、およそ1500人に白米一升に付き4銭安で販売する見込とあった[12]。コレラの蔓延はその後も続き、新潟区役所では「コレラ病予防救助有志金」を募り、この年の9月15日までに拠金は6,487円70銭におよび、とくに多額拠金者の氏名が新聞に報じられている[13]。

　こうしたコレラ騒動は新潟区だけでなく、蒲原郡の中条町、下条村、水原町、河間村でも確認されている[14]。実際には新潟県内の多くの町村で米価高騰の中、こうしたコレラ予防の過厳による影響が現われてい

たと推察できる。

1879 年の全国的なコレラの流行を機に、内務省下に設置された中央衛生会は 12 月、各府県に衛生行政強化策を提案し、新潟県はそれを受けて翌年 1 月、学務課内の衛生係を衛生課として独立させ、4 月には町村衛生委員の設置が布達され、衛生行政が整備されている[15]。

（2）1880（明治 13）年新潟県下の窮乏状況

1880 年から 1882 年にかけての経済不況によりインフレーションとなり、米価を中心に一般諸物価が急騰した。このため、小農民層、漁民、下級士族、商工業者の窮乏化がすすみ、これに、各地方では自然災害が重なり窮乏化に拍車をかけた。

以下に、インフレーション下の新潟県窮乏状況について概況を示す。1880（同 13）年 1 月になっても米価の高騰は続き、「目今米価も高値なるに時も亦厳寒にして多く貧民ノ飢寒に陥るを憐れみ西蒲原郡巻村に於ては此程南須原、笛木舘源等の諸氏を始め地主重立の有志者結合し戸長澤栗氏と相図り同村の貧民を取調ふるに差向き飢餓に迫るもの四十戸程も之あるよし」[16] と西蒲原郡巻村では 40 戸ほどが飢餓に迫ると発表され、北魚沼郡小出島では貧民 50 戸が確認され[17]、「西蒲原郡小新村にては客年水害以降より村民は殊の外困窮して居たりし」[18] と報じられ、出雲崎では「物価非常に騰貴し下等輩は窮迫を加ふるに数日間海上は荒れ漁師は一層困難を生じ中に五六日間も飲食をしないで居るものもある位にて目もあてられぬ程なりし」と米価を中心とする物価高の中、天候不良続きで出漁できない漁師の窮状を報じている[19]。

一方、従来から細民の集中している新潟区では細民の窮状について放置できない状況となり、新潟区役所では 1880 年 2 月、「貧民横七番丁○○○○外八十三二人へ粥三飯つつ日々救はるるにより昨日其鑑札を附與せらる但し一人に付き日に二合五勺の見積なりとぞ然して其掛りは区書記安藤□鵜襦氏と鈴木三十郎川島勝信の両氏にて猶細民を□取調中なりといふ」[20] と報じられ、新潟区役所の書記 3 名が新潟区内の細民について調査することになった。また、新潟区役所の書記が自ら窮民数十名

新潟県における原始蓄積期の窮乏状況（1）　—1880（明治13）年からの窮乏状況を中心に—

に米3石を施与すると報道され[21]、新潟区役所の書記が率先して施与の模範を示し、新潟区内の有力者に拠金、拠米を促したのであろう。

　実際に、この報道以後、有志からの拠金、拠米が相次いでいる。例えば「又も新潟窮民へ救助として白米一石を出されしは本町通十二番丁若月與吉氏にて金一圓を同じく出されしは古町通十二番丁の鍋谷清吉氏なり何れもは奇特の事喋そ貧民は喜悦するでありませう」[22]、「慈善者の続々顕出するは最も喜ばしきことにて又も新潟窮民へ救助ありし人々は本町通十二番丁菅野久藏（白米二石）同通り十四番丁八雲與平（沢庵漬二桶）旭町通一番丁小島録太郎（梅干一斗）にてありし」[23]「本港の綿商惣代大西治治郎氏始め外四十八名にて金百圓神宮教会所より金十圓本町通十二番丁田邊忠吉氏より白米一石新潟区書記中山勇二氏より味噌二樽を窮民へ施与せられたり例ながら□奇特の事」[24]「古町通り十三番町の鹽谷勇吉は沢庵漬一樽同通り一番町の野村豐穂は金十圓を窮民救恤場へさし出されたり」[25]「又かの貧民○○○○○へ恵贈ありしは中島さん（金一圓）山の上の某さん（金五十銭）新道八番丁森田屋より（白米一斗味噌一貫目）同所八番丁若井屋より（會津炭一俵金十銭）名前知れさる某さん（米一斗）でありたり」[26]などである。

　こうした矢先、8月に、新潟区は大火に見舞われ約5,000戸を焼失した。「貧民の困難は即ち困難なりと雖ども救恤能く行届き且つ有志者の盡力に依て人間必需の米価の騰貴を牽制せし故に先つ米価は据りの姿なるを以て人気も稍々落付きたり又た出火後は人夫の日料頗る高く大工木挽か一日五十銭以上手間取りが一日四十銭位なれば貧民の困難も少しは薄かるべし又た本港の材木屋は非常の騰貴を望んでの故か品切れなりとて需めに應せず強いてこれを求むるあれば非常の高値に言いかけしが此頃官林拂下げ云々の足音を聞き込み大に失望したりぞ憎むべし」[27]と報じられ、大火後人夫の日稼ぎ料があがり貧民の困難は薄まると述べられているが、火災罹災者や働く能力がなく就労の叶わない貧民は却って一層の窮乏化を招いた。大火による罹災者救済のため、有志による救済が展開されることになる。例えば「南部信近君が去る八日より白米一升十一銭つつに売出されたるは既に號外に掲載せしが又た作二十日には一

人に白米三升を限り一升八銭つつの割を以て売り出されたるか故に門前に非常に雑踏せり尤もこれは昨日一日限りのよし」[28] と有志による米の廉売をはじめ、新潟新聞には「今回の失火に付罹災人へ救恤せし慈善者は」[29] の書き出しで金1円以上の拠金者の氏名を掲載している。さらに、国内有力企業の三菱会社と県内有力企業の新潟物産会社による罹災者救済があった [30]。

　新潟区役所では有志による施与金をもとに罹災者救済を行った。「焼け出されの窮民共へ與へられし焚出米は最初十五日間は握飯なりしも餘り乞者の大勢なるより中々長い間継ぐべくもあらされば其後じゃ粥と改めしが是も亦た去る二日切りにて一先廃られたり然るに今まで焚出を仰ぎし者の内にて未だ渡世の業もなく即時飢餓に陥る程の者も多ければ如此者の内にて極々の貧乏者に限り一昨三日区役所より有志施與金の内より二千圓丈を割賦させたり其貧乏中極貧なる者のみにて其數無慮五百三十四戸人口二千五十人なりし右割賦の法は二千圓を七分三分の割にて二つに別け三分を以て戸数に付け七分を以て頭数と定め右戸数割にして一戸の所得金一圓十二銭二厘となり人口割は一人六十八銭八厘となりたり外に焼死人六名（即死三入院後死三）へは金七圓つつ分てりといふ」[31] と報じられ、罹災窮民534戸、2050人を救済した。その方法は一戸あたり1円12銭2厘、一人あたり68銭8厘の救助金で、焼死者には金7円を手当てしている。

　この年の12月になっても物価騰貴が続き、貧民の生活難を招いた。12月は沢庵漬けの漬け込の時期であるが、塩と大根が殆ど平年の幾倍と云う高値で仕込みも出来ない状態であった。これに同情の念をいだいた新潟区内の2人の有志が市内5カ所で塩1升に付1銭何厘つつの割安で販売すると、報じた [32]。さらに、「爰に本港西堀通り五番町寄留の本縣士族□□□□氏は曩に獄丁を奉職し勤務中何か不都合の廉ありとて免の字を蒙むられしも追々改心して先つ第一着に方今の物価騰貴に際し貧民の困難を憂へ今度区役所の許可を得て十七番丁高橋治太郎の土蔵の前にて白米一升に付き一銭二厘安の割合を以て貧民へ売渡さるるとは新聞屋も感心いたします」[33] と報じられ、「日外の新聞にも書載ました本港

の貧民（三十戸許り）ども区役所より一戸に付き金五十圓つつお貸し渡しになりたれば貧民どもは早速湊町通り四丁目浅草観音さんの門前地へ居宅を新築せしかば最はや普請も出来上り表家七戸丈けは一昨十三日引移りも済みたれば一同は喜こび合ひお上のお情けは有難きなどと嬉し涙を盈せしは所謂る小人は使へ難ふして喜はしめ易しの譯ならんか」[34]と報じられ、新潟区役所が救済に乗り出している。

　さて、今回の新潟区大火の被災者には西堀、豊照、鐘渕の三校が避難場所とされていたが、長期にわたって学校を休業するわけにもいかず、新潟区役所は避難した罹災者のために救助小屋を設置することになった[35]。12月下旬、芳町豊照校前に四棟のうち2棟の御救い長屋が完成し大部分の貧民はここに引き移った[36]。ところが12月27日にお救い長屋4棟のうち1棟が降雪により押し潰れ、死傷者がでた[37]。この災難には地区の役員の外近在の住民が救援に当たり、区役所では死亡者1人には金7円、負傷者4人には扶食料の手当てを行う、と報じられた[38]。

（3）1885（明治18）年新潟県下の窮乏状況

　1880（明治13）年以降の経済不況の影響が深刻化するのが1885（同18）年である。農業、工商を問わず経済不況の影響を受けるが、農民は経済不況に1884年の不作、1885年の水害などの影響が重なり厳しい状況に追い込まれ、また、漁民も連続する不漁で苦しみ、工商に関わる人々も経済不況による物価の値下がりで苦境に陥った。とくに、農民は1881（同14）年から紙幣整理が開始されると、デフレーションに入り、米価を含む一般物価が著しく低落した。農家は米価の惨落により、地租の負担が高まり、その上、商品経済の浸透した農家にあって、一般物価は米価に比し低落の幅は少ないため、農業資材（種、肥料、農具など）や一般必需品の購入も困難となり、こうした状況に水害が重なり農家経済は破綻を来し、1883（同明16）年には農村不況により農地異動が激増し、翌年にはさらに状況は悪化し、農村恐慌を呈した。小作農および大地主が増加し、農民層の分解がこの時期に顕著に進むことになった[39]。すなわち、地主と小作へ、一方では手作地主（豪農）と零細な兼業農家

への顕著な階層移動がみられた[40]。新潟県の地租納入の動向よりみる
に、地租5円以上10円未満の納入者である中小地主が1882年に指数が
107.7のところ、1883年には102.3に、1884年には98.7、1885年には
93.5、さらに1886年には86.5と著しく減少した。それに比べ地租10円
以上納入の大地主は1883年の指数100から1884年は102.3、1885年、
98.7、1886年には101.6で、中小地主が激減しているときに微増を示し
ている（表2）。中小地主が没落し、その所有地が大地主の手に移管さ
れ、新潟県全体で小作地率が1884年に55.3％となった[41]。小野による
と新潟県内では、一万円以上所有地主が明治17年度から同18年度への
推移は341人から394人と53人の増加を示し、さらに、十万円以上の
地主では11人より14人へ増加している[42]。中小の自作農が農業恐慌
により所有地を失い、その土地は大地主に集中し、新潟県に巨大地主が
誕生することになった。

　こうした経済恐慌を背景に、下級士族、零細農家、小商工業者が貧窮
に極まるなかで投身、縊死、心中、餓死、乞丐、浮浪者、倫児、身売
り、出稼ぎ、向都して下層労働者、北海道へ移住、海外移民などの増加
となり、広範に救済の客体が創出された。

〈表2〉　地租納入人員の推移（新潟県）

年　　次	1880	1881	1882	1883	1884	1885	1886	1887	1888	1889	1890
地租5円以上納入	94.7	94.8	107.7	100	98.7	93.3	86.5	88.9	93.5	91.0	80.5
地租10円以上納入	102.5	102.5	102.1	100	102.3	98.7	101.6	103.8	103.6	101.6	100.3

注）新潟県『新潟県史』通史編6、近代1、新潟県、昭和62年 p.716 図 155 より筆者作成

　以下に、デフレーション下新潟県の窮乏状況について概況を述べる。
　1884年12月、「小作人民　三島郡道半村の小作人民が去月押詰めに
何か地主へ嘆願する處ありとて鎮守神明宮社内へ屯集して協議をなした
るよし切迫の頃ゆえ未だ詳報は得ざれど竹槍蓆旗などの大業な事にはあ
らずと云ふ」[43]と経済不況と不作に喘ぐ小作人が地主への嘆願を協議
したもので、明らかに深刻な農村恐慌を裏付けるものである。同じ頃南
蒲原郡加茂町においても「…貧窮の状は現世からなる餓鬼道の中には夫

が永々の病苦に僅少の家財も売盡し着する夜具さへ綿ならぬ一重莚を打ち掩ふ傍に三四人の小児は飢き腹に堪兼てせがむを母は慰めつ蛍に均しき孤燈の下に寒さもいとど志みじみと明日の粥の代作る草鞋の緒さへ心さへ細き世過も渡り兼たる年の瀬を寒さと飢に泣く乳児を見るに付けても猶更に身の浮計り哀さを思ひ遣るさへ愈増る貧苦の実況つくつくと…」[44] と悲惨な貧民の窮状が掲載されている。南蒲原郡三條町では施米を乞うもの200余名が確認され [45]、「飢渇に迫る　古志郡黒澤村邊は平常に水害多き村なるに昨年の霖雨続きて非常の悪作なりし為め農民は何れも菜色あるのみならず既に炊きの煙も揚げ得ず殆んど飢渇に迫る貧民数十戸に及び惨状見るに堪ざるほどなりと」[46] と発表され、新潟区でも貧民等が区役所へ救助の儀を嘆願し [47]、以後同区では給与の嘆願者が増加する傾向にあり [48]、同年2月ごろには救助出願者が400余名に増大した [49]。西蒲原郡栗生津村では窮民百余名と把握され [50]、中蒲原郡新飯田村でも「…貧民多くして近来の不景気殆ど餓死せんとする者あれば…」と村内の貧民の苦境が報じられ [51]、南蒲原郡島切窪村は「…戸数凡そ七拾戸計りの村落にて大半は皆な見附町より古志郡栃尾町へ諸荷物を背負へて駄賃取し細くも其日の糊口を凌ぎ來りしが近頃同所邊も矢張り世の不景気に伴れて碌々商法もなきより自然と駄賃取する荷物もなく加ふるに昨年の不作にで何れも細民等は日々の糊口に差閊ひ居り見るに忍びざる程哀れなる惨状を極むる者を此儘捨て置かば終には道路餓莩を見るの有様に陥るべしとて此程同所最寄村々の慈善家が夫々白米を施與したりといふ」[52] と報じられ、中蒲原郡茅野山、城所、袋津等の諸村は「昨年来の不作且つ不景気の為め貧民の飢餓に迫るもの数多あれば」[53] と、北魚沼郡小千谷町では「小千谷の貧民　各地とも不景気の為め陸続貧民の出ることは屢々記載する所なるが…町よりの逓信に據れば同地の貧窮民も追々糊口に差閊へ此程では毎夜面を掩ふて富豪の檐下に立ち餘物を乞ふ者数名…」[54] と報じられている。

　以上のように1885年に於いては月日を追うごとに窮乏状況が深刻化し、7月には中蒲原郡山崎興野外十四ヶ村では、「…戸数凡七百四十余戸にて村役所は現今山崎興野村の中央に設けあるが配下の村々は當然両

度の水害を蒙りたるが上に気候の不順なる為め稲苗仕付等の出来ざる故
畑方にては例年に増して大小豆の培養に熱心し一層耕作に力を盡し充分
なる肥料を施して播種せしは實に六月中旬の頃なりき然るに漸く大小豆
の發生せんとするの際又々先頃洪水の害を蒙り大小豆は云ふも更野菜の
如きは皆之が為に枯槁に屬し不景気窮迫の折柄農民は名尚ほ一層の困難
を来し牛蒡の葉さへも已に食料に充て盡し辛くも居村及び堤防続きに發
生する俗にチンバコと云ふ野草もて一時の飢餓を堪へ忍び居りしも夫さ
へ今は採り盡して如何とも生計の道立るに由なく遂に去る八日頃より村
民相通して九日の夜は一同山崎興野鎮守社内に集合し種々協議の上第一
公税延期願、第二儲蓄金拝借願、第三救助米願（一日一人に付六十歳以
下の者は三合、六十歳以上の者は二合）の三ヶ條を願出することに決し
…」[55]と不穏な動きをするまでに貧窮民は追い詰められていた。

　三島郡寺泊では「本年鰯の不漁なる為め漁夫等は一層の困難を来し近
頃は稀れに他魚の獲物あるも不景気の為め直談の低廉なるを以て一日の
漁獲以て一日の米料に充る能はず日を追ふて窮迫し殆んど飢餓に瀕死た
るが啻に漁夫のみならず職工日雇の者共に至るまで同様困苦の域に陥り
何程労力の度を増も到底活計を営み難きを以て皆な轉ずし山に入り苦芋
（方言トコロ）或ひは蓬草等を採取して食用に充て來りしが早速夫等も
大抵食盡したるより今は坐して餓死を待つの外ナキ惨状を呈したれは重
立等が憂慮し種々救助の方法を協議中去る九日午後二時頃より俄然貧民
凡七八百人海濱或は社ないへ集合し其筋へ救助を乞はんと評議を為し容
易ならざる擧動を示しかば…」[56]と報じられ、「中蒲原郡内は他郡に比
して一層困難に陥り町村の十の七八は公税を納めず且つ過般の霖雨洪水
の為めに中の口筋は新飯田村より鷲の木村まで信濃川筋は菱潟村より同
鷲の木までの間は田畠と一圓水害を被り市しので益々困却し此の分にて
は到底生活の目途なしとて他郡へ出稼ぎを為さんと評議し居るものもあ
り中には遠く南蒲原郡田上村及び羽生田村等の山々へ登り「かての草」
とか唱ふる嫩草を摘取る者多くあるよし又同郡中川村論瀬村等にては村
民過半糊口に苦む有様なれば戸長議員等の協議にて夫々救助の方も立し
が先づ何より倹約と云ふことが肝腎なりとて村内規約を設け新たに衣類

を買入るべからずとの箇條を始め他數條を定めて各々調印したりと聞く」[57]
と報じられ、「中蒲原郡小須戸町にては窮民追々數を増し十中二三は糊
口に差支ふる惨状なれば些少なる地方税さへ上納すること能はず鋳瓶茶
釜などを戸長役場へ持往きて税金の抵當にせられんことを嘆願する者あ
るので可笑も亦気の毒なりと」[58]と、納税に苦しむ様子が窺える。

　中蒲原郡酒屋村でも窮民数十名がある家へ集合し同所金融会社へ迫り
て金員を強借せんなど余程不穏の擧動…」[59]と報じられ、さらに、後
報で同金融会社へおよそ金700円を無抵当で借用したい意向で、同社へ
嘆願書を提出した。この出願に対して、同会社は惣代の者を労いつつ、
本社の規則に無抵当に金圓を貸し渡すの厳禁であるため20日を期して
再び来るようにと伝えた。しかし、窮民らは期日に会社に出向いたが同
社社員がおらず回答をえられず、次は積立の村内予備金を借りられない
かと頻りに相談中と、報じられた[60]。

　嘆願書
　一今般私共近來貧困に付職業をいと營み兼ね身代難立行當惑仕無據一
同相談の上いろいろ職業の手段に及ひ候得共何共致方も無御座無餘義此
度當會社へ一同金員連借願出候間何卒格別の御盡力を以て右の金圓連借
御聞濟被成下度因て私共此末銘々精々職業を務め急度御返金候に付聊か
御迷惑等相掛申間敷候間此段厚く御相談を以て御引立之程一同伏て當會
社へ出願候也
　　明治十八年七月十八日　　　　　　　　　　　　　　一同連署
　　　中蒲原郡酒屋會社御中

　西蒲原郡金巻村では、およそ200余名の貧民が7月22日夜より同村
諏訪神社の境内へ集合し、向こう3ヵ月の救助米を戸長役場へ強請の動
きがあり[61]と報じられ、「南蒲原郡加茂新田近傍は一昨年來の水災にて
困難を極め居るが上に打續き本年の霖雨洪水にて田圃ともに潦水瀰漫し
麥作は勿論蔬菜を悉く流失したるのみか少く水の減したるを見て種を下
せし稲苗も去月日以來の出水にて澆溢れ堤決し十里一望湖海の如く未だ

に水の引□ざれば残らず腐損し到底秋収の目的なく且つ人家大抵は床上りを為し居る体にて近隣への往来も舟楫を借らざれば能はざるゆえ運輸の便硬と絶え一層困難の□に沈淪せり加之人民過半は食物盡きて堤上の青草を採食ふ程なれば皆な破堤の箇所を修繕せんにも力減じ工事自ら捗取らず又其甚しきに至ては絶食既に数日に者あり此の儘にて今一ヶ月か二ヶ月も過ぎたらば陸続餓死し所謂餓莩路に横はるの惨況を見るに至るべし…」[62] と惨況が報道され、中蒲原郡、西蒲原郡および南蒲原郡の3郡の窮民数はおよそ23,530人で、これを全県下に推測すると県下に45,060人と算定されると、報じられている。[63]。算定基準が不明であるが、新潟県下に45,060人の絶対的貧困者が確認されたのは注目される。この後に続く圧倒的多数の窮乏層が経済変動や自然災害などに遭遇すればたちまち絶対的貧困層に転落するのである。西蒲原郡内野村では窮民30余名が戸長役場へ救を強請し、その内容は第一救助米を乞う、第二学校廃止の事、第三免税を乞うというもので、戸長は実地窮民の数を調査の上西蒲原郡へ救助法を上申中、と報じられた[64]。

　古志郡川西邊では「過日の水害に罹りたる古志郡川西邊其の他の貧民等は堤防等も潰決したれば今は雑草の類までも盡き果て飢餓に迫り頃日は長岡町へ押し出し堤防其他郊地より貫屬地邊路傍に生へ茂りたる車前草と俛ふる草を採り糧となして漸く飢に充て僅かに生を保つ由にて既でに該草も早速採り盡したりといへり」[65] と報じられ、絶対的貧困の様相が窺われる。「當港を距ること一里餘に過ぎざる西蒲原郡小新村にて昨日貧民数十名が神明社内に集會し救助米請求の儀を相談に及び稍々不穏の状ありしが内野分署より巡査が二名出張し且つ當警察署へも飛報ありしを以て市橋警部補が午後七時過ぎ至急出張せしと聞きしが委しき様子は次号に記すべし」[66] と報じられ、新潟港下町の窮民80名は7、8日前本庁通14番地碇谷新五郎方に集合しこのたび区役所より配布された諸税は、目下困迫の折柄、到底完納が難しいため半額だけ二ヶ月間の延納を請願することにし評議一決し調印も済んだという[67]、さらに、「下町一帯の實状を精しく探りしに同町邊の漁夫一同は當時漁業は可なりある方なれど何分魚問屋への売口非常に廉価なる為め喰込多く且つ船

大工家大工の如きも殆んど仕事のなきこと三十日餘に及べるより家財道具など手當り次第賣り喰ひにする有様なり」[68]と漁民や大工らの窮状が報じられた。

　こうした新潟県下の窮乏化に対しての救済については、南蒲原郡加茂町戸長古川保吉は貧民の家業も閑にして、いよいよ窮迫にせまる貧民を憐み、臨時町会議を開き貧民救助規則を議定し、また有志者に説いて義捐金200円を集め、あらかじめ貧民を五等に分け町内の組親に命じて組内の極貧者を書き出させ、書記2名を2回にわたって派遣し、各貧困者の実況を視察させ、最後に古川戸長自らも小使を案内として密かに貧民の家内の様子を窺っている。同町では、まず貧民の等を分け、一等の極貧者13人、その他の合計70人余を12月30日の夕飯後に一同を戸長役場に集め、それぞれに施与した金額は一等貧が一戸2円50銭宛で総額は120円余で、施与金は本人へ直に渡すことはしないで、米屋に渡して漸次米を貧民宛に仕送らせて、施与金を無用に費させないようにしている。また70余人中には身の懶惰より招いて貧困に陥った者には今後の勉強を厚く教戒した。なお義捐金の80円余の残金は1月頃に、市中の景況によって施与する見込で、これでも窮状が改善されなければ、止むを得ず救助規則によりて義捐金を徴収するつもりとある。また古川戸長は役場の事務をかなり簡易にして、役場吏員を減じて、その費用を町民のために充てる措置を採っている[69]。

　南蒲原郡三條町近傍での貧民救済では、郡役所詰某氏が困窮の状見るに忍びないとし有志と議り12月中、三條町へ救民救助所を仮設し、一戸に米5合づゝを施与すべき旨報告したが、10日にもならないうちに施米を乞う者が200余人と多数になり、12月中に一端閉所し、尚某氏は再び有志を募集して更に救民の法を計画中なりとある。[70]西蒲原郡粟生津村では窮民百餘名の救済のため、村内の重立なる有志による施米があり、戸長は拠米した有志のリストを役場の入口に貼出している。[71]

　新潟区でも貧民が区役所への救助嘆願に詰めかけたが、安田新潟区長は2月はじめ区内の重立の面々を呼び出し、貧民救助の儀を協議し、第四国立銀行その他重立より義援金を拠出し向こう1カ月半救助すること

にし、2カ所の救助場を設け3歳以上の男女へ1日1人につき米3合宛を施与する由、と報じられた[72]。その後、新潟区では本港内窮民で区役所へ救助を出願する者400余名となり、窮状を取調べのうえ、要救済の窮民のみ123戸を区役所へ召喚し、安藤区書記が懇々説論を加へ3才以上の者へ向ふ30日間1人に付き3合宛（救済人員492人1日分米1石4斗7升6合なりと）を施与する、と報道されている[73]。施米の救助期間が当初の1月半から30日に短縮されているが、それは救助嘆願者の増加によるものと推察される。

　以上みてきたような新潟県下の窮乏状況に対しての行政当局の救済スタンスは、先ず、富裕者の慈善心や情誼に依存するもので、有志の義援金や拠米を集め、貧民の状況を調査し、米の廉価販売や施米、施粥などで救済する仕法を採るのが常であった。第二は、貧窮の原因は、制度変革や経済変動による社会的なものではなく、個人の節約と勤勉に欠けていたとする個人的貧困観が支配的であった。そのため、新潟県内では1884年5月、南蒲原郡天神林村の「倹約議決書」の設置をはじめ、翌年には農商務省や新潟県の後押しを受けて、県内各村あるいは何ヵ村共同で済急趣意の契約書を設けている[74]。しかし、それは直面している農村窮乏の改善や解決に結びつくものではなかった[75]。さらに、国費救恤の動向は表3に示すごとく、1885年には前年の救済人員総数が48人から113人と約3倍となったものの、こうした対応が新潟県内の深刻かつ広範な窮乏状況の出現に実質的な意味を持たないことは明らかである。そのため、新潟県内では民間人による各種救済が成立することになる。（続く）

　なお、本稿は拙稿「新潟県における原始蓄積期の窮乏状況（1）」『草の根福祉』第45号、2015を加筆修正したものである。

〈表3〉　新潟県の国費救済人員（1880年〜1887年）

年　次	1880年	1881	1882	1883	1884	1885	1886	1887
総　数	53	53	49	43	48	113	136	114
棄　児	41	43	41	35	30	30	31	32

注）『新潟県統計書』より筆者作成

新潟県における原始蓄積期の窮乏状況（1）　—1880（明治13）年からの窮乏状況を中心に—

【注】

1）マルクス著エンゲルス編向坂逸郎訳『資本論』（3）岩波文庫 1969、p.343

2）田代国次郎『日本の貧困階層』童心社、1968

3）吉田久一『日本貧困史』川島書店、1984

4）田代国次郎「宮城県社会福祉発達史研究（1-9）『東北福祉大学論叢』第 7-15 号 1968-1976

5）浦田正吉『近代地方下層社会の研究』桂書房、1994

6）中澤辨次郎『日本米價變動史』明文堂、昭和 8 年 pp.294-301

7）新潟県農地課編纂『新潟県農地改革史　資料』（5）地主資料篇、新潟県農地改革史刊行会、昭和 32 年 p.4

8）「本港舊四五小区人民暴発ノ原因」『新潟新聞』明治 12 年 8 月 7 日

9）前掲 8)

10）前掲 8)

11）「頑民暴挙の景況」『新潟新聞』明治 12 年 8 月 7 日

12）「貧民救助及び予防方法に就て」『新潟新聞』明治 12 年 8 月 8 日

13）「コレラ病予防救助有志金区役所にて九月十五日迄の取調」『新潟新聞』明治 12 年 9 月 19 日

14）新潟県農地課編纂『新潟県農地改革史　資料』（2）農民動静資料篇、新潟県農地改革史刊行会、昭和 32 年 pp.182-185

15）新潟県『新潟県史』通史編 6、近代 1、新潟県、昭和 62 年 pp.544-554

16）『新潟新聞』明治 13 年 1 月 22 日

17）『新潟新聞』明治 13 年 2 月 13 日

18）『新潟新聞』明治 13 年 2 月 14 日

19）『新潟新聞』明治 13 年 12 月 30 日

20）『新潟新聞』明治 13 年 2 月 8 日

21）『新潟新聞』明治 13 年 2 月 13 日

22）『新潟新聞』明治 13 年 2 月 14 日

23）『新潟新聞』明治 13 年 2 月 15 日

24）『新潟新聞』明治 13 年 2 月 19 日

25）『新潟新聞』明治 13 年 3 月 16 日

26）『新潟新聞』明治 13 年 3 月 23 日

27）『新潟新聞』明治 13 年 8 月 21 日

28）『新潟新聞』明治 13 年 8 月 21 日

29）『新潟新聞』明治 13 年 8 月 21 日

30）『新潟新聞』明治 13 年 8 月 26 日

31）『新潟新聞』明治 13 年 9 月 5 日

32）『新潟新聞』明治 13 年 12 月 4 日

33）『新潟新聞』明治 13 年 12 月 15 日

34）『新潟新聞』明治 13 年 12 月 15 日

35）『新潟新聞』明治 13 年 9 月 5 日

36）『新潟新聞』明治 13 年 12 月 24 日

37）『新潟新聞』明治 13 年 12 月 29 日

38）『新潟新聞』明治 13 年 12 月 30 日

39）楫西光速他『日本資本主義の成立Ⅱ』東京大学出版会、1956pp.441-495

40）前掲 39）p.461

41）前掲 15）p.716

42）小野武夫『現代日本文明史―農村史―』第 9 巻、東洋経済新報社、昭和 16 年 pp.67-69

43）「小作人民」『新潟新聞』明治 18 年 1 月 5 日

44）「貧民救助」『新潟新聞』明治 18 年 1 月 8 日

45）「是も亦」『新潟新聞』明治 18 年 1 月 8 日

46）「飢渇に迫る」『新潟新聞』明治 18 年 1 月 14 日

47）「窮民取調」『新潟新聞』明治 18 年 1 月 27 日

48）「貧民救助」『新潟新聞』明治 18 年 2 月 5 日

49）「救助米配與」『新潟新聞』明治 18 年 2 月 8 日

50）「窮民救恤」『新潟新聞』明治 18 年 2 月 4 日

51）「金米の施與」『新潟新聞』明治 18 年 2 月 10 日

52）「農民の困迫」『新潟新聞』明治 18 年 2 月 22 日

53）「施與彙報」『新潟新聞』明治 18 年 2 月 22 日

54）「小千谷の貧民」『新潟新聞』明治 18 年 4 月 7 日

55）「人民不穏の詳報」『新潟新聞』明治 18 年 7 月 14 日

56）「漁夫不穏」『新潟新聞』明治 18 年 7 月 14 日

57）「農民の惨状」『新潟新聞』明治 18 年 7 月 14 日

58）「納税に苦しむ」『新潟新聞』明治 18 年 7 月 15 日

59）「窮民不穏」『新潟新聞』明治 18 年 7 月 21 日

60）「酒屋村窮民不穏の祥聞」『新潟新聞』明治 18 年 7 月 25 日

61）「貧民集合」『新潟新聞』明治 18 年 7 月 23 日

62）「飢餓に迫る」『新潟新聞』明治 18 年 7 月 23 日

63）社説「濟世意見（接前號)」『新潟新聞』明治 18 年 7 月 25 日

64）「内野の貧民」『新潟新聞』明治 18 年 7 月 25 日

65）「窮民草を食ふ」『新潟新聞』明治 18 年 7 月 25 日

66）「貧民集合」『新潟新聞』明治 18 年 7 月 25 日

67）「納税延期の嘆願」『新潟新聞』明治 18 年 7 月 26 日

68）「下町の窮民」『新潟新聞』明治 18 年 7 月 26 日

69）前掲 44)

70）前掲 45)

71）前掲 50)

72）前掲 48)

73）前掲 49)

74）前掲 15) pp.710-712、新潟区の有志らが区長に貯金をもって窮民救助
方法ご認可願いを提出している「窮民救助法」」『新潟新聞』明治 18 年 8
月 11 日、南蒲原郡加茂新田他近村では村内の貧窮者が多数のため、村内
の重立のみにて救助することは出来ないとして戸長及び有志が「節倹盟
約書」を発布している「窮民の惨状」」『新潟新聞』明治 18 年 8 月 13 日、
中蒲原郡黒水村外十ヶ村では戸長が 5 名の惣代を招集し農商務省の濟急
趣意書に基づき「濟急申合」を評決する「濟急申合」」『新潟新聞』明治
18 年 8 月 21 日、中蒲原郡橋田村戸長及び重立が協議の上「節倹法」の
規約を設ける「一村の規約」」『新潟新聞』明治 18 年 8 月 21 日、南蒲原
郡見附見附新町嶺崎村の人民一同は「節倹勤勉儲蓄の條欵十ヶ條を設け

る「見附人民の申合」『新潟新聞』明治18年8月30日、刈羽郡上高柳
組二十一ヶ村では各村の重立が協議し窮民救済のため勤倹共會を設ける
「勤倹共會」『新潟新聞』明治18年11月11日。

75）農商務省の済急趣意書について、新潟新聞の論説員が社説で「目今窮
困ノ甚シキ既ニ眼前ノ衣食ニ窮シテ最早ヤ勤倹ス可キノ餘カナク又タ貯
蓄ス可キノ餘資ナキヲ如何セン」と批判している。「大槻書記官ニ望ム」」
『新潟新聞』明治18年7月29日

新潟県に於ける原始蓄積期の窮乏化状況（2）

― 1890 年の経済恐慌下の窮乏状況を中心に―

矢上　克己

1. はじめに

資本主義社会の構造的矛盾として、近代的な貧困問題が大規模に出現するのは 1890（明治 23）年に起こる一般的過剰生産恐慌[1] あたりからで、都市、地方を問わず貧農層、下級士族、職人、中商工業者を窮乏に陥らせた。

1890 年の恐慌による窮乏化の様相は例えば、桜田文吾が新聞『日本』（1890 年 8 月 29 日）に『貧天地』（東京）と、大阪府下を調査した「大餓寒窟」がある。また、警視庁により東京府下を対象とする貧困調査が実施され、それは『国民新聞』（1890 年 6 月 15 日〜 20 日）に連載されている。これらの外、各種の新聞、雑誌等に貧困問題が盛んに取り上げられた[2]。このように、貧困問題は一部の地域ではなく、全国的な問題として出現したのである。

なお、この時期の貧困史の研究では日本の全体史を扱った田代国次郎の『日本社会事業成立史研究』[3] 及び吉田久一の『日本貧困史』[4] があり、地方の貧困をとりあげたものでは田代の「宮城県発達史研究」(1-9) [5] 及び富山県の貧困をとりあげた浦田正吉の『近代地方下層社会の研究』[6] などがある。

新潟県では、原始蓄積期の 1880（明治 13）年から 1885（同 18）年にかけての経済不況期に於ける窮乏状況[7] が回復されないうちに、1890（明治 23）年、一般的過剰生産恐慌となり、市街地、農漁村部を問わず貧農層、下級士族、職人、中小商工業者が窮乏化した。本稿は 1890 年の経済恐慌下の新潟県内の窮乏状況について、『新潟新聞』を基礎資料としてまとめた。

2. 新潟県県下の窮乏状況

(1) 1890（明治 23）年新潟県下・郡部の窮乏化状況

本稿では便宜的に、郡部町村の窮乏化動向と救済活動の活発に行われ

る新潟市の窮乏化とに分けて述べる。

先ず長岡町の窮乏の動向をあげると、同町内の貧民が例年雪下ろしの賃作業を行っていたが、本年は薄雪のため、雪下ろしの賃作業がなく、米価の高騰と相まって困窮に陥り①、長岡地方の丁持日雇者は経済恐慌で丁持ちの日雇作業がなく、そのため丁持日雇の賃金を何割か上げられないかと相談中とあり②、同町では経済恐慌の影響で木綿機織工場の経営が悪化し、女工場、綿六工場、阿部忠工場など職工十名内の零細工場が8日より機工女を解雇し、女工の失業が数百に上った③。

2月、新潟県内の各村とも小前農民らは米価の騰貴により困窮を極め、地主へ小作米の延納を哀願している⑤。さらに、昨年の米穀不作と経済不況により、少数の大農は収益を増したが、多数の小農は金融逼迫により購買力が低下し却って困難な状況に陥り⑥、農業恐慌を呈した。

南蒲原郡前谷村の飯田地区では前年秋の出水により田畑の不作となり、小作人らは協議の末、地主に小作米の減額願いを出し、こうした小作騒動の動きは同郡江口村や曲谷村で起きている⑧。

米騒動が県内各地で勃発し、4月17日、西頚城郡能生町では貧民五百余名は蜂起して町内の米商を襲い⑪、三島郡西越近郊では4月、米価を中心とする種物価騰貴のなか豪農は在米の売り惜しみを行い、催眠は非常な困難に陥り、毎夜何者かがすること度々で不穏な状態にあり⑫、長岡町で6月に至り定期米価格は下落の気配だが正米は尚騰貴に向かい白米直営業者は品切れを告げ、貧民は悲惨な状態に陥り、ために豪農豪商への強盗あるいは押借りに入るなどの浮説流言があり、不穏な状態で㉒、同月柏崎町では細民ら7、8百人が回漕店、米穀問屋など襲い㉜、6月28日、佐渡夷町の細民五百余名が蜂起し、米穀の津止めに反対した米仲買商らを襲い、㉖続いて6月29日から7月1日にかけて佐渡相川で暴動が勃発し、暴動参加者は2,000名から3,000名に及び、破壊された回船問屋、米商、富豪は19か町村73戸に及ぶ㉘、㉙、㉚、㉛。さらに、出雲崎町㉝、北蒲原郡水原町㊵及び中蒲原郡鬭山村で不穏な動きがみられた(65)。

三島郡寺泊町の細民は不漁と米価高騰により衣食の料にも差し支える

惨状となり、同町の有志者の義捐があり、救済対象は 300 戸、人員は 1,000 人に上り㊳、北蒲原郡葛塚村貧民は米価高騰で日々の糊口を凌げない状態となり、同村の有志者が申し合わせし、貧民三百余名に白米を施与することになった㊺。6 月、中蒲原郡橋田村では同村の重立 5、6 名が貧民救済に当たり、施米対象 80 余名、米の廉価販売 30 余人とし、6 月、同郡新津町では町長をはじめ町内の有志義捐して貧民救済にあたるが、金穀の施与と併せて、貧民を使役して救済する方策をとり、その救済対象人員は 1 日平均百二三十人とあった㊶。同郡亀田町では、6 月、同町の重立ちらが救済に当たり、救済貧民は 70 余名とあった。西蒲原郡七穂村では貧民 30 餘名が集会し総代を立て、米価高騰と無職のため糊口に差し支え村役場に救助を願い出㊾、実際の救済対象人員を 130 名とした㉓。さらに、同村では学齢児童 350 名のところ、就学児童は 30 余名に過ぎず、約 320 名の児童は不就学状態であり㊿、米価高騰と経済恐慌が学齢児童の生活に大きな影響を与えていた。こうした状況は同村に限ったことではない。

　岩船郡村上町では士族数名が非常の難渋に陥り、放置すれば餓死に至る状態で、同地鮭産養育所は困窮士族救済のため協議した㊿。

　漁民も米価高騰と不漁のため困窮に陥り、刈羽郡中濱村、下宿村の漁民は餅草、オンバコ等の野草を米麦と練り合わせ団子として食する惨状であった㊷、㊸。こうした状況は両村だけでなく、漁村に於いては、米価を中心とする諸物価高騰のなか、不漁が長引けばそのまま生活破綻に直結し、飢餓が迫ることになる。

　以上のように中小農民をはじめ漁民、職工、士族さらには学齢児童まで、米価を中心とする諸物価の高騰と経済恐慌により広範に窮乏化したことが窺える。

① 「古志郡長岡町では年々積雪の為め人家雪下し人夫の入費 1 万円余を要し、貧民が冬期の糊口を凌ぐに充分であったが、本年は薄雪のため雪下ろしの必要がなく、加えて米価騰貴で同町貧民は活路を失い頗る困難な状況にあると、報じられる[8]。

②「古志郡長岡地方の丁持日雇者は米價日に高値なるに日雇賃金は舊の如く且つ運輸の貨物を始め雇入る者少なく活計に困難のあまり這回何割づつか賃金を増すことに相談中なりと[9]」

③「古志郡長岡地方では木綿機織非常の不景気を来たし、収支が悪化し女工場、綿六工場、阿部忠工場を始め十名以内の工場共去る8日より機工女一同解雇となり、失業婦女子おおよそ数百名という[10]。

④刈羽郡善根村の中澤常治は長岡町の大道長安の救世教を信じ益々仁術の心あるをもって昨年の2、3割減の不作と米価の高騰により窮乏化した極貧民40人余を呼んで年取り米として1斗升に1杯宛を施与し、また、同村長山岸繁作も救世教を信じ、村内貧困者に金穀を与え、無業者に職を与えている[11]。

⑤米価の騰貴により各村落の小前農民は頗る困難を極め、地主への小作米納入の延期を哀願している[12]。

⑥「昨年米穀の不作より忽ち米價の騰昂と為り経済社会の状況も為めに殆んど其趣きを一變し爾來全般の商業不振の勢を呈したり是ぞ全く少數の大農は収益を増したるにも拘はらず多數の小農は却て困難なる事情に陥り全般に購買力の薄らぎたるに由ること…[13]」

⑦北蒲原郡中川村では、中野泰藏村長が村内貧困者50余名に一人に付き米1斗ずつ施与し、同村の布村金之助も貧困者15名に各1斗ずつ施与している[14]。

⑧南蒲原郡前谷村の飯田地区では平年においても十分な収穫が稀な土地柄であるが、昨年の秋季に際して屢降雨出水の被害をうけ田畑の収穫が意外に減少し、小作人らは収穫を挙げて年貢の全部に充てるにも尚不足し、協議の末一同より地主に小作米減額を願い入れることに決定した。その旨を組合総代人を経て地主側へ頼み入れたが、地主も数人であるが中々承諾せず、小作人は数十名は隔日あるいは二日置きに集合して若し願いが聞き入れられないときは明年よりその地面を小作しないとまでに談判に及び且つ盟約して止まざるより江口村の蒲澤時平一人は小作人の困難な事情を憐察して小作人の哀願を受け入れた。また、曲谷村の渡邊金平は大地主一同がこれを聞き入れるならば直ちに

承諾すべきと云えるが一人某地主が拒んで承引しないため小作人らは
過日來日々集會の上、減米の義を迫る、と報じられる[15]。

⑨「米價日に上進し昨今小賣白米一升九錢五厘の高價を顯はし尚ほ上向
の気配なれば細民活路の困難啻ならず故に飲食店湯屋理髪店の如きは
一層不景気を來せり幸ひにも堆雪なきため中島名産青菜は非常に繁茂
し隨て廉價なれば之に豆腐の殼など交へ貧民食事の一助となせり[16]」

⑩「歳豊かにして饑餓を訴ふるの窮民あり、世賑かにして困苦に泣くの
細民多しとは今日の實況か、我邦は米穀の天産物を以って第一の富源
と爲す、其の他蚕糸工業上に屬する生産亦た一大源泉に非るはなしと
雖とも、要するに是れ第一の富源にして我邦の豊凶は先づ米作の豊凶
を以って卜すべきのみ、而して昨年より本年へ掛けて農界の豊凶果た
して如何、昨年は西南地方に於て水災あり、隨って所在多少の水難を
免れざりしと雖ども、ソハ或る一局部の災變に過ぎずして寧ろ全局の
上に於ては先づは上作、少くも中以上の豊作なりしなり而して本年に
入ってよりヤヤ不順気なるやの感なきに非ず、年首以來今日に至るま
での天候は多少米價騰貴の助因たりしや疑ひなしと雖ども去りながら
未だ以って本年は凶作なるべし、中以下の作なるべしとの斷定は何人
も下し得ざるべしと思はる、然るに今日の如く斯くも米價の昂騰し、
而も他一般の物價に不釣合に、不平均に上騰して止まず看る看る去る
明治十四五年頃の景気を現はすに立ち至らんとするは抑も何等の原因
あって然るや、試みに之を経済家、学者、實驗家の説に徵するに渠等
は口を揃えて主張す、これは其據って來るや遠し、決して獨り昨年來
の水災不気候の爲めに非ず、必竟先年來米價の割合に低落せる反動に
據り其平準を求めんとしつつあるに際し昨年西南地方の水害、本年の
不気候其他種々の雑因等相助けて以って激昂を來し、遂ひに其平準點
を脱出し其勢ひの乗ずる所斯る非常異例の上騰を來せるものなりと、
尤も曾つて一時評判高かりし如く、「此の窮民を奈何せん近畿の投機
奸商輩の所作大ひに其激變を帮けたるの事實もあらん、然れども是固
より一時のみ、有限の人力を以って豈に永く経済社会の大勢を左右し
得べけんや、而してこの激變あり、一朝の激變は實に無数の窮民を養

成するの製造者たり、今まや歳豊にして所在飢餓を訴ふるの窮民ある
敢て怪しむに足らずと雖も抑亦悲まずんばあらざるなり

我邦経済世界の景気は常に米價の昂落と共に上下するを例とせり、こ
れ固より普通の場合に於て然るべきの道理なり、亦た実際なりとす、
然るに本年の景況全く之に反するもの何ぞや、蓋し其昂騰たる普通の
例に非ずして異常の激變たるが故歟加之ならず本年は都鄙となく全国
至る處賑はしく、繁忙ならざるはなし、政治界には国会の創設あり、
実業界には博覧会の開設あり、兵軍社會に大演習あり、或は勇壮活
発、或は和気雍々、或は盛儀堂々、一として国家の大事、天下の偉観
ならざるはなし、斯る賑ひと繁昌は何故に日本国民の上中下一般に及
ばざるや、惟ふに今日の上等社会は最も歓楽を極め、中等社会は苦楽
相半ばし、下等社会に至ては蓋し困苦の極に陥るの実況ある歟、呼々
是れ凶兆か吉兆か抑も世の常態なるか将た變状なるか、これ常態のみ
吉兆なりとせば余輩復た何をか言はん、若し夫れ變状なり凶兆なりと
せば其罪孰れにか帰せん、之れを救済し挽回するの道果して如何、余
輩は之を世の慈善家、實業家、為政者に問はんと欲す[17]」

⑪ 4月17日夜12時、西頚城郡能生町貧民五百余名は蜂起して米商の家
を襲い乱暴を働いたが有志者の盡力により漸く鎮撫というも、18日
の急報によると彼地より永澤書記官は随行員井上庶務課属を随え正午
に安進丸で彼地へ向け出発したが未だ全く騒擾は鎮静しないと、報じ
られる[18]。

⑫ 三島郡西越近郷は米価及び諸物価の非常な騰貴により豪農は在米の売
り惜しみを行い、そのため益々米価は値上がりし細民の困難は一方な
らない状況で、ために人気は不穏で毎夜何者かが放火すること度々
で、村内は不寝番をして警戒し、また、所々より商人体の悪漢多く入
り込み、押し売り窃盗などをはたらいている、と報じられる[19]。

⑬ 米価騰貴のため至るところ貧民の生計に苦しむは一般の状態である
が、北魚沼郡小出地方の貧民は目下養蚕成繭の時で、その賃金を得る
ことにより白米一升九銭八厘の高値であるが生活困難に陥らず至って
静穏と、報じられる[20]。

新潟県に於ける原始蓄積期の窮乏化状況 (2)　―1890年の経済恐慌下の窮乏状況を中心に―

⑭米価騰貴のため各郡内では日増しに貧民が増加し、もし、この儘にして
　おけば細民中万一心得違いの事があって容易ならない次第につき、
　近いうちに新潟県知事は各郡長に適宜救済の方法を設けるよう訓示す
　る筈と、報じられる[21]。

⑮「近来窮民の惨況は日に甚だしき有様にて早晩社会党の発生を見るに
　至るべしと世人の憂慮する所なるが今是に付き多年英国に遊学して當
　時顕要の位置に在る某政治家の語る所なりといふを聞くに目下貧民の
　情態に付き種々杞憂の念を懐くは欧州諸国下等社会の実況を知らざる
　者なり欧州の下等社会は日本の下等社会に比すれば数十倍の苦境に沈
　淪し其惨状は言語筆紙の盡し得べき所に非ず仮令之を盡し得るも其実
　際を見ざる者は聞て以て虚誕とせん其一例を擧れば余は曾て英国の綿
　布製造場を一見したることあり其の製造場の職工はみな貧民の労力者
　を雇ふて使役する者にて此等の職工は毎日午前六時より午後六時迄の
　間は午餐時間を除くの外少しも休息するを許さざるのみならず向上に
　居る間は喫煙若くは談話する事も堅く禁止するなり若し毎朝六時迄に
　來らざるときは工場の門戸を閉ぢ入場を禁じ其日は雇賃を支拂はざる
　を常とす我が國に於て若此の如き厳重の雇主あれば去て他に奉公口を
　求むるを得れども英国等に於ては労力者の候補者過剰にして迚も他に
　轉ずることあたはず余は従来英国の綿布の千萬里外の波濤を超へ來る
　にも係はらず我國の綿布より遥かに廉價なるを怪しみ居りたるを以て
　此時該工場の持主に質したるに彼れ笑って製造物を廉價にするの秘訣
　は只時を節約するにあるのみと答へたり余深く其言の理あるに服せり
　抑も欧州諸国に社会党の蔓延する所以は労力者過剰にして土地に遺利
　なく如何なる労力をなすも生活の方便なきに因る然るに日本は未だ此
　の如き甚だしき有様に至らざれば今日に於て社会党の発生すべき恐れ
　なかるべし又現今窮民の惨状の如きも唯米価の暴騰に起因する一時の
　現象ならん云々[22]」

⑯去る明治19年頃より古志郡長岡の大道長安氏が創立した救世教は昨
　22年より刈羽郡善根村に事務所を設置し、丸山樹山氏其の事務を担
　任してきたが本園3月、さらに柏崎大町に救世教会館を置き専ら布教

295

に尽力し貧民へ施薬、義捐金等をし、拡張に尽力し、日を逐うて信徒も増加し、大道氏も該教用のため上京中であるが此の頃帰県して右教館内に説教経典の講義を去る2日より施行している、と報じられる[23]。

⑰「本縣土木課長赤津克郎、井上洸、松本利一、瀧見直臣外三十二氏より窮民救助費の内へ寄付し度と昨日金三十二圓十五錢を市役所へ差出されたり[24]」

⑱「各郡町村及び當市内に於ては貧民救助費の内へ若干金圓を義捐するもの続々之れあり右の寄付者へは相當の褒詞を下賜せらるるに付き目下本縣当路者は褒状認め等の為め非常の繁忙なりといふ[25]」

⑲「米価騰貴のため各郡下の細民が益々困憊にに迫るの状況は日々の本紙上に報道する處なるが扨て此の貧民救恤のことたる何分にも一時の罹災者を救ふと其の情を異にして公費を以て際限なく民を一々救済することは實に堪へざる處にして各町村とも救助費は多少の豫算あれども是れは一時の罹災者を救ふの用に充つべき費途にして到底限りなき今日の貧民を救ふの場合に至らず依て各郡役所及び町村役場は徳義上より部下の有志者を奨励し應分の出金を為さしめ共同して各其の貧民を救恤するより外他に策なきを以て本縣よりも此程各郡長其他へ右の次第を夫々通知ありし趣き[26]

⑳「麥作不熟米價騰貴細民の糊口に窮するもの日一日と増加し所に依りては餓死する者さへあるに及びければ人々相會すれば米價騰貴貧民困窮の八字必ず其話題に登るの有様と為れり頃日或一が當局の人に會したるとき是より先農商務省にては米商會所に勧誘し外国米を掛米として米價の暴騰を抑へんとし大蔵省は備荒儲蓄金を出して外国米を買入之が拂下に依りて米價の暴騰を止めんと謀りたるが其策の未だ盡さざる所あるが為可将た他に原因あるが為かは知られど今日現在の成績は全く當局者の意外に出で米價は益々騰貴して貧民死に迫る貴下等にして此際一層力を致なくんは細民は続々餓死するに至るべし貴下等は果して此惨状を救済するの名案あるや否との問を発せしに當局の某は成程米價暴騰を防ぎて間接に細民の困窮を救ふは我々の任なれば我々は尚ほ其策を案して奏功を期すべし去りながら既に餓死に迫れる者に

對して直接に救助を行ふは其責内務省に在り此場合内務省は全国各地、今将に餓死せんとするの細民に向ふては之が救済の方法なかるべからず然るに親しく此嘆聲を耳にしながら内務省之が処置をなせしを聞かず輿論も亦同省に對して何等の求る所なきは合點の行さることなりと答へたりと[27]」

㉑「頃日或人が大藏次官渡邊國武氏を訪ひ外国米拂下、米價騰貴の原因、金融切迫原因等に關し意見を叩きたるに左の如く談話されしと聊か以って政府経済上の政略を窺ふに足る者あれば茲に記載す

外國米拂下　人或は外国米の拂下を以って政府の處置を非難するものあれども是れ全く政府の本旨を知らざるものなり今日細民の惨状は實に其の極に陷りたり一国政府たるもの豈に此場合に際し餓莩路に横はらんとするを傍観すべけんや故に多少の損失を為すも速かに此焦眉の急を救はざるべからず是れ外國米購入の止むべからざる所以んり過般來外國米を購入して之を市場に出ださせる後却て益々米價の騰貴したるが如き有様なれども是れ固より外國米購入の結果に非ざること勿論なち頃來の如く連日雨天にして気候不順なる以上は米價の益々騰貴すべきは自然の數なり若し外國米購入の事なくんば其の暴騰の結果必ず今日の如きに止まらざるべし況んや外國米の市場に出でたるもの尚ほ僅少に過ぎざるをや現今大藏省には備荒儲蓄金四百萬圓あり彼の外國米拂下は直ちに其代價を納めしむる者なるを以て若し此備荒儲蓄金を以て輪轉外國米を購入するとせば頗る多量の石數を市場に出すを得べし

米價騰貴の原因　蓋し目下米價の斯の如く暴騰する所以は天然人為の両原因相混同したる結果なれども寧ろ天然の原因を多しとす即ち昨年の不作、春來気候の不順、及び當季麥作の不十分なるが如きは米價暴騰の主因なるべし然れば即ち到底區々たる人為のみを以て咄嗟の間に救済の効を見るは頗ぶる困難ならん然れども救済の策を講ぜざるは之を講ずるの優れるに若かず是れ外國米購入を断行したる所以なり然れども一時に多額を拂下るときは一つに豪商の手に帰し弊害を生ずるの恐れあるを以て逐次に拂下を實行する筈なり

金融逼迫の原因　金融逼迫の主因は會社濫立の結果即ち國内に流動資

本を減少して固定資本を増加したる為めなり若し之を其の儘放棄して
顧みざれば銀行は潰れ會社は閉ぢ商業社會の一大恐慌を來たすべし是
れ大藏省の兌換紙幣発行を實行したる所以なり而して兌換券発行以來
漸次に市場の景気を回復し金融の逼迫を緩ふするに至れり然れども金
融逼迫の病ひも數年以來の慢性症なるを以て到底外科的療法を以て即
時に之を全癒せしむる如きこと能はず其快復の期は少なくとも五六年
を要すべし云々[28]」

㉒「此頃定期米は下落の気配なれど正米は尚ほ騰貴に向にて白米小賣營
業者は品切れを告る場合に至り貧民の惨状目もあてられず故に種々の
浮説流言ありて豪農豪商へ夜中強盗或ひは押借りに入りし杯の風聞あ
りて何となく人気穏やかならず且つ乞食は日に増加し見るに忍びざる
ありさまゆへ市中有力者は相謀り有志義捐金を募りて鎮守平潟社境内
築立の業を起し貧民を使役せんとの企圖も稍決着し夫々着手の運びに
至り又王内村の如きは陰徳者ありて曩の日夫々施與の方法を設け貧民
の飢餓を一時救助せしも猶救助を再願せし者あるを以て二三有力者は
其方法を計画中なり又堀金村の近藤衛氏は村内貧民十餘戸へ人口に應
じ九月までの扶食米を施與し四郎丸村中貫村邊の慈善者も昨今實際飢
餓の貧民調査なれば不日施與の方法を施行あるべし云々同地よりの通
信[29]」

㉓「米価暴騰のため各郡町村の細民が非常の困憊に迫り如何とも詮術な
きの状況を傍観するに忍びず斯る窮民を救助せんとて昨今有志者より
続々金穀の寄付を願出づるものありの窮民を救助せる際は各町村役場
に於ては受救人の身元をなるべく精密取調を要すべし若し取調方精密
ならざる場合は受救人に於て萬一依頼心を生ず自治の念慮を失し或は
救恤者の厚意に負くもの之れあるやも計りがたきに付き自今右等救助
の為め金穀の寄付を願出づるものあらば此際一層受救人の身元を精密
取調の上救助方取計ふべき旨前日本縣より夫々通達ありし趣き[30]」

㉔「西蒲原郡地造堂町役場にては救恤を仰かんと欲する貧民は事情申立
ての上願出つべき趣旨を掲示したりといふ[31]」

㉕「三島郡與板町にては極貧者にして救助米を仰ぐものの家へ長一尺巾

四寸くらいの木札に『貧民』の二字を記せし標札を掲げ其家々に就いて慈善家が若干の救恤をなし居るよし[31]」

㉖「佐渡夷港に於ては去廿八日午後八時三十分頃五百餘名の貧民蜂起し夷町米仲買商岩原伊三次小池榮七磯村善平吉田藤藏鈴木正吉氏等の家へ乱入し店を破壊し土石を投げ家具抔手当次第打ち毀はす等乱暴狼藉を極めしが中には土藏戸前を破壊し火を放たんと迄為したるに斯くと聞くより警部巡査馳せ付け取鎮めんと盡力したるも暴民等中々勢ひ猛く遂ひには巡査一名を溝中へ抛り込み又町会議員某の頭部に石を投げ付け餘程の負傷を為さしめたりと斯くて一同は散々に乱暴を極め十時頃引上げたる由なるが中には刀を所持せるもありしかど敢て抜かず棍棒等にて乱暴に及びたりと而して其原因は矢張り米穀の輸出を抑留せんとするに在りて兼ねて貧民等と米商との間に約束を為し暫時米の積出を見合はする筈なりしを如何なる故にや同夜一人が其約を破り船に米俵を積出さんとするを聞付け斯くは乱暴に及びしものなりと云へり又特翌廿九日は相州より警部も出張ありて五人ばかり巨魁らしき者を捕縛し餘は罪を問はざる図りなるも貧民等は全く巨魁などあるに非ず一致の四擧動なりとて中々聽入れざる模様ありと一昨日該地を経て帰港したるものゝ直咄しなり[32]」

㉗「米価騰貴食物欠乏の聲高きに連れて細民動揺の報は続々各地より中央政府へ到達することなるが其筋に於ては実地に就き調査を遂げたる所鳥取、廣島、富山、高岡等其騒擾を醸したるは細民には相違なきも其火元を尋ぬれば執れも米価騰貴食物欠乏の聲あるに乗じて細民を扇動し騒擾を惹起し土豪富商に迫りて己れ其間に利せんとするものゝ所為ならざるはなし、細民の飢渇に迫りて哀を請ひ食を求むるに至りては如何にも愍然の次第なれば當局者は百方之が救済の手段を盡さずては叶はねと此機に乗じて細民を扇動し其間に私せんとするに至りては實に國家乱るの蠹賊にして其罪恕すべからざる者なるに依り此際嚴重の責罰を加へ其根を絶たざるべからずとの議あり内務大臣は近々各府県に向って夫々其旨訓示する所ある由なり[33]」

㉘「佐州雑太郡相川町を始めとして加茂郡夷地方に窮民不穏の擧ありし

趣きは前號の紙上に報ず置きしが今又た接到せる一日付の通信に據れば去月廿九日夜遂に暴発して各地筆紙に盡し難き惨状を極はめたりと見ゆ即ち通信前文を掲ぐれば左の如し　●相川町の暴動　去月廿九日は相川町にては鑛山祭の翌日にて各町内氏神の祭禮なりしも連日の雨天に加ふるに過日來窮民不穏の状あるため何にとなく人気も引立たず夜に入りては殊更寂寞たりしが午後十時頃にやあらん同町大字下戸炭屋濱町なる精米蒸溜器械場（小田村梶井五郎左衛門氏所有）へ何者とも知れず二三名ほど踏入り矢庭に破壊に掛りたる騒動にスハ一揆ぞといふ間もあらせず四方八方より馳せ加はりし窮民其數を知らず暴徒は益々気勢を得て手当り次第打毀ちさしも堅固の器械場も忽ち荒涼たる有様となりしが尚ほ之れのみにて飽足らざりけん有合ふ帳簿証書類は悉く之を焼棄せしなど筆紙に盡くし難き乱暴を極め夫れより総勢方向を轉じて同夜中に十五戸を破壊し衣類什器は云ふも更なり手当る品は寸断したり中にも松榮治作、細川幾造両氏方の如きは殊に惨状を極はめ家屋什器の見る影もなく打砕かれし上に大切なる証書帳簿等は悉く破棄され数百千圓の紙幣は束ねしまゝに焼棄され細川氏方所有古金千二三百圓振は海中に投ぜられし等細かに損害を算すれば以上三家のみにても莫大なるものなるべし　●澤根五十里の暴動　扱又右の暴徒等二千餘名は心の儘に相川市内を横行し夜の明け方即ち昨三十日午前四時過ぎ隊を揃へて中山を打越え澤根口に着するや否や先づ手始めに三階屋某（梶井氏の米を世話せし者とか）方を破壊し次に青野半五郎氏方を破壊したと是亦た最も惨状を極め家具什器は云ふも更なり有合紙幣七八百圓を焼棄し清酒二百石餘を樽のまゝ打砕き甚しきは会場に碇泊せしめ置きし同氏所有の和船（九百石積）をも焼棄したり斯くて五十里に於ても四五戸を破壊したるが此間澤根五十里地方の窮民も加はり總勢凡そ三千と聞えり　●各地の暴動　此くの如く暴徒は破竹の勢ひにて其歩を進め河原田町にても高橋又三郎氏外數名の家屋を破壊せしが其進んで河原田に入りし初め分署詰警官數名は之れが乱行を防がんと抜刀にて争はれしに彼等は一時闘争せしも全く逃走したるにあらで各自手頃の竹鎗を作り來り再び鯨波を揚げて乱入したれば衆寡敵

せず警官も奈何ともすべきなく果ては意の如く暴行を逞ふするに至れりと夫れより幾手に分れしものにや金澤村にても一二戸を破壊し八幡、金丸、畑野の諸村にても米穀に縁ある數家を破壊し新町にても五戸を破壊し都合昨三十日夜までに四十餘戸を破壊せるが戸障子敷板に至るまで皆な寸断せる有様は一見して疎然たるべきものあり　●暴徒の申合　此の通信を筆せしときは人心尚ほ洶々虚傳百出する時なれば暴徒に如何なる申合はせありしや知るによしなきも道路の傳ふる所に據れば放火せざること、窃盗せざること、目指す者の外は他人に害を及さざること、等の申合はせありしやに聞きけり去ればにや一家を破壊するにも必らず先づ火を滅ししい然る後に手を下だし金銭物品などは或ひは毀却し或は焼棄するに拘はらず寸豪も其身には着けずと云へり故を以て佐州に在ては古來未曾有なる騒動なるにも似ず暴徒の通過せる跡は人々恰も大風の通過せる跡の如き心地し存外安堵するも早しとなり但し米穀の貯へあるものは安き心のあらざること論なし併し今午前までには鎮静に就きしが如し　●暴動の首謀者　は小川久藏（二十五年）なるものにて御料局佐渡支廳の坑夫なりと云へり同人は疾くより決心せし者見え家督は弟に譲り自身は白木綿もて仕立てし經帷子をも持参し居れりとか　●郡吏と警吏　右の暴動は數日前より既に其兆しありしものなるに之を未然に防ぐ能はざりしは頗ぶる憾なきを得ず将た既に暴発して後ちも一畫夜の久しき之を鎮撫する能はざりしは郡吏警吏共に其責を辞する能はざるべきが実際に就て見るときは全く多勢に無勢之を鎮壓するに由なかりし為めにてもあるべし但だ一日にても佐州人民をして無政府の下に立つが如き重ひあらしめしは残念の至りならずや[34]」

㉙「佐州相川町の暴民が去一日を以て略ぼ鎮静に帰せしことは前號通信中に見えたるが今其後報に據れば外海府を除くの外は同日中に全く鎮りたるものの如し即ち通信前文を左に掲ぐ　•外海府の暴動このことを報ずるに當りては略ぼ今回暴動の起こりたる主因を記述せざる可らずそも相川窮民殊に坑夫連中が鉱山祭の休業に乗じ俄然今回暴起するに至りたるは米価暴騰して日々の糊口の凌ぎ兼ぬるび起因したるは勿

論なるが其の最も激昂を来たしたるは外海府小田村なる豪農梶井井五郎左衛門氏（相川町に蒸汽器械精米場を有する者）が米を買占め私利を壟断せりといふに在る由に扨ては同氏の器械場を第一着手に破壊し之れと縁故ある者を合せて同時に破壊し夫れより日頃目指し居たる米商若しくは蓄米家數十戸を破壊するに至りたる次第なるが然るに去月廿九日夜同氏の器械場を破壊するや主人梶井五郎左衛門氏は纔かに身を以て逃れ小舟を仕立てて匆皇其居村小田に帰りたり同村は相川を距る数里外に在りて暴動の最も甚しかりし國仲筋とは方角を異にすれば廿九日より三十日に掛けて國仲筋騒擾を極はめたる際に在りても同氏の本宅最寄は無事なりしがっ口を暴れ廻はりたる暴徒の一旦相川へ引上ぐれや其一と手は事の起因たる梶井氏の本宅を此儘無事に存し置くべき筈なしと評決せしとかにて去三十日午後直ちに小田に向け押出し（八十餘名なるよし）去る一日の朝遂に同氏の宅を思ふがままに破壊し尚ほ縁故の者數戸を打毀ち同日中に相川へ引上げたり之れが為め佐州の最僻地と聞えし外海府も一時は非常の騒擾を極はむるに至れり

• 郡長と警察署長　是れより先き小田村に向へる暴徒より同村の防御甚だ嚴にして上陸を得ざればとて援勢の事を同類へ申越すや相川に引上げ居たる暴徒巨魁小川久藏の一味は去一日右助勢に赴かんものと既に繰出す模様あるにぞ捨置かば由々しき大事なりと須藤三郡長佐藤相川警察署長は百方鎮撫諭解されたるも到底聴入るべき模様あらざるより是非援勢を繰出すとならば目前両名を殺せし上にて出発せよと覚悟を定めて説諭され一時は如何に成行くならんと居合府人々手に汗を握りし折しも前項の如く遂に破壊の望を達し引上ぐるとの報ありしかば茲に助勢繰出しの事全く止み無事鎮静に帰したりと　• 各村の人気是くの如く一日を以て鎮静には帰したる者の種々の風説流傳するより三郡内各村とも殊の外人気立ち村の出入口ニハ數十本の竹槍を置きて萬一に備ふるなど通行人をして何にとなく疎然たらしむる程なり　• 暴徒の就縛巨魁小川久藏以下四五十名は四日未明より五日に掛けて孰れも縛に就きたるが之れが為め再挙の萌しも見えざるよし　• 出張中の縣官　永澤書記官、税所警部廳、堀尾庶務課長其他の諸氏は目下頻

りに取調中なり　●兵隊の説こう暴徒鎮撫の為め特に派遣されたる新
発田歩兵一中隊は四日午後四次夷湊へ着し五日朝相川へ向け出発せし
が前記の如く大半鎮静に帰せし後ちなれば別に兵力を煩はす程のこと
なかるべしと云へる　以上の通信を以て前号通信と併観するときは佐
州暴動の實況は概見するに足るものあり而して其原因の全く米價暴騰
に在るは火を観るより明かなるに虚構以外に技倆なき東北日報が此の
暴動を以て改進派の教唆に出でし如く記したるは毎度ながら抱腹の
外なし萬一彼れ記者の報道するが如く改進派の教唆に出でし者とすれ
ば何にを苦んで改進派の本拠地のみに此の騒擾を作さしめ為めに一日
の選挙に非常の不利益を與ふるが如き愚を為さんや暴動の区域雑太の
一郡に止り改進派の熱心家頻々此の災に罹りたるを見ても斯る臆断の
出づべき筈なし相川人の暴動と聽き周章狼狽其家を駆落ちせし其派の
候補者には破壊されぬ自党の家も破壊されしと見えし者にやと實見し
來りたる者の笑話をも茲に併記し尚ほ後報を待つこととせり[35]」

㉚ 7月29日から8月1日までに佐渡の騒動において破壊された家屋は
73戸で、そのうち73戸の地区別の内訳は以下の通りである[36]。

（破壊家屋）　相川町14戸、澤根町五戸、野田村五戸、河原田八戸、
金丸村一戸、新町五戸、小田村一戸、田浦村一戸、立島村一戸、二見
港二戸、五十里三戸、中興村二戸、八幡村六戸、畑野村一戸、眞野村
一戸、石名村三戸、高千村三戸、片邊村二戸、夷町五戸計73戸

㉛佐渡相川で捕縛された暴民は102名で、さらに後に捕縛されるものが
40名で夷町の暴民では40名が捕縛された[37]。

㉜「刈羽郡柏崎町に於て去月廿六日暴民蜂起のことは聞くに従って報道
を怠らざりしが今ま其の詳報を得たるにより掲載せんに同日は午後よ
り雨天にて七時半頃には小雨降り出して止まず折柄暴民等は各處の寺
院に集合し半鐘を鳴らし或は大聲を擧げ頗る穏かならざる有様にて
人々皆な奇怪思ひに堪へず如何なる変事や起らんかと手に汗を握り居
たる間もなく忽まち四方八方より蓑笠を着し三四尺の棍棒を提げたる
暴民柏崎町に集ひ來り見る見る七八百の多人数に及び鐘を鳴らし打ち
揃ふて大聲を揚げ恰かも山岳の崩るゝ如く異口同音に米價の騰貴をな

さしめ吾々を困むるものを打ち殺さん焼き拂はん抔と罵り叫び乱暴狼
藉至らざるなき有様に警官は全力を盡して解散を諭せども更に應ぜず
遂に破壊せし家は同町西巻時太郎（船問屋）品川仙之助（米穀問屋）
柏崎物産會社（雑穀肥料商）二の宮傳右衛門（太物商）米穀組合事務
所、大洲村綿屋某（船主）等の諸家にも何れも家中へ乱入して器具を
破壊せし暴状名状すべからざる有様なり尤も右の人々は同地に於ては
豪商の聞ひある人々にては彼等は此等の人々が這回米價の騰貴を來た
し吾々に困難を與ふるものなりと唱導し右の如き暴行に及びたる由に
て誠に被害者に取りては気の毒の次第なり又刈羽倶楽部へも暴民推入
り多少の損害を被りたるも此は物産會社の前面にあるがゆへ其餘波の
及びしものと思はれたり而して午前二時半なりき右暴擧の際警官擧生
の力を盡して制止するも肯せず或は警官に向て罵冒するあり土石を投
ずるあり甚しきに至りては棍棒を振て之れに抵抗するものもあり故に
止むを得ず警官は正当防衛權の實行を為し抜刀して防禦ありし為めに
暴民の一人は重傷を被むれりと此の暴擧に就て最と奇怪なるは該暴民
中に自由派の而も歴々の人物が何故か交り居たるを見受けたる者あり
との一時なり又刈羽倶楽部が米價騰貴に何等の関係もなきに何故に乱
暴を加へしか殆んど解ずべからざることなり因に記す暴民中警察署へ拘
引せられたるもの數名ありとのことなり猶ほ後報を得て記載すべし[38)]」

㉝出雲崎町貧民は不穏の模様ありとして、吉川郡長、紫藤農商課長が来
町し、同町の重立諸氏を招集し、細民救助に就いて説諭し、義捐金を
募集し外国米を購入し廉売することに決し、細民一同は安堵する、と
あり、同様に同郡尼瀬町でも有志義捐金を募集したところ 600 円の拠
金が集まり、同町細民に米の廉売する筈、と報じられる[39)]。

㉞三島郡小島谷村大字北中の大矢亥十二は 1 月下旬近傍の細民十餘名に
白米一石を施与した[40)]。

㉟三島郡小島谷村の有志による救済について先述したが、古志郡、三島
郡の両郡ともに米価の騰貴により貧民が日に日に増加しその惨状は目
も当てられぬと、報じている[41)]。

㊱三島郡与板町の豪商某が貧民の増加に憐憫の情を持ち 150 円を喜捨

新潟県に於ける原始蓄積期の窮乏化状況 (2) ―1890 年の経済恐慌下の窮乏状況を中心に―

し、与板町はもちろん近在数十戸の貧民を訪ね他言を禁じて 1 円乃至 2 円を施与して廻ったと、報じている [42)]。

㊲水害地で有名な三島郡下桐原村大字谷田は二十余戸の村落で、昨年非常の水害を被り一村荒蕪となり、一粒の扶食も遠く他村より需要したが、この頃米価の騰貴に際し、村々米持連は売り惜しみして需要に応じず、また、本年耕作するための資本もなく、詮術のない壮年者は昨今続々上信地方へ出稼ぎに出掛け、残された老幼婦女は活路を求めて奔走し、農業に従事するものは稀で目も当てられぬ惨状であると同地方よりの通信にあると、報じられる [43)]。

㊳三島郡寺泊町の細民は春来の米価騰貴に加えて不漁のため、衣食の料にも差し支える状況となり、有志者は 5 月以来施米及び施粥を行い、これによりその日の糊口を凌ぐ貧民は 150 余名に上った。こうした生活苦にあえぐ細民への有志者による救済の背景には、柏崎および佐渡の暴民騒動があり、騒動を未然に防ぐ方策として細民救助が盛んに行われた。寺泊町においても、安下保兵衛 (200 円)、本間彌平治、五十嵐半吉 (100 円ずつ)、本間健四郎 (70 円)、上林津三郎 (30 圓) の諸氏をはじめ義捐するもの続々あって、その義捐金額は 800 円に達し、救済対象は 300 余戸、人員は 1000 名余に上り、1 日 1 人 2 合 5 勺ずつを白米 1 升を 9 銭向、南京米 1 升 6 銭 5 厘で、向こう 30 日間、役場より販売すること、と報じられる [44)]。

㊴「北蒲原郡水原町の貧民は米価騰貴のため生計に困難し救助願いで町役場へ出願するもの既に 15 戸になり、役場で事実審査の上救助に着手するとし、また、町内の有志、佐藤友右衛門 (金 30 円)、芋川才次郎、野田三郎 (各 10 円)、宇尾野太郎、三橋豊平 (金 5 円)、小川五郎治 (金 4 円)、清野直吉、渡邊松藏 (各 3 円) より寄付ありと、報じられる [45)]。

㊵「北蒲原郡水原町大字水原にて去る十二日の夜最下等貧民の家々へ今夜十二時を以て字外城八幡宮へ集合すべき云々の廻文を送りしものありしが直ちに警官の認むる處となり該廻文を差押へられ同町長及び重立の諸氏が其貧民へ懇切に説諭を加へたりとぞ [46)]」

㊶「米価暴騰の為め何處の慈善家も救済の策に汲々たる今日に方り窮民の惨状は實に必紙に盡しがたく現に北蒲原郡水原町にては已に三回まで慈善家の貧民救助金を醸出せしかど夫れとて最早救與し盡したれば昨今は第四回目の救助金を募集中なりと然るに同町大字水原細民九十餘名は（1）県下米穀の出津を停止すること（1）新潟米商會所の営業を停止することの嘆願を計畫し有志者に請ふて止まざれば止を得ず同町人民惣代として阿部喜三郎氏が昨日出願の上嘆願書を提出し前田書記官に面會を求め細民困難の状況を委細上申したり[47]」

㊷「北蒲原郡水原町貧民救助の為め此頃義捐するは金五圓安孫子石太郎、二圓五十銭中村新吉、二圓西村六平、一圓五十銭細山清平、一圓宛佐藤庸作、野田喜平、七十銭宛本望鳳塰、吉川悦乗、五十銭宛阿部喜三郎、佐藤市松、橋本宗吉、岡部竹平、四十銭倉島甚作、三十銭宛久保田彌山外四名、二十銭宛安子孫三代吉外二名、十五銭宛中村卯三郎外三名、十銭渡邊兵作等の諸氏なりしと[48]」

㊸「北蒲原郡新発田町原富次郎、相馬一朗、市島友松、安倍榮造、白勢峻造、登坂岩内、荒井彦太郎、磯邊文治、皆川徳太郎、本間治平、佐藤忠兵衛、宇賀村正作等諸氏の主唱にて同町貧民救助の為め去る十日より粥を施與しお、新発田衛戍下士以下有志者吉岡信親氏外九十名より該費用として金若干圓を義捐せられ又た帝国禁酒會新発田倶楽部（會員は重もに陸軍下士なり）よりも義捐金あり其他有志者の義捐されし金額既に四百三十餘圓に及び尚ほ続々出金の申込みあるよし[49]

㊹7月9日、柴田町材木町元北蒲原郡同好会倶楽部有志は柴田町および元村の米価騰貴で難儀する貧民救済のため、金五十円の義援金を募集し、有志代表田邊久藏よりその分賦方を愚に役所へ願い出た、と報じられる[50]。

㊺北蒲原郡葛塚町長尾彌藏は新潟市貧民へ救助致したくと19日2円を義捐した[51]。

㊻北蒲原郡葛塚村貧民は米価の非常な騰貴のため、日々の糊口を凌ぐことができず、その惨状見るに忍びないとして、同村の有志者、弦巻七十郎、阿部康介、阿部庄次郎、弦巻清吉、弦巻良吉、常木惣七、小

川與次平、五十嵐宇三郎、小柳勘五郎、長尾彌藏、長尾徳藏、長尾吉次郎、神田榮太郎、泉田勘五郎其他の諸氏が申合せの上貧民三百餘名へ六七兩月老若男女の別なく１日１人に付き白米１合ずつの施與について同村役場へ依頼したが、村役場では之を受けて６月１日より既に貧民への施與を實施しと、報じられる[52]。

㊼「北蒲原郡水原町貧民救助の爲め本年二月以來義捐せし人々は九十圓佐藤友右衛門、二十五圓宛野田三郎、芋川才次郎、十五圓宇尾野友太郎、十圓小川五郎次、七圓渡邊松藏、六圓清野直吉、五圓三橋豊平、三圓佐藤享作、二圓宛西村六平、中村新吉、涌井直吉、佐藤伊三郎、一圓五十錢宛宇尾野豊八、五十嵐又次郎、芋川篤三郎、一圓宛關川金左衛門、三浦宗春、佐藤安、小林順道、佐藤庸作、高松六次郎、小河原平藏、大岡利平、野田喜平、西田末吉、加藤常七、大石慧遠、保志來道、原大泉等の諸氏なりと又た本月より十月まで五ヶ月間の豫算を立て救助せんと役場より町内有力者に謀りたるに續々贊成ありて現在百口を救濟するを得たりと其の出金者は二百圓佐藤友右衛門、三十七圓五十錢野田三郎、十五圓宇尾野友太郎、七圓小川五郎次、五圓渡邊松藏の諸氏なりと[53]」

㊽「北蒲原郡水原町細民九十餘名が連署の上縣下米穀の出津を停止すること、新潟米商會社の營業を停止することの二件を一昨日本縣へ嘆願せしとは前號の紙上に記せしが右等の願書は受理すべき限りにあらざる趣きを以て即日却下されたり[54]」

㊾「北蒲原郡水原町の有志者九十七名の惣代として阿部喜三郎氏より細民救助のため米商會所營業差止の請願書を本縣へ呈出せし由は過日の本紙に掲載せしが去る十八日猶又該件に付き有志者九十七名の惣代として同町藤野正作外十一名連署の上郡役所へ意見書を呈し且つ津川郡長に面會して細民困難の狀況を詳細陳述したりと[55]」

㊿「北蒲原郡紫雲寺中部地方は昨今米價騰貴の爲め細民の慘狀一方ならざるより小形某氏なる者其の困究を憐れみ南濱村南半之助砂山村眞島澤内氏等に救助の事を談せしに即座に各金十圓づつを義捐されたれば氏は大に悦び貧民十餘戸に之を頒ちたりと又た同村の資産家池田善次

郎氏は白米五俵を施與せりと[56]」

(51)中蒲原郡沼垂町有志者野崎祿平（金40圓）、川合俊藏（10円）、安倍九二藏（5圓）の諸氏及び20余名（金57圓）より金112圓を同町貧民30戸へ此の頃施与したと報じられる[57]。

(52)「中蒲原郡橋田村大字西四ッ屋山口巖三郎氏米價騰貴の為め細民の困難するを憐れみ此頃より米十五俵を貧民へ施與されしに同村重立和泉藤太、闢谷喜平他五六名の人々も其の美擧に同意し各々金穀を醵出して向ふ百日間貧民救助の為め安米賣出し及び施米することに決し目下夫々施與中なりと因みに同村貧民は八十余名にて今度の救助を受くるもの四十名余（一人一日白米一合五勺づつ）安米を買ふ者三十余人（一人一日白米三合一升價五銭）なりと云ふ[58]」

(53)「中蒲原郡五泉町字新町指師物両町の穀物營業者十餘名は協議の上本月十六日より向ふ六十日間貧民救助の為め一升四銭の安米を賣出すこととし猶ほ不測の節は再たび義捐金を募集する筈なりと[59]」

(54)「中蒲原郡五泉町にては本年二月以來吉田久平外數氏より金二百四十圓餘を義捐醵集し同町貧民を救助し來りしが何分米價の暴騰甚だしく貧民日に増加する有様に付き又々義捐金を募集せり其の金額は三百餘圓にて既に五泉協會より金五圓を寄附し其他義捐者続々ありと又た吉田久平氏は町内極貧者三十七戸へ自宅に於て百日間施米さるる由○又刈羽郡柏崎町貧民救助の為め同町有志行政法研究場會員より義捐されし人々は金五圓山口達太郎、金二圓宛村山吉治、飯塚彌一郎、内藤久寛、曾田文宗、闢栄太郎、西巻時太郎の諸氏にて其他有志者は金十八圓横山藤助、十六圓井上半十郎、五圓大島作次郎等の諸氏なり○又中蒲原郡新津町貧民救助の為め金穀を義捐せしは金十五圓宛今井玄秀、竹内富治、金十圓佐藤定七、金五圓奥村倉吉、白米五斗入十俵栗原信近、五十銭山口健太郎の諸氏なりと[60]」

(55)「中蒲原郡新津町の貧民百余名は米價騰貴の為め殆んど飢餓に迫る惨状なるにより去る十三日同町役場に市内重立諸氏を集會し町長長井久平氏より義援金を募集して救助の資に充てんことを協議ありしに一同異議なく賛成して即座に出金せし人々は金五十圓桂誉輝、金三十圓長

井久平、金二十五圓山崎七次郎、金廿圓盛山禄四郎、」金十五圓渡邊喜代三、金十二圓佐藤勘次郎、金十圓宛中林新吉、吉澤廣作、水谷太七、中村正次、本間萬造、竹内徳造、新発田市次郎、金五圓宛山田與平、吉澤又五郎、箱岩半治、中林儀平、佐々木喜三次、三星儀左エ門、金三圓宛佐藤幸太郎、横山善久、三田米五俵宮崎新助、三田米三俵平沢善次等の諸氏なりしと 61)」

(56)「中蒲原郡新津町にては町長長井久平氏始め其他有志者の主唱にて前號にも記載せし如く義捐金を募集して貧民救助の資に充て金穀を夫々施與さるる都合なれども同町は目下石油茶等の製造盛大にて貧民は大抵使役せられ相當賃金を得るにより救助を仰ぐ者至て少なく役場へ救助を出願したる者僅々十二名に過ぎずと因みに同町貧民使役の賃金は日本坑油會社鹽谷支店坑井汲取使役人夫は一日平均百二三十人其賃金一日十三銭宛、同會社新津製造所同上七八十人賃金一日十五銭宛、又製茶に使役する人夫は期節中は新津及び近在の男女共惣掛りの有様にて其賃金は上中下等に區分し上一日十五銭、中同十二銭、下十銭、女は上十銭、茶摘女は五銭より七八銭位までにて總て賄付きなりと云ふ 62)」

(57)「中蒲原郡龜田町畠山八十郎氏は同町貧民救助の為め此頃米三石を施與されたる由又た北蒲原郡中川村重立諸氏は村内貧民七十餘名へ去月廿日より向ふ三十日間一日一人に付白米二合宛を施與し且つ本年の作物肥料をも貸與せんと夫々盡力ありしにより村内の人気は至極平穏なりとぞ又た其の義捐者は白米四石四斗遠藤経教外八名、白米一石二斗池主熊造外七名、同一石二斗七升中野吉之丈外八名、同六斗一升菊池芳松外十四名、同一石一斗六升布村金之助外十名、同九斗三升渡邊孫一外八名なり其他同村大字川尻中野久□氏より極貧者六十餘名へ去る廿日より向ふ三十日間一人一日白米二合宛を施與さるる由又當市へ寄留西蒲原郡和納村中原佐吉氏は此程市内の貧民救助費へ金五十圓を寄附されしが又々昨日五百圓を寄附されたり又中蒲原郡萬願寺村石川國次郎氏は村内の貧民へ一人に付白米六合づつ救助されたり 63)」

(58)「米価騰貴の為め何處の細民も困難を極め救助を町村役場へ願出るもの續々之れあり町村役場も今日に至りては殆んど救恤策に困却する場

合ある趣きなるが殊に中蒲原郡山通村中にて現今糊口に差支る窮民
五十内外もありとて同村有志者は屢々協議を遂げたる上今度七八両月
間は村木愛三、大澤德次郎、大澤達太郎、大澤悠次郎の諸氏が若干宛
の白米を寄付救助に充つることに極め八月以後は他の有志者より義捐
することになせりと同地よりの通信に見えたり [64)]

59 「西蒲原郡七穂村貧民三十餘名は去月下旬大字山王某方に集會し目下
米価騰貴折柄加ふるに何れの職業もなく糊口に差支ふるに依り役場へ
至り救助を乞はんと相談一決し總代を立て村長木村茂平氏に面晤し
一々理由を述べ救助を願ひ出たりと [65)]」

60 西蒲原郡七穂村では学齢児童が 350 名以上いるが、現在の就学児童は
30 余名で、小学校も民家を借用しているという不振な状態で教育に
熱心な人々は其の筋の奨励があることを望んでいる、と [66)]。

61 「西蒲原郡和納村中原佐吉氏は當市内の貧民へ救助義捐金として昨日
金五十圓を寄附されたり [67)]」

62 「西蒲原郡五十嵐濱村字新田五十嵐≪前号に北蒲原郡と記せしは誤
り」の貧民が非常の困難に落ち陥り目も當られぬ惨状を極め居ること
は已に本紙上に記せしが此程當市輔成社より同新田五十嵐細貝藤八外
三名へ貸金ありて裁判所の命令を携帯し財産附け立方に赴むきし處昨
今の惨状を一見して皆々打驚き各々の財産一品だに附立て得ず反って
酒なんどを施して引還したりといふ [68)]」

63 西蒲原郡七穂村の有志、菊池頼道、島興七、笠原勘太郎、木村甚六そ
の他は村内の貧民 130 名へ第 1 回の救助として 1 日 1 人宛麥 3 合ずつ
を 30 日間給与したと、報じられる [69)]。

64 「長岡の有力家諸氏が細民救済の一方策として平潟神社改修の工事を
起し彼等をして其業務を得せしめんとの企図ある由は豫て記るせし處
にして前日の紙上にも之れに關し報道する處ありしが右は愈よ夫れに
決定したる趣きにて去る十日より寄附金の募集に着手せしと云ふ、尤
も先づ同社裏手の□溜埋立てより取掛り實際寄附金額に應じ漸次敷地
築立て社宇改修等の起工をなす都合の由にて十一日までに寄付金を出
されしは金二十五圓岸宇吉、金十五圓目黒十郎の二氏なりといへり [70)]」

(65)「中頸城郡關山村の中牛馬會社へ去る三日参賀村大字美守の岩澤某と云へるが玄米六十俵を長野表へ運送方委託せしかば同會社にては時節柄とて村越與五郎藏渡邊幸太笹川仁ノ吉手塚子ノ七大久保金八内田友吉加藤惣持二郎の七名が見るより關山村役場へ何か嘆願にと出掛たれば収入役内田喜平氏は直ちに面会して種々談話したる末一旦は帰りしが同夜直ちに村中へ翌四日早朝同村神社拝殿に於て集會するに依り必らず來會すべしと觸れ廻はし翌早朝右七名は同神社に出張して來會社今や遅しと待つ處へ追々馳せ附るもの七八十名如何にも怪しける會合と關山分署よりは早くも和田警部小野塚巡査等出張ありて種々説諭の末渡邊幸太と云へるを引致して他のものには皆な解散を命ぜられたり去れど動もすれば不穏の模様あるは蓋し或る派の選挙熱心者が煽動に成りしと云ふも真偽は知らず[71]」

(66)「御料局は佐渡相川細民の困難を憐み支庁に命じて食米の救助を始めたが支庁の貯蓄米は少なく7月25日頃以降は救助に差し支える状態であるため、新潟県知事に佐渡回米について申し入れたところ、県内は細民蜂起の恐れあるとして輸出米止めているほどなのでこの申し入れには、応じられないと回報した。御料局ではとりあえず大阪より至急1,200石の佐渡回米を三井物産会社に命じたと、報じられる[72]。

(67)昨今米価の騰貴によりどこの細民も糊口に困難しているが殊に岩船郡村上士族数名は非常の難渋に陥り、このままにしておけば餓死する状態で、同地鮭産養育所は救済のため、同所蓄積金の内より若干宛を貸与することを協議し、既にその筋へ救済につき上申している[73]。

(68)南魚沼郡水無村大字茗荷澤は戸数61戸の僻村であるが、本年米価騰貴のため細民の生計困難を憐み、同村重立黒岩長八、大平宗吾、高野菊十郎、戸田喜一郎、岡村孫八、井口與八、大平利作等が一俵金3圓の廉価で春蠶繭売上まで米15俵を無利子で貸与したが救済対象が多人数のため田畑植え付け、養蚕売上までの扶食米が不足となり、困難な状況を見るに忍びず、大平宗吾の隠居東作は兼ねてより貯蔵していた米60俵を出して春蠶売り上げまでの約束で貸与し、村民一同は安堵し、田畑植え付け、養蚕の飼育など充分に手当てが行き届き近年無

Chapter 12

比の上出来と、報じられる [74]。

⑥⑨「南魚沼郡浦佐村關與三兵衛氏は目下米価騰貴し村内細民の生計に困難するを憐れみ時價玄米四圓の米六百俵を三圓三十銭にて貧民へ賣渡し且つ極貧者へは無代價にて施與さるる由又た古志郡玉内村大字和藏王佐藤惣藏氏は去る五日夜村内貧民六十餘戸へ一戸金五十銭づつ自身持廻りて救助し又同村旅人宿營業近藤ヤチは同夜同五十餘戸へ一戸金三十銭づつ救助されたりと [75]」

⑦⓪「南魚沼郡浦佐村の米商人牛木市太郎外一名が嘗つて同村關與三兵衛氏より買置たる米百餘俵を此頃北魚沼郡堀の内村米商人大津屋勝造と伝へるへ賣渡し數十圓の利益を得たりしに同村貧民は右百餘俵の米は同人が關與三兵衛氏より貧民救助の名義にて廉價にて買入れたるものなれば今度賣拂ひたる利金は我々貧民にも分配すべき筈なりとの主意にて惣代を以て村役場へ利金配與の義を請願せしに役場に於ては受理の限りにあらずと却下されしに依り貧民一同は然らば關氏へ問合すべしと其事實を同氏へ問合せしに元より貧民救助の旨意にて賣渡したるにあらず然れども自分は斯る時の用意にて今猶ほ千餘俵の米穀を貯藏し置けり故に何人にても村民へは一俵三圓の廉價にて賣渡すべし且つ今直ちに百俵丈け救助米に施餘すべしとのことに貧民一同は同氏の慈善を喜び其まゝ無事に済みたりしが兎角米商人等との間柄何んとなく穏やかならず放火の貼札等をなす者あるより役場は勿論各町村に於て毎夜自身番をなし警官も密々探偵中なりと云ふ [76]」

⑦①「○貧民救恤　當町貧民二十名計り連署の上此頃町役場へ援助を請願せしにより町長富川氏は右人名の各家へ出張し實際取調べの上極貧者へ夫々救助さるる筈なり [77]」

⑦②「刈羽郡柏崎町貧民救助の為め齋藤邦一郎（五圓）、木戸茂助（二十圓五十銭）、新田半吉（十六圓三十六銭）、宮崎喜六（十三圓七十二銭）、の諸氏より義捐されしと [78]」

⑦③「貧民の現状當郡内中濱、下宿は專ら漁業を以て生計を立る者のみにて従来春季の鰯網を一ケ年の書入れとして網元より金圓を借り受け其の生活の資に充つる慣例なり然るに本年は意外の不漁にて加之に目下

新潟県に於ける原始蓄積期の窮乏化状況（2） ― 1890年の経済恐慌下の窮乏状況を中心に―

米價騰貴の為め漁民の困難は一方ならずモチ草、オンバコ、鬼薊等の
野草を摘採りてて米麥に捏合せ団子となしたるものを食して飢餓を免
かるる惨状は實に目も當られぬ有様なり [79]」

㊹「刈羽郡下宿村は漁業の村で、春以来の不漁続きに加えて米価非常騰
貴のために業民の困難少なくなく村内有志数名より救済金を出し、且
柏崎町關榮太郎氏より10円、同町妙行寺より10円、中川村妙照寺住
職高橋速成氏より10円の送金により当時の窮民21戸72人に1日1
人に付き白米2合5勺宛救与し、尚義捐金を募り、さらに県庁へ上申
し、救助の請願を行った。今秋季収穫までの間の救助の方法を設ける
ため有志者は尽力した、と報じられる [80]。

㊺「佐渡夷町貧民蜂起の翌日廿九日町内の重立集会の上救助金募集及救
助の方法を協議せしに有志者の申込続々有之即日中申込の人名及金高
は左の如し金三百圓土屋六右衛門、金壹百圓宛齋藤郁太郎、渡邊て
い、齋藤よね、川島榮吉、同五拾圓宛佐野喜平次、小池兼藏、中田作
十郎、佐藤嘉吉、山本清次郎同四拾圓中田德三郎、同三拾圓宛鈴木廣
吉、小池佐太郎、同貳拾圓宛本間金五郎、中田直次、岩原藤藏、同拾
圓宛中川五郎八、中田長三郎、伊藤彌右衛門の諸氏にして即日救助の
方法を議定し向三ヶ月間時価に五割安を以って米を賣出すことに決し
尚極貧者には人口に割合即日より救助を施行し居れり猶ほ右諸氏の外
有志者の申込續々ある由○又北蒲原郡荒橋村村長本間萩松氏は兼ねて慈
善家の名高かりし人なるが近来米価騰貴の為め村内貧民尾惨状を見る
に忍びず今回村内重立數十人と協議の上愈々本月一日より向ふ九十日
間一人粥二合づゝの割合にて救助する事になりしかば貧民の喜び一方
ならず一同愁眉を開きしと云ふ○又北蒲原郡中浦村大字吉浦重立諸氏
は貧民若干名へそれぞれ金員を施与せられたるにより村内の人気は至
極平穏なり其義捐者は金貳拾圓野村吉直、金拾五圓榎本彦十郎、金
十三圓宛小林茂、小林伊惣次、」金五圓石井長五郎、金四圓宛倉島為
造、阿部銀四郎、金三圓宛野村金右ヱ門、松柳健胤、倉島金四郎、金
貳圓宛榎本彦八、小林伊次郎の諸氏なりと○又た岩船鹽屋村大字鹽屋
は専ら漁業を以って生活する地方なるが本年は非常の不漁且つ米価の

暴騰にて細民の困難大方ならず其惨状見るに忍びざる有様なるが此頃
同村船問屋川口濱吉方に止宿中なる西蒲原郡和納村の中原佐吉氏より
白米五俵を去る二日細民一同へ施與せりと[81]」

⑦佐渡雑太郡二宮村では同村の近藤吉左衛門外4名は同村窮民救助とし
て白米10石を施与し、また、西蒲原郡和納村では同村の中原佐吉は
和納所在の貧民30余名に白米4斗いり10俵を施与し、さらに同郡地
蔵堂町の有志は協議の末6月中より貧民へ米穀を救助し、尚同町の小
川某が安値米を売り出し窮民救助に尽力と、報ぜられる[82]。

（2）新潟市内の窮乏化状況

　新潟市内では、2月に入り、米価高騰のため困窮に陥り、入船町、湊
町、田中町などより数十戸の貧民が救助願いを市役所に出した①、②。
同市役所は2月13日より、市内貧民調査を行い、貧窮者165戸、その
人員429人と確認した⑧。4月3日、市内大火となり293戸が全焼し、
市役所が救助した罹災貧民は780人を数えた⑮、⑯、⑰。こうした中
で、4月、市内では細民が米価暴騰のため、非常な生活難に陥り、甚だ
しきは米商人の家へ放火の企てがあるなどと噂をする者があり、不穏な
気配が漂っていた。

　6月、同市では本園第一期地方税及び市税滞納者が330余名で、市役
所では滞納につき処分方を準備中とある③、⑦。市内には米価騰貴と経
済不況のため仕事が得られず、生活難に陥る窮民が概算で1,800人と報
じられ㉓、さらに、6月、市役所では安米払い下げ戸数を823戸、救助
米施与戸数418戸と確定した㉗。

①新潟市内では2月1日より現在まで入船町、湊町、田中町等より数十
　戸が新潟市役所に救助願いを出し、市役所では願い出について調査中
　と、報じられる[83]。
②新潟市では、米価騰貴のため糊口をしのぐのが困難な者70余名が救
　助願いを市役所に差しだし、実際に取り調べの上、貧困者18名に白
　米2升より1斗5升まで下付した[84]。

③新潟市では本年第一期地方税及び市税滞納者は330余名で市役所では
滞納につき処分方を準備中と報じられる[85]。

④「2月12日、濱正弘、八木朋直および市内富豪らが市役所に集合し、
貧民救助について相談した[86]。

⑤新潟市の八幡五助は米価騰貴で困難な細民のために金10円を施与す
る旨市役所へ願い出る[87]。

⑥「米價の騰ることは前項に記するが如く加ふるに頃日は降雪の為め仕
事の少きより市内貧民は益々困難に陥るの有様にて一昨日昨日の両日
にて田中町西湊町邊より市役所へ救助願を差出したるもの殆んど十名
に達せりと云ふ[88]」

⑦新潟市では、本年第一宅期地租税滞納者は22人で、財産処分に着手
すると、報じられ[89]。

⑧新潟市役所では2月13日より、市内貧民調査を行い、貧窮者165戸、
人員429人が確認され、菅根町長音寺にて2月15日より30日間、1
日に付期1人白米2合5夕を4日文宛を施与する筈で、費用は有志者
の施金を充てると報じられる[90]。

⑨新潟市内の貧民救助のための有志は優先会社の濱政弘（100円）、鍵
富三作（70円）、第四銀行の八木朋直、第一銀行の湯浅徳次郎、齋藤
喜十郎、鈴木長八、藤田文二、小澤七三郎（各50円）、横山太平（30
円）、竹山屯（25円）、田邊忠吉、石黒忠作（各20円）、清水芳藏、
本田伊平、内藤權兵衛、栗林重三郎、桜井伊八郎（各15円）、板津與
平（5円）を市役所へ施与した[91]。

⑩新潟市内の布川小平、近藤幸四郎がそれぞれ15円を市役所へ施与し
た[92]。

⑪新潟市内貧民救助として、2月17日、白勢春三は20円、岩瀬藤八15
円、西村治郎助10円を市役所へ差し出す[93]。

⑫新潟市における施米場は菅根町長音寺にあったが学校町邊の貧民のた
め西堀通四番地善道寺にも施米場を設置した[94]。

⑬貧民救助のため新潟市内の齋藤吉作、青山松藏はそれぞれ10円、布
川太平治は5円を寄附[95]。

⑭ 3月、安進社社長清水芳藏は新潟市内貧民へ 30 円、三條町貧民へ 20 円等を救助金 y として寄付した[96]。

⑮ 4 月 3 日、新潟市内大火、293 戸全焼、7 戸半焼、土蔵 3 棟及び神社 3 社焼失[97]。

⑯ 新潟市の小倉幸晃は罹災貧民救助として金 3 円を義捐した[98]。

⑰ 4 月 10 日、新潟市役所が救助した貧民 780 人で、この給与した穀高は白米 7 石 8 斗であった[99]。

⑱『…當市内の如きも目下の米價は去る明治十四年以來の騰貴にて白米上一升十錢二厘、下九錢八、九厘といふ高値を現はしたることなれば左なきだに餘蓄乏しき漁業人の殊には近頃は非常の不漁にて日々の糊口をも凌ぎ兼ねる處より兎せん角せんと日夜處々に集會し種々相談は凝らすものの別に是れぞと云ふ奇計あらんやうもなければ近頃は殊の外人氣穩かならぬ有様なりと云へり其れかあらぬか去る七日夜十時半頃のことにもあらん元祝町なる願随寺の半鐘を何者とも知れず打鳴らしたるがありしなど近傍の取沙汰紛々たるよし聞く處に依れば右困難を極め居る漁業人一同は此程安米拂下願を市役所へ差出たるも右は聞届られず又當期上納に係る地方税市税等を向三十日間延期の義を出願せしも是れには未だ何等の指令もあらざるよしなり』と、報じられる[100]。」

⑲「近来米價騰貴に依り市内の細民糊口に困難するもの大方ならざるが斯る影響より甚しきは米商人の家へ放火せんとの企ありなど噂さをなすの輩あるより上大川前通一番町の如きは一昨夜來三戸宛一組にて米や自身番を始めたりと」と報じられる[101]。

⑳昨今米價暴騰のため細民は頗る困難となり、普通の安賃錢を得てなかなか充分の飯米を購入することができず、且つ不景気のため適当な職業もないので、いわゆる居喰いの状態の者が多く、こうした細民ハ自然冬物の衣類諸道具を質入れし一時凌ぎする者が多いため新潟市内野質屋営業は近来大繁昌を極める景況と、報じられる[102]。

㉑「数日前の本誌雑報にも記せし如く新潟米商會所並に其仲買人諸氏は目下米價の暴騰に連れて窮民日に多きを加ふるを見るに忍びず救助金を義捐して惨状の幾分を緩べんものと夫々協議中なりしが右金員も昨

今既に五百餘圓に及びたれば之を二分し其一半は市役所へ依頼して貧民救助の資に充て其一半は別項に記する藤田氏の資金に合して安米賣出しの料に供することとし略ぼ其運びに手配ありし趣きなり[103]」

㉒「安米の賣出、新潟米商中に其人ありと聞えたる藤田文二氏は米価騰貴の為め窮民糊口に窮する惨状を見兼ね如何にもして之れを救済せんものと百方計畫のすえ今度一升八銭臺の安米を賣出すことに決心したる折柄恰かも好し前項に見ゆる如く米商會所並びに仲買諸氏より醵出せる金員の半額をも右安米賣出の資に合併することとなりたれば愈々よ八銭臺にて賣出さるる手筈なりと[104]」

㉓「米価の騰貴は細民一般の困難する所なるが中にも労働社会は思はしき事業なきが上に粉米すら一升八銭といふ昨今の暴騰の為め日々の糊口を凌ぎ兼ぬるもの少からず現に當市内に於ける此種の窮民は概算千八百人もありとのこと[105]」

㉔『前號の紙上に記載せし如く當市内細民の目下日に米價の騰貴するに困しむを見るに忍びず市内豪商藤田文二氏、新潟米商會所頭取本間新作氏及び物産會社等協議の上原價十銭五厘の米を八銭五厘つつ五百石を賣出し此損分一千五十圓を夫々義捐金を以って補充するの見込にて今ま其の義捐出金者を聞くに如左

新潟米商會所頭取本間新作氏より金三百圓、同所4仲買人土田倉吉、福井吉藏（各二十圓宛）、同小川佐太郎、堺清平（各十七圓宛）、高木徳吉（十五圓）、同島垣詳平（十一圓）、同岡田岡吉、高原平四郎、駒形作次郎、南半造、齋藤三七、近廣吉、小泉幸三郎、田中新一郎、丸山勘作、佐藤重治郎（各十圓宛）、同渡邊伊三吉、（五圓）以上計金貮百〇五圓、新潟米商會所有志者清水金三郎、坂口仁一郎、野本甚作、中原佐吉、豊木良七、市村忠治郎（各十圓）、同早福忠松、布川長治郎、井筒清藏、吉井尊愼（各五圓）、同吉川治六、平本初藏（各三圓）、同宮原茂平、亀谷亀太郎（各二圓）、同伊藤十郎、田中順吉、牛膓正平、濱谷政吉、本田彌五郎、（各一圓）、計九十五圓、此外物産會社より三百圓、藤田文二氏より二百五十圓にて通計一千五十圓[106]」

㉕「當市内細民中にも彼の労役社会は困究は困究に相違なしと雖ども

日々多少の日雇賃を得べきが故に愈々安米の賣出しにも相成らば先づ一凌ぎの着く事なるべし然れども此外更に極貧にいえて到底安値なる蘂米の資さへ得るに由なきものなりとて數知れざるべし此等は一層憫れむべきものなりとて市内豪商の聞えある鍵富三作氏は一昨日市役所へ左の通り寄附願書を出せりと云ふ斯く續々慈善家の現はるるは感ずべき事にこそ

　　　　　貧民恤救金寄付願

一金四百圓也

方今米價暴騰し細民生計の途に困むもの夥しく新聞紙を見るに他方に於ては途に餓莩を見るもの往々有之由曩には當市於て私共申合せ應分の恤救致候得共何分目下の状況にては未だ以て恤救の實を擧るに足らず憂慮罷在候處仄に聞くに有志諸士御相談の上恤救の旨趣を以て白米を販売被致候由誠に賞揚可仕事に御坐候思ふに數多貧民中或は蘂米の資なくして活路に困むものも可有之と被存候に付此等をも恤救仕度就きては乍聊前記の金員寄付致候間可然御救助被下度奉願上候也

　　明治二十三年六付八日　　　　　　　　　　　　鍵富　三作
　　　新潟市長小倉幸光殿　　　　　107)」

㉖「當市島の永楽座に於ては目下東京春木座船橋藤助の連中にて日々相應の取上もあるよしなるが來る十五日には大勉強にて一日の取上高を悉皆貧民へ給與せんと昨日市役所へ願出たりと云ふは感心 108)」

㉗「兼て計畫中なりし當市内の貧民へ安米拂下げ及び救助米下渡し等を受ける戸數は安米拂下げ受けの戸數は八百二十三戸にして明十八日午前六時に市役所裏假り小屋に於て拂下げをなし又救助米を受ける戸數は四百十八戸にして同日午前八字に下は菅根町長音寺、上は西堀通四番町善導寺の二ヶ所に於て救助米を下渡さるる筈なり 109)」

㉘「過日來當港へ乘込み勉強芝居を興行し日々大入りを得たる東京春木座連中は前號に記せし如く一昨日と昨日の両日間日延興行をなし一昨日一日分の取上げ高四十四圓八十錢を市内貧民へ救助金に寄付致度旨金員を添へ昨日春木座連中惣代船橋藤助及び建元世話人惣代吉田小十九の両名より市役所へ差出したり 110)」

㉙「兼ねて當市豪商藤田文二氏より東京へ注文し置きたるや外国米は
愈々去る十五日横濱發の汽船に積込み出帆したる由なれば近々着港の
筈にて着の上は精々安値に賣出さんと同氏方にては夫々準備中なりと
而して此度着すべき外米は柴昆米及び南京米の二種なりと尚ほ廣告に
就て見るべし[111]」

㉚「當市早川町なる早川正利は今や米價の騰貴止む時なく細民の活路に
困むもの日に増し甚だしきに至るを憂ひ責めては當港並に下越地方の
在米高を保ち此上の騰貴に至らざしめんとて津止の事を思立たれたれ
ど何分此事は縣廳の手に於ても斯る營業上の自由を妨害するの職權も
なければ人民相互の間に於て德義に訴へ暫らくの間自ら津止めの約を
成さんには如かずと昨日其旨縣廳へ出願し二部長に縷々面陳し夫れよ
り先づ以て市内の豪商鍵富、清水、藤田等の諸氏に談じ愈よ諸氏の同
意を得ば市内各米商問屋中へ協議に及び一般津止の申し合を確約せし
むる見込なりと聞けり、一方に於てはこれより外米陸続輸入の模様あ
り他の一方に於ては内地の在米津止とならば之れに増したる好都合は
なかるべけれと扨て斯る約束の果して實地に行はれ得べきや否や、當
港の米商問屋連中には果して斯る義気決心あるや否や[112]」

㉛「當市の長桶政之助外二名は米穀輸出差止の義を其筋へ出願せんと目
下奔走中なりと[113]」

㉜「鍵富三作、藤田文二、小澤七三郎の三氏が此程東京にて買入れし外
國米白米五千餘石は來る廿五日より廿八日頃迄に入津する筈なりと[114]」

㉝「當市鍵富三作氏は昨日より上大川前通十番町の支店に於て賣捌き居
らるる外國米の價は上下の二様あり上等は一升の價十錢七厘下等の價
は一升九錢三厘米の性質は至って宜しき方なりといふ[115]」

㉞「湊町通二ノ丁長桶政之助齋木庄三郎は米価騰貴に際し益々不景気に
立至り細民に至っては就くべき職業も之れなく日々困難に差迫るの惨
状あるにより市内有志者の義捐金を募集し救助の為め市内川浚及び市
有財産の字五町歩の埋立の工事を起したしと昨日市役所へ願出たり[116]」

㉟「今まや貧民至る處米價の暴騰に苦しみ居るに際し當市役所にても先
頃來有志者の醵金を以て夫々赤貧者を取調べ到底職を得る能はざる者

は之に米穀を施與し又は常に労役に衣食する者安値米を賣下げらるる事なるが然るに多数細民の内には表面上左程困難の状なきも実際十銭以上の米を贖ふに耐えざるもの幾許あるを知るべからず仍て今般着港せる支那米三百石を弘く安値を以て賣渡さんとて右の趣旨を書面に認め當市豪商鍵富三作氏より去る五日市役所へ届出で夫々各町年番へ通報有之度旨出願せられたりと因に記す其價格は西貢白米一升に付き九銭一厘安南並白米同上八銭四厘に賣渡さるる都合なりと云ふ [117]」

㊱「當市の資産家齋藤喜十郎氏は貧民救助の為め日本米米三百石を一升十銭三厘の値段にて上大川通八番町五番戸出張店に於て賣渡さるる旨本日より廣告されたり [118]」

㊲ 7月9日、小倉新潟市長は11日午後1時午後1時より市内貧民救恤についての相談につき参集するよう、との回状を濱正弘、鍵富三作、八木朋直、齋藤喜十郎、鈴木長八、湯浅徳次郎、藤田文二、小澤七三郎、藤井忠太郎、横山太平、安宅善平の諸氏に發した、と報ぜられる [119]。

㊳ 11日、市役所にて市長が招集した重立ち数十人により貧民救助に就いて協議し、これまで有志者よりのこれまでの義捐金は過半消費し、今後来月中に救助するには2,000円を要するとし、これについて協議した、と報じられる [120]。

3．救済対応の動向

　米価など諸物価高騰と経済恐慌による県民の窮乏化に対して、新潟県知事は6月、米価騰貴のため各郡内では日増しに貧民が増加し、もし、この儘にしておけば細民中万一心得違いがあってはならないと、各郡長に適宜救済の方法を設けるよう訓示すると⑭あり、「各町村とも救助費は多少の予算あれども是は一時の罹災者を救ふのに用に充つべき費途にして到底限りなき今日の貧民救ふの場合に至らず依て各郡役所及び町村役場は徳義上より部下の有志者を奨励し應分の出金を為さしめ共同して各其の貧民を救恤するより外他に策なきを以て」県より区郡長其他へ通知すると⑲報じられ、各市町村役場と自治体内の重立など有志の義捐金

品を募り、役場と有志とが共同して救済にあたるよう奨励した。こうした救済仕法は新潟県における1879（明治12）年、1870年、1885年の県下各市町村でみられた救済仕法と同様である。

　さらに、県行政は「窮民を救助せる際は各町村役場に於いては受救人の身元をなるべく精密取調を要すべし若し取調方精密ならざる場合は受救人に於て萬一依頼心を生ず自治の念慮を失し救恤者の厚意に負くもの之れあるやも計りがたきに付き自今右等救助の為め金穀の寄付を願出づるものあらば此際一層受救人の身元を精密取調の上救助方取計ふべき旨」を各郡町村宛に通達する[23]と報じられ、救済に当たっては受救人の身元を精密取調をすべきことを強調している。こうした救済に際しての貧民の状況調査については、すでに先の経済不況時の救済でも行われていた。

　以下に、各町村および新潟市の救済動向について述べる。

　刈羽郡善根村の中澤常治は、長岡町の大道長安の救世教を信じ益々仁術の心あるをもって昨年の2、3割減の不作と米価の高騰により窮乏化した極貧民40人余を呼んで年取り米として1斗升に1杯宛を施与し、また、同村長山岸繁作も救世教を信じ、村内貧困者に金穀を与え、無業者に職を与えており[4]、大道長安は1889（明治22）年、善根村に救世教の事務所を置き、さらに柏崎町大町に救世教会館を設置し、布教とともに貧民への施薬、義捐金等を行っている[16]。北蒲原郡中川村では、中野泰藏村長が村内貧困者50余名に一人に付き米1斗ずつ施与し、同村の布村金之助も貧困者15名に各1斗ずつ施与している[7]。地域の仏教徒、有志者や村長らが救済に当たっている。西蒲原郡地蔵堂町役場では救済を欲する貧民は事情を申しての上願い出るむねを掲示し[24]、三島郡與板町では極貧者で救助米を仰ぐものの家へ長一尺巾四寸ほどの木札に「貧民」と記した標札を掲げ、貧民に町の慈善家が若干の救済を行っていた[25]。この当時にあっては無論秘密保持の原則もなく、スティグマが無意識のうちに行われていたのだろうか。

　出雲崎町の貧民は不穏の動きがあり、吉川郡長、紫藤農商課長が来町し、同町の重立諸氏を招集し、細民救助に就いて説論し、義捐金を募集

し外国米を購入し廉売することに決し、細民一同は安堵する、とあり、同様に同郡尼瀬町でも有志義捐金を募集したところ600円の拠金が集まり、同町細民に米の廉売する筈㉝、とあるように、騒擾防止を目的に郡長、商工課長が町の重立ちに働きかけ細民救済に当たったケースである。

㊳三島郡寺泊町の細民は春来の米価騰貴に加えて不漁のため、衣食の料にも差し支える状況となり、有志者は5月以来施米及び施粥を行い、これによりその日の糊口を凌ぐ貧民は150余名に上った。寺泊町においても、安下保兵衛（200円)、本間彌平治、五十嵐半吉（100円ずつ)、本間健四郎（70円)、上林津三郎（30圓）の諸氏をはじめ義捐するもの続々あって、その義捐金額は800円に達し、救済対象は300余戸、人員は1000名余に上り、1日1人2合5勺ずつを白米1升を9銭向、南京米1升6銭5厘で、向こう30日間、役場より販売すること、と報じられる㊳。寺泊町も出雲崎同様、地域の有志と役場が共同して救済に当たっていた。

北蒲原郡水原町では、2月、町の有志等による貧民救済のための寄附があり、6月に至って、米価暴騰に苦しむ貧民に不穏な動きがみられ、町当局が貧民救助金の募集を行い救済に当たった㊴、㊵、㊶。これも役場が地域の有志と共同して救済に当たったケースである。

北蒲原郡葛塚村では村の有志等が申し合わせの上、貧民300余名へ6、7月の両月老若男女の別なく1日1人に付き白米1合ずつの施与について同村役場へ依頼したが、村役場ではこれを受けて6月1日より既に貧民への施与を実施しと㊻、ある。

中蒲原郡新津町では、町役場と町内重立ちらと共同して義捐金を募集し、金穀を施与する一方、貧民を石油会社の坑井汲取人夫に使役させる方法で救済に当たった。その賃金は上中下の3区分で、上1日15銭、中12銭、下10銭、女10銭、茶摘みは5銭より7、8銭位で全て賄い付きという、(55)、(56)。

新潟市では4月、米価高騰に喘ぐ市民に不穏な動きもみられ⑱、⑲、6月に入り、市内重立ちら有志が義捐金を募集し、1,150円の救済資金

を集め㉔、これとは別に、市内豪商の鍵富三作が400円を救済資金として寄付し㉕、こうした救済資金により市当局では安米販売を823戸、救助米施与を480戸にと計画している㉗。7月に入り、新潟市長は市役所で市内貧民救済について地域の重立ちを参集させ、協議し、これまでの有志からの救済資金の過半を消費し、今後救助費として2,000円を見積もりこれについて協議した㊲、㊳。

『新潟新聞』に「貧民救助の責任」と題する論説に「農商務省にては米商会所に勧誘し外国米を掛米として米価の暴騰を抑へんとし、大蔵省は備荒儲蓄金を出して外国米を買い入れ之が払い下げに依りて米価の暴騰を止めんと謀りたるが其策未だ盡さざる所あるがため可将た他に原因あるが為か知らざれど今日現在の成績は…米価は益々騰貴して貧民死に迫る…既に餓死に迫れる者に對して直接救助を行ふは其責内務省に在り此場合内務省は全国各地、今将に餓死せんとするの細民に向ふては之が救済の方法なかるべからず然るに親しく此嘆聲を耳にしながら内務省之が処置をなせしを聞かず輿論も亦同省に對して何等の求る所なきは合點の行かさることなりと答へたり」と内務省が貧民救済の処置をしないこと及び輿論もまた同省に何も求めないのは合点がいかないと述べている。国は米価を中心とする諸物価の高騰と経済不況による窮乏化に対応せず、その救済は道府県に委ね、また、道府県は各郡市町村に委ねる無責任体制であった。結局は各市町村では、こうした貧民に対する予算がなく、地域の重立ち、有志者や慈善家の義捐を頼りにようやく救済が成立することになる。

以上みてきたように新潟県の経済恐慌下の窮乏状況に対しての行政当局の救済スタンスは、地域の重立ち、有志者や慈善家らと市町村が共同して、有志の義援金や拠米を集め、米穀の廉価販売や施米などで救済するのが常で、1880（明治13）年から1885（同18）年にかけての経済不況期に於ける窮乏化に対する救済仕法と同様であった。さらに、国費救恤は、1890年には前年の救済人員総数が126人から168人[121]と増加したものの、この年の新潟県内の深刻かつ広範な窮乏状況の出現に実質的

な意味を持たないことは明らかで、そのため、新潟県内では民間人による各種救済が成立することになる。例えば、先述の大道長安を中心とする救世教信者による救済活動[122]や赤澤鍾美、仲子夫妻による私立静修学校附設保育所[123]の開設が挙げられる。

【註】

1）楫西光速他『日本資本主義の発展Ⅰ』東京大学出版会、昭和37年 pp.16-30

2）楫西光速他『日本資本主義の成立』東京大学出版会、昭和52年 pp.127-133

3）田代国次郎『日本社会事業成立史研究』童心社、1964pp.127-133

4）吉田久一『日本貧困史』川島書店、1984

5）田代国次郎「宮城県社会福祉発達史研究（1-9)『東北福祉大学論叢』第7-15号 1968-1976

6）浦田正吉『近代地方下層社会の研究』桂書房、1994

7）拙稿「新潟県における原始蓄積期の窮乏状況（1）― 1880（明治13）年からの窮乏状況を中心に―」『草の根福祉』第45号社会福祉研究センター、2015年、pp.58-69

8）「長岡細民の困難」『新潟新聞』明治23年2月14日

9）「丁持日雇者の相談」『新潟新聞』明治23年6月12日

10）「機工女の解雇」『新潟新聞』明治23年6月13日

11）「救世教信者の慈恵」『新潟新聞』明治23年2月14日

12）「小前農民の困難」『新潟新聞』明治23年2月13日

13）「金融必迫の遠近因」『新潟新聞』明治23年2月14日

14）「貧困者へ施米」『新潟新聞』明治23年2月25日　北蒲原郡中川村

15）「小作米の減額」『新潟新聞』明治23年2月26日　南蒲原郡前谷村

16）「長岡商況」『新潟新聞』明治23年4月5日　長岡

17）「此の究民を奈何せん」『新潟新聞』明治23年4月15日

18）「能生町貧民の蜂起」『新潟新聞』明治23年4月19日

19）「三島郡通信（去十八日發)」『新潟新聞』明治23年4月20日

新潟県に於ける原始蓄積期の窮乏化状況（2）　―1890年の経済恐慌下の窮乏状況を中心に―

20)「小出町の貧民」『新潟新聞』明治 23 年 6 月 5 日

21)「貧民救済の訓示」『新潟新聞』明治 23 年 6 月 5 日　新潟県知事の訓示

22)「日本の労力社会と欧州の労力社会」『新潟新聞』明治 23 年 6 月 5 日

23)「刈羽郡に於ける救世教」『新潟新聞』明治 23 年 6 月 7 日

24)「救貧義捐金」『新潟新聞』明治 23 年 6 月 14 日

25)「救助金寄付者へ褒詞下賜」『新潟新聞』明治 23 年 6 月 15 日

26)「貧民救助金」『新潟新聞』明治 23 年 6 月 15 日

27)「貧民救助の責任」『新潟新聞』明治 23 年 6 月 15 日

28)「渡邊大藏次官の意見」『新潟新聞』明治 23 年 6 月 15 日

29)「長岡地方貧民の景況」『新潟新聞』明治 23 年 6 月 15 日

30)「受救人身元調に關する通達」『新潟新聞』明治 23 年 6 月 18 日

31)「貧民救恤の掲示」『新潟新聞』明治 23 年 6 月 25 日

31)「與板町の貧民」『新潟新聞』明治 23 年 6 月 25 日

32)「佐渡夷港貧民暴動」『新潟新聞』明治 23 年 7 月 1 日

33)「細民動揺に就て内務省の訓示」『新潟新聞』明治 23 年 7 月 1 日

34)「佐州窮民の暴動」『新潟新聞』明治 23 年 7 月 5 日

35)「佐州窮民暴動の後報」『新潟新聞』明治 23 年 7 月 6 日

36)「破壊されし家屋」『新潟新聞』明治 23 年 7 月 9 日

37)「暴民就縛の總數」『新潟新聞』明治 23 年 7 月 9 日

38)「柏崎暴民蜂起の詳報」『新潟新聞』明治 23 年 7 月 1 日

39)「出雲崎通信（7 日）細民救助」『新潟新聞』明治 23 年 7 月 10 日

40)「白米施与」『新潟新聞』明治 23 年 2 月 5 日　三島郡小島谷村大字北中

41)「貧民の惨状」『新潟新聞』明治 23 年 2 月 7 日　古志三島両郡

42)「陰徳」『新潟新聞』明治 23 年 2 月 9 日　三島郡與板まち

43)「水害地の惨状」『新潟新聞』明治 23 年 4 月 18 日

44)「下宿村の貧民」『新潟新聞』明治 23 年 7 月 10 日

45)「又」『新潟新聞』明治 23 年 2 月 9 日　北蒲原郡水原町

46)「貧民嘯集の廻文」『新潟新聞』明治 23 年 6 月 14 日

47)「米穀の出津と営業停止の嘆願」『新潟新聞』明治 23 年 6 月 14 日

48)「救貧義捐」『新潟新聞』明治 23 年 6 月 18 日

49)「貧民救助」『新潟新聞』明治 23 年 4 月 15 日

50)「同好會有志の義捐金」『新潟新聞』明治 23 年 7 月 11 日

51)「救助金義捐」『新潟新聞』明治 23 年 4 月 20 日

52)「貧民救助」『新潟新聞』明治 23 年 6 月 4 日

53)「貧民救助」『新潟新聞』明治 23 年 6 月 14 日

54)「願書却下」『新潟新聞』明治 23 年 6 月 15 日

55)「細民救助の意見書提出」『新潟新聞』明治 23 年 6 月 20 日

56)「貧民救助」『新潟新聞』明治 23 年 7 月 8 日

57)「貧民救助」『新潟新聞』明治 23 年 6 月 10 日

58)「滞納者處分」『新潟新聞』明治 23 年 6 月 12 日

59)「又」『新潟新聞』明治 23 年 6 月 14 日

60)「貧民救助」『新潟新聞』明治 23 年 6 月 19 日

61)「貧民救助」『新潟新聞』明治 23 年 6 月 17 日

62)「新津町細民の實況」『新潟新聞』明治 23 年 6 月 20 日

63)「貧民救助」『新潟新聞』明治 23 年 6 月 24 日

64)「山通村の貧民救助」『新潟新聞』明治 23 年 7 月 8 日

65)「貧民三十餘名救助を乞ふ」『新潟新聞』明治 23 年 6 月 14 日

66)「不就学の児童多し」『新潟新聞』明治 23 年 6 月 14 日

67)「貧民救助金寄附」『新潟新聞』明治 23 年 6 月 22 日

68)「財産一品もなし」『新潟新聞』明治 23 年 6 月 29 日

69)「貧民救助」『新潟新聞』明治 23 年 7 月 11 日

70)「長岡細民救済策の決定」『新潟新聞』明治 23 年 6 月 13 日

71)「關山村の貧民不穏」『新潟新聞』明治 23 年 7 月 11 日

72)「佐渡へ回米」『新潟新聞』明治 23 年 7 月 12 日

73)「蓄積金貸與の協議」『新潟新聞』明治 23 年 6 月 4 日

74)「慈善家」『新潟新聞』明治 23 年 6 月 10 日

75)「貧民救助」『新潟新聞』明治 23 年 6 月 12 日

76)「貧民と米商人關氏の慈恵」『新潟新聞』明治 23 年 6 月 15 日

77)「栃尾通信（六月廿一日）」『新潟新聞』明治 23 年 6 月 24 日

78)「又」『新潟新聞』明治 23 年 6 月 12 日

新潟県に於ける原始蓄積期の窮乏化状況（2）　─ 1890 年の経済恐慌下の窮乏状況を中心に─

79）「刈羽郡上條通信（去る十三日發）」『新潟新聞』明治 23 年 6 月 17 日

80）「下宿村の貧民」『新潟新聞』明治 23 年 7 月 10 日

81）「貧民救助」『新潟新聞』明治 23 年 7 月 4 日

82）「窮民救助」『新潟新聞』明治 23 年 7 月 9 日

83）「救助願」『新潟新聞』明治 23 年 2 月 7 日　新潟市

84）「救助」『新潟新聞』明治 23 年 2 月 9 日　新潟市

85）「滞納者處分」『新潟新聞』明治 23 年 6 月 10 日

86）「貧民救助に付相談」『新潟新聞』明治 23 年 2 月 13 日　新潟市役所

87）「窮民へ施與」『新潟新聞』明治 23 年 2 月 13 日　新潟市

88）「貧民の困難」『新潟新聞』明治 23 年 2 月 2 日

89）「滞納者処分」『新潟新聞』明治 23 年 2 月 14 日　新潟市

90）「貧民へ施與」『新潟新聞』明治 23 年 2 月 15 日　新潟市役所

91）「貧民救助の為め施與」『新潟新聞』明治 23 年 2 月 15 日　新潟市

92）「救助金」『新潟新聞』明治 23 年 2 月 16 日　新潟市

93）「貧民へ救助金」『新潟新聞』明治 23 年 2 月 18 日　新潟市役所

94）「施米場」『新潟新聞』明治 23 年 2 月 22 日　新潟市

95）「貧民へ救助金寄附」『新潟新聞』明治 23 年 2 月 22 日　新潟市

96）「救助金寄附」『新潟新聞』明治 23 年 3 月 7 日　新潟市

97）「當市の出火」『新潟新聞』明治 23 年 4 月 5 日　新潟市

98）「火災救助金義捐」『新潟新聞』明治 23 年 4 月 5 日　新潟市 99）「貧民
　　救助」『新潟新聞』明治 23 年 4 月 11 日　新潟市

100）「漁業人の窮迫」『新潟新聞』明治 23 年 4 月 11 日　新潟市

101）「町内の自身番」『新潟新聞』明治 23 年 4 月 11 日　新潟市

102）「質屋營業の景況」『新潟新聞』明治 23 年 6 月 4 日

103）「米商會所の美舉」『新潟新聞』明治 23 年 6 月 5 日　新潟市

104）「藤田氏の義心」『新潟新聞』明治 23 年 6 月 5 日　新潟市

105）「窮民千八百人」『新潟新聞』明治 23 年 6 月 5 日　新潟市

106）「救貧安米賣出の義捐」『新潟新聞』明治 23 年 6 月 10 日

107）「極貧者へ恤救」『新潟新聞』明治 23 年 6 月 10 日

108）「永楽座の救貧芝居」『新潟新聞』明治 23 年 6 月 14 日

109）「安米及び救助米」『新潟新聞』明治 23 年 6 月 17 日

110）「貧民救助金寄付」『新潟新聞』明治 23 年 6 月 17 日

111）「外米の賣出し」『新潟新聞』明治 23 年 6 月 19 日

112）「米穀津止めの約束」『新潟新聞』明治 23 年 6 月 19 日

113）「米穀輸出差止願」『新潟新聞』明治 23 年 6 月 19 日

114）「外國米の入津」『新潟新聞』明治 23 年 6 月 20 日

115）「外國米の價」『新潟新聞』明治 23 年 6 月 22 日

116）「貧民救助の為め起工願」『新潟新聞』明治 23 年 7 月 1 日

117）「鍵富氏の安米賣出」『新潟新聞』明治 23 年 7 月 8 日

118）「齋藤氏の安日本米賣出し」『新潟新聞』明治 23 年 7 月 8 日

119）「貧民救恤の件」『新潟新聞』明治 23 年 7 月 10 日

120）「貧民救助に付き協議」『新潟新聞』明治 23 年 7 月 11 日

121）『新潟県統計書』明治 24 年版 pp.309 -310

122）大道長安とその事業については大道長安『大道長安仁者全集稿本全』
救世教本部、1916、山下安雄「大道長安の救世教と慈善事業」『新潟青陵
女子短期大学研究報告』第 21 号、1991pp.15-23、大道晃仙『大道長安の
研究』便利者、1983

123）上笙一郎・山崎豊子『日本の幼稚園』理論社、1976pp.28-35

新潟県における方面事業の展開

―大正後半から救護法施行前までを中心に―

矢上　克己

はじめに

　本稿は、新潟県における大正後半から救護法施行前までの方面事業の展開について、基礎的研究をまとめたものである。

　新潟県の方面事業に関わる先行研究は遠藤昭継による『物語 新潟県民生委員史』（1977）と山下安雄による「新潟県の方面委員、民生委員の創設と発展について」『新潟青陵女子短期大学研究報告』（第 25 号 1995、pp.51-73）がある。

1．方面事業成立の背景

　新潟県内では、1918（大正 7）年 8 月に新潟市や長岡市などで米騒動が勃発したのをはじめ県内各地でも動揺がみられ、県内各地で米の廉売や給与が実施された。米騒動にみられた県内の窮乏状況が回復されないうちに、1920（大正 9）年以降昭和初期に至る慢性的経済恐慌となり加えて農村恐慌も惹起し、著しく窮乏化が進み、こうした状況を背景に、新潟県内では 1923 年 7 月に新潟市方面委員制度が成立し、その 5 年後の 1928 年 5 月、新潟県方面委員制度が成立している。以下に新潟市方面委員制度及び新潟県方面委員制度の成立と展開について述べる。

2．新潟市方面委員制度の成立と展開

　1923（大正 12）年 1 月 27 日の『新潟新聞』に「方面委員—市の新計畫實益あらん—」の題で、大正 12 年度予算中教育費の中に方面委員をおいて、この予算に 2,000 円を計上したとされ、これは新潟市教育課長の考案で市会で議決され、方面委員の活動により失職者に対して職業紹介等を行うなど社会事業に資することが大であることを期する方針」と報じられた[1]。実際には大正 12 年度の市予算は新設の社会事業費として 2,225 円が計上され、そのうち方面委員費は 625 円とされた。計画に

よると方面委員は 15 名配置し、方面委員手当てを一人当たり 30 円とした[2]。

市当局は方面委員の人選について、「社会救済上に関して相当趣味を有する者、又は常に是等社会に接触する機会多きものを選ぶ方針にて先ず宗教家、慈善家、社会救済に従来関係を有する者、下層社会の実状に精通する者等 15 名を推薦する筈」[3] と、報じられた。しかし、方面委員の人選は進捗せず、そのため、4 月開始予定の新潟市方面委員も大幅に遅れることになった。その年の 7 月中旬に入って漸く委員選定が終わり[4]、方面委員の任命と新潟市方面委員規程が発表された[5]。

以下に新潟市方面委員規程を挙げておく。

新潟市の計画によると、方面委員の担当事項は 1）担当区内の一般生活状態の調査とその改善 2）要救護者の個別状況調査と其救済 3）救済機関との連携と新設の事業を探る 4）幼児や学童の保護 5）日用品及び住宅等需給状態調査と生活の安定を講ずる 6）戸籍の整理 7）その他とくに調査実行を委嘱した事項、が挙げられている。

方面区は小学校で区割りするものでなく、特定地区 5 区を選定し、各区に 3 名の方面委員を配置するとある。しかし、これは機械的に各区 3 名の配置したもので各地区の人口を考慮に入れたものではなかった。方面委員の事務を整理するため、市の主事 3 名を幹事とし、市の書記 3 名を書記とした。顧問は 8 名選出され、その中に新潟市に方面委員制度の設置を推奨した富山虎三郎など社会事業関係者が選任されているが一方で市警察署長、分署長もおり、治安維持的な面も企図した点が窺える。

▲新潟市方面委員規程

第 1 条　社会事業の調査及実行を期する為め新潟市に方面委員若干名を置く

第 2 条　方面委員は名誉職とす市長之を嘱託す

第 3 条　方面委員の任期は 2 箇年とす

第 4 条　方面委員は左記事項の調査及実行に従事す

　1．関係区域内の一般的生活状態を調査し之が改善の方法を講ずるこ

と

2．要救護者各個の状況を調査し之に対する救済の方法を講ずること

3．現在の救済機関と連絡を保ち更に新設を要すべきものに就き講究すること

4．幼児の保護及不就学児童の教養並就学の督励に関すること

5．日用品及住宅等の需給状態を調査し生活安定の方法講ずること

6．戸籍の整理に関すること

7．其の他特に調査実行を委嘱したる事項

第5条　方面委員の区域及委員各自の分担すべき事務は方面委員会の定むる所に依る

第6条　方面委員の事務を整理する為め左の職員を置く

1．幹事3名　市主事の中より市長之を任命す

2．書記3名　市書記の中より市長之を任命す

第7条　市長は社会事業に関し学識経験ある者に顧問に嘱託す　顧問は市長の諮問に応じ又は方面委員会に出席して意見を述ぶることを得

第8条　方面委員会は毎月1回之を開く

但市長に於て必要と認むる時は臨時招集することを得

▲附　則

第9条　本則は公布の日より之を施行す

第10条　本規程施行に関する細則は別に之を定む

▲方面委員

第1方面（關屋）福田仁作、中山賓瑞、吉田嘉吉

第2方面（礎町）小池恒次、山田英源、江部大作

第3方面（田中町）瀬賀虎三、廣澤正、高橋庄松

第4方面（入舟町）薄田多七、田中専也、小山與涛計

第5方面（沼垂町）五十嵐己之松、浅原宗成、堀川善祐

▲顧　問

石口理事官、永田警察署長、富川沼垂分署長、竹山市会議長、星恒二、

富山虎三郎、坂本市教育會長、佐藤学園長

　　▲幹　事

吉成主事、奥山主事、永久保主事

　　▲書　記

志賀市書記、石田市書記、伊藤市書記

　同年8月に入り、4日午後2時より方面委員打ち合わせ会を行い、2、3の委員を除いて出席し、柴崎市長より詳細に亘り方面委員としての任務について説明があり、「方面委員の任務は自動的に自発的に社会貧困者、弱者を探訪して積極的救済方法にでてなければならない」と述べている[6]。併せて方面委員に関する方面委員の職務要綱等が発表され、具体的な職務内容が示されている。担当区の住民生活状態調査ではカードシステムを採用している。各方面区域の戸数は少ない所で2,100戸から多い所で6,000戸と担当戸数に幅があり、後に方面委員数の改定に繋がる。

　以下に方面委員の職務要綱等を挙げておく。

　　▲方面委員に関する参考項目

1．方面委員の調査及施設は漸次全市に亘って之を為すべきも先づ緩急の度を考え其急施を要する事項より実施するものとす

2．方面委員の職務要項左の如し

イ．一般生活状態調査の為め時々部内の巡視又は家庭訪問をなすこと

ロ．常に警察官署学校寺院協会衛生組合在郷軍人団青年団其他各種の公益団体と連絡を保ち一般生活状態の様相を鮮明するに努むること

ハ．調査の結果は別に定むる所の台帳に記入し異動ある毎になるべく速かに加除訂正を為す事

ニ．家政職業育児院妊産婦其他各般の人事関係に就き相談を請ふものある場合には其の緩急難易を計りて或は自を之に応じ或は相当機関に委嘱又は紹介の労を取るは勿論一縦令請求なきも其の所要ある場合は進みて相当の補導又は助力を与ふること

ホ．諸届の励行に注意し法規上の手続きを履行せざるが為めの変態的家庭関係（例へば内縁私生子の如き）を粛正に努むることへ、生計困難の者あるを認めたる場合には先づ其困難を調査して之を取り除くの方法を講ずること、救済の必要を認むる場合には成るべく敏速にこれが手続きをなし救済後は1日も早く其の境遇を改善せしむることに輔導を怠らざること

チ．生活の安定の方法としては市場購買組合金融機関等の利用の道を開く尚労働者の主婦等に対しては家政に関する知識の普及を計ること

リ．少年少女の職業及労働の上に格段の注意を加へ其の健康風紀及経済的能力の保全に努むること

3．方面委員会は必要に応じ委員の事務に関係を有するもの又は社会事業関係者の出席を求め其の意見又は報告を聴取することあるべし

　▲方面委員第一次調査及び実行要綱

方面委員第一次調査及実行は将来本市社会施設計の基本たるべき事項より着手せんとす

第1　方面内住民の生活状態の基礎調査

　少額収入者の甲乙2種に区別し調査の結果を台帳（カード）に記入す

　乙種程度＝独身者にして生業を有せるもの＝独身者にあらざるも扶□□無き者＝疾病負傷などにより自活困難なるもの

　甲種程度＝家賃月額5円迄を標準とし家族の員数職業の安否生活状態を斟酌して家計余裕なきもの

第2　戸籍整理上の助力

1．内縁の妻を戸籍上の正妻とすること

2．私生子無籍者を就籍せしむること

第3　診療券の普及及産褥中の補助

　済生会医師会等の治療券交付の必要あるもの又は既に交付せられある者につき其要否を調査し之を市長若くは警察署長に報告すること貧困者産褥中の看護其他に就き相当補助を講ずること

第4　幼児保護に関すること

1．保護者なきが為め幼児の保護教養を欠けるもの若くは幼児ある為め

父母其他の働を妨げ家計困難なるものには幼児の始末を講ずること

2．不良少年少女の救護に特別の注意を払うこと

3．貰子里子等の養育に就き特別の注意をなすこと

第5　学齢児童の就学奨励に関すること

　貧困若くは不具低能にして義務教育を受け得ざる者の為に相当の手段を講じ之が保護をなす事

　▲方面区域

　第1方面

　一番堀学校町一番町より岡本小路以西関屋一円（2,100戸）

　第2方面

　礎校裏通を界とし舟江橋南多門丁より坂内小路北濱通北大畑通を限界とす（6,000戸）

　第3方面

　洲崎橋より西受地町に至る一直線を限界とす（5,200戸）

　第4方面

　同上河口方面一円（2,500戸）

　第5方面

　沼垂山ノ下方面一円（4,500戸）

1923（大正12）年の動向

　1923年9月1日、関東大震災となり、新潟県内では新潟県や新潟市などを始め罹災者救済に乗り出すが、新潟市では震災新潟市救護会が組織され避難者救護にあたるが、新潟市方面委員もこれに協力して救護に当たるため9月6日午後1時より方面委員会を開き、罹災者救済に協力することになる[7]。

　新潟市方面委員の支援を受けている労働その他の職業に従事している震災避難者は、60余人に達したが、震災後新潟へ避難してすぐに下宿屋を始めて生計を立てている者もいるが、多くは着のみ着の儘の避難者であるから徒食も出来ないのでそれぞれ職業を見つけて婦女子の外は働いている[8]。

12月17日午後2時より、市方面委員では市内の貧困者や震災避難者の救済のため市方面委員会を開催した。新潟市内に従来よりの貧困者が72戸117人おり、また、震災避難民が2000余名いるがその内貧困者とみなすべきものが66戸200人余りいるが、方面委員はこれら貧困者の救済の為め委員会を開催し協議したが具体的援助方法が決定されず、衣類の必要な人には衣類を、米、薪、炭など必要に応じて支給することになった[9]。

　1923年8月から12月までの5か月間の統計をみると、方面区は5区で、総取扱い件数は365件、この年は9月に関東大震災があり、新潟市へ避難した困窮罹災者へ新潟市方面委員会は震災新潟市救護会と協力して救済にあたったが、震災罹災者への対応（罹災者訪問104件、罹災者調査59件、罹災者送迎47件）の件数が全体で207件で全体の56.7％を占め、次いで貧困者調査90件、職業紹介23件、保護救済19件の順であった。この年の方面委員の活動はまさに震災罹災者救済に特徴付けられるが、貧困調査や職業紹介など慢性的経済恐慌下の喫緊の課題となる事項もみられる[10]。

1924（大正13）年の動向

　1924（大正13）年では、新潟市内を8方面区に区割し、一区に3名の方面委員を増配置し総勢24名で、取り扱い事項は各区内の市民生活状態調査、人事相談、困窮者保護、求人、求職の斡旋及び戸籍整理の助力である。新潟市予算で社会費に方面委員費として方面委員手当て720円、委員一人当たり30円とし、必要経費となる需用費175円が計上されていた。

　その他、市に方面委員活動にと寄せられた寄付金200円があり、予算外の必要経費に充てるとあった。具体的には帰郷旅費給与13件、医療費給与3件、疾病のため歩行困難者に人力車代給与4件、葬儀費給与1件に充てられている[11]。

　新潟県社会課長桑原周順が『新潟新聞』に「社會事業の意義沿革及範圍」を連載しているが、新潟市方面委員制度はエルバーフェルトシステ

ムによるところが多い[12]が、新潟市方面委員の場合は11万人の新潟市を8区に分割し、それぞれに3名ずつ計24人の委員を配置し、この委員の上に幹事、顧問を配置し、毎月1回第1土曜に委員会が開かれ協議が行われ、それが具体的な方面活動に活かされていた。しかし、エルバーフェルトシステムでは委員一人当たりの分担が300人内外、戸数で60戸であるのに対して、新潟市では4,580人833戸に上っている。方面委員の使命を全うするには委員の責任分担を可能な限り少なくすること[13]、と述べ、市方面委員のさらなる増配置を促している。

1924（大正13）年の方面委員取扱成績では、期間も1年間の統計であるが前年の5カ月間の取り扱い総件数365件とさほど変わらない373件であった。事項も前年の12項目から6項目に圧縮され、その影響か373件のうち122件（32.7%）がその他の扱いで、其の他以外では職業斡旋が73件で最も多く、次いで貧困者保護71、さらに学童保護50の順である。失業者および貧困者への対応とともに貧困学齢児童への対応も課題になってきたことが窺える[14]。

1925（大正14）年

1925（大正14）年の方面委員取扱成績では、方面取扱い総件数は369件と前年と同様で、内訳は職業斡旋92件、貧困者救護72件、医療51件、学童保護48件、生活改善37の順となっている。これによると失業問題が深刻化している状況が窺える[15]。

10月、新潟市内で従来より篤志家で名高いKが窮境に陥り、方面委員の阿部、石田、北山は市社会課と連携し、住宅の競売から免れるようにするとともに、市社会課ではK救済のため市民有志から義捐金を募集していると[16]、方面委員らの活動が報じられた。

新潟市では大正15年度の歳入出予算社会費中方面委員費を前年度予算の倍額の1,440円を計上し、市会の協賛を得たが、方面委員費を増額したのは15年度から方面委員数を24名から倍の48名としたからである。その理由は、この広い新潟市に24名の方面委員のみでは市内の社会問題を十分調査研究できないので方面委員を倍増して、48人の方面

委員が市内を遺憾なく調査し、社会事業に資する方針にあると[17]、報じられた。これには前述の新潟県社会課長桑原の「方面委員の責任分担を少なくすること」の提言が効を奏したものと思われる。

新潟市方面委員増員後の初顔合わせは8月12日午後2時より市内のイタリア軒楼上で開会し、中村市長、山中市社会課長、山添、小島、石田各書記、新潟県行政より朝比奈県社会課長、山本県社会課主事が臨席し、市方面委員47名が全員出席し、中村市長が倍増された方面委員により社会事業の完成を期し、山中市社会課長より方面委員の職責につて詳細な説明があり、その後県朝比奈県社会課長は一場の感想と希望を述べ、その後委員より質問続出し、山中市社会課長が答弁している[18]。

新潟市では毎年1月他地方へ方面委員を社会事業視察のため派遣しており、今年は10月下旬または来月初旬方面委員を派遣すると[19]、報じられた。

1926（大正15 昭和元）年の動向

1926（大正15・昭和元）年の状況についてみると大正15年度よりそれまでの方面委員定数24名が48名に倍増され同年7月26日に就任し、同年12月末現在の方面委員の現員は48名で顧問は28名である。また、方面委員の倍増に伴い方面委員規程の改正が必要となり

「イ．各方面ニ常任委員及常任委員代理ヲ置キ方面内ノ委員ノ連絡統一及委員會ノ事務ノ處理ニ當ラシムルコト、ロ．各方面ニ於テ毎月1回以上其ノ方面内ノ委員會ヲ開クコト」、が加えられている。これにより各方面に代表として常任委員か常任委員代理が置かれ、方面内の連絡統一と事務の処理と、各方面毎に月1回以上の委員会開催が規程されている[20]。

方面区域も7月16日の方面委員規程改正を以て、従来市内を8区に分割していたものを大体に於いて小学校通学区域により11方面に区画した。方面の名称及び方面委員配置数は以下の通りである。

方面名称と委員数

関屋校方面　3名	鏡渕校方面　5名	新潟校方面　4名	大畑二葉校方面　3名
湊　校方面　6名	入船校方面　6名	豊照校方面　5名	礎　校方面　4名
萬代校方面　5名	沼垂校方面　5名	山ノ下校方面　2名	

　次に同年の方面委員会の動向（表1）を見ると、方面委員会は月1回ではなく不定期開催で8月には集中して3回開催されている、出席状況は8月12日が多くこれは新委員との初顔合わせも含めた会合であったことが推察される。

〈表1〉　1926年新潟市方面委員會の開催状況

委員会開催日	出席人数	その他の出席者数	備　　　考
1月11日	15	12	豫テ市長ヨリ調査方依頼アリシ篤行者ニ關シ委員ヨリ報告
2月9日	12	9	－
3月20日	11	6	方面委員増員後ノ方面區域分割方法ニツキ協議
7月5日	10	4	方面委員規程改正案ニツキ逐條審議
8月12日	44	19	増員後ノ第一回委員会イタリア軒三階ニ於テ開會
8月25日	15	3	明石丸義捐金募集ニ關シ協議（常任委員会）
8月26日	36	4	明石丸義捐金募集方法ニツキ協議
10月29日	12	5	健康調査及法律相談所ニ關シ協議
12月18日	8	6	年末ニ於ケル窮民ニ對スル給配品ニ關シ協議

　1926（大正15）年中の方面委員の取り扱い総件数（表2）は562件で、内訳はその他（171件）以外で最も高いのが貧困者救護（117件）次いで貧困者医療（116件）、職業紹介（56件）、生活善導（35件）[21]の順である。1920年以降の慢性的経済恐慌による窮乏化とそれに連動する健康破壊が看取される。

　取り扱い件数の増大は、方面区の増大と方面委員数の倍増が影響している。

〈表2〉 1926年中の方面委員取り扱い件数

	貧困者救護	貧困者医療	職業紹介	生活善導	法律相談	戸籍整理	幼児学童	軍事救護	其他	計
關屋校方面	2	7	3	3	1	—	1	1	7	24
鏡渕校方面	7	2	3	8	5	—	2	2	10	39
新潟校方面	5	25	5	—	—	—	—	1	9	43
大畑二葉校方面	27	7	2	—	—	—	—	—	7	43
湊　校方面	9	7	3	1	1	2	—	—	14	38
入船校方面	7	—	—	3	—	—	—	—	11	21
豊照校方面	1	—	—	2	—	—	—	—	7	10
礎　校方面	24	4	12	8	—	—	8	—	9	66
萬代校方面	12	23	8	4	2	3	3	4	11	70
沼垂校方面	11	23	13	4	6	—	—	2	6	73
山ノ下方面	12	18	7	2	1	15	5	1	70	151
計	117	116	56	35	17	20	19	11	171	562

備考　本表記載の数字はその他の欄以外の分は取り扱いをなしたる関係世帯数を表す

　1927（昭和2）年2月、新潟市職業紹介所では求人口の開拓蒐集や求職者の調査を行うにあたり、紹介事業の拡大と迅速徹底を期すため市内の事情に精通する各方面委員との連携が必要と認め、2月10日方面委員常任委員会におよそ下記のような提案を付議し市方面委員と職業紹介所と連絡して協議することになった[22]。こうした異なった機関の連携模索は社会事業の近代化に繋がるものである。

1．方面委員は所定の求人票及求職票を私宅に備置き求人口及求職者の発見又は申込を受けたるときは直ちに之を票に記入して職業紹介所に送付すること
1．職業紹介所は随時未紹介の求人口及求職者の状況を方面委員に通報して需給の充足を図ること
1．職業紹介所は必要なる場合申込を受けたる求人者及求職者に関する調査を方面委員に依頼すること
1．方面委員が直接求職者を求人者に紹介就職せしめたるときは直ちにその求人口及求職者及び就職の顛末を票に記入して職業紹介所に送付すること

1．方面委員は職業紹介所の利用に関し一般に周知せしむるため適宜の
　　方法を講ずること

1927（昭和2）年の動向
　1927（昭和2）年中の方面委員の取り扱い総件数は1,007件で前年度
の倍を示し、内訳はその他（286件）以外で最も高いのが保健救療（188
件）次いで保護救済（184件）、相談指導（115件）、積極事業（96件）、
周旋紹介（78件）の順である。全体的に社会事業ニーズが高まるなか
で取扱い件数が増加し、なかでも医療保護ニーズが高まってきているこ
とが窺える[23]。

1928（昭和3）年の動向
　昭和3年度より方面委員は24名増員され、11方面で72名となる。5
月18日新潟市方面委員協議会が午後8時開催され、出席者60余名で、
以下の8項目を協議し午後10時半閉会した[24]。ここではとくに方面活
動をするなかで医療保護ニーズの高まりを受け、医療保護について医師
会および薬剤師会との連携を模索する動きが見られる。

　協議事項
・1．新潟市救護規程に関する件報告
・2．新潟市と新潟市医師会との施療に関する件報告
・3．新潟市と新潟市薬剤師会との施薬に関する件報告
・4．不用品整理デーに関する件
・5．方面委員マーク改調の件
・6．方面掲示板建設の件
・7．方面委員用提灯調整の件
・8．ラジオ1台有明療養所へ寄贈すること

　新潟市方面委員会が7月6日市役所で午後7時半より開催されること
になり、協議事項は1、不用品整理週間結果報告1、寄付金に関する件

新潟県における方面事業の展開　―大正後半から救護法施行前までを中心に―

1、方面貯金に関する件1、カード整理に関する件が上がっている[25]。

　新潟市方面委員会は12月16日午後6時より市役所で開催され、歳末に際し窮民賑恤について協議し、次に相馬、富山の両顧問、鹿野、北山の両委員、小島視察員より社会事業視察の報告があり、午後10時解散した[26]。

　新潟市社会課では中野財団、高橋助七、金巻二郎、新潟市婦人衛生慈善会代表竹山レツ子外多数の篤志家に依り歳末の市の窮民救済のため寄贈された多数の金品を分配するため、12月26日午後1時、市社会課長佐藤輝一ならびに小島市書記は貨物自動車に寄付金品を積載し、各方面委員を訪れ、窮民三百餘人に方面委員より各窮民宅へ寄贈品（金や餅や塩鮭等）を届ける[27]と、報じられた。これは市社会課と方面委員らの連携による市内窮民への年末救済の一コマである。

　1928（昭和3）年中の方面委員の取り扱い総件数は1,196件で前年度に比し190件増加し、内訳はこの年から設けられた項目の金品給与（401件）で、次いで保健救療（265件）次いで相談指導（138件）、その他（132件）、周旋紹介（93件）、保護救済（73件）の順である[28]。「金品給与」は細民層への金品給与とおもわれる。これと保健救療及び保護救済とあわせてみるならば全体の6割を占めることになる。

　年度は前後するが1928年2月28日、新潟市議会で新潟市窮民救護規程が決議された[29]。これは方面委員らが社会調査活動や窮民等と関わる中で、恤救規則では対応できず、救護するにも利用すべき制度もないことなどが方面委員会で報告され、それが市社会課や市長および市議会にも届き、そうした中で、新潟市窮民救護規程の成立をみたとみるのは飛躍したみかたであろうか。方面委員の真摯な方面活動が窮民救護制度の成立に寄与したと言及できる。

　さらに、新潟市と新潟市医師会及び新潟市薬剤師会との窮民施療についての契約の締結にも方面委員活動が影響したと推察できる[30]。

1929（昭和4）年の動向

　1929（昭和4）年中の方面委員の取り扱い総件数は1,710件で前年度

Chapter 13

343

に比し約500件増加し、内訳は保健救療（431件）で、次いで相談指導（352件）次いで金品給与（287件）、育児奨学（190件）、周旋紹介（176件）、その他（168件）、保護救済（140件）の順である[31]。

　保健救療が前年265件に対して160件増加し、医療保護のニーズが高まったことを裏付けている。また、育児奨学も前年7件であったものが190件と著しい増大で、貧困学齢児童の増大を端的に示している。

1930（昭和5）年の動向

　1930（昭和5）年中の方面委員の取り扱い総件数は2,538件で前年度に比し800件余増加し、内訳は保健救療（831件）で、次いでその他（689件）、相談指導（367件）、金品給与（285件）、周旋紹介（158件）、保護救済（102件）の順である[32]。保健救療が前年の431件に対して400件増加し、急激に医療保護のニーズが高まったことを裏付けている。

　この年9月、新潟市社会課は『方面事項取扱の栞』（昭和5年9月）を発行し、方面委員の「一般救護手続」について「方面委員は常に受持区域内を巡視し、要救護者を発見したる場合は、よく其の家庭の状況を調査して、之を正副二通の方面カードに登録し、副本は直ちに社会課に送付し、正本は手許に置き、そのカード世帯を直接の對象として常に保護指導し、又は必要に応じて適當なる救済方法を講ずるのでありますが、費用の支出を要する救護については、緊急已むを得ざる場合を除く外、必ず救助の必要なる調書を具して社会課に提出して頂くのであります。社会課に於ては、審議の上市長に上申して決裁を経て、救助を開始するのであります。社会事業協会より費用を支弁する場合に於ても、前同様の調書を具して社会課内の同會掛りに御打合せ下さい。」と救護手続きについて説明があり、さらに、「整理報告」として方面カードの整理方法と月1回の報告について述べられている。

　方面委員の担当する分野「児童保護、育英事業、少年保護、行旅病人保護、軍事救護、精神病者救護、老年者保護、窮民救護、医療、生業資金貸付、職業紹介、失業者登録、戸籍整理」について、分野ごとの関係法令や社会資源の紹介も含めて取り扱い方法が示され、参照法規規程が

付録として掲載されている[33]。

1931（昭和6）年の動向

　1931（昭和6）年中の方面委員の取り扱い総件数は4,092件で前年度に比し1,500件余と急増し、内訳は保健救療（1,358件）で、次いでその他（760件）、相談指導（683件）、金品給与（422件）、周旋紹介（328件）、保護救済（227件）、育児奨学（174件）の順である[34]。1920年以降の慢性的経済恐慌および農村恐慌を背景に、全般的に社会事業ニーズ拡大かつ深刻化する中での取扱件数の急増である。なかでも保健救療が前年831件に対して500件余増加し、急激に医療保護のニーズが高まり、生活破壊に連動する健康破壊の様相を裏付けている。

3．新潟県方面事業の成立と展開

　新潟県では、地方課、学務課、その他各課社会教育掛りを置き事務を分掌してきたものを1922年2月11日、新潟県社会課を新設し事務を統一した。新潟県内務部長で課長心得の和田純は「社会課の事務は頗る廣汎で従来主として地方課に取扱って来た1、軍事救護、罹災救助並びに救済賑恤1、感化教育、保育、児童保護1、公益法人（社会事業に關す）小住宅に関する事項、公園及び遊園地に關する事項1、部落改善、出稼人保護1、公設市場、小資融資施設1、職業紹介並労務者の福祉に関する事項1、戸主會、主婦會等を始め恩賜財団済生會及び施薬施療に關する事項や学務課に属した青年団、処女會乃至は社会教育施設其他民力涵養、地方改良、其他社会施設にして他課の主管に属せる事項を一括して独立したる社会課を設けた」と述べ、社会教育関連や社会事業関連等の事務の統一が目的であった[35]。県社会課の新設の際、方面委員制度の制定が関係者で話題となり議題にもなったが、市町村には各種の委員があるので方面委員の仕事と各種委員の仕事と重複して縄張り争いが生じないか、また、方面委員が政略の具に供せられないか等の理由で県方面委員制度の制定については先送りされた[36]。同年4月20日、赤十

字新潟支部で社会事業並びに教化事業従事者の協議会を開催し、大田知事、和田県内務部長、児玉県保安課長、県社会事業主事ら関係者50名が列席し、知事の諮問事項1に「本県に於いて急施を要する社会事業如何」が出され、これについて三浦精翁新潟県社会課社会主事が「社会各方面の実状を視察し之に対し適当の救済策を講ずる方面委員の設置、…」と説明があり、議長指名の11名の委員によって審議、答申された[37]、がその内容について把握できないでいるが、少なくとも、この時期に新潟県方面委員制度の制定をめぐって議論が交わされたようである。

それから4年後の1926年3月25日、高田市役所楼上にて第1回新潟県社会事業大会が「本県各種の社会事業も時代の推移と思想界の影響とによって之が施設を要すべきもの漸く多きを加へて来た、又一面には社会事業関係者竝一般県民の覺醒を促して各種社会的施設の研究実行を期せんが為」を大会目的に開催された[38]。

「○31番　山田英源氏　報告いたします。本県の諮問に對して以下を以て答申するを適當と認むる旨、委員会は協議決定しました。『県下の實状を調査し適切なる社会事業を講ずるため市町村に方面委員を置くことを満場の御賛成を希望します。○座長　原田副会長　ご意見ありませぬか─御意見なきものと認め委員會の決定通り決します。」

1926（大正15）年9月14日、新潟県学務部長が支庁長及び市町村長宛に「方面委員制度に関する件」を通牒している[39]。これは新潟県内の方面委員制度の動向について把握するために通牒されたものである。

新潟県は、しばしば新潟県内の各市町村の社会事業関連の動向を把握するため、県内市町村に社会事業関連について報告させている。これは県内の市町村の社会事業動向把握のための一環であるといえる。調査の項目は18項目に及んでいるが、これはまた各市町村が方面委員制度を計画する際の参考になるものである。以下に通牒内容を挙げておく。

方面委員制度ニ關スル件（「方面委員制度ニ關スル件」通牒　社第 3,167 号
大正 15 年 9 月 14 日）

　貴管内ニ於テ方面委員制度（福利委員、輔導委員）新設ノ際ハ左記該當事
項ニ就キ速ニ御報告相成度尚毎年ノ事業状況ヲモ同様各項目ニ關シ翌年三月
末日迄ニ御報告相成度（但シ前年度報告と變化ナキ事項ニ付テハ前年通ト記
入ノコト）

一　名称

二　設置沿革（設置後増設等アラハ其ノ旨ヲモ記入ノコト）

三　設立主体（市社会事業協会等ノ如シ）

四　施行行政區域（市ノ一部等ノ如シ）

五　設置方面数及區劃標準（區劃標準ハ一小学校區域警察官轄區域等ノ如シ）

六　委員数

七　委員及役員ノ種類（方面委員、常務委員、理事、嘱託委員、顧問等ノ如
　　シ）

八　委員及役員の選任又ハ嘱託ノ方法

九　任期ノ有無（有任期ノ場合ハ其ノ期間）

十　補助吏員設置ノ有無（市等ニ於ケル方面事務ノ専任吏員、嘱託産婆ノ如
　　シ）

十一　委員聯絡ノ方法（委員會常務委員會開催等ノ如シ）

十二　方面事務所設置状況

十三　設置市町村全世帯数

十四　設置區域世帯数及現在取扱世帯数

十五　委員一人當擔當世帯数

十六　最近一年間取扱件数（種類別）

十七　經費支出ノ方法竝豫算又ハ決算等報酬又ハ俸給（經費支出方法ハ市費
　　　助成団体ノ有無等）

十八　事業報告調査票其ノ他ノ印刷物アラハ最近ノモノ

　新潟県社会事業協会第 6 回総会が長岡公会堂で 1927 年 5 月 31 日午前
10 時より開催され、内務省社会局山崎事務官、新潟県岩本学務部長、

片桐県社会主事ら臨席し、120名で県内からの出席者は120余名であった。総会終了後第2回新潟県社会事業大会が開催され、新潟県からの諮問事項「方面制度実施に關する意見を諮ふ」の件は委員付託、審議の上答申することになると報じられた[40]。

別室に委員16名で慎重審議の結果下記のように決議し、総会に付議し満場一致で決定した[41]。

諮問案答申
方面委員制度實施に關する意見

1．経営主体　市町村
2．人選標準　各市町村に於ける永住者にして官公吏以外適任と認むるもの
3．區域　　　各市町村の實状に應じ適当に之を定むること
4．任期　　　3か年とす
5．任免　　　各市町村長之を嘱託し名譽職となす
6．手當　　　無給を原則とする
7．制度の精神を周知せしむる方法
　　各市町村における各種の機關並團體を通じて之が宣傳をなすこと

以上

新潟県では社会事業の効果を挙げるため各市町村に方面委員制度を新設するため通常県会に方面委員設置の機運促進のため経費1,400余円を計上している。新潟県社会課では委員の仕事、制度等につき立案中と報じられた[42]。こうして方面委員制度普及費として1407円が計上され、新潟県方面委員制度の施行の準備に入った。

昭和3年度予算に方面委員費として9,410円が計上[43]と、報じられたが、実際には、予算は方面委員諸費として6,210円が計上されている（昭和2年新潟県通常県会決議録）。昭和3年度に実施するのは高田、長岡、三條、新津、新発田、柏崎、相川の7カ所で、希望があれば明年度になお5ヵ町村を増加する模様で、県は方面委員に対して事務費として一人に付き24円乃至30円を支給する模様とある。なお、県社会課では

方面委員制度の奨励のため社会局より福山政一氏を招聘して講演会および活動写真映写を県下 10 カ所に開催予定とあった。

　当時の新潟県社会課長安藤謙治が「方面委員設置について」という題で談話を新潟新聞に掲載している。方面委員設置に関連して、エルバーフエルトシステムを紹介し、社会診断の意義を強調し、これを担当するのに近い機関が方面委員である [44] と述べ、さらに、日本国内や新潟市の方面委員制度の動向を紹介し、方面委員とは何かについて平易に述べている [45]。以下に安藤の説明を引用すると「…一般的社会調査をして正鴻を得た政策を樹立し救済よりも防止に、事後よりも事前に社会問題を解決して行こうといふのが方面委員の本領…」[46] と述べ、方面委員の業務について平易な文で紹介している。

１．方面委員は次のような御相談相手になります

　イ．ひとり身で生活できない人のために

　ロ．ひとり身でなくとも扶養者がなくて、くらすことのできない人のために

　ハ．病気や災難のためにくらしむきのこまる貧しい人のために

　ニ．現在救護を受けている方の生活をよい方へ導くことのために

　ホ．職業がなくて、くらしむきに困っていらっしゃる方のために

　ヘ．ふさわない職業について困っていらっしゃる方のために

２．方面委員はつぎのやうなことで戸籍をなほすことについて御助力いたします

　イ．内縁の妻を正妻とすることに

　ロ．私生子を父母の婚姻によりて嫡出子としたり又は父の認知によって庶子とすることに

　ハ．全く籍からもれている方を戸籍に入れることに

　ニ．戸籍の整理によって、これまで受けることの出来なかった軍事救護や、その他の救護を妻子に及ぼさしむることに

３．方面委員は子供の保護にもお力になります

　イ．幼児のために十分の働を妨げられ生活の思ふやうにいかないもの

　ロ．貰子、里子などの世話の不十分なもの

ハ．貧乏で義務教育を終はすことの出来ないもの

ニ．不具や低能で義務教育を終らないで適当の機関にたのまねばならぬもの

4．法律上の問題で方面委員自身が解決困難の場合には顧問になっていただいた専門家の意見を聞きおためになるやう御盡力する事になっております

5．方面委員は御相談になったことを他に口外し秘密を洩しますやうな事を決していたしませんから安心して何でも御相談ください

　県社会課では昭和3年度から実施予定の方面委員制度は「目下大阪市に行われている同制度の最も良い所と諸外国の制度を研究しカード式世帯となし調査の最初より毎月その世帯及び家族の生活並びに不良のものに対しては方面委員の執った方法及びその感化の程度につき一々記入し度々開く方面委員會席上において報告せしめつぎに執るべき方法を研究せしむることにする方針である、単に貧困者の物質的救助にのみ力を注ぐことを方面委員の仕事とせずに全力を精神的救済に當ることにすることになっている、委員の数は必ずしも初めから人口によって定めることをせずに実際カードに記入された貧困者世帯数20名につき1名とする方針であり…」[47]と、報じられた。単に貧困者の物質的救助にのみ力を注ぐことを方面委員の仕事とせずに全力を精神的救済に当たることになっている、とあるように、物質的救済のみではなく、同時に精神的救済を与えることを強調していた[48]。

　とくに方面委員はこれを選挙運動及び政党に利用すると非常の効果があることが実施している市町の実状により証明されたので委員希望者は既に種々運動を行っており、県社会課では委員の任命については非常に慎重な態度をとり方面委員の人選は市町村当局に一任するが、果たして適任か否かについては県社会課より赴くとしている[49]、と報じられた。

　1928年1月24日、「新潟県方面委員規程」（新潟縣令第九號）が発令された。

　新潟県報号外　昭和3年1月24日

　新潟縣令第九號

新潟県における方面事業の展開　―大正後半から救護法施行前までを中心に―

新潟縣方面委員設置規程左ノ通定ム

　昭和三年一月二十四日　新潟縣知事　藤沼　庄平

　　新潟縣方面委員設置規程

　第一條　一般社会事業ニ關スル事務ノ為必要ナル市町村ニ方面委員ヲ置ク

　第二條　方面委員ハ左ノ各號ノ一ニ該當スル者ノ中ヨリ市町村長ノ推薦

　　　　　ニ依リ知事之ヲ囑託ス

　一　教育関係者

　二　醫師及産婆

　三　宗教家

　四　其ノ他知識經驗アリ奉公仁慈ノ念篤キ人格者ニシテ其ノ土地ニ永住

　　　スル者

　第三條　方面區域、方面委員ノ員数ハ知事之ヲ定ム

　第四條　方面委員ハ名譽職トシ任期ハ三箇年トス

　　方面委員の擔任方面ハ知事之ヲ定ム

　第五條　方面委員ノ取扱フ事項ノ概目左ノ如シ

　一　一般社会状態及び家庭生活状態ヲ調査シ之カ改善向上ノ途ヲ講スル

　　　コト

　二　保護又ハ指導ヲ要スル者ノ状況ヲ調査シ之カ對策ヲ攻究シ處置ノ徹

　　　底成效ニ努ムルコト

　三　各種社会事業機關トノ聯絡ヲ保チ之カ利用ノ途ヲ講シ其ノ目的達成

　　　ニ助力スルコト

　四　一般児童ニ關スル保健衛生教育及職業ノ状態ヲ調査シ之カ保護指導

　　　ヲ為スコト

　五　社会事業ノ適否ヲ稽ヘ其ノ施設改善ヲ攻究スルコト

　六　其ノ他特ニ調査實行ヲ委囑セル事項

　第六條　方面委員ニ闕員ヲ生シタルトキハ知事補闕委員ヲ囑託ス

　　補闕委員ノ任期ハ前委員ノ殘任期間トス

　第七条　方面事務ノ聯絡統一ヲ圖ル為メ市町村毎ニ方面委員會ヲ設ケ市

　　　　　町村長ヲ以テ會長トス

　會長ハ月１回以上委員会ヲ開催スルモノトス

第八條　方面委員會ハ互選ニ依リ常務委員一名ヲ定ムヘシ常務委員ノ任
　　　　期ハ一箇年トス
　　　　常務委員ハ方面委員ヲ代表シ委員ノ聯絡統一ヲ圖リ其ノ活動ノ圓滑成
　　　　效ヲ期スルモノトス
第九條　知事ハ必要ニ應シ方面顧問を囑託スルコトアルヘシ
　　　　方面顧問ハ名譽職トシ必要事項ノ相談ニ與ルモノトス
第十條　方面事務ノ研究竝聯絡統一ヲ圖ル為知事ハ隨時常務委員會ヲ開催ス
　　　　　　附　則
第十一條　本規程ノ施行期日ハ別ニ之ヲム

　新潟県社会課では長岡市、高田市、柏崎町、三條町、新津町、柴田
町、相川町、巻町、直江津町に加えて、熱心に実施を希望する北蒲原郡
の中浦村と中蒲原郡白根町を加え、県下11ヵ市町村で実施することに
なる。県社会課で実施する方面委員の取り扱う仕事は大体新潟市と同様
であるが特に注意すべき事項として1．一般社会状態及家庭生活状態を
調査し之が改善向上の途を講ずること2．保護又は指導を要する者の状
況を調査し之が対策を攻究し処置の徹底成功に努むること3．一般児童
に関する保健衛生教育及び職業の状態を調査し之が保護指導をなすこと[50]、
を挙げている。なお、調査についてはアメリカで採用しているカード式
を用いることになった。

　新潟県社会課では方面委員の選任に着手することになり、新潟県社会
課は方面委員を設置予定の市町村長に方面委員詮衡の氏名を差し出すよ
う指令し、巻町を除く10市町村より計95名の申達があり、95名の内、
10名が婦人方面委員であった。申告された人たちの職業は教育家、宗
教家、医師、産婆、法律家、社会事業家、小学校長等がその大部分を占
め、婦人の職業は婦人会長、産婆、小学校長夫人、幼稚園保母などで、
なお新潟県において詮衡の上100名を4月下旬に任命の予定である[51]
と、報じられた。

　なお、県の配置概数及び市町村からの申告概数は以下の通りである。

新潟県における方面事業の展開 ―大正後半から救護法施行前までを中心に―

市町村	配置概数	申告概数
▲上越配置概数 27 名		
高田	12 名	13 名
直江津	7 名	7 名
柏崎	8 名	8 名
▲中越配置概数 32 名		
長岡	20 名	20 名
三條	12 名	10 名
▲下越配置概数 29 名		
新津	8 名	8 名
新発田	10 名	16 名
中浦	3 名	4 名
白根	4 名	4 名
巻	4 名	―
▲佐渡配置概数 5 名		
相川	5 名	5 名
	(93)	(95)

　新潟県社会課は乳幼児死亡率、乳幼児同伴登校長期欠席の多い 72 か町村に対し児童員制を実施することになり、同社会課では方面委員未設置町村に勧誘中であったが社会課で児童員制を作成し、方面委員制の未実施の県下各町村に実施するというものである。同制度により主として生後満 10 歳までの児童を保護するもので、児童員には小学校長、宗教家、医師、助産婦、看護婦その他地方篤志の人々が委嘱され、町村長がこれを決定し任期は 3 か年である。保護委員長と常任委員が各 1 名常にその衝に当たり随時委員会を開催し、学区内の事務を整理する、ものである。

　同制度は保健係と保導係と 2 種に区別され、保導係は主として適当な教育を受けることのできない児童、不就学および長期欠席児童、不良児、浮浪児等の保護で、同係には教育関係者、宗教家等が委嘱され、保

続 新潟県社会福祉史の基礎的研究

健係は主として乳幼児、妊産婦の保護、衛生指導等を実際につき指導保護するもので、同係には助産婦、看護婦等が委嘱され、各町村長の内診を待って決定される[52]、とある。これは方面委員制を布いていない町村に、児童保護分野を担当する児童員を設けて、深刻化する児童問題に対応しようとするものである。これについては資料未発掘のため、児童員の実態については把握できないでいる。

　新潟県方面委員に戻るが、5月1日に「方面委員設置規程第三条ニ依ル方面區並方面委員數左ノ通定む」（新潟県告示第350號）が発表され、方面区と方面委員数が示された。

　新潟縣報號外　昭和3年5月1日
　◎新潟縣告示第350号
　方面委員設置規程第三條ニ依ル方面區域並方面委員數左ノ通定ム
　　昭和3年5月1日　新潟県知事　力石雄一郎

〈表3〉　新潟県方面区域と方面委員数

方　面　名　称	区　　域	方面委員数
高　田方面	高田市一円	13名
直江津方面	直江津町一円	7名
柏　崎方面	柏崎町一円	8名
長　岡方面	長岡市一円	20名
三　條方面	三條町一円	12名
新　津方面	新津町一円	8名
中　浦方面	中浦村一円	4名
新発田方面	新発田町一円	10名
白　根方面	白嶺町一円	4名
巻　　方面	巻　町一円	4名
相　川方面	相川町一円	5名

（計91）

　1928年5月2日9時半より新潟師範学校講堂で方面委員嘱託式を挙行し、新潟県佐藤内務部長の開会の辞に続き力石新潟県知事より辞令交

付と訓示があり続いて内務大臣の祝辞（安積内務省事務官代読）、中村新潟市長の祝辞があり、方面委員総代長岡市方面委員長長谷川政治の答辞、奥田新潟県社会課長の閉会の辞があって嘱託式は終了し、引き続き講習会に移り、牧野講師は「現代に対する方面委員の使命」と題し方面委員の使命につき論じ、昼食後新潟市内の和田德傳會託児所、済生会新潟診療所を視察した。尚午後６時より新潟県知事の方面委員招待会がイタリア軒で開催され、翌５月３日は午前８時半より講習会が続会され牧野氏の「社会事業と方面委員との交渉」、安積講師の「方面委員事業要綱」の講演があり、12時半より新潟市長の招待会があり午後は引き続き安積氏の講演の予定とあった[53]。

　さらに、県社会課では新たに任命された方面委員と協議するため、方面委員会議を以下のように開催することになった[54]。会議では１、カード記入に関する注意２、設置、執務心得、取り扱い事項概要の研究３、助成法設置に関する件その他について協議する筈、と報じられている。方面委員会議には県社会課主事等が指導に当たることになっている。同会議は、新任方面委員の実務研修会といった内容である。以上のように、嘱託式後に講演会が開催され、さらに実務研修会に相当する各市町村での会議を設けて、県社会課は方面委員の研修に努めた。以下のように各会議には県社会課主事あるいは県社会課主事補が派遣されて、指導に当たる計画である。

　方面委員会議日程

・５月10日　相川　富高県社会主事　・５月８日　柏崎　桐生県社会課主事
・５月９日　直江津　桐生県社会課主事　・５月10日　高田　桐生県社会課主事
・５月11日　巻　桐生県社会課主事　・５月12日　白根　桐生県社会課主事
・５月７日　北蒲原郡中浦　佐々木県社会課主事補　・５月８日　新発田　佐々木県社会課主事補　・５月９日　三條　佐々木県社会課主事補　・５月10日　長岡　佐々木県社会課主事補　・５月11日　新津　佐々木県社会課主事補

一方、方面委員制度について一般県民の理解をえるため、新潟県社会事業協会は方面委員の使命を県民に徹底させるため方面委員制度が布かれた当該市町村で方面委員に関する講演会並びに社会事業の実際状況、方面委員制宣伝の活動写真を開催することになり5月中旬より巡回する、と報じられた[55]。このように新潟県社会事業行政の補完の役割を担ったのが同協会である。

新潟県主催新潟県社会事業大会並びに講習会は6月23日から3日間新潟師範学校で開催されるが文学博士矢吹慶輝と新潟医大岩川博士が講師に招聘され、協議事項の中に「方面委員の活動に緊急を要する社会事業如何」[56]があった。

9月21日、方面委員常任委員会は午前10時より常盤館で開催され、出席者は岩本県学務部長、奥田県社会課長外常任委員等20余名で、協議事項並びに指示事項について協議の結果は以下のとおりで、午後2時半終了した[57]。

常任委員会では、県の指示事項である「方面委員助成会に関する件」について協議した結果、助成会設置は時期尚早につき研究の上設置するよう市町村に慫慂することとしたが、県内の方面委員を布く新発田、新津、高田で社会事業助成会の結成を予定している。

▲協議事項
1、其方面に於ける社会状態調査の徹底をはかる良法如何
　　市町村総代並に市町村當同と連絡をとり徹底させること
1、カードに関する件
　　カード記入に関しては町村に於て決定し県に提出してその指揮を仰ぐこと
▲指示事項
1、方面委員助成会に関する件
　　助成会設置は時期尚早につき研究の上設置するよう市町村に慫慂すること
1、方面貯金の奨励に関する件

信用組合と提携してカード階級に極力奨励をなすこと

県提出

1、戸籍法違反者に対する過料免除の件

2、貧困者の県税免除交渉に関する件

1はすでに解決しているから差支なし、2は府県制113条によって可能である

1、社会事業協会において県下発行日刊新聞に交渉し職業紹介紙に掲載し関係者に周知せしむること

　新聞社に交渉をする

新発田町提出

2、済生会、恩光会無料施療券交付を市町村長に委任の件

　年々診療費を市町村より定額を支出してもらうことを交渉する

直江津町提出

1、方面委員制度設置の隣接町村に方面事故を取扱ひたる時は県は如何なる処置をとらるるや隣接町村に支弁するよう県から交渉する

1、要救護者帰郷旅費は国庫支弁とせらるることをその筋に建議する件

　国庫支弁は困難であるから次会まで保留

　県方面委員が5月1日から県下11市町村に設置されてから各委員は献身的活動を展開しているが、何分資金がないため思うような活動ができず、殊にその取り扱うケースの大部分は貧窮のため医師の治療を受けられずそのため種々悲惨な事件がおこるので県社会課ではこれを救済するため県医師会長布川興策氏あてに方面委員取り扱いの貧困者にたいして実費診療若しくは無料診療してもらうように努められたいと10月24日照会している[58]。

　慢性的経済恐慌の中で、方面委員が担当するケースに医療保護ニーズのあるケースが多いが、困窮のため治療を受けられず悲惨な状態に至ってしまうという方面委員らの声を踏まえて、新潟県社会課が方面委員の取り扱う貧困者について実費診療若しくは無料診療にしてはもらえないかと、新潟県医師会長に紹介したものである。

新潟県社会課では方面委員の活動促進のため方面委員制度を設置している11ヵ市町村の方面委員から10名を詮衡し、愛知、大阪、京都に12月3日より1週間の予定である[59]。これも、方面委員の研修の一環として行われたものである。なお、新潟市の方面委員はこの時点では、新潟県方面委員の傘下に入っていないが、新潟市方面委員を県外視察に組み入れている。このことから新潟県社会課は新潟市方面委員を県の管轄に組み入れ、統括しようとする意図も推察される。

高田市	竹内原作	長岡市	山田實善	新潟市	北山宗成
三條町	武田猶吉	新津町	磯部教誓	白根町	野澤康平
新発田町	足立増藏	中浦村	長谷川泰藏	巻町	朝倉虎吉

　新潟県方面委員は1929年に鳥屋野村と石山村の2ヵ所に委員が配置され13市町村、方面委員数100名（新潟県社会課『新潟県社会事業概覧』昭和5年 pp.5-7）となり、1928年5月から同12月までの方面委員取り扱い件数は保護救済、紹介斡旋、相談指導、戸籍整理及び雑の6項目で合計2,809件である。保護救済の中では窮民保護が469件、治療券配給88件及び治療斡旋61件が多く、紹介斡旋は全体的に件数は少ないが、職業斡旋件9件、生業資金斡旋16件、宿泊保護14件、其の他63件と、失業者急増のおり、職業斡旋が少ない。法律相談の中では人事上の相談が263件と多く、戸籍整理では全体的に件数は少ないが身分整理が69件と多い、雑は6項目の中で最も件数が多いが中でも慰安訪問が926件と多い。方面別では高田市が1,062件と全体の3分の1強で、次いで長岡市369件、白根町259件、新発田町256件、新津町218件であった。相川町は28件、巻町は13件と少なく、殆ど方面委員が機能していない状況が窺える。このように市町村によってばらつきがあるのは、新潟県方面委員制度施行初年度であるためと推察される。

　新潟県方面委員の設置市町村数は1930年10月時点で20ヵ所となり、1931年には55ヵ所と増加したが、県の懸命な奨励にもかかわらず、方面委員制度の普及は捗らなかった。

表 4 は新潟県社会費中の方面委員費の予算額の動向を示した表である。方面委員費は 1928 年をピークに、社会費の中で減額され、昭和 9 年度の新潟県通常県会決議録によれば、方面委員費 2.240 円の内訳は会議費 1,172 円（県委員會費 680 円、郡委員會費 192 円、全国方面委員大会費出席手当 300 円）と需用費（備品費 10 円、消耗品費 228 円、雑費 830 円）となっている。

〈表 4〉　県費用方面委員費の推移（経常部社会事業費）

年　度	予　算	費　　目
昭和 2 年	1,407 円	方面委員制度普及費
3 年	6,210 円	方面委員諸費
4 年	4,932 円	方面委員諸費
5 年	3,808 円	方面委員諸費
6 年	3,382 円	方面委員諸費
7 年	1,600 円	方面委員諸費
8 年	2,307 円	方面委員諸費
9 年	2,240 円	方面委員諸費
10 年	2,240 円	方面委員諸費
11 年	2,240 円	方面委員諸費
12 年	2,240 円	方面委員諸費

大正 15 年度〜昭和 11 年度の新潟県通常県会決議録より筆者作成

4．新潟県下市町村社会事業助成会の設立

1924（大正 13）年に入り、新潟市方面委員の取り扱い事項も繁多となり、僅少な新潟市の救護予算と限定された方面委員規程の範囲では十分な防貧救貧の実を挙げることが困難となったので、方面委員その他の有志で協議し、同年 8 月、篤志家の寄付金を財源として方面委員後援會を組織した経緯があった。しかし、年月を追うごとに複雑多端を加える方面事項の処理は方面委員後援会のような小規模なものではその使命を全うできないと感じていた[60]。

新潟市社会課では1927年11月7日午後2時より新潟市役所で方面委員総会を開き、中村市長、榊原市社会課長外方面委員、幹事80余名が出席し、榊原市社会課長より市方面委員の経過を報告し、昭和3年度より実施すべき方面事業助成会の新設について協議が行われ、満場一致で可決し、次いで第1回全国方面委員大会に出席した小島方面書記より大会の模様について報告と浅平市方面委員の横浜市方面事業の視察報告等が行われ、最後に内務省嘱託福山政一の『方面事業について』と題した講演があった[61]。

　1928（昭和3）年3月20日、新潟市社会課は新潟市社会事業助成会の発起人会を発起人中32名が出席し開催され、榊原市社会課長は設立の趣旨並びに当初の方面委員後援会を社会事業助成会と改めたことを述べて審議に入った[62]。

　「1923年以来方面委員制度を実施し各委員は熱心に社会診療の事務に当りその成績大いに見るべきものがあった、しかし社会事業の範囲が廣いので今日の人員では充分目的を達成することが出来ないので昭和3年度からこの方面委員の數を72名に増加し窮民救護、生業補導その他一般社会事業をして一層組織的に且つ普及的に進捗させることとなった。これ等方面委員が活動するには運用資金を相当に要するので今回新潟市社会事業助成会が組織され會長を竹山正男氏に交渉中であるが斯くて役員が決定次第早速本市の有力者、篤志家に向って入會を勧誘し資金を得ることに努むる筈である」[63]と報じられた。

　新潟市社会事業助成会は窮民救護生業補導その他一般社会改善の事業を展開するため一層組織的に展開するために基金を募集することになり、取敢えず市内篤志家に向かって寄付金方依頼状を発送した[64]。

　新潟市方面委員會は10月3日午後6時半から市役所で開会、社会事業助成会の法人組織に関しあくまで実現に努めることとし、新潟市において特別会計として新潟市社会事業資金三十萬圓を10か年間に積立し市社会事業の基礎を確立するよう新潟市会に建議すること有明療養所へラジオ一大寄贈することを決議し、最後に県方面委員常務委員會の顛末が報告され、午後7時解散した。市方面委員会が社会事業資金を確保す

るためソーシャルアクションした例となる[65]。

　新潟市会議長で弁護士の坂本有隣が初代会長に選任された[66]。評議員25人が選任され、新潟市社会事業助成会会則が下記のとおり決定された。評議員の中には、新潟市の方面委員制度の設置を推奨した富山虎三郎がメンバー入りしている。

　　新潟市社会事業助成会規則
・第1条　本会は新潟市社会事業助成会と称し事務所を新潟市役所内に置く
・第2条　本会は新潟市に於ける各種社会事業の達成を期するを目的とす
・第3条　本会の事業を翼賛するを以て会員とすその種別左の如し
・1、名誉会員　一時金100円以上又は毎年10円以上を10ヵ年間拠出するもの
・2、特別会員　一時金50円以上又は毎年5円以上を10ヵ年間拠出するもの
・3、正会員　一時金10円以上又は毎年1円以上を10ヵ年間拠出するもの
・第4条　本会には左の役員を置く
・1、会長　　　1名
・1、副会長　　1名
・1、評議員　若干名
・1、幹事　　　若干名
・第5条　会長、副会長は評議員会に於て評議員は総会に於て之を選挙す幹事は会長之を嘱託す
・第6条　会長は本会を代表し会務を統理し会議の議長となる、副会長は会長を補佐し会長事故あるときは之を代理す
　　評議員は予算決算の他重要なる事項を議決し幹事は会長の指揮を受け庶務
・第7条　役員の任期は2ヵ年とす、補欠役員の任期は前任者の残任期間とす、但し重任を妨げず
・第8条　本会に顧問を置く、顧問は評議員会の決議を以て会長これを推薦す

361

・第 9 条　顧問は会長の諸問に応じ総会において意見を述ぶることを得
・第 10 条　本会は毎年 1 回総会を開き会計及び事業に関する報告をなしその他必要なる事項を議決す評議員会は会長に於て必要と認むるとき之を招集す
・第 11 条　本会の経費は左の収入を以て之に充つ 1、会員拠出金 1、寄付金 1、補助金 1、その他の収入
・第 12 条　本会の会計年度は毎年 4 月 1 日に始り翌年 3 月 31 日に終る
・第 13 条本会会則施行に必要なる細則は評議員会の議決を経て之を定む
・第 14 条　本会会則は総会出席会員の過半数の同意あるにあらざれば変更することを得ず

　一方、新潟市以外の方面委員では、1928 年に県下 11 カ所に県方面委員が敷かれたが予算が全体で 6 千円と僅少なので 1 カ所当たり年 500 円余で、方面委員は意のように活動できず仕方なく方面委員は自腹を切る状態になり、現に新発田、新津、高田に於いては助成会設置を決定し基金を募集中であった。新潟県社会事業協会では、経費を得るため助成会の設置並びに慈善演芸会を開催して基金を募集するよう勧めていた[67]。このようにこの年の 5 月 1 日に成立した新潟県方面委員が 2 カ月も経ないうちに、乏しい経費の制約から地域での方面活動（救済活動）が立ち行かなくなったことが露呈した。新潟県社会事業協会ではこうした状況を打開するため助成会の設置や慈善演芸会の興行によって、方面委員の活動資金を得るように推奨したのである。新津方面委員會では事業資金調達のため町役場、警察署、各種団体後援で、1929 年 5 月 21 日、22 日の両夜新盛座において慈善演芸会を開催することになった[68]、と報じられている。

　筆者が調査した長野県、石川県および富山県と異なり、新潟県では方面助成を含めた当該市町村の社会事業を助成する社会事業助成会としたところに新潟県の特徴がみられる。

　1930 年 6 月、栃尾町に方面委員制度が実施され、その年の 8 月 5 日午後 1 時より同町役場にて方面委員会が同町方面委員 5 名と顧問 2 名お

および新潟県社会課の佐々木社会事業主事と書記２名の出席で開催され、協議事項に１、カード記入方指示、失業者登録票の指導、執務範囲の攻究とあり、なお、助成会設立に決し来る 10 日に開催し、募集方法などを決定着手することに申し合わせす [69]、とある。

　これを受けて、この年の 10 月、栃尾町社会事業助成会が同町役場に設置された。「…各委員鋭意熱心に所謂社会診療の事務に當られ其成績徐々にみるべきものあるは洵に御同慶の至りであります。然りと雖も前述の如く社会事業の範囲は極めて広汎であり多種多様に渉るが故に僅かの委員を以て窮民救護生業輔導其他一般社会事業改善の使命を遂行するは容易のことではありません。茲に鑑みる所あり斯業を実現せしめんが為め方面委員を中心とせる町社会事業の運用資金を求め以て其永続的動力に依り、諸般緊急の事務を達成せんとする目的に外ならぬのであります」[70] と助成会設立の趣旨を述べている。

　栃尾町社会事業助成会は栃尾町役場内に置かれ、栃尾町の各種社会事業の達成を期するを目的としており、さらに会員組織で概ね新潟市社会事業助成會を倣ったことが窺える。

栃尾町社會事業助成會々則

第一條　本會ハ栃尾町社會事業助成會ト稱シ事務所ヲ栃尾町役場内ニ置ク

第二條　本會ハ栃尾町ニ於ケル各種社會事業ノ達成ヲ期スルヲ以テ目的トス

第三條　本会ノ事業ヲ翼賛スル者ヲ以テ會員トス其種別左ノ如シ

　一、名譽會員　　一時金五拾圓以上又ハ毎年五圓以上引續キ醵出スルモノ

　二、特別会員　　一時金貳拾圓以上又ハ毎年貳圓以上引續キ醵出スルモノ

　三、正會員　　　一時金拾圓以上又ハ毎年一圓以上引續キ醵出スルモノ

第四條　本會ニ左ノ役員ヲ置ク

　一、會　長一名　　一、副會長一名　　一、評議員若干名　　一、幹　事若干名

第五條　會長副會長ハ評議員會ニ於テ評議員ハ總會ニ於テ之ヲ選擧ス幹事ハ會長之ヲ嘱託ス

第六條　會長ハ本會ヲ代表シ會務を統理シ會議ノ議長トナル副會長ハ會長ヲ

補佐シ會長事故アルトキハ之ヲ代理ス

評議員ハ豫算決算其ノ他重要ナル事項ヲ決議シ幹事ハ會長ノ指揮ヲ受ケ庶務及會計ヲ掌ル

第七條　役員ノ任期ハ三ケ年トス補缺役員ノ任期ハ前任者ノ殘任期間トス
但シ重任ヲ妨ケス

第八條　本會ニ顧問ヲ置クコトヲ得顧問ハ評議員ノ決議ヲ以テ會長之ヲ推薦ス

第九條　顧問ハ會長ノ諮問ニ應シ總會ニ於テ意見ヲ述フルコトヲ得

第十條　本會ハ毎年一回總會ヲ開キ會計及事業ニ關スル報告ヲナシ其ノ他必要ナル事項ヲ議決ス評議員會ハ會長ニ於テ必要ト認ムルトキハ之ヲ招集ス

第十一條　本會ノ經費ハ左ノ収入ヲ以テ之ニ充ツ

　一　會員醵出金　　一　寄附金　　一　補助金　　一　其ノ他ノ収入

第十二條　本會ノ會計年度ハ毎年四月一日ニ始リ翌年三月三十一日ニ終ル

第十三條　本會々則ニ必要ナル細則ハ評議員會ノ議決ヲ經テ之ヲ定ム

第十四條　本會々則ハ總會出席會員ノ過半數ノ同意アルニアラサレスルコトヲ得ス

　1931年1月10日午後2時、加茂町役場において丘山委員会長、委員6名、顧問3名、鶴見助役及び小柳町書記出席で方面委員會が開催され、「加茂町社会事業助成会会則設定ノ件」が協議され、「別項ノ通リ會則ヲ決定、會長ヲ近山堅氏副會長ハ方面委員ノ常任委員ト助役ト決シ西村大串氏鶴見周吾氏ニ嘱託、評議員ハ方面委員八名ト同顧問六名計十四名ニ嘱託シ幹事ハ委員中田下三作井上賢三郎及び町書記小柳復次三名ニ嘱託セリ」[71]。と、加茂町社会事業助成会の設立が決議され、同会役員には町長を始め町役場吏員と加茂町方面委員と同顧問に嘱託した。

　加茂町社会事業助成會會則[72]

本會ハ加茂町社會事業助成會ト稱シ事務所ヲ加茂町役場内ニ置ク

第一條　加茂町ニ於ケル各種社會事業ノ達成ヲ以テ目的トス

第二條　本會ノ事業ヲ翼賛シ會費ヲ醵出スル者ヲ以テ會員トス但シ會費ハ之

　　　　ヲ制限セズ

第三條　本會ニ左ノ役員ヲ置ク

　一、會長一名　　一、副會長二名

　一、評議員若干名　一、幹事若干名

第四條　會長ニハ加茂町長ヲ推ス

　副會長、評議員、幹事ハ會長之ヲ嘱託ス

第五條　會長ハ本會ヲ代表シ會務ヲ總理シ會議ノ議長トナル

　副會長ハ會長ヲ補佐シ會長事故アルトキハ之ヲ代理ス

　評議員ハ會計及重要ナル事項ヲ議決ス

　幹事ハ會長ノ命ヲ受ケ庶務及會計を掌ル

第六條　役員ノ任期ハ二ヶ年トス但シ重任ヲ妨ゲズ補闕員ノ任期ハ前任者ノ

　　　　殘任期間トス

第七條　本會ノ總会及評議員ハ會長ニ於テ必要ト認ムルトキ之ヲ招集ス

第八條　本會ノ経費ハ左ノ収入ヲ以テ之ニ充ツ

　一、補助金　　二、有志寄附　　三、會員醵金　　四、其他ノ収入

第九條　本會ノ會計年度ハ毎年四月一日ニ始マリ翌年三月三十一日ニ終ル

第十條　本會ハ必要ニ應シ評議員會ノ決議ヲ經テ細則ヲ設クルコトヲ得

第十一條　本會則ハ評議員出席者三分ノ二以上ノ同意ヲ得ルニアラザレバ變

　　　　　更スルコトヲ得ス

　昭和六年一月十日提出

　同　　　日

　こうして新潟県内では、方面助成会ではなく、当該市町村の方面委員
を含めて各種の社会事業を達成することを目的に社会事業助成会が普及
していくことになり、1936年までに72カ所が結成されている。これら
市町村の社会事業助成会はいずれも市町村役場に設置され、市町村行政
に統括されて運営されている状況が窺える。

〈表5〉　新潟県内社会事業助成会一覧

団 体 名	設立年月日	団 体 名	設立年月日	団 体 名	設立年月日
新潟市社会事業助成会	S3,3	東谷村社会事業助成会	S8,3	松之山村社会事業助成会	S10,8
相川町社会事業助成会	S4,8	長部財団（長岡市）	S8,3	葛巻村社会事業助成会	S10,8
見附町社会事業助成会	S5,5	村松町社会事業助成会	S8,3	上組村社会事業助成会	S10,10
加茂町社会事業助成会	S5,8	河原田村社会事業助成会	S8,4	伊米ヶ崎村社会事業助成会	S10,10
小千谷社会事業助成会	S5,9	村上町社会事業助成会	S8,6	青梅町社会事業助成会	S10,10
栃尾町社会事業助成会	S5,10	近藤奉仕団（三島關原町）	S8,12	庄瀬村社会事業助成会	S10,11
白根町社会事業助成会	S6,1	石山村社会事業助成会	S9,3	安塚村社会事業助成会	S10,11
三條町社会事業助成会	S6,11	村上本町社会事業助成会	S9,3	浦佐村社会事業助成会	S10,12
吉田町和光會	S6,12	今町社会事業助成会	S9,3	十日町社会事業助成会	S10,12
六日町社会事業助成会	S7,4	中條町社会事業助成会	S9,4	高千村社会事業助成会	S11,1
水原町社会事業助成会	S7,9	川東村社会事業助成会	S9,4	大巻村社会事業助成会	S11,1
小吉村同仁會（中條町）	S7,9	曽根町社会事業助成会	S9,6	赤谷村社会事業助成会	S11,1
五千町社会事業助成会	S7,12	栗生津社会事業助成会	S9,7	南魚藪神村社会事業助成会	S11,2
両津町社会事業助成会	S7,12	水澤村社会事業助成会	S9,7	国上村社会事業助成会	S11,2
出雲崎町社会事業助成会	S8,1	糸魚川町社会事業助成会	S9,11	津川町社会事業助成会	S11,2
高田市社会事業助成会	S8,1	長澤村社会事業助成会	S9,11	東村社会事業助成会	S11,3
小木町社会事業助成会	S8,1	鹿峠村社会事業助成会	S9,11	中頸金谷村社会事業助成会	S11,3
与板町社会事業助成会	S8,2	廣瀬村社会事業助成会	S9,12	刈羽七日町村社会事業助成会	S11,4
新津町社会事業助成会	S8,2	下保倉村社会事業助成会	S10,1	倉俣村社会事業助成会	S11,4
新発田町社会事業助成会	S8,2	南鯖石村社会事業助成会	S10,2	高士村社会事業助成会	S11,4
高柳村社会事業助成会	S8,2	瀬波町社会事業助成会	S10,3	名香山村社会事業助成会	S11,4
櫛池村社会事業助成会	S8,2	能生谷村社会事業助成会	S10,3	柏崎町社会事業助成会	S11,7
塩澤町社会事業助成会	S8,3	松代村社会事業助成会	S10,3	関屋町社会事業助成会	S11,7
岩船町社会事業助成会	S8,3	財団法人有終会（南魚中條村）	S10,7	黒崎町社会事業助成会	S11,11

注）新潟県社会課『新潟県社会事業概要』昭和11年より筆者作成

むすびにかえて

　以上新潟県における方面委員事業とそれを後援する社会事業助成會の動向について、救護法施行以前までの動向について述べた。

　新潟県内では県に先行して新潟市が1923年に方面委員制度を布き、それから後れて5年後に県方面委員制度が施行された。新潟市はやはり1918年の米騒動が影響して早く方面委員制度を布く必要があった。新潟県も同様であったが前述したように1922年の県社会課を設置するころ縣方面委員制を布く議論があったが市町村には各種の委員会がありそ

れと重複し、あるいは、方面委員が政略の具にはされないかの危惧により見送られた経緯があった。県方面委員制度の施行が遅延したもう一つの理由に、県社会課内の 1924 年から 25 年に就任した社会課長のゴシップがあり、一般の非難攻撃を受けるようになり、県社会課の威信は失墜し[73]、さらに、その後の県社会課職員 2 人による女性問題や公金横領の不祥事[74] の影響があり、県方面委員制度を布くには困難な状況があったからである。

　ともあれ新潟市も新潟県も方面委員制が開始され、方面活動が活発化するなかで、方面委員等が活動資金の不足、制度および施設の不足を感じ、それを方面委員会や県社会事業大会などで提示し、それが県及び市町村行政を動かし、社会事業の発展に寄与したといえる。

　それと関連して、県内市町村に市町村の方面事業を含む各種社会事業の達成のため社会事業助成会が結成され、県内に普及していった。新潟県社会事業協会が県社会事業行政を補完するのと同じように、市町村の社会行政を補完する役割を担ったといえる。1920 年以降の慢性化する経済恐慌の中で、市町村行政も財政的に社会費への支出が厳しい状況となり、他方で管轄内の市町村民の窮乏化に対応せざるを得ない状況とのなかで、社会事業助成会が困難を乗り切る切り札であった。しかし、新潟市、長岡市や高田市のように会員の会費や寄付金の多く集まるところと小規模町村とではその状況は異なる。この点については今後の研究の課題としたい。救護法施行後の動向については別紙に掲載の予定である。

　本稿は平成 28 年度科学研究費補助金（基盤研究（C））（一般）の「新潟県社会福祉史の総合的研究」（課題番号 26380826）の研究成果の一部である。

　なお、本稿は拙稿「新潟県における方面事業の展開（1）―大正後半から救護法施行前まで―」『草の根福祉』第 46 号、2016 を加筆修正したものである。

［註］

1）「方面委員―市の新計畫實益あらん―」『新潟新聞』大正 12 年 1 月 27 日

2）「市の新事業と補助」『新潟新聞』大正 12 年 2 月 1 日

3）「市の方面委員には此資格が必要と」『新潟新聞』大正 12 年 5 月 20 日

4）「市方面委員　委員選定終わる」『新潟新聞』大正 12 年 7 月 17 日

5）「市の方面委員決定」『新潟新聞』大正 12 年 7 月 22 日

6）「方面委員の打合わせ―職務要項其他を始め活動方法を決定す―」『新潟新聞』大正 12 年 8 月 5 日

7）「市救護會の活動」『新潟新聞』大正 12 年 9 月 7 日

8）「市の方面委員決定」『新潟新聞』大正 12 年 9 月 30 日

9）「貧困者や避難民救済―市方面委員會で協議―」『新潟新聞』大正 12 年 12 月 18 日

10）新潟市社会事業助成会『新潟市社会事業助成會要覧』第 1 輯、昭和 7 年 pp.16-17

11）新潟市社会課『新潟市内社会事業要覧』大正 14 年 7 月

12）「社会事業の意義沿革及範囲（13）」『新潟新聞』大正 13 年 10 月 14 日

13）「社会事業の意義沿革及範囲（14）」『新潟新聞』大正 13 年 10 月 19 日

14）新潟市社会事業助成会『新潟市社会事業助成會要覧』第 1 輯、昭和 7 年 p17

15）新潟市社会事業助成会『新潟市社会事業助成會要覧』第 1 輯、昭和 7 年 pp.17-18

16）「窮境に陥る稀有の篤志家―江湖の同情を得たいと市社会課で苦心―」『新潟新聞』大正 14 年 10 月 24 日

17）「倍数になる市方面委員」『新潟新聞』大正 15 年 3 月 5 日

18）「方面委員會増員後の初顔合せ」『新潟新聞』大正 15 年 8 月 13 日

19）「社会事業の調査に方面委員を派遣」『新潟新聞』大正 15 年 10 月 20 日

20）大正 15・昭和元年『新潟市事業報告』昭和 2 年 2 月報告

21）新潟市社会事業助成会『新潟市社会事業助成會要覧』第 1 輯、昭和 7 年 p18

22）「方面委員と連絡が必要―職業紹介所の提案―」『新潟新聞』昭和 2 年

２月５日

23）新潟市社会事業助成会『新潟市社会事業助成會要覧』第１輯、昭和７年 p19

24）「市方面委員會─十八日協議會を開催─」『新潟新聞』昭和３年５月20日

25）「市方面委員會」『新潟新聞』昭和３年７月５日

26）「市方面委員會」『新潟新聞』昭和３年12月18日

27）「窮民三百餘名に福の神舞込む─市社会課員と方面委員等がサンタクロース役で─」『新潟新聞』昭和３年12月27日

28）新潟市社会事業助成会『新潟市社会事業助成會要覧』第１輯、昭和７年 pp.19-20

29）新潟市社会課『方面事項取扱の栞』新潟市役所、昭和５年 pp.9-10

　　　　新潟市窮民救護規程（昭和３年２月28日市会決議）

第１条　本市は法令に別段の規程ある場合を除くの外本規程に依り市内在住の窮民を救護す

第２条　本規程に於て窮民と称するは左の各号の１に該当し扶助を受くるの途なき者を謂う

　1　不具、廃疾、老衰又は幼弱にして自活し能はさる者

　2　疾病に罹り医療を受くる資力なき者

　3　前各号に該当する者の外市長に於て特に救護の必要ありと認めたる者

第３条　救護を受けむとする者又は救護を受けしむるの必要ありと認めたる者は市長又は方面委員に申出つへし

第４条　救護の申出を受けたる方面委員は遅滞なく之を市長に申報すへし

第５条　救護を申出たる者と雖も第２条に該当すと認めたる者に非されは救護を受くることを得す

第６条　市長は其の実情に応し左記各号に依り適宜救護の種類を決定す

　1　米麦の給与

　2　木賃料の給与

　3　収　　容

　4　医　　療

5　葬式費用の給与

　　6　生業補導

　　7　被服の給与

第7条　米麦は窮民の年齢、性別及健康状態を参酌し1日3合以内とし
　　　　1日又は数日分を本人又は世帯主に前渡するものとす

第8条　木賃料は1人1日10銭以内とし宿主に対し之を支払ふものとす

第9条　収容は当分の間之を委託することを得

第10条　医療は施療券を本人又は世帯主に交付して之を為す

第11条　葬式費用は6円以内とし葬式執行者に之を支給す

第12条　生業補導は50円の範囲に於て現金又は現品を本人に給与し適
　　　　当の職業に就かしむ

第13条　被服は現品を本人に給与す

第14条　市長は救護の原因消滅し又は其の状況に変更を生したりと認め
　　　　たるときは随時其の救護を停止、廃止又は其の方法を変更す
　　　　前項の場合に於て既に給与したる現金又は現品は之を返納せし
　　　　めさるものとす

　本規程は昭和3年4月1日より之を施行す

30）新潟市社会課『方面事項取扱の栞』新潟市役所、昭和5年 pp.26-30

31）新潟市社会事業助成会『新潟市社会事業助成會要覧』第1輯、昭和7
　　年 p20

32）新潟市社会事業助成会『新潟市社会事業助成會要覧』第1輯、昭和7
　　年 p21

33）新潟市社会課『方面事項取扱の栞』新潟市役所、昭和5年9月

34）新潟市社会事業助成会『新潟市社会事業助成會要覧』第1輯、昭和7
　　年 pp.21-22

35）「各課に割拠した社会課愈々統一 - 各団体ト協力が涵養と和田課長心得
　　がかたる」『新潟新聞』大正11年2月14日

36）新潟市民生委員児童委員協議会連合会『新潟市民生委員八十年史』平
　　成15年 pp.13-14

37）「社会教化事業の協議」『新潟新聞』大正11年4月21日

38）新潟県社会事業協会『会報』第 6 号、昭和 15 年 8 月 pp.11-20

39）「方面委員制度ニ關スル件」通牒　社第 3,167 号　大正 15 年 9 月 14 日

40）「社会事業協会長岡市で総会開く」『新潟新聞』昭和 2 年 6 月 1 日

41）新潟県社会事業協会『会報』第 8 号、昭和 3 年 6 月 pp.6-7

42）「方面委員は市町村の事業に―長岡市は近く設置　県の方針決定す」
　『新潟新聞』昭和 2 年 6 月 22 日

43）「愈々明年から方面委員実施―公設質屋奨励と青訓改善　社会課の新事
　業―」『新潟新聞』昭和 2 年 11

44）「方面委員設置について（一）安藤社会課長談」『新潟新聞』昭和 2 年
　11 月 2 日

45）「方面委員設置について（二）安藤社会課長談」『新潟新聞』昭和 2 年
　11 月 3 日

46）「方面委員設置について（二）安藤社会課長談」『新潟新聞』昭和 2 年
　11 月 3 日

47）「明年實施の方面委員制度　目下縣で立案中」『新潟新聞』昭和 2 年 12
　月 24 日

48）小河滋次郎『社会事業と方面委員制度』大正 13 年巖松堂書店、復刻日
　本図書センター、1995、p52 小河は「貧困者を救助するの場合に於ても、
　唯だ徒らに彼れの物質的苦痛を取除くのみを能事としてはならぬ。同時
　にまた彼れの精神的救助を與ふることに努力する所あるを要する。精神
　的救助はは即ち教化であり薫育である。エリザベス・フライが、精神の
　救助は、救助の精神なり…と謂へるが如く…」と、精神的救助を強調し
　ている。

49）「方面委員の人選―政党利用を絶對防止―」『新潟新聞』昭和 2 年 12 月
　24 日

50）「弱きものゝ味方 方面委員を全県下へ」『新潟新聞』昭和 3 年 2 月 2 日

51）「方面委員に婦人を任命―各地方からの申達は 95 名、内婦人 10 名―」
　『新潟新聞』昭和 3 年 3 月 30 日

52）「児童員制の具体案成る―方面委員のない町村に実施の計画―」『新潟
　新聞』昭和 3 年 4 月 11 日

53）「新任方面委員」『新潟新聞』昭和 3 年 5 月 3 日

54）「方面委員会議―開催日割場所決定す」『新潟新聞』昭和 3 年 5 月 6 日

55）「方面委員の宣伝―使命普及目的に」『新潟新聞』昭和 3 年 5 月 6 日

56）「社会事業大会講師決定―協議事項も出揃う―」『新潟新聞』昭和 3 年
6 月 21 日

57）「地方方面委員常任委員会―協議指示事項決定―」『新潟新聞』昭和 3
年 9 月 22 日

58）「方面委員會から醫師會へ照会―貧困者の診療に關し―」『新潟新聞』
昭和 3 年 10 月 25 日

59）「方面委員の縣外視察―詮衡の結果十名に決定―」『新潟新聞』昭和 3
年 11 月 29 日

60）新潟市社会事業助成會『新潟市社会事業助成会要覧』（第一輯）昭和 7
年 p2。

61）「市方面委員会明年から助成会組織―福山氏の講演と委員の報告」『新
潟新聞』昭和 2 年 11 月 8 日

62）「社会事業助成会なる」『新潟新聞』昭和 3 年 3 月 20 日

63）「窮民味方の社会事業助成会」『新潟新聞』昭和 3 年 3 月 27 日

64）「社会事業助成會基金募集」『新潟新聞』昭和 3 年 3 月 27 日

65）「社會事業に三十萬圓積立て―市會に建議の件その他可決―」『新潟新
聞』昭和 3 年 10 月 5 日

66）新潟市社会事業助成會『新潟市社会事業助成会要覧』（第一輯）昭和 7
年 p2

67）「経費が少なくて活動出来ぬ―自腹で働く方面委員―」『新潟新聞』昭
3 和年 6 月 21 日

68）「慈善演芸大会」『新潟新聞』昭和 4 年 6 月 17 日

69）新潟県社会事業協会『越佐社会事業』第 2 巻 10 号、1930 年 10 月、
p73

70）新潟県社会事業協会『越佐社会事業』第 2 巻 10 号、1930 年 10 月、
pp.81-82

71）新潟県社会事業協会『越佐社会事業』第 3 巻 2 号、1931 年 2 月、

pp.87-88

72）新潟県社会事業協会『越佐社会事業』第3巻2号、1931年2月、pp.90-91

73）新潟県議会史編纂委員会編『新潟県議会史』大正編、昭和32年、p796

74）「堅實な歩調を辿り生れ變る縣社會課これまでの悪評にかんがみて」
『新潟新聞』昭和3年3月26日、「伏魔殿、縣社會課内に又もや一萬圓横
領事件」『新潟新聞』昭和3年3月30日とあり、一時社会課廃止問題ま
で論議されるようになった。しかし、しばらく空席だった県社会課長に
安藤謙治が就任し、社会課の立て直しに努め、県方面委員制度の施行な
ど県社会課の積極的な再スタートが切られた。

新潟県における社会事業の展開

―新潟県慈善協会の設立と新潟県社会課の設置を中心に―

矢上　克己

はじめに

　本稿は、新潟県における社会事業の展開について、新潟県慈善協会の設立と新潟県社会課の設置を中心に基礎的研究をまとめたものである。

　新潟県の社会事業の形成に関連する先行研究では、畠中耕による「新潟県における社会事業の形成に関する考察―組織化と思想の動向を中心に―」『草の根福祉』第45号 2016pp.15-30 がある。筆者はこの研究を踏まえて、1917（大正6）年から1926（大正15）年までの新潟県の感化救済から社会事業への展開について、『新潟県感化救済事業概覧』類を始め新潟県内の社会事業関連資料・文献、『新潟県通常県会決議録』、『新潟県通常県会議事速記録』、『新潟毎日新聞』、『新潟新聞』、その他の新潟県関連資料をもとにまとめている。

1．新潟県社会事業成立の背景

　日本に於ける社会事業の成立の契機は、1918年の全国的に展開した米騒動、1920年以降昭和初期に連動する慢性的経済恐慌及び1923年の関東大震災だとされている。

　しかし、大正後半以降に突如として、社会事業が成立し急速に展開したのではなく、それ以前に感化救済事業から社会事業への変化の兆候があった。

　1907（明治40）年から第一次世界大戦に至る期間は日本の独占資本形成期で、慢性的経済恐慌を呈し、多数の企業、銀行の倒産がみられ、この恐慌はとくに紡績業や銅の生産・販売者に大きな打撃を与えた。一方、農業に於いても1908年以降、経済恐慌により深刻な影響を受け農産物価格は激落し、ついに農業恐慌を惹起した。

　1917年の国内の物価動向をみるに、米の物価指数が106、まゆが125で農産物総合で105のところ、一般物価指数が133を示し、農家の農産物による購買力が低下し、農家経済は著しく窮迫した[1]。

続 新潟県社会福祉史の基礎的研究

　こうした中で、労働者や農民の窮乏が深刻化し、労働運動や農民運動が活発化し労働争議や小作争議が国内各地で発生し、労働者・農民の窮乏問題が議論されるようになり、次第に社会主義運動が成熟する気運となっていた。

　新潟県のこの時期の状況を挙げると、1916（大正5）年中、新潟県下より北海道、樺太、台湾および朝鮮への4箇所へ移住渡船したものの総数は2,788人で、前年の移住者数に比較すると930名増加し、その原因は近年来引き続きの米価下落により各郡内における一般農家は疲弊困憊し、結果移住せざる得ない状態に陥ったことにある[2]。

　新潟県民の生活の動向について、「米一寸安くなったと言っても未だ依然として小売相場は二十銭以上であるこれを春先の十五銭前後に比較すれば七八銭の上値であり一人一日平均五合とすれば一人八銭かゝるものが十三銭前後も用る譯である近來高くなったと云ふこの最も痛切に響く「また」が日用品のなに一ツとして高くならないものがない中に割合に聞かぬことは職人が世の景気に連れズンズンと工賃を値上げして居るからで殊に最近米價の二十二三銭と高くなったと且つ米澤大火を楯に大工は一人前五銭上げ（尤も船大工の大景気に職人不足を告げて居るような有様も一因である、日雇は三銭方、畳職人は七銭方其他も多少の値上げを告げつゝあるから先づ此の社會は差したる生活の苦痛が薄い譯であるが官吏や會社員で月々定つた月給の下に立働いて居る者やその日その日の儲けで日を暮らして居る中流以下の者はさぞ高いと云ふ目に見えぬ大きな力で頭を小突き廻されて不安と痛苦に其の生活を萎らせて居るであらう殊に中農以下の如き出来秋の安い處賣放って了つたのだから今頃は手元に一俵もなく却って買求めて喰って行く有様であるのに本年の肥料は北海道鰊大不漁の結果と各肥料の現品不足に逐日暴騰し二三月前砂乾鰮四千貫目一千五百圓前後に豫約賣買が行はれたものが現今では二千百圓前後もするといふ人氣となって賣方即ち漁師の方から手金倍返をして破約をなすものがあると云ふ噂で如何に價格が暴騰して居るかゞ解る農家の最も必要な肥料は高く第一生命の糧たる米が高くては月給取りにして家族の多い者や下層の者の生活は破壊的の大打撃を受けねばならぬ夫に之から浴衣の季節に入り四季を通じて下層社會の最も生活の容易い時に入るのだが

浴衣は普通の安物でザツと四五割高く上物で三四割の上値である安い物になる程高くなって居る有様で木綿にして昨年一円四五十銭位に買得たものは二圓五六十銭以上もするなど實に驚く許り又た白地などは十數年間なき暴騰にして三割強の奔騰を示し絣なども一円二三十銭のものが二圓四五十銭もする位となった此様なことは戦争以来初めてで綿糸が支那へ輸出旺盛となり原料高となった關係であるこの捌方としては上物は割によく賣れるに反して裾物は其割に賣れないこの間に世の景氣の反面が顕はれて居る事を知るを得やう又た不需要な綿は凄じき値である六〇十銭並物十九銭正物は二十三銭四〇は十六銭と例年より四五銭高の景氣となって、古蒲團にしても一圓五十銭より安いものはないと古着屋が云って居る蚊帳は綿糸、麻の暴騰の為めに昨年より四五割高である畳などは上物で一枚一圓七十銭以上にもする此大火災のあった米澤から續々注文が入り込んで居ることであるから尚ほ一段と暴騰することであらう又夏服は毛物の素破らしい大暴騰に非常なる値であると云ふ本年初頭五六圓に出来た靴が今では七八圓から九圓もすると云ふ二三來又革類の大暴騰が傳はって居るこの調子では安い月給取りなどは悲惨なる境遇に陥らなければならぬ空恐ろしい世の中とはなりにけりと悲痛な聲を振絞って居るものもある[3]」と報じられた。

　新潟市では「新潟市に於て目下貧民救助を仰ぎつゝあるもの男五十人女四十二人合計九十二人にして男は一日白米三合、女は一日二合の割合にて救助を受けつつあるものなるが其の被救助者は重に病氣の為め就業する能はざるものにして次に老衰者按摩等にして日雇は比較的少なし之は目下相當に賃金を得らるる結果に外ならざるも今日の如き米價騰貴を持續して冬期に向はず日雇などにして救助を仰ぐ者續出すべしと想察せらる今日の處にては市に於ける救助費僅かに九百五十四圓に過ぎざる有様なれば年度末迄には所詮不足を生ずるに至るべく尚ほ市有志者間に於て組織ある互救會は一時貧民の救助を中止しつゝあるも米價の騰貴等に連れ被救助者の續出する上は再び救助を開始すべく目下七百餘圓の積立金もありと云ふ[4]」と報じられた。

　本県農家の窮状について、新潟県農会技手の大林小次郎が県内農家４戸（甲、自作兼地主《米作》、乙、自作兼小作《米作、蔬菜》、丙、自作《米作、養蚕、蔬菜》、丁、自作《米作、蔬菜》）の経済状況を分析し[5]、

「…財産の大小と、家族の多少と、農業組織の如何に依って各経済は異にしては居るが農業収益即ち農業資本に對する利廻りと、家族の労働報酬とのみにては（丙農家は大正３年度に於て一日一人當り三銭二厘の過剰を得たるも）各農家共に家計費を支えることができない有様で、若しも此等農家にして農業以外に求むべき収入が全然なかったなれば全表の如き農業用財産を有し乍ら一家生計の維持さへ覚束ないのである

　亦農業其者の収支状態に就て見れば、農業資本に對する利子と家族の労働報酬との會計即ち収益は大正三年度にありては農家は三百〇八圓餘、同四年度二百十八圓餘、乙農家は三年度は三百七十六圓餘、四年度は二百四十四圓餘、丙農家は三年度八百七十三圓餘、四年度は七百〇三圓餘、丁農家は三年度四百十二圓餘、四年度は三百八十三圓餘であるから資本並に勞力に對し兎に角幾分なるの収利を存するのである、然れども農業資本に對する利子（年五分）を控除して、其残額を家族が實際に勞働した日数（成男に換算）に割當てて見れば大正三年度は（甲農家の一人一日當り十八銭九厘を除き）乙農家は三十八銭一厘、丙、丁農家は四十三四銭の日當で漸く其の地方の雇人の賃金に匹敵し、大正四年度にありては甲農家の一日一人當り三銭四厘と云ふ極端なるをを例外としいずれも二十一銭乃至二十六銭の労働報酬で、前年度の約半額に過ぎないのである、此れでは非労働日数の多き、非労働的家族の比較的多い本縣農家としては到底一家の生計をして余裕あらしむる事は出来難い

　本調査を為したる農家は何れも本縣農家としては相当の資力を有し農事に就ては精励格勤の人々で中位以上と見做すべきものである、にも拘らず以上の如き経済状態にありとせば之れ以下と見るべき農家の多数を占むる本縣農家の経済が如何に不況なる亦憐なる状態に存するかは蓋し推察するに難くないと思ふ…[6]」と述べ、農家４戸の事例検討により本県の中下層農家の悲惨な経済状態が容易に推察できる。

　1917 年になっても、北海道への移住民が増加し、北西中の各蒲原郡では、本県より渡航券の交付を受けた者の総数は 467 名に達し、近年に比類なき多数に及び、移住民中団体として渡航するのは 19 戸組、46 戸組、10 戸組の３団体あり、この他一家を挙げての移住や個人での移住

があり、移住者の激増の主因は近年の引き続きの米価下落の結果、中農或は小作農が肥料の資金償還等に窮し、且つ生活程度が向上し生計に困難を感じたことによると、報じられた[7]。

同年9月に入り、県下各川氾濫し水害となり[8]、10月にも県下各地が水害に見舞われ[9]、農業恐慌に喘ぐ県下農民にさらに大きな打撃を与えた。

県内の労働者の状況では、同年年3月、佐渡鉱山同盟罷工が起き[10]、同年9月、西蒲原郡燕町の鑢業に関わる1,000余の職工が休業する事態となった[11]。

1918（大正7）年に入って、「縣下に於ける農家の總戸數は二十萬六千八百九十八戸にして内自作者は二割二分八厘、四萬七千七百七十戸又自作兼小作者は四割二分七厘、八萬八千四百二十六戸を有し更に準小作者は三割四分五厘即ち七萬一千三百二戸なりと云ふ而して此等の生活上より見るときは自作者は小作者等に比し近時一般に生活程度高上し來りたるも農家に於ける其收益は之れに伴はざるが爲め漸次經濟上に苦痛を感じ來れると又自作兼小作者にありては小作者と自作者の中間に位し居るが爲め小作者と同當の生活を行不能はず而も一家の負擔は荷重し來りて寧ろ小作者以上の苦しみを受くる有様となり居れり然らば準小作者の經濟状態は如何と見るに之亦自作と等しく一般の生活状態に依り其の苦痛を受くるは勿論なるが自作者或は自作兼小作者は負債の苦痛を受くる際直ちに祖先傳來とも偁すべき自己所有の田地を他に賣却し以て一時の融通を計りつゝある實況なれば最近に於ける本縣下の土地賣買の價額は著しく増加し一ヶ年間に於ける總價額實に八百万圓以上の巨額に上り居ると云ふ然るに一方小作者は之等の所有地なきが爲め一時負債等を凌ぐべく漸やく地主より作得米の一部を借受け負債償還を行ひ以て其際に於ける彌縫策を講じつゝある實況にて年々如斯き手段を繰返しつゝあるが爲め逐次地主に對する作得米の借入高は蒿み遂に其土地に在る能はざる悲境に陥り郷土を跡にし年々各地方より他に移住するものを増加せるは誠に農事經營上遺憾の次第なり、されば此小作者を引止め舊來の如く農業に從事せしむるは地主の保護に俟つこと尠からず其の保護種々あるべきも地主に於て年々作得米の引米を小作者に與ふる場合に於ては之等の内幾部を貯金せし

むること、し以て郷土に對する愛着心を煥起せしめ他を顧みざる様努むれば移住又は轉居者等を減ずること明かなり而して縣下各郡自作及び自作兼小作並に準小作の區別は左の如し [12)]」

〈表1〉 郡市別自作、自作兼小作、準小作農家戸数

郡市名	自作	自作兼小作	準小作	郡市名	自作	自作兼小作	準小作
北蒲原郡	3,070	8,417	11,528	刈羽郡	3,687	7,289	4,572
中蒲原郡	2,612	7,067	8,466	東頸城郡	2,035	4,936	1,966
西蒲原郡	4,044	652	5,642	中頸城郡	4,317	10,656	8,864
南蒲原郡	2,376	5,180	5,329	西頸城郡	3,838	4,069	223
東蒲原郡	947	1,058	678	岩船郡	1,930	3,779	2,628
三嶋郡	1,790	4,467	5,082	佐渡郡	6,652	6,639	1,615
古志郡	3,695	4,711	3,847	新潟市	61	25	115
北魚沼郡	1,899	4,231	2,877	長岡市	21	73	21
南魚沼郡	2,196	3,023	3,069	高田市	38	74	159
中魚沼郡	2,961	5,673	2,610	計	47,170	88,426	71,302

注)「小作者は益々窮迫－本縣農村經營の困難－」『新潟新聞』大正7年2月4日 [12)]」

　こうした農家の窮乏化を背景に北海道や樺太方面への移住者が増大することになる。1918年における新潟県の北海道移住民は県内各地ともに増加の傾向で、この年6月時点で移住者は四五千名以上で、県下よりの移住者中直接樺太に移住するものは極めて少ないが、これは気候が寒冷である為先ず北海道に移住し、同地の寒気に馴れて後樺太に渡航するもので、当時に於ける樺太移住者は決し少数ではないと云われている [13)]。

　米価を中心とする諸物価は1918（大正7）年に入っても騰貴の傾向は変わらず、同年1月の新潟市内物価調べ（日本銀行新潟支店、大正2年7月の平均相場を132として算出）によると、米価は1917年4月、米の相場が136であったものが1918年1月には203を示し、大麦は同様に165が270に、小麦が138が201に、大豆が118が164に、炭が225が418と著しい騰貴を示し [14)]、新潟県民の生活を圧迫した。例えば、村松町では嬰児死亡が急増し、同年1月中の出生数は30名で、死産児は去年1月に比し4倍の増加、さらに生後2週日を満たないで死亡した

嬰児８名で前年に比し著しい増加であった。その病名は多くは栄養不良に依る肺炎、腹膜炎等で、その原因は多々あるとしても、一つに物価騰貴のため妊婦が妊娠中粗食となり結果胎児の発育不十分と、生後母乳の栄養不良による消化不良に加え厳寒の抵抗力乏しいため死亡に至る[15]、また、新潟市内では諸物価騰貴は就学児童にも影響し、中には食物に窮して就学中に卒倒する児童も出現し、市当局で貧窮児童を調査したところ54名を確認した[16]、と物価騰貴の影響を報じている。そうした状況に対して、新潟市役所では同年３月２日、物価騰貴による窮民救済のため義捐金の募集に着手したところ、同情者が続出し、この義捐金をもって窮民１人に２合ずつ白米を施与する方針とある[17]。

「諸物價の騰貴殆ど底止する所を知らず殊に米價空前の相場を現出せるより下級労働者の生活難を思ひ曩に新潟警察署に於て一齋に貧民調査を實行せるに其結果は豫期に反し概して諸物価騰貴にも拘らず格別苦痛を感ぜざる状況なりしと云ふが是れ下級労働者は物価騰貴に連れて賃金の値上げを為し相當の収入ある結果に外ならず例えばだいく、木挽職の如きは一日の賃金は優に一圓三十銭夜業をすれば一圓七、八十銭の収入あり其他日雇ノ如きも七十銭以上にて其の家族も亦相當の賃金を得つ、あり故に警察署に於て調査の結果救護ヲ要するもの僅かに二十名内外に過ぎざりしと之れに反し中産階級中所謂官公吏等月給取は一般に諸物価騰貴の影響を受けて生活上苦痛を感じ實際救護の必要あるもの多数ありと云」、と職人らは賃上げで、此の物価騰貴に対応できるが、下級官吏や他のサラリーマンの生活は厳しい[18]、と報じられた。しかし、職人らの好景気も一時的なもので、その後の経済変動の中で苦境に追い込まれていくことになる。

こうしたなかで新潟県では、1918年の全国的な米騒動が勃発する以前から、県内各地で廉価販売などの物価騰貴に喘ぐ窮民への救済が行われている。

米価を中心とする生活必需品の著しい騰貴が大衆の生活を圧迫し、ついにこの年の７月に富山県で米騒動が勃発し、全国的に波及するが新潟県でも同年８月に勃発した。

新潟県内では８月17日に新潟市と長岡市で勃発した。その様子を以

下に示す。「十七日夜突如として新潟市に起これる群衆の激発は著しく不安の氣を全市に漲らせたるも其内容及び程度は警察当局より嚴禁を餘儀なくされ止む得ず茲に発表の自由を得ず本社としては讀者に對し當然執るべき報道の筆端を禁束され遺憾禁じ能はざるものあるも官憲の命ずる所亦如何ともするに由なく而も事實は既に讀者の夜來聞知する所なるべく隨って其被害者の何人なりしかといふ如きも各人疾くに知了せる所なるべしと信ず、即ち其筋より発表のままを左に掲載せん

　十七日夜盆踊其他納涼の為め市白山講演に参集せる群衆は約四百名に及びしが稍不穏の状況を認めたるにより多數の和服巡査を配して嚴重警戒し苟も不穏の行動ありたるときは人目を惹かざる方法により之が検擧に當らしめたるが十時頃に至り約三百名は公園を出で多少投石しながら古町に向へ十一時過ぎ解散したり…[19]」

　「十七日夕刻長岡市公園活動写真館前に参集せる群衆約四百名餘に及び同館の事務員伊藤某は群衆に向って「今晩諸君の會合は其必要なきに依り中止する旨を告るや群衆は喧噪しつゝ解散せるが約百名は米商島津宅に投石暴行を加へ警官の制止に會するや轉じて川佐宅に至り放火全焼せしめ類焼の危険尠からざりしも幸に長岡消防組は警官と共に必死鎮火に盡瘁し類焼を免れ又各町共各協力し自衛に努め漸次静穏に歸したり尚ほ小千谷工兵大体出動し嚴重警戒中因に放火者及び騒擾主魁の嫌疑者數名取調に着手せり[20]」と報じられ、翌18日至っても長岡市は騒擾はおさまらず「…午後7時半頃より平潟神社境内活動常設館平潟館前に集まる者続々として其數を知らず一方前夜の騒擾が誇大に口より口へ傳はりたる為め附近農村より其状況を見物に入り込み來る草鞋脚絆の扮装せる農民等夜に入りて愈々多きを加へ是亦平潟神社境内に集まり來り神社付近の町民より成る夜警隊の休息所に充てある前記平潟館内は忽ちにして是等市民農村民を以て充満し館前より神社社務殿付近にかけて九時頃既に數千の群衆を見るに至り而も是等群衆中時々鬨を作って群衆心理を暧るが如き不穏なるものあるより九時半頃に至り工兵隊の一商工は懇篤群衆を論して解散を命ず…[21]」。そうしたなかで、県内で最も激しい米騒動が勃発した長岡市では、長岡市役所、長岡商業會議所、長岡市三新聞社発起の廉米販賣救濟資金は8月19日迄に28,844円に達し、数日

前第一回の内外米販売は一升10銭の割引で市民に配与したが、今回更に改めて一升7銭割引で一般市民に配布した。なお、長岡市ではご下賜金に対し、河島良温市長は感激し19日急遽市会を招集し、ご下賜金の配当額2,945圓と別に市より救済資金として2万圓を支出することに決し、引き続き米の廉価販売を継続することになった。なお、即日有志者間を訪い前記の主意を以て長岡市共済会を組織し、前記三新聞社、長岡市役所、商業会議所において事業を継承し一般市民に米の廉価販売を行うことになった[22]。同会は米を中心とする諸物価暴騰とそれに起因する米騒動の勃発の中で市民生活の混乱を招いたが、米騒動の防止と市民生活の安定を計る目的で組織されたもので、その事業は米麦の廉価販売による救済に特化し、その他社会事業に関わる事業に発展するものではなかった。

　米騒動で確認された広範な飢えたる県民の窮乏状況が回復されないうちに、1920年以降昭和初期に連動する経済恐慌、昭和初期の農業恐慌となり、それに追い打ちをかけるように水害などの各種災害を被り、中小農民及び市街地の細民層が窮迫していくのである。

　以下に新潟県における救済事業の近代化に関わる新潟県慈善協会と新潟社会課の設置についてとりあげる。

2．新潟県慈善協会の設立

　1903（明治36）年に、内務官僚や慈善事業家および慈善事業に関心のある学者によって日本慈善同盟会が結成されたが同会はあまり発展をみず、それが1908（同41）年に中央慈善会として再出発している。同会は救済団体の組織化、調査指導、研究奨励及び専門誌『慈善』の発行など、救済事業の近代化を図った。

　また、内務省に於いても1908（同41）年以降、感化救済事業講習会（後に社会事業講習会となる）を開催し、専門の救済事業従事者の養成に当たった。地方に於いても此の種の協会が漸次設置され、1914（大正

3) 年の北海道慈善協会が組織されたのを始めに、群馬（1914年）、大阪（1915年）、愛知（1915年）、東京（1917年）、兵庫（1917年）、三重（1917年）、愛媛（1918年）、京都（1918年）に設立されている（大原社会問題研究所編『日本社会事業年鑑』大正9年版 pp.14-18）。

　1918（大正7）年7月23日、新潟県庁内において渡邊勝三郎（新潟県知事）、馬渡俊雄（新潟県内務部長）、高橋守雄（新潟県警察部長）、石田馨（新潟県地方課長）、櫻井市作（新潟市長、新潟育児院）、松山為治（新潟監獄）、山中樵（新潟盲唖学校）、佐藤貞三郎（新潟学園長）、松浦貫治（赤十字社支部主事）、林静治（積善組合）らが新潟県共済會設立につき第一次協議会を開催し、同月29日、新潟県庁内において第二次協議会が開催され、同月31日、県下の各種救済団体及び感化救済事業関係者が多数参会し、新潟県慈善協会の設立総会を新潟県庁内で開催し、満場一致で設立を議決し、翌8月1日、同会創立発会式を挙行した [23)]。

　1918（大正7）年8月1日、慈恵救済思想の普及と同事業の改善発達を図ることを目的（新潟県慈善協会会則第2条）に新潟県慈善協会が結成された。以下に、同会の設立趣意書を挙げておく。

新潟縣慈善協會趣意書

　「現時社會改善に付講究施設ヲ要スヘキモノ一ニシテ足ラスト雖モ慈恵救済ノ途ハ特ニ時運ノ進展ニ伴ヒ倍其ノ必要ヲ認メラレ文明諸國ハ相競ヒテ之カ劃策經營ニ腐心シ苟モ怠ルコトナシ殊ニ今次世界ノ大戦ハ社會各方面ニ甚大ノ影響ヲ與ヘ經済界ノ變調精神界ノ動揺ヲ招徠シ生存競争ハ激烈ヲ加ヘ貧富ノ懸隔ハ更ニ甚シキヲ致シ社会問題ハ益々紛糾錯雑ヲ極メムトス然カモ慈恵救済ノ事タル本來其ノ範囲極メテ廣汎ニシテ其ノ關スル所亦甚タ多岐ナルヲ以テ獨リ行政官府ノ力ニ一任シ又ハ隣保相助ノ誼ニ信頼スルノミニテハ到底之カ完全ナル遂行ヲ望ムヘカラス普ク社會各階級ヲ通シ志士仁人ノ翼賛ニ俟チ公私協力深ク講究ヲ遂ケ廣ク施設経営ヲ進メ始メテ之カ完璧ヲ期スルコトヲ得ルナリ

新潟県における社会事業の展開　─新潟県慈善協会の設立と新潟県社会課の設置を中心に─

飜テ本縣斯業ノ現状ヲ察スルニ盲唖ノ教育不良兒ノ感化、孤貧兒の養育、貧病者ノ救済又近クハ軍事救護、免囚ノ保護等公私ノ施設漸ク進ミ其ノ成績、日ヲ追ヒ見ルヘキモノアリト雖、内容ノ整備相互ノ連絡統一等更ニ一段ノ講究改善ヲ要スヘキモノ尠カラス殊ニ篤志ノ士比較的多數ナル本縣ニ於テ社會上幾多病的現象ノ顯著ナルニ先チ之カ對策ニ意ヲ注クハ啻ニ之等仁者ノ要求ニ副ヒ彼ノ恤ミテ傷ルノ弊ヲ除ク一助タリ得ルノミナラス又充ク萬人ヲシテ其ノ所ヲ得セシメ社會全体ノ健全ヲ維持シ其ノ向上ヲ確保スル所以ニシテ洵ニ刻下社會ノ趨勢ニ對應スヘキ最喫ラレムコトヲ [24]」

　これによると、第一次世界大戦後、経済の変動や思想の動揺がみられ、生存競争が激烈となり貧富の差が著しくなり、社会問題は錯雑を極めている。これに対して慈恵救済の範囲は極めて広く、且つ多岐にわたり。一人行政官府に一任したり、隣保相互の誼にゆだねるのみでは到底慈恵救済事業の完全なる遂行を望むことはできず、広く社会の各階層を通し慈善家の翼賛を為し、公私協力を深く講究し、広く施設経営を進めることで慈恵救済を行うことができると述べている。

　同協会の事業目的を完遂するための遂行事項として、以下の5項目を挙げている。慈善団体の事業の統一と連絡、慈善団体と慈善家の連絡、慈善事業の調査、慈恵救済に関する講話会、感化救済に必要な事項の講究とあり、ここに、慈善団体や慈恵救済と、社会事業団体や救護という近代的な用語を使用していないものの、事業の統一や連絡、慈善団体と慈善家の連絡調査、講話會を開催し、感化救済に関し必要と認める事項を講究するなど、感化救済事業から社会事業へ近代化を図る要素が内包されている。すなわち、同協会の設立により、救済事業の統一と連絡が図られ、救済事業の調査、救済事業に関する講演会開催による、必要な救済施設の講究等を通して、救済事業の近代化が推進されることになった。

　新潟県慈善協會の遂行事項 [25]
　一慈善團体事業の統一整善ヲ期シ團体相互ノ聯絡ヲ圖ルコト
　二慈善團体ト慈善家トノ聯絡ヲ圖ルコト

三　各種慈善事業ニ關スル調査ヲ為スコト

四　慈恵救済ニ關スル講話會を開催スルコト

五　其ノ他感化救済ニ關シ必要ト認ムル事項ヲ講究施設スルコト

新潟県慈善協會々則

第一條　本會は新潟県慈善協會ト稱ス

第二條　本會ハ新潟県ニ於ケル慈恵救済ニ關スル思想ノ普及及ヒ事業ノ改善
　　　　発達ヲ圖ルヲ以テ目的トス

第三條　前條ノ目的ヲ達スル為本會ニ於テ行フ事業ノ概目左ノ如シ

　一、慈恵救済ニ關スル團体相互ノ聯絡ヲ圖ルコト

　二、慈恵救済ニ關スル團体ト慈善家トノ聯絡ヲ圖ルコト

　三、慈恵救済事業ヲ指導誘液スルコト

　四、各種慈恵救済ニ關スル調査ヲ為スコト

　五、慈恵救済ニ關スル印刷物ヲ発行シ及講習會講演會等ヲ開催スルコト

　六、其の他評議員會ノ議決ニ依リ必要ト認メタル事項

第四條　本會ノ事務所ハ當分ノ内新潟懸廳内ニ置キ各郡市ニ委員部ヲ設ク

第五條　本會ハ毎年一回總會ヲ開キ前年中ノ事務及會計ニ關スル報告ヲ為シ
　　　　其他必要ナル事項ヲ議決ス

第六條　本會ノ會員ヲ分テ名譽會員賛襄會員及正會員ノ三種トス

　名譽會員ハ慈恵救済事業若ハ本會ニ功労アル者又ハ學識徳望アル者ノ中ニ

　就キ役員會ノ議決ヲ經テ之ヲ推薦ス

　賛襄會員ハ毎年貮圓以上會費トシテ納ムル者及特別ノ出資其ノ他ノ方法ニ

　依リ本會ノ事業ヲ援助シ會長ノ推薦シタル者トス

　正會員ハ會費トシテ毎年金五十銭ヲ納ムルモノトス

第七條　本會々員タラムト欲する者ハ氏名住所ヲ記シ申出ツヘシ

　慈恵救済ニ關スル團体ニシテ本會ノ會員タラムト欲スル者ハ其ノ團体ノ名

　俌及所在地ヲ記シ代表者ノ名

　ヲ以テ申出ツヘシ

　會員ノ氏名住所又ハ團体ノ名俌所在地若ハ代表者ニ異動ヲ生シタルトキハ

　直ニ其ノ旨届出ツヘシ

退會セムトスルトキハ其ノ旨届出ツヘシ

第八條　本會ノ會員ニシテ會員タルノ名譽ヲ毀損スル行為アリト認ムルトキ
　　　　ハ評議員會ノ議決ヲ經テ之

ヲ除名スルコトアルヘシ

第九條　本會に左ノ役員ヲ置ク

一、會　　長　　　一名

二、副會長　　　二名

三、理　　事　　　若干名

　　理事中ニ常務理事一名ヲ置ク

　　會長副會長及理事ヲ以テ役員會ヲ組織ス

第十條　本會ハ役員會ノ議ヲ經テ顧問ヲ推薦スルコトアルヘシ

第十一條　會長ハ本縣知事ヲ推戴ス副會長及理事ハ評議員會ニ於テ會員ノ中
　　　　　ニ就キ之ヲ選定ス常務理事ハ理事ノ互選ニ依リ會長之ヲ嘱託ス

第十二條　副會長及理事ノ任期は三ヶ年トス

　　　　　理事ノ補欠員ハ前任者ノ任期ヲ繼承ス

第十三條　會長ハ本會ノ會務ヲ總理シ本會ヲ代表ス副會長ハ會長ヲ補佐シ會
　　　　　長事故アルトキハ之ヲ代理ス

　　　　　常務理事及理事ハ會長ノ指揮ヲ受ケ會務ヲ處理ス

第十四條　本會ニ評議員若干名ヲ置ク

　　　　　評議員ハ會員ノ中ニ就キ會長之ヲ嘱託ス其ノ任期ハ三ヶ年トス

　　　　　評議員會ハ豫算決算其ノ他重要ナル事項ヲ議決ス

　　　　　評議員會ハ必要ニ應シ會長之ヲ招集ス

　　　　　評議員會ノ議長ハ會長之ニ當リ其ノ議事ハ出席員ノ過半數ヲ以テ決ス可
　　　　　否同數ナルトキハ議長ノ決スル所ニ依ル

第十五條　顧問及名譽會員ハ評議員會ニ出席シ意見ヲ陳フルコトヲ得

第十六條　本會ハ必要ニ應シ書記ヲ置ク書記ニハ手當ヲ給スルコトヲ得

　　　　　書記ハ會長之ヲ任免ス

　　　　　書記ハ役員ノ指揮ヲ承ケ庶務會計ニ從事ス

第十七條　本會の經費ハ會費、補助及寄附ノ金品、其の他の収入ヲ以テ之ニ
　　　　　充ツ

第十八條　本會ノ資産ハ役員會ノ議決ヲ經テ確實ナル方法ニ依リ之ヲ保管ス

第十九條　本會ノ會計年度ハ毎年四月一日ニ始リ翌年三月三十一日ニ終ル

第二十條　本會則ノ施行ニ必要ナル細則ハ役員會ノ議決ヲ經テ會長之ヲ定ム

第二十一條　本會則ハ評議員會ニ於テ出席員三分ノ二以上ノ同意アルニアラ
　　　　　サレハ之ヲ變更スルコトヲ得ス

　大正7年度は創立初年度につき、同会の基礎固めの年で、慈恵救済思想の普及を図ることと会員及び基金の募集に努め、この年の事業は盲唖学校卒業生中優良な3名及び新潟学園退園生中成績優良な者8名の表彰と救済事業調査である。当時の会員は110名でその内正会員77名、賛襄會員33名で、7年度中の同会への寄付者は7名で総額580円である[26]。

大正7年度の収支状況[27]

収入		歳出（経常部）		歳出（臨時部）	
会員費	300円	会議費	50円	創立費	200円
寄付金	200円	事業費	150円		
利子収入	10円	・表章費	50円		
合計	510円	・救済事業調査研究費	100円		
		事務費	110円		
		歳出合計（経常部、臨時部）	510円		

　大正8年度は2年目ということもあり、歳入総計3,150円で内訳は会費1,200円、寄付金1,100円（一般寄付金100円、中野財団寄付金1,000円）、補助金600円（内務省助成金300円、県費補助金300円）、利子収入20円、繰越金230円であった。歳出総計は3,150円で、内経常部は合計2,550円のところ会議費160円、講演会費530円、表章費65円、補助費260円（救済団体補助費10円、視察受講補助費250円）、公益諸費430円、事務費825円、予備費180円、臨時部は調査及事業拡張費が600円であった[28]。この年、文部省主催夏期講習会の出席の盲唖学校教職員5名に受講費各20円を補助している。同年8月18日、長岡市で新

潟県慈善協会第1回総会を開催し、会長代理副会長の高橋縣内務部長、副会長中野貫一（中野財団）、常務理事の石田県地方課長、松山、坂本、山中、佐藤、松浦、富山、三浦（県地方課救済主事）の各理事、宮川、金子の評議員などが臨席した。総会後、救済事業関係者10人を表彰し、記念品を贈呈している。午後1時より、「慈善協会の事業」石田県地方課長、「救済事業の趨勢」高橋県内務部長、「県下救済施設の一班」県救済主事三浦精翁及び「少年裁判法に就て」高田法学士の講演があり、聴講者は400名であった[29]。三浦精翁[30]は1919年に新潟県内務部地方課救済主事として着任し、同時に新潟県慈善協会の理事となり、新潟県に於ける感化救済事業から社会事業への基礎を固めた中心人物とみなされる。

　1920年1月、内務省主催の社会事業講習会受講者1名に対し、同会は25円を補助している。同年2月11日、同会は内務大臣より選奨状及び金100円を受け、3月21日、優秀な盲唖学校生5名と育児院児2名を表彰し、賞品を贈呈した。同会は1921年2月11日、宮内省より金100円下賜され、9月には高田盲唖学校創立30年記念式に際し、同校功労者2名に記念品を贈与し、翌1922年3月、優秀な盲唖学校卒業生6名を表彰し、賞品を贈呈した。その年の4月12日、同会は評議員会を開き、名称を新潟県社会事業協会とした。同年10月、同会の直営事業になる新潟養老院が新潟市古町通13番町に建設され、翌1923年1月27日より開院し、1924（同13）年11月、直接経営となる公設無料職業紹介所を設立し、さらに同年12月に生業貸付事業を開始し、その事務を新潟県庁社会課内で取扱っていた[31]。このように新潟県社会事業協会は県内社会事業団体の連絡調整及び社会事業に関わる協議会や講演会等を開催し、社会事業の普及および社会事業従事者養成を行う一方、喫緊に必要な社会事業施設を研究し、同会直営の社会事業を展開した。

　大正14年度は日常生活改善の第一歩として、子供洋服講習会を県下21カ所で開催し（表2）、併せて活動写真、社会事業並びに生活改善講演会に県社会課職員が動員されて実施され、生活改善と社会事業の普及に資した[32]。同年8月29日、同会は「社会奉仕金募集」事業を9月1

日社会奉仕デーと称し、新潟市、長岡市、高田市、三條町、柏崎町、巻町を対象に募金を実施した。それは各市町長に募金の依頼状と奉仕袋を依頼するもので、依頼状には「…随って此の欠陥を善導補填する社會施設の特に切要事なるは勿論之が施設に對しても獨り行政官府の施設並に篤志家の慈善恩恵のみに委ぬべき性質の無之官民協力克く社會連帯責任の観念に基く施設に待つは時宜適切の事と存じ候…[33]」とあるようにその事業は社会連帯思想に基づく事業で、募金を行う背景には、同協会の社会事業を展開するための事業資金を確保する必要があったからである。

　この年、新潟県の縣外出稼ぎ女工は 71,542 人を数え、縣外女工出稼ぎ女工数では全国一位となるなかで、新潟県行政は出稼ぎ女工の保護救済を急務としていたが、新潟県社会事業協会は県の計画する女工保護に関する基本調査を助成することになり、同年 8 月 24 日、県主催女工保護嘱託員会議に同協会幹事の富山虎三郎が調査委員に嘱託され、さらに、同日、女工保護組合設立方針を決定した県指定郡である東頸城、北魚沼、三島、刈羽の 4 郡に対し組合設立宣伝講演に本会の桐生書記及び富高嘱託の 2 名が当たった。東頸城郡では 9 村 13 講演富高嘱託担当、刈羽郡 31 カ村 31 講演桐生書記担当、北魚沼郡 17 カ村 17 講演富高嘱託であった。このほか女工保護組合の縣外工場視察や女工保護組合奨励のため補助金交付を行った。また同協会では恩光會と提携の下に、簡易託児所を県下各宗寺院 2,800 ヵ寺に設置を奨励し、簡易託児所設立について調査を実施した[34]。同調査に回答を寄せた寺院は約 400 で、うち託児所開設に賛意を表明した寺院は 156 であった[35]。

　新潟県行政主導で結成された新潟県慈善協会は新潟県社会事業協会に改称されるが、新潟県当局との連携は深く、県関係者が引き続き同協会の役員を務めるとともに、新潟県予算恩賜賑恤資金歳出臨時部より 1919 年より 1922 年までは各 300 円、1923 年は 1,000 円、1924 年は 13,000 円となり、1925、6 年の両年は各 10,400 円の補助金が交付され資金面でも支援されている。ただ、補助金は恩賜賑恤資金の利子よりとなっているが、その利子だけでは不足し、実際には県当局はこれに相当の

「補充費」を支出していた（これについては、後述の1920年以降の各年の恩賜賑恤資金歳出臨時部を参照されたい）。

〈表2〉　生活改善子供洋服裁縫講習会並社会事業講演会

郡市別	講習会の状況				後援会の状況			
	会　期	会　場	受講者数	講　師	期　日	会　場	聴衆	講　師
新潟市	6/8-6/13	泉性寺	72	毛利、萩野、村西		泉性寺	72	奥野社会課長、桑原社会主事、桐生書記
新潟市	6/15-6/20	浄徳寺	39	同上		浄徳寺	39	桑原社会主事、荒瀬書記
新潟市	6/22-6/27	法音寺	65	同上		法音寺	65	桑原社会主事、倉又嘱託、荒瀬書記
北蒲原郡	7/6-7/11	新発田町	62	萩野、村西	7/11	新発田町	600	桑原社会主事
三島郡	7/13-7/18	出雲崎	118	同上	7/17	出雲崎	1,000	桑原社会主事
高田市	8/9-8/14	高田市	58	萩野	8/14	高田市	1,000	桑原社会主事
東頸城郡	8/15-8/20	安塚小学校	49	同上	8月	安塚小学校	1,000	桑原社会主事
中頸城郡	8/21-8/26	直江津	37	同上	8/25	直江津小	1,000	栗山社会主事
佐渡郡	8/30-9/4	河原田	73	同上	8/30	河原田小	1,000	桐生書記
西頸城郡	9/7-9/12	郡役所	76	同上	9/11	糸魚川小	800	倉又嘱託
南魚沼郡	9/13-9/18	六日町	86	同上	9/17	六日町小	600	荒瀬書記
北魚沼郡	9/19-9/24	小千谷	55	同上	9/23	小千谷小	800	片桐社会主事
中魚沼郡	10/5-10/10	十日町	75	同上	10/9	郡役所	500	倉又嘱託
刈羽郡	10/11-10/16	柏崎	80	同上	10/13	柏崎座	1,100	片桐社会主事
東蒲原郡	11/23-11/28	津川	19	同上	11/27	津川小	800	倉又嘱託
古志郡	12/7-12/12	栃尾	62	同上	12/11	栃尾小	800	片桐社会主事
岩船郡	2/14-2/19	村上	32	廣瀬				
南蒲原郡	2/20-2/25	三條	34	宅島	2/24	三條小	1,300	倉又嘱託
中蒲原郡	2/26-3/3	新津	24	同上	3/1	新津小	1,000	片桐社会主事
長岡市	3/4-3/9	長岡市	36	同上				
西蒲原郡	3/12-3/17	巻	17	同上	3/16	巻小	1,200	倉又嘱託
計	延日数126日	21カ所	1,169		19回	19カ所	14,676	

注）新潟縣社会事業協會『會報』第五号大正15年3月 pp.13-15 より筆者作成

3．新潟県社会課の設置

　明治初年以来、日本の慈善救済行政の中心事務は、内務省地方局が行ってきたが、第一次世界大戦後の労働争議や小作争議の激化及び1918（大正7）年の全国的な米騒動の勃発により、内務省は救済施策を大き

く変換せねばならなかった。内務省は 1917（同 6）年、内務省地方局救護課を新設したが、1919（同 8）年、救護課を社会局と発展させ、さらに 1922 年には内務省外局として社会局となった[36]。

　こうした中央での社会事業行政の近代化に対して、地方においても社会事業行政の近代化が図られ、1918（大正 7）年、大阪府の救護課新設を初めとして、その他の地方でも「社会課」が設置されるようになった。こうして中央行政と地方の社会事業行政の統一化がすすめられた。

　新潟県救済行政の動き

　新潟県は 1917（大正 6）年 7 月、「救貧に関する施設の必要なるは固より論なしと雖も防貧の事業に至りては更に緊要なるものありと認められるるに付き地方に於て防貧上尤も急要と認められるる施設並びに之が実行方法に關する意見を調査の上來十五日迄回答すべき旨」を新潟県内務部より各郡市へ通牒している[37]、と報じられ、各市町村の地域特有の社会事業ニーズをもとに防貧施設を調査せよとの通牒である。この時期にすでに、救貧を含みながら防貧すなわち社会事業への展開の兆しが表れていた。

　さらに、同年 10 月 26 日、新潟県は慈恵救済資金に依る補助について制度化し、縣令第 48 号を以て感化救済事業補助規定を定めている[38]。

　感化救済事業補助規程

一、感化救済事業の発達を助成する為必要と認むるものに限り毎年度豫算の
　　範圍内に於て補助金を交附す

二、補助金は事業経営の成績を参酌し事業費の十分の五以内に於て之を定め
　　慈恵救濟資金より生ずる利子を以て之に充つ

三、本規程により補助を受けんとするものは設立者又は管理者より毎年三月
　　末日迄に知事に申請すべし

四、補助を受くる感化救済事業にして知事に於て不適当と認めたる時又は補
　　助を受けたる年度内に事業を休止又は廃止したる時は補助の一部又は全
　　部を廃し若くは既に交附したる補助金の一部又は全部の返還を命ずる事
　　あるべし

灘尾弘吉はその著『社会事業行政』[39] のなかで、社会事業行政の行政作用は、（1）社会事業を行う（公的社会事業）、（2）社会事業の監督指導（監督指導行政）、（3）社会事業の奨励助成（助成行政）をあげているが、新潟県の感化救済事業補助規程はまさに新潟県社会行政の奨励助成にあたり、さらに助成するにあたってその事業は必要と認められ、さらに事業経営の成績を参酌し、とあるように、救済事業への監督指導も併せもっていたのである。

1918（同7）年4月、新潟県では恩賜慈恵資金の利子により新潟感化院及び、新潟、高田、長岡、柏崎の4盲唖学校及び新潟、福田（長岡）、和恵（春日村）、魚沼寶珠（上野村）5育児院及び免囚保護会に対し事業経営の成績を参酌し、相当の補助金を交付している。恩賜慈恵資金の総額は114,754円で、その利子は年6,466円である。県では毎年3月末までに補助を申請したものに対し、内容を調査の上相当補助を与えているが、補助を希望するものは、救済事業の所在、事業規則定款、寄付行為、組合設備資金及びその調査、事業概要、年度経費収支予算を明記し3月末までに補助の申請をすべしとしている[40]。こうして県は救済事業への補助行政を通して、救済事業への監督指導を実施した。

この年度の県の救済関係では、大正7年度新潟県御即位大典恩賜賑恤資金により、歳入は総計1,504円で、歳出は窮民救助費に1,000円と蓄積金504円としている[41]。大正7年度新潟縣恩賜慈恵資金により、歳入総計は7,961円（内国庫補助733円《新潟学園費補助指定》）で、歳出は経常部に新潟学園費3,871円、蓄積金720円、予備費100円で経常部総計4,691円、歳出臨時部に新潟学園70円、私立盲唖学校2,000円、育児院補助費1,000円、出獄人保護会補助費200円で臨時部計3,270円で歳出総計7,961円であった[42]。

1919（大正8）年度から新潟県内務部地方課に新潟県救済主事として着任した三浦精翁が新潟新聞に「公共團体と救済事業」（1〜3）でこの時期（大正6年度から同8年度）の新潟県の救済事業について詳しく紹介しているので、長い引用であるが挙げておく。「…上下貧富の差は文明と共に益々甚だしからんとす。社會は富者のみの社會にあらず又貧者のみの

社會にもあらず。貧富上下互に其職能を充分に發揮相寄り相助けて健全なる
發達をなすべく幸福なる社會ともなるべし所謂社會は共存共營彼此共済の世
界である斯る思想要求の現はるる處に現代の社會問題は擡頭し來たのである。
而して上下貧富の差はある程度迄調整し殊に世の所謂弱者敗者にも人間とし
ての御味に浴せしめ以て上下同心眞に社会人類の為めに貢献し貢献せしめん
とするのである。近時の一大問題足る勞働問題も此思想に依り現れたる者で
ある。即ち人間として眞の使命を自覺して現はれたる者である若し現在に於
て萬人均しく眞に自覺して居るか否かは大いに疑問である。社会事業これは
少くも現今の大なる波動である聲である。これに對して國家及公共團体私設
團体等に於て實行中の者も多少ある。今後研究し施設すべき事項は多々ある。
この稿では唯現在本縣に於て國及公共團体の施設に係る救済事業の概況を期
するのみである私設團体及個人の篤志に依る者は他日記スル考えである。…
今本縣に關係最も深き者は軍事救護感化院費補給。免囚保護奨励。盲唖教育、
育児事業の助成費等である。今便利の為各費目別に列記することにする。

　　軍事救護費　本法は昨七年一月一日より實施せられた者で下士兵卒にして
戦死せる者の遺族及傷病兵廢兵等の家族の内生計極めて困難なる者にして一
定條件を具備せる場合最高一家當り一日八十錢一人當り三十錢迄を支給する
のである。斯くして後顧の心配なく安心して軍務に盡さしむるのである。支
給額は各人の經濟的其他の事情を斟酌して而して生業扶助費、醫療現品、現
金及災害等各人に適當なる決定的の方法を以て支給されるのである。縣下に
於ける軍人遺族は七年末現在で約四千五百戸ある其内生計困難なりと認めら
れる者が千百餘戸である。現在救護を受けて居る者は百九十餘戸人員
四百三十餘人である。其受くる金額は一戸約九十五圓弱一人年四十四圓弱で
ある。故に現在より増員増額しないでも一年一萬八千三百餘圓の額に達する。
物価騰貴の為増額もし又増員の必要があるから今後本法に依る國家の負擔は相當
増加する見込みである[43]。」この中で、社会事業はこれは少なくとも大な
る波動である聲である、と言及しているところに注目したい。これは感
化救済事業から社会事業への展開の必要性を明示している。併せて軍事
救護について説明している。

　　「窮民救助　これは餘程以前から國費を以て直接地方窮民を救助し生計を

營ましめしも地方制度の發達と共に市町村費を以て救助することになった。然し町村の内には財力極めて貧弱で自町村内の窮民を自町村費にて救助する力のない者がある。斯る場合は國費で救助することが出來るのである。ここに云ふ窮民救助はこれである。縣下にも所謂貧弱町村二三ありて現に六人救助を受けて居る。七年度も六人で總計二百八圓を支給され一人一年三十四圓六十錢餘である。斯る少額で一人一年の寿命をつなぎつゝあることを考へて大いに自制し緊張して貰いたい。斯る町村が一日も速かに發展することを切望する。これには一般会計に属する者と特別会計に依る者とある。前者は二後者は五である。先づ前者より順記する

　救育費　これに本年度は二千六百餘圓を計上してあるこの内には行路病人費、行路死亡人諸費及精神病者監護費を包括して居る。何れも費用支辨費責任者及資力のない時にのみ支出するのである。事業の性質上年々人員は一定しない七年度は行路病人三十四人に對し千三百七十圓を行路死亡人二十九人に對し三百十六圓を精神病者監護人十七人に對し千四百四圓を支出した。六年度末縣下精神病者は男七百六十二人女三百四十七人である。故に人口一万人に對して六人一分一千戸に對し三人四分の割合である。縣費を以て現に監護しつゝある可憐なる精神病者は大部分青山脳病院に托してあるこの病院は全生病院と儞し東京府下東山村にある。一府數縣の共同經營で本年度本縣の負擔は慰安費を合して一萬餘圓である本病は世人の最も忌み嫌ふ者であるだけ本人に對して最も同情に堪へぬ次第である。縣下に於けるこの種病人が幾人あるかは確に知り難いが先づ八百人位かと推定さるゝ理由がある。現に病院に収容中の縣人は五十餘名である。過日新聞の報ずる處に依ると布哇の某病院長本病の根治薬を發見せりと我國の如き斯る患者の多き地に其報道の事實にして實効の速に以て彼等絶望者を蘇生せしめ人生の眞味に浴せしめたい者である。罹災救助基金は特別會計の内最も多額なる基本金を有し二百十萬圓に達して居る。其沿革も古く明治23年以來は備荒貯蓄法に依り整制し三十二年現名儞となる。風雪水火雪等の災害にして一町村五戸以上一時に被害を蒙り市し時其必要を認むる者に對し日時金額等相當制限の許に支出するのである。本年度に入り本法に依る最大支出は西頚城郡市振の大火の時の四千五百圓餘である。過去五ケ年平均支出額は約二萬圓である。五戸以下の

災害の場合は其必要を認めても本法に依る救助は不可能であるこれに備ふる為め各市町村に於て適當の方法を設けられることを希望する。來年度からは市町村に於て罹災救助基金の基金を蓄積する場合は縣より一定額を補助せらるる筈である。

　恩賜賑恤資金　大正四年御大典の砌二萬六千圓御下賜に依り始められた者で現在約三萬圓の基金がある。大正六年度は四八三戸七年度は八三〇戸の窮民に對し、年末少許の給與をなし有難き御思召に浴せしめたのである。本年度は救濟團体に對し補助することになって居る。補助を受くる團体は盲唖学校四、育児院五、出獄人保護會二、慈善協会及全生病院患者慰安費等合計四千九百餘圓に達して居る而して基金の利子のみでは不測の為三千餘圓を縣費にて補充されて居る[44]。」ここでは新潟県の窮民救助、救育費、恩賜賑恤資金について説明している。

　「恩賜慈恵資金　本資金は恩賜賑恤資金と同様御下賜金を基として出來た者である。但し前者は御慶事の場合後者は御不幸の場合御下賜になった者である即ち先帝陛下崩御の砌其他二回にて合計五萬六千五百圓の御下賜金が現在十一萬四千餘圓の基金となって居る。其費途は少年感化の新潟学園費及救濟事務擔任者費に充當してある。本年度の總經費は約七千圓である。縣下に於ける保護少年は五百八十人少女は百餘人である。

　軍人援護資金　日露戦争當時帝國軍人後援會が中央に組織せられ全国に亘り非常の活動をした。戦争終了と共に解散となり同時に残金を各府縣に配付し本縣は五萬六千圓を受けた。以来直接事業は經營せず二三補助金を交付したに過ぎない。大正五年特別會計となし現在八萬八千餘圓の基金となりて救護の必要を認むる者に給與するのである。

　恩賜衛生資金　明治十一年　先帝陛下北越御巡幸の砌縣民に失明者眼病者多きを御聞し召特に治療費として一千圓の御下賜あり。越えて十三年悪疫の流行盛んにして死亡者多きを以て又特に一千圓の御下賜あり之を基として現在一萬五千圓の基本金となる。利子及縣費補充とを以て一年約三千圓の支出をなし市町村に於ける眼病補助及縣直接に接客業者壮丁其他の検診治療をなし其人員年々一萬四五千人に達して居る。一時的の者あり繼続的の者あり。米穀其他必要品の廉賣又は給與等種々あるも茲には只生活困難者にして公費

新潟県における社会事業の展開　—新潟県慈善協会の設立と新潟県社会課の設置を中心に—

の救助を受くる者のみを記するに本年七月の調査に依ると各市町村に亘り生活困難者は一萬七千八百戸人員八萬二千餘人其内救助を受くる者一千百餘戸三千五百人である。救助金員學も各人格別なるも假りに一人一日米三合とし一升五十錢と見積るも三千五百人では一日五百二十五圓一年十九萬千餘圓の多額となる。散財的事業なる為人目を引くに足らずと雖も其内容に於ては看過する能はざる大事業であると思ふ。

此外郡市に依り町村に依り各種救濟施設のあるあり又比較的大なる基金を有する者ありて相當活動せる者少からず又最近岩船郡村上本町村上町及長岡市に開かれたる公設市場其他市町村に於て行はる、米の廉賣等も見逃す能はざる者である救濟事業の大部分は私設團體及個人の仁慈心に依り實行されて居る。縣下に於ても既に四十餘の團體あり亦個人の篤志に依る者も少くない。これは別に記するつもりである。…時代の趨勢に鑑み今後研究實施すべき事業は多々ある。本事業の將來は益々多端であるが事業に對する理解と同情とを得て弱きを助け貧しきを救ひ益々健全なる國家の發達を遂げ國民上下同心して理想的皇國の惠澤を味ひ以て共に世界文明に貢獻したいものである。（完）[45]」ここでは恩賜慈恵資金、恩賜衛生資金に就いて説明し、1919年7月に県が調査した生活困難者について説明している。その中で生活困難者が8万2千余人おり、うち3,500人の救済事業は散財的事業となるため人目を引くには足らない事業とはいえ、その内容においては看過できない大事業であると指摘している点である。この生活困難者こそ、米騒動、労働争議および小作争議の当事者であり、近代的な救護対象となるからである。

　県が先に行った救済事業調査がまとめられ、それによると盲唖学校は県内に新潟、高田、長岡および柏崎の4カ所、育児院は新潟、福田（長岡）、和恵（春日村）、魚沼、寶珠（上野村）の5カ所、免囚保護会はその数23団体、託児所家婢の教養目的とするもの3カ所で新潟学園を除き他は全て私人の経営で、此れ等の救済団体が大正6年度に要した経費の総額は29,474円で、その基金は48,830円であった[46]。この調査結果をもとにまとめられたのが『新潟県感化救済事業要覧』大正7年で、これは後に発行される新潟県社会課『社会事業概覧』類につながる基礎

となる文書である。

1919（大正8）年に入り、先述した生活困難者調査について『新潟新聞社』が取り上げている。「本縣にては時局の影響に據る生活困難者を調査したるは既報せしが既に公費其他の經費を以て救助され居るものは一千百十五戸人員三千四百九十九人にして今回の調査に據り生活困難者と認められたるは一萬七千七百九十九戸なり之を縣下總戸數三十一萬五千五百九十戸に比すれば實に一割七分八厘弱の多數に上りたり之を職業別にせば商業に於いて生活困難者はその戸數に比し三割八分八厘の多數に上りたるが商業は物價高上の結果從來よりも多額の資本金を要するに反し小賣商店は比較的純益尠きにより斯る現象を示したるものなるべく漁業に在りては舊來疲弊し居る旨喧傳さるるに拘はらず生活困難者は總戸數に對し六分四厘と云ふ少數なり之れは調査期が八月1日にて漁村の活動期なると一方近來一般に社會の好況に連れ漁獲物が頓に高價となりしに由るものなるべし而して總戸數に對する生活困難者對照を示せば左の如し

〈表3〉　生活困難者

職　業	總戸数	困難戸数	同上人員	同上割合
農　業	173,341	6,566	31,001	2.64
商　業	43,419	1,120	5,661	3.88
工　業	35,520	1,494	7,582	2.38
漁　業	6,287	991	5,048	0.64
其　他	56,982	7,674	32,956	0.75
計	315,549	17,799	82,226	1.78

注）「生活難に泣く者約八萬人に及ぶ」『新潟新聞』大正8年9月7日より筆者作成

之に對する救済策に就ては決して軽々に看過すべからざる大問題なるも本縣としては現在之に對する經費なきを以て此際郡市に對して夫々救済方法を通達し八萬以上の生活困難者を救済するに努むる方針なりと [47]」と報じられ、県ではこれら生活困難者に対する救済経費がないので各郡市にそれぞれ救済方法通達とあるが、県内郡市町村も財政難のなか対応するのが困難で、やはり地域の有志者の義捐金品に依存する方法でしかなく、生活困

新潟県における社会事業の展開　―新潟県慈善協会の設立と新潟県社会課の設置を中心に―

難者すなわち救貧対象ではなく要保護層への徹底した対応がなされない状況であった。

　新潟県当局の救済事業に関わる動向については、一つの方法として予算の動向から把握することができる。以下に大正 8 年度から同 10 年度までの救済事業に関わる県予算の動向を絡ませながら 3 年間の県の救済行政の動向について述べる。

　1919（大正 8）年の県の救済事業に関わる予算をみると [48]、救育費総額は 2,618 円で、旅行病人諸費 799 円、旅行死病人諸費 330 円、精神病者監護諸費 1,489 円、罹災救助基金による基金歳入総額（経常部、臨時部を含む）は 329,174 円、歳出は経常部罹災救助基金支出は救助費 2,282 円（内訳：避難諸費 26 円、食糧費 433 円、被服費 202 円、小屋掛費 551 円、就業費 746 円、治療費 1 円、学用品費 60 円、運搬用具費 100 円、人夫費 150 円、雑費 13 円）及び蓄積金 89,892 円で経常部総計は 92,174 円、臨時部支出は 237,000 円で土木費貸出金 237,000 円で、支出総計は 329,174 円であった。

　大正 8 年度新潟県恩賜賑恤資金歳入総計は 4,911 円（内歳入臨時部 3,186 円は県費補充）で、支出は経常部は蓄積金 1 円、歳出臨時部総計は 4,910 円で内訳は私立盲唖学校補助費 2,500 円、育児院補助費 1,300 円、出獄人保護会補助費 400 円、新潟県慈善協会補助費 300 円、全生病院患者慰安会補助費 410 円である。このように救済事業への補助は恩賜賑恤資金の臨時部支出に依っていたことがわかる。また、県費による補充が全体の 6 割 5 分を占めていた。この年より新潟県慈善協会への補助が始まっている。

　大正 8 年度恩賜慈恵資金歳入総計 7,030 円（経常部：恩賜慈恵資金の利子収入 6,120 円《国債利子や農工債の利子収入が主》、雑収入 40 円、臨時部：繰越金 1 円と国庫補助金 869 円《新潟学園補助費指定》）で、歳出経常部は新潟学園費 5,259 円、救済諸費が 1,670 円、恩賜慈恵資金蓄積金 1 円、予備費 100 円である。

　大正 8 年度新潟県軍人援護資金歳入は 3,995 円（国債利子や農工債の利子収入が主）で、歳出は経常部計 3,995 円で救護費 3,265 円（内訳：

生業扶助費 210 円、給与費 2,920 円、医療費 135 円）、蓄積金 730 円である。

　大正 8 年度恩賜衛生資金歳入総計は 3,094 円（経常部利子 724 円《国債利子や農工債の利子収入が主》、臨時部 2,370 円《繰越金 109 円、県費補充 2,261 円》で、歳出は衛生費 2,894 円（眼病救療費 834 円、眼病予防費補助 2,060 円《市町村眼病予防費》）と恩賜衛生資金蓄積 200 円である。ここでも全体予算の 3 分の 2 以上を占める県費補充がみられるが、とくに眼病患者の多い県という背景もあり、眼病者施療が県救済行政の大きな関心事であったことがわかる。

　大正 9 年度の救済事業の予算をみるに [49]、衛生及び病院費は 51,009 円（衛生諸費救育費 12,030 円、娼妓健康診断治療費 21,992 円、癩予防費 31 円、癩療養所費分担金 11,883 円、精神病者監護費 5,173 円）である。救育費は 1,290 円である。大正九年度新潟県罹災救助基金歳入総額は 462,554 円で、歳出経常部罹災救助基金は 309,554 円で内訳は救助費 10,486 円（避難所費 10 円、食糧費 1,245 円、被服費 196 円、小屋掛け費 774 円、就業費 7,724 円、治療費 50 円、学用品費 60 円、運搬用具費 100 円、人夫賃 150 円、雑費 177 円）、蓄積金 299,068 円、歳出臨時部 153,000 円で内訳は罹災救助基金支出 153,000 円（郡市町村罹災救助基金蓄積補助費 15,000 円、土木 138,000 円）である。

　新潟県恩賜賑恤資金歳入総計は 6,401 円（内県費補充 4,605 円）で、歳出総計 6,401 円で内訳は、歳出経常部は蓄積金 1 円、歳出臨時部 6,400 円（私立盲唖学校補助費 3,750 円、育児院費 1,950 円、出獄人補助費 400 円、慈善協会補助費 300 円）である。ここでも歳入全体の 3 分の 2 と県費補充が多いことがわかる。

　大正 9 年度新潟県恩賜慈恵資金歳入は 10,902 円（内国庫補助金 1,365 円《新潟学園補助指定》、県費補充 3,429 円）で、歳出総計は 10,902 円で、内訳は歳出経常部で救済資金 10,231 円（新潟学園費 7,664 円、救済諸費 2,567 円）、蓄積金 1 円、予備費 100 円で、臨時部は新潟学園費 570 円（道路新開費）である。

　大正 9 年度新潟県軍人援護資金歳入総計は 6,123 円、歳出総計 6,123

円で内訳は救護費 3,495 円（生業扶助費 210 円、給与費 3,150 円、医療費 135 円）、蓄積金 2,628 円である。

大正 9 年度新潟県恩賜衛生資金歳入総計 6,261 円（内国庫補助金 548 円、県費補充 5,001 円）である。

この年 8 月、新潟県内務部地方課救済主事の三浦精翁は『新潟新聞』に「縣現在の救済一班（上）」と題して、新潟学園と盲唖学校について詳しく紹介し[50]、「同（下）」で育児事業、保育事業、家婢教育及家事伝習所、その他中野財団、愛国婦人会新潟支部、赤十字新潟支部、出獄人保護会、新潟県慈善協会等について紹介している[51]。

この年 9 月の県会で県知事は「県治方針」を示した。その中で「…社会的施設　産業の興隆、人文の発展は益々社会生活の複雑を招致す此の間に處する宜しく協働の福利を進め相寄りて文明の恵澤を共にするに努めざるべからず殊に近時經濟界の不況は一時に多数の失業者をだし一面物價の騰貴は容易に其の勢ひを更めずして生活上の脅威猶去らず思想上の動揺は之と相俟って漸く人心を不安に導かんとす各般の社会的施設を必要とする今日より急はなかるべし縣は夙に不良児の感化、罹災者の救助、軍人遺族の援護等を行ひ又盲唖者の教養、孤貧児の保育、免囚の保護其他の事業を助成し來りたるが今春財界不況に陥るや直ちに縣下失業者の調査を行ひ各警察所をして職業紹介、人事相談のことに當らしむる等夫々施設するところありたり…[52]」と、経済不況は多くの失業者を輩出し、物価の騰貴は生活上の脅威となり、思想上の動揺は人心を不安を導くという状況のなかで、これに対する各般の社会的施設は急を要すると述べている。

大正 10 年度の救済関係の予算をみるに[53]、大正 10 年度衛生及び病院費は 81,937 円（衛生諸費 17,988 円、娼妓健康診断治療費 43,609 円、癩予防費 31 円、癩療養所分担金 14,136 円、精神病者救療費 5,173 円、結核予防費 1,000 円）である。救育費は 1,589 円（行旅病人諸費 1,276 円、行旅死亡人諸費 313 円）である。大正 10 年度新潟県罹災救助基金は 659,926 円（経常部罹災救助金救助費 12,813 円《避難所費 11 円、食糧費、1,810 円、被服費 1,001 円、小屋掛費 1,348 円、就業費 8,039 円、治療費 54 円、学用品費 144 円、運搬用具費 100 円、人夫費 150 円、雑

費 156 円》、蓄積金 632,113 円、臨時部罹災救助基金蓄積補助費 15,000
円《郡市町村罹災救助基金蓄積補助費》）である。

　大正 10 年度新潟県恩賜賑恤資金歳入総計は 7,301 円（内県費補充
5,396 円）で、歳出総計は 7,301 円で経常部蓄積金 1 円、臨時部 7,300 円
（私立盲唖学校補助費 3,750 円、育児院補助費 1,950 円、出獄人保護会補
助費 400 円、慈善協会補助費 300 円、託児所補助費 900 円）である。こ
こで注目されるのが託児所補助費 900 円である。感化救済から社会事業
への移行を示すのが託児所補助費の新設である。

　大正 10 年度新潟県恩賜慈恵資金歳入総計は 30,345 円（内国庫補助
1,550 円《新潟学園補助費指定》、県費補充 1,684 円）、歳出経常部 10,345
（新潟学園費 9,345 円、元資編入金 1,000 円）である。

　大正 10 年度新潟県軍人援護資金は 5,876 円（救護費 4,190 円《生業扶
助費 600 円、給与費 3,150 円、医療費 350 円、旅費 90 円》、蓄積金
1,686 円）である。大正 10 年度新潟県恩賜衛生資金歳入総計は 6,322 円
（国庫補助金 386 円、県費補充 4,635 円）で、歳出衛生費総計は 6,322 円
で内訳は 6,321 円（眼病治療費 2,321 円、共同飲料井泉改良費補助 4,000
円、眼病予防費 200 円）、蓄積金 1 円である。この年度の恩賜衛生資金
においても、県費補充が 3 分の 2 を占めていることがわかる。

　以上、1917（大正 6）年から 1921（同 10）年までの新潟県救済事業
の動向について挙げた。近代的な救済対象が確認されてもすぐに社会事
業行政が設置され、諸制度が制定され、社会事業施設が設立され、それ
らが組織されるという社会事業態勢が整うわけではない。タイムラグが
生ずるのが一般的である。社会事業への移行を急がせたのは 1918 年の
全国的な米騒動の勃発であり、1920 年以降昭和初期に連動する慢性的
経済恐慌である。

　1921（同 10）1 月、新潟県地方課長の大達茂雄が『新潟新聞』に公益
質屋設置を提唱する記事を掲載している[54]。その中で、本県に於いて
も本年の仕事の一つとして公益質屋の普及及び奨励を試みたい希望の下
に調査中であると述べている。公益質屋など必要な社会的施設の設置奨
励とその普及は県救済行政の課題の一つである。県社会課の設置以前に

救済関係を担当するのは内務部地方課であり、その課長の弁である。

1922（同11）年1月、新潟県内務部長の和田純が『新潟新聞』に「社会事業の趨勢」と題し年頭所感を述べている。そのなかで「輓近社会の進歩発展著しきに従ひ自由競争亦漸く激甚を加へ、貧富の懸隔層一層甚だしきを致し富者は愈々富み貧者は益々窮乏し、かくて互に人生の眞意義を盡す能はず社會上に於ける諸般の問題茲に紛出して其の底止する所をしらさらむとす是に於てか従来殆ど世の篤志家に一任せられたる感化救済事業は其の必要と自覺とに基き事業の範圍頗る擴大せらるゝと共に社会事業てう名俉に變更せられ逐次行政の中枢と爲り俄に世人の注意を喚起するに至れり。…此等社会的施設の普及発達の程度如何は直に其地方の文化を測定するに足るのみならず實に該地方の安寧幸福に關すること至大なるを以て此の種施設は漸次行政の中心となる蓋し當然の帰結と謂うふべし然れども之が施設の實現は獨り行政の力のみを以て能くすべき所にあらず社会的有識者の協力一致に俟たざるべからず。…[55]。」と述べ、篤志家主体の感化救済事業がその範囲が拡大され、社会事業へと名称が変更され、それが逐次行政の中枢となるとし、さらに、それは行政の力のみでは対応できず、社会的有識者の協力一致が必要と、社会連帯主義を唱えている。

新潟県内務部社会課の設置

新潟県は地方課、学務課、その他各課社会教育係を置き事務を分掌しつつ来たが、2月11日（紀元節）に社会課を新設し、従来各課に分掌した事務を統一することになった。社会課長心得の新潟県和田純内務部長は「社会課の事務は頗る廣汎で従來主として地方課に取扱って来た1、軍事救護、罹災救助並びに救育賑恤、1、感化教育保育児童保護、1、公益法人（社會事業に關す）小住宅に關する事項、公園及遊園地に關する事項、1、部落改善内出稼人保護、1、公設市場小資融通施設、1、職業紹介並労働者の福祉に關する事項、1、戸主會主婦會等を始め警務課に属した免囚保護に關する事項又は衛生課に属した恩賜財團済生會及施薬施療に關する事項や学務課に属した青年團處女會乃至は社会教育施設其他民力涵養、地方改良、其他社會施設にして他課の主管に属せる事項を一括して獨立したる社会課を設けた理由は事務の統一を主眼とし二月十一日の紀元節の佳辰に當り御下賜金

御下附助成金の交付を機會として發表した次第である、社會課は教化の方面即ち精神的事業を物質的両方面から直接間接にお扶済誘導する可く生れたもので課長も當然必要に迫られているが縣では理事官に定員があり旁自分が課長心得として任命を見た、現下の情勢を見れば縣下各方面に於て都會といはず農村といはず幾多急を要する社會施設のうち感化救済事業や青年團處女會と單に社會教育といふより寧ろ社會事業と云った方が適切と信ずる諸般の施設は本縣に於て試みられている、だが此際之を統一して益々改善企劃するは焦眉の急を告げ近く縣下に現存する公私立のこうした事業に關係ある人々を召集して連絡を執る考へである、本縣でも來年度に於て各郡市に九名の社會主事を置き此方面に一層の努力を拂ふ計劃である要するに廣汎なる社會事業の遂行は一社會課の克く成し得る所でないことはいふ迄もない茲に於て各地に現存する各種團体の精神的活動を促して協力一致の結果を待って始めて實現し得ること丶思惟する、故に各方面に渉って社會事業に従事せられる方々の熱誠に訴いて當面の問題に向って邁進したいのである」と述べた。こうして、社会課を新設して従来の文部内務の両省の所管事務の統一を図るべく計画中のところ、今回内務部長を社会課長心得として、地方課の救済係及び学務課の社會教育掛りで一課を組織し、県下各郡に9名の社会主事を配置し、現存する各種団体の精神的活動を促すことになった。県社会課は、商工課の分室に設置されることになった[56]。

　社会課の職員体制は、内務部長で課長心得の和田純を始め23名であり、課長心得の下社会主事が配属されるが本庁勤務の社会主事のほか、郡駐在社会主事が9名配置され、各郡管内の社会事業および社会教化の指導統制やその奨励や普及に尽力することが期待されての配置である。米騒動、労働争議および小作騒動などを防止し社会の安寧に尽くすことも期待されていた。社会主事の報酬は社会主事給であり、三浦精翁は1919年には救済主事として年俸1,200円、その後1,800円となり、1922年には2,000円の年俸となっている。とくに三浦は課長心得の下、社会事業方面のリーダーであり、一方、社会教化方面では、年俸1,800円の片桐佐太郎がリーダーであった。

新潟県における社会事業の展開　―新潟県慈善協会の設立と新潟県社会課の設置を中心に―

社會課の組織[57]

| 課長心得 | 内務部長　和田　純 |

属

四級	本間吉純
六級　書記（月47）動八	小竹治郎八
月70	高山文平
月70書記（月4）	小熊源治郎
月70書記（月6）	渡邊惣一郎
月20社會主事（年1,100円）	秋山　董
月20社會主事（年2,000円）正八	三浦精翁

社會主事

實業補習

年1,800 学校教員養成所教諭従七	片桐佐太郎
年1,500 刈羽郡駐在	澤吹忠平
年1,400 古志郡駐在	倉又仁作
年1,400 中頸城郡駐在	下川包藏
年1,300 北蒲原郡駐在	栗山市藏
年1,300 北魚沼郡駐在	田中貞三郎
年630　民力涵養事務嘱託（年手當1,100）	小出門次郎
月100　中蒲原郡駐在	佐藤良作
月100　西蒲原郡駐在	馬場兵吉
月100　佐渡郡駐在	須藤鎧太郎
月90　中魚沼郡駐在	桐生熊藏

雇

月30	小林利一
月30	池田茂一
月15	中澤源次
月13	相田首治

続 新潟県社会福祉史の基礎的研究

　次に、社会課の事務分掌をみるに、社会事業に関わる社会事務と社会
教化に属する事務とに大きく2分割され、いずれも広範囲に及んでい
る。社会事務の分掌中には、中野財団事務や済生会事務を新潟県社会行
政内に取り込んで事務を担当しているものもある。それらは本来民間の
団体であるが、公的な性格も併せもった団体でもある。

　　新潟県社会課の事務分掌 [58]
　一、社会事務係に属する事務
　　　職業紹介事務
　　　軍事救護、軍人援護事務
　　　行旅病人、行旅死亡人、棄児貧児救護事務
　　　新潟縣立新潟学園事務
　　　罹災救助事務
　　　育児院、托児所事務
　　　公益法人監督事務
　　　部落改善事務
　　　公設市場事務
　　　住宅改良事務
　　　縣社会事業協会事務
　　　内務報告事務
　　　公園遊園事務
　　　中野財團事務
　　　免囚保護事務
　　　済生会事務
　　　小資融通事務
　　　其他社會施設事務
　二、社会教化係に属する事務
　　　青年團處女會事務
　　　社會教育事務
　　　運動及娯楽事務

408

戸主會主婦會事務

　　　少年團少女團事務

　　　民力涵養貯蓄奬勵事務

　　　其他地方改良に關する事務

　　　生活改善に關する事務

　　　敬老及各種事蹟事務

　　　斯民會及報德事務

　　　郡駐在社會主事報告事務

　　　其の他社會教化に關する事務

　新潟県で県下各郡に社会主事を配し、県下全体に社会事業および社会教化の指導、統制とその普及拡大を意図して県下各郡に社会主事を配置したが、これが実施に当たって県社会行政当局は以下のような郡駐在社会主事執務心得を示した。

　　郡駐在新潟県社会主事執務心得 [59]

第一條　郡駐在縣社會主事は擔任郡關係當事者と連絡を保ち左記業務に從事するものとす

　一、社会教化に關する事項

　二、社会事業に關する事項

第二條　郡駐在縣社會主事は駐在地郡長の監督を受くべし

　駐在地郡外の擔任部に在るときは其の業務に關し當該郡長の監督を受くべし

第三條　郡駐在縣社會主事は毎年三、六、九、十二の各月末日迄に別記第一様式に依り三ヶ月間の出張豫を作製し知事に提出すべし

第四條　郡駐在縣社會主事は其の勤務の状況に付毎月五日限り前月中の要領を別記第二第三様式に依り記載し知事に報告すべし

第五條　郡駐在縣社會主事は日誌を備へ執務状況を記載すべし

第六條　郡駐在縣社會主事は左記簿冊を備ふべし

　一、社會教化に關する書類

続 新潟県社会福祉史の基礎的研究

二、社會事業に關する書類

三、例規類

四、其他必要簿冊

様　式

第一様式

自　月出張豫定表

至　月

月、用務、日数、出張先、備荒

旅　費

配當額、既支出額、支出額、残額

（支出額は本豫定表の全部を掲くるものとす）

右及提出候也

大正　　年　　月　　日

何郡駐在

新潟縣社会主事　　氏名㊞

新潟縣知事殿

第二様式

月出張結果表

出張日、出張先、用務及其の状況、旅費

計

右報告候也

大正　　年　　月　　日

何郡駐在

新潟縣社会主事　　氏名㊞

新潟縣知事殿

第三様式

月勤務表

出張日數、在廳日數、公暇日數、忌引其の他の日數、欠勤日數、計

右報告候也

大正　　年　　月　　日

410

　　　　　　　何郡駐在

　　　　　　　　新潟縣社会主事　　　　氏名㊞

　　新潟縣知事殿

　1922（大正11）年3月、県社会課では社会教化事業の一環で、社会課の三浦精翁や小出嘱託が石口地方課長等が新潟県の民力涵養の根本義と見るべき『縣民読本』を完成させた[60]。これは県社会課が社会教化事業の一環として、民力涵養と地方改善を図るために出版したものである。もちろんその底流には県民を思想善導する狙いがあり、米騒動等の騒擾防止の含みもある。

　同年4月19日、新設された新潟県各郡駐在社会主事会議が新潟県庁第二応接所で午前十時に開催され、出席者は各郡駐在社会主事及び吉成新潟社会主事、県より太田新潟県知事、和田内務部長、村井学務課長、児玉保安課長、三浦、片桐、小出、秋山主事その他係長列席した[61]。

　同会議で太田県知事は「…惟ふに我が帝國をして列國と共に此の平和の大精神以て永く其の福利を享有し進みて世界文化の充実向上に貢献せしめんには内先づ國運の發展と國力の充實を期せさる可からず而して國運進展の基礎は社会教化の力に須つ可きもの大なるものあると共に國民生活の安定を圖り能く庶衆をして文明の恩澤に浴せしむべき社会事業の施設に負ふ所紀元節の佳辰を以て社会課を新設し社會教化及社會事業の各係を配置し更に郡駐在社會主事の制を設け内外呼應して以て其の目的の實現に努むる事とせり而して諸君は其新施設の局に當れる人々に諸君の成績如何は本縣の希望の成否に關すると同時に實に國運の消長文化の隆替に影響すべく其の責や重且大なりと謂ふ可きなり。

　抑々社會事業といひ社會教化と言ふも其の範圍頗る廣汎にして其の内容亦複雑なりと雖も先づ社會教化方面にては青年團及處女團、戸主會及婦人會少年團及少女團、民力涵養地方改良、生活改善、越佐夏季大学等に力を用ひ社會事業方面にては防貧及救貧児童保護、女工保護、軍事救護、救療及衛生免囚保護等の施設経営に努力を拂ひ物心両方面より社會の改善協調に盡さむとす而して此の一綱目と雖も先づ自己の人格を充實すると共に縣郡市町村の各

方面の機關と能く連絡協調を保ち或は指導を仰ぎ或は後援を需め或は協議を
遂ぐるに非ざれば其の徹底を期すること能はざるなり諸君よろしく其の意を
存ずる所を體得して常に修養に勵み研鑽を重ね以て其の重大なる使命に向て
最善の力を致されむこと余の切望して已まざる所なり。」と訓示[62]を述べ
た。

　さらに、和田縣内務部長が郡駐在社会主事に対し、以下のように指示
及注意事項を示した[63]。指示事項を一瞥するならば、2から8の項目は
社会教化関連で、社会事業に関連するのは9から11の項目で、社会教
化関連の項目が多いことがわかる。

　指示事項

一、郡駐在縣社會主事執務心得に關する件に

二、青年團及處女團に關する件

三、少年團及少女團に關する件

四、活動寫眞反射幻燈應用講習會に關する件

五、生活改善に關する件

六、越佐夏季大學日本社會學院大會に關する件

七、縣民讀本發行に關する件

八、戸主會設置に關する件

九、部落の改善に關する件

十、出稼工女保護に關する件

十一、免囚保護に關する件

　注意事項

一、備品に關する件

二、図書に關する件

三、縣青年団雑誌の件

四、縣青年大會に關する件

五、青年團幹部講習に關する件

六、中央に於ける社會事業及教化に關する講習出席の件

七、新潟学園生徒入園に關する件

八、恩賜財團濟生會に關する件

九、市町村罹災救助基金蓄積に關する件

十、軍人援護資金に關する件

　郡駐在社会主事会議の翌日、4月20日から21日の2日間新潟縣社会事業並社会教化關係者協議会が日本赤十字社新潟支部楼上で開催された[64]。同会議には新潟県郡駐在社会主事や赤十字新潟支部、新潟学園長、新潟保育園長、幼稚児保護会長、育児院長、盲学校長、新潟図書館、長岡互尊文庫、北魚沼北部女子保護組合、各郡教育会代表、新潟県教育会、南蒲原郡教育会、日本基督教会牧師など社会事業関係者及び社会教化関係者が多数参加している。

　新潟県より以下の諮問案が提出された。

一、本縣に於て急施を要する社会事業如何

二、本縣に於ける社会教化をして一層振興せしむる良案如何

　協議題

　　　　　新潟県立新潟盲学校長山中樵、同縣盲人協会長高橋幸三郎提出

一、特に機關を設け左記事項を行ふこと

（一）盲人の調査

（イ）盲人の數（ロ）年齢別（ハ）男女別

（二）地方別（ホ）職業別（ヘ）生活の程度

（二）失明原因の調査

（三）失明豫防の施設並宣傳

二、學校教育を受けざりし盲人に對し適當の方法により社會教育を施すこと

　　　　　　　新潟育児院提出

一、縣下社會事業團体の密接なる連絡を計る良法如何

一、縣外優良關係團体視察團を組織しては如何

一、各事業別に年一回以上協議會を開き斯業の進展に資しては如何

　　　　　　新潟學園長佐藤貞三郎提案

一、祭禮の方法を改善する事

（一）積極的方法

（二）消極的方法

二、感化院生徒の入退院及入監者の放免歸郷の際は親戚故舊は勿論郷黨人士
の送迎せんことに奬勵盡力すること

佐渡郡金澤村千種茅原鐵藏提出

一、青年に報德思想を鼓吹し郷里を善化すること

新潟市西堀通佛教圖書館長原善聽提出

一、三大節に於て管内神社及寺院に拜賀式を擧行せしめ氏子檀信徒をして精々
參拜せしむる方法を講ずること

西蒲原郡太田村黒川宣亮提出

一、農村及工業地に社會教化を徹底せしむる方法及其施設如何

佐渡郡金泉村安達本識提出

一、免囚の精勵なる服務に依り使用人之を抜擢登用せんとして本籍警察の身
元證明を要求し舊罪を知悉し解雇するもの少からず是が爲め累犯行爲を
爲すもの多し是に對し何等の改善の方法なきや

1922 年から 1926 年までの新潟県社会行政の展開の様相を、社会事業
関係予算の動向を絡めてみていく。

大正 11 年度の救済関係の予算をみるに [65]、衛生及び病院費は 86,980
円で内訳は衛生諸費 23,281 円、娼妓健康診断治療費 42,175 円、癩予防
費 31 円、癩療養所分担金 15,320 円、精神病者救療費 5,170 円、結核予
防費 1,000 円である。救育費 1,907 円、救済諸費 3,496 円、衛生及病院
費 6,600 円、衛生補助費 49,000 円（伝染病予防費補助 45,500 円、衛生
補助費 4,000 円である。

大正 11 年度新潟県罹災救助基金歳入総計 619,524 円、歳出経常部
42,524 円（救助費 5,660 円《避難所費 11 円、食糧費 1,637 円、被服費
1,088 円、小屋掛費 1,052 円、就業費 1,706 円、治療費 19 円、学用品費
92 円、運搬用具費 1 円、人夫費 4 円、雑費 50 円》、蓄積金 36,864 円）、
臨時部 57,7000 円（罹災救助基金蓄積補助 25,000 円、土木費貸金出

新潟県における社会事業の展開　―新潟県慈善協会の設立と新潟県社会課の設置を中心に―

552,000 円）である。

　大正 11 年度新潟県恩賜賑恤資金歳入総計は 7,301 円（内県費補充 5,461 円）で、歳出総計は 7,301 円（経常部蓄積金 1 円、臨時部 7,300 円《私立盲唖学校 3,750 円、育児院補助費 1,950 円、出獄人保護会補助費 400 円、慈善協会補助費 300 円、託児所補助費 900 円》）である。

　大正 11 年度新潟県恩賜慈恵資金歳入総計は 11,650 円（内国庫補助金 1,768 円、県費補充 2,911 円）で、歳出総計は 11,650 円（経常部新潟学園費 10,650 円、蓄積金 1,000 円）である。大正 11 年度新潟県軍人援護資金歳入総計 6,437 円、歳出経常部軍人援護資金支出 6,437 円（救護費 4,190 円《生業扶助費 600 円、給与費 3,150 円、医療費 350 円、旅費 90 円》、蓄積金 2,247 円）である。

　大正 11 年度新潟県衛生資金歳入総計は 11,450 円（内国庫補助 424 円、県費補充 10,115 円）で、歳出経常部は 11,450 円（衛生費 11,449 円、蓄積金 1 円）である。

　1923（大正 12）年度の歳出経常部社会費総計は 44,055 円で、内訳は第 1 項社會諸費 32,143 円（俸給 17,640 円、雑給 11,428 円、需用費 2,691 円、賞與 384 円）、第 2 項事業費 9,550 円（夏季大学費 3,000 円、講習講話會費 1,570 円、活動写真費 2,750 円、地方改良奨励費 300 円、社会教化事業振興費 1,430 円、表章費 500 円、第 3 項救育費 2,361 円（行旅病人諸費 1,814 円、行旅死亡人諸費 548 円）である [66]。

　社会諸費中の事業費の中に講習講話会費及び地方改良奨励費の費目が挙げられている。これについて、県社会課ではその予算計上に当たって県小出主事が前年 11 月に「今度計画した此講習は町村吏員の少壮有為なるもの又町村の中枢足る人々及び青年団の幹部らを集めて、町村吏員として心得べき町村事務の執務上改善すべき要項やまた地方改良上須要なる社会事業等の知識を授け、講習員は帰郷後町村の吏員及重立等に之を報告し着々実行を奨励して講習の効果を挙ぐる様に努め、又予め県より講習員に諮問をなしてその答申を求むるとか或は又講習員よりの質疑に対して講習を試みるとか従来講演の遣り放しなりしを止め更に一層講習員の中に立ち入り講習の実行を挙ぐる様圖るのである。…寧ろ町村の吏治に熟練精通せしめたる県属等の

415

講話指導を求め社会改善、救済事業等の講演も県の社会主事が之に當ること
とし経費は成るべく少なくして実行を挙げ得る様計画したので明年は先づ之
を六郡に試み、さらにその成績によりて県下全体に開催の希望を有って居る
…[67]」、と語った。町村吏員や地域の重立や青年団の幹部らを集めて地
方改良と生活改善の講習を行うものである。

　1923（大正12）年1月、新潟県社会課が本県下の5施設の育児事業
についての調査報告を『新潟新聞』に寄せている[68]。

　大正12年度恩賜賑恤資金歳入総計は4,551円（内県費補充2,681円）、
歳出総計は4,551円（内歳出経常部蓄積金1円、歳出臨時部社会事業補
助費4,550円《育児院補助費1,950円、出獄人保護会補助費400円、社
会事業協会補助費1,000円、託児所補助費1,200円》）である。これを見
ると、社会事業協会補助費と託児所補助費が前年に比して増額されてい
る。

　また、9月1日関東大震災が発生した、新潟県内では新潟県当局や新
潟市などを始め罹災者救済に乗り出すが、新潟県行政は臨時新潟県震災
救護委員部を設置し救済に当たった。同部は小原新三知事を委員長と
し、副委員長に千葉了内務部長と平田紀一警察部長、幹事の一人には石
口龜一社会課長が、救護係長に県社会主事の片桐佐太郎、救護書記に社
会課属の小熊源治郎、社会課雇池田茂一など縣社会課関係者も動員され
て、罹災者救済当たった。新潟県における関東大震災の救済活動につい
ては、新潟県『関東地方大震災救援始末』大正13年8月に掲載されて
いる。

　同年歳末、県社会主事の栗山市蔵が「縣の社会事業」と題して、『新
潟新聞』に3回にわたって寄稿している。「現代の社会組織に於ては、組
織それ自身に一大欠陥がある。此欠陥の為めに社会全体の進運を阻害し、社
会全体の幸福を増進する上に尠からざる障害を生ずるのである、故に此の欠
陥を補ふ為めに、或は物質的方面より或は、精神的方面よりあらゆる施設を
経営して生活の安定福祉の増進を圖らむとするのである。従来本縣に於ては
社会事業並、社会教化の二方面に分つて、それぞれ施設を進むること、なつ
て居たのであるが、社会事業と謂ひ社会教化と謂ひ、孰れも廣義に於ける社

新潟県における社会事業の展開　―新潟県慈善協会の設立と新潟県社会課の設置を中心に―

会事業であって、只便宜上物心両面に依って區別した迄のことであると思ふ。一体我が國の社会事業は欧米諸國のそれに比すると、其の種類に於て甚だ少いばかりではない、其内容に於れも亦甚だ幼稚である殊に都市以外地方に於ては社会組織が比較的単純であるそれだけ、社会事業の発達も亦幼稚である。本県の社会事業施設は其數五十有餘に達して居る、其成績に至っても相當見るべきものがあるけれども、中には全く名實伴はざるものも鮮くない様に思はれる。…[69]」と述べ、社会事業の対象となる問題は現代社会の組織の欠陥から生ずると捉えていた。さらに、当時の児童保護施設と盲唖保護施設についてレポートしている。その（二）[70] では、女工保護施設と失業保護施設についいて、その（三）[71] では、小作保護施設について詳しくレポートしている。

　1924（大正 13）年度の社会費の予算における歳出総経費は 38,618 円で、第 1 項社会諸費 25,341 円（俸給 14,220 円、雑給 8,428 円、需用費 2,380 円）で、①俸給の内容をみると、社会主事給は社会主事給 11,100 円（人員 7 人でうち 1 人年報 3,000 円、6 人年報平均 1,350 円）、社会主事給 2,400 円人員 2 人月報平均 100 円、書記給 720 円人員 1 人月報 60 円）、②雑給は 8,428 円で雇員給 768 円、人員 2 人月給平均 32 円、旅費 7,660 円、③需用費は 2,380 円で、内訳は備品費 30 円、図書及印刷費 1,330 円、消耗品費 810 円、通信運搬費 210 円となっている。④賞与は 313 円である。第 2 項事業費は 10,915 で、内訳は夏期大学費 2,700 円、講習、講話會費 3,415 円（青年団幹部講習会費 385 円、婦人文化講座費 1,000 円、町村吏員実務講習会費 1,040 円、雑費 1,000 円）、活動写真費 3,990 円（活動寫写真機械及フィルム購入並借入費 3,100 円、活動写真講話會費 890 円）、地方改良奨励費 800 円（表章費 500 円、雑費 300 円）、第 3 項救育費 2,362 円（行旅病人諸費 1,814 円、行旅死亡人諸費 548 円）である [72]。

　この年度に於いても、社会費中の事業費は社会教化の費目が多い。しかし、社会教化の講習と併せて社会事業に関わる講話講習も行っていた。とくに、町村吏員実務講習は社会教化と社会事業の内容で、これにより市町村に於ける社会行政へ影響を与えることになった。

大正 13 年度恩賜賑恤資金歳入総計は 17,551 円（内県費補充 14,631 円）、歳出総計 17,551 円（内歳出経常部蓄積金 1 円、歳出臨時部社会事業補助費 17,550 円《育児院補助費 2,250 円、出獄人保護会補助費 400 円、社会事業協会補助費 13,000 円、託児所補助費 1,600 円》）である[73]。この年度の社会事業協会補助費が前年度の 1,000 から 13,000 円と急増したが、それは同協会が直営の新潟養老院、職業紹介所及び生業貸付事業等の開始とも関連している。これらの事業は県の直営事業とすることはできず、県社会事業協会が直営と事業展開する所に補助を給付したわけである。やはり、県はこうした事業を施設して県下に模範を示し、こうした事業の県下への普及を図ったのである。とくに、県社会課は縣外出稼ぎ人 30 万人を有する県として一カ所も職業紹介所がないので、これが設備につき、県社会主事 1 名が東京、埼玉、群馬、長野の各県の社会事業視察を主として職業紹介所の施設につき調査して帰来し、これが具体案を研究立案中で、県社会課長は大阪、関西地方の同事業を視察のため 3 月 30 日出発したが同課長が帰廳の上は県社会課で職業紹介所の成案を見る運びになっていた[74]。同新聞記事によれば「此種適切な事業が計畫されなかった為めに出稼人が蒙る振り不便と雇主關係もまた紹介機關皆無の状況なる實状は勢ひ多額の募集費を投じて職工工女の募集と其裡面に絡はる不正事件や悪募集人によって毒され農村は経済的にも年々荒廃せんとしつゝあるのみならず堅実なる農村青年子女をして終生浮かぶ瀬が無い悲惨な運命に陥る實状に鑑み極力此弊風を矯正する目的を達成する為め社会課では努力をっているが…[75]」と職業紹介所の急施の必要性を桑原社会主事が語っている。

この年より、9 月 1 日を社会奉仕デーとして、県下 413 ヵ市町村にそれぞれの土地の状況により或は団体毎に或は個人毎にそれぞれ施設が実施されることになった[76]。9 月 1 日は県庁で、小原知事、県社会課長により社会奉仕に関する講演と民心作興活動写真の映写などが催されるとあった[77]。

1924（大正 13）年度恩賜慈恵資金歳入総計は 11,062 円（内国庫補助金 1,670 円《新潟学園費補助指定、県費補充 2,034 円》）で、歳出経常部

新潟県における社会事業の展開　―新潟県慈善協会の設立と新潟県社会課の設置を中心に―

新潟学園費 11,062 円である [78]。

1925（大正 14）年度歳出経常部社会費総計は 25,115 円で、内訳は第 1 項社會諸費 12,033 円（俸給 5,220 円俸給 5,220 円（社会主事給 1 人年報 1,500 円、3 人 4,500 円、書記給 1 人月報 60 円）、雑給 4,968 円（雇員給 2 人月給平均 32 円、女工保護嘱託員 20 人 1 人年手当て平均 10 円、女工保護嘱託員会議旅費 4,000 円）、需用費 1,720 円（備品費 30 円、図書及印刷費 1,029 円、消耗品費 423 円、通信運搬費 238 円）、賞與 125 円、）、第 2 項事業費 4,051 円（活動写真費 1,801 円《活動写真フィルム購入費 1,000 円、活動写真講話費 801 円》、地方改良奨励費 2,250 円《勤倹奨励費 2,000 円、表章費 250 円》、第 3 項救育費 2,362 円（行旅病人諸費 1,814 円、行旅死亡人諸費 548 円）である [79]。

県では大正 14 年度の社会課の新事業として県下に勤倹奨励を実施することになり [80]、そのため社会費中の事業費に勤倹奨励 2,000 円が設けられている。

勤倹の実施に就いては、例えば 1925（大正 14）年、2 月 15 日より全国一斉に 1 週間にわたって実施されるが、新潟県では活動写真及勤倹展覧会應用勤倹奨勵講演会、勤倹関係者の表彰など 16 項目の事業が実施されることになった。活動写真及勤倹展覧会應用勤倹奨勵講演会は県より三班に分かれて実施されることになったが、それぞれの班に県社会課から県社会課長と 2 名の社会主事が講師として 5 会場（5 日間）に派遣されることになった [81]。

県当局は 1921（大正 10）年より、女工保護組合設置の奨励を行ってきた [82] が、1924（大正 13）年 9 月、『新潟新聞』に「急を告げる工女保護組合」と題する記事が掲載され、本県に於ける社会事業は従来主として所謂教化の方面に重きを置き青年団指導に殆ど全力を傾注せる如き感があったが社会事業は單なる教化指導の方面に局限された問題ではない事はいふ迄も無く殊に縣下の如き二萬有餘の縣外出稼工女を有する全國唯一の工女供給地に於ては工女保護の問題は焦眉の急を告げつゝあるに拘はらず全縣下に渉り未だ統一した工女保護組合の設置が無いので曩に刈羽郡役所に會合を催し本縣から桑原社会主事臨席頸城三郡、魚沼三郡、三島、古志、刈羽の九郡当局

419

が連撃して上中越聯合の工女保護組合を組織して之を全縣下に及ぼし各郡市連絡することに申し合せて先づ縣費補助を縣当局に迫り…」とあるように、県社会事業行政は出稼ぎ工女保護に取り組まざる得ない状況となり[83]、同年12月、県社会課の桑原社会主事は「完全な女工保護組合の発達は單に無産階級婦人たる彼女等の自覺を促し幸福を増進するのみではなく悪募集人の駆逐も出來るし保護組合としても各地の工場視察に出掛けるのであるから勢ひ衛生設備の不完全な工場は排斥される故に完全な保護組合の発達は彼等にっては實に大きな脅威なのである…」と女工保護組合の意義を述べている[84]。

さらに、1925（同14）年、新潟県社会課は女工保護組合設立の奨励に当り、如何ほどの出稼ぎ女工がいて、各工場が如何ほどの女工を本県から募集しているかにつき調査を行った（募集縣は20縣、募集人員は92,255名とある）[85]。県予算社会諸費中の雑給に「女工保護嘱託員20人1人年手当て平均10円、女工保護嘱託員会議旅費4,000円」があるが、それは縣社会課が本格的に女工保護に取り組むことになり[86]、縣外出稼ぎ工女の保護嘱託員の費用であり、県下各郡と三市及び新潟県社会事業協会に計20名を配置した。さらに、組合の設立に際しては補助金を交付することになった[87]。しかし、大正15年度県予算によれば、女工保護嘱託員費が廃止されている[88]。

この年、県社会課は新潟県に於ける近時の社会問題としては失業問題、女工問題、窮民、住宅の問題があるが児童保護問題も看過しがたい問題として着眼し、予備計画として、県職業紹介所の富高書記を長野、群馬、東京における方面委員と児童保護機関の調査をなさしめ、その視察報告により基礎調査に取り掛かり早晩児童保護機関設置の予定で、それは無料助産所、無料診療所、無料産婦診療所、託児所などとしている[89]。県は既に託児所補助費は予算化し対応してきたが、その他の児童保護の面でもその奨励と普及を図るために基礎調査に着手したのである。

1925（大正14）年度恩賜賑恤資金歳入総計は14,040円（内県費補充11,935円）で、歳出総計は14,040円（歳出経常部恩賜賑恤資金支出1円、歳出臨時部14,040円《育児院補助費2,040円、出獄人保護会補助費320円、社会事業協会補助費10,400円、託児所補助費1,280円》）であ

る[90]。

1925（大正14）年度恩賜慈恵資金歳入総計は9,971円（内国庫補助金1,655円《新潟学園費補助指定、県費補充0円》）で、歳出経常部新潟学園費は9,971円である[91]。

1926（大正15）年度歳出経常部社会費総計は19,022円で、内訳は第1項社会諸費12,010円で俸給5,220円（社会主事給1人年報1,500円、3人4,500円、書記給1人月報60円）、雑給4,136円（雇員給2人月給平均32円768円、給仕給1人月給14円168円、旅費3,200円）、需用費2,525円円（備品費80円、図書及印刷費894円、消耗品費423円、通信運搬費1,128円）、賞與125円、）、第2項事業費4,650円（地方改良奨励費2,250円《勤倹奨励費2,000円、表章費250円活動写真費1,800円《活動写真フィルム購入費1,000円、活動写真講話費800円》、》、第3項救育費2,362円（行旅病人諸費1,730円、行旅死亡人諸費548円、行旅者救済費84円）である[92]。事業費は、そのほとんどが社会教化関係で占められている。

1926（大正15）年度恩賜賑恤資金歳入総計は36,540円（内県費補充33,748円）で、歳出総計は36,540円（歳出経常部社会事業補助費36,540円《育児院補助費2,040円、出獄人保護会補助費320円、社会事業協会補助費10,400円、託児所補助費1,280円、女工保護組合補助費22,500円》）である[93]。

ここで注目されるのが女工保護組合補助費22,500円である、県社会課が緊急かつ重要な課題として女工保護を捉えていたのかが窺える。

1926（大正15）年度恩賜慈恵資金歳入総計103,010円（内国庫補助金1,661円《新潟学園費補助指定、県費補充0円》）、歳出経常部新潟学園費10,010円である[94]。

以上1922年から1926年までの新潟県社会課の動向をみてきたが、社会費の予算は大正12年度が44,055円であったものが同13年度は38,618円、同14年度が25,115円、同15年度が19,022円と4年間で半額に減少している。さまざまな新潟県内の社会的問題が惹起される中で増額するところであるが、逆に大幅な削減である。とくに、社会費のう

ち社会諸費であるが、大正11年度から同13年度は郡駐在社会主事体制がとられたが、大正14年度からはそれが廃止され、それが大きな減額につながっている。

それに対して、恩賜賑恤資金では大正12年度は4,551円であったものが、翌年度は17,551円と約4倍に増大し、同14年度は14,040円と前年に比し予算は減少したが、同15年度は36,540円と2倍以上に増額された。その内容は、一つは新潟県社会業協会が社会事業の連絡調整と同事業の普及と改善発達を図ることに加えて、直接の社会事業経営に乗り出し、それへの資金的支援として補助が増額されたわけである。さらに、大正15年度に大幅に増大したのは、女工保護対策が更に要請され、女工保護組合設立奨励として、女工保護組合設立の補助費22,500円が設けられたからである。この年度の恩賜賑恤資金歳入総計が36,540円のところ、県費補充が33,748円であった。恩賜賑恤資金に充当とし、県社会事業行政は、恩賜賑恤資金よりの補助（助成）として、「皇室の御仁慈」を強調している[95]。

むすびにかえて

以上、新潟県における社会事業の展開について、新潟県慈善協会の設立と新潟県社会課の設置を中心に、1917年から1926年までの動向について述べた。

新潟県内では、1907（明治40）年から第一次世界大戦勃発までの慢性的経済恐慌により中・下層農民及び市街地の中・下層民が窮乏化した。そうした中で、新潟県県慈善協会が新潟県知事をはじめとする県職員らと県内救済施設や救済団体らによって、救済思想の普及と救済事業の改善発達を図ることを目的に結成された。同目的を達成のため、慈善団体の統一と連絡、慈善団体と慈善家の連絡、慈善事業の調査、慈恵救済に関する講演会、感化救済に必要な事項の講究を挙げて出発した。同会結成当初は会費も寄付金及び補助金も乏しく経費が少ない中で、所期の事業展開も出来なかったが、会費、助成金及び補助金が増大する中で

その事業が拡大していった。そうした中で、救済事業の統一と連絡が進められ、各種救済事業の調査の実施、救済事業に関する講演会開催による救済事業の普及と社会事業従事者の養成に貢献し、必要な救済施設の講究等を通して、救済事業の近代化に貢献した。

同協会は県の救済行政を補完する性格を有していたが、それが県社会課の設置により更にその性格は色濃くなった。それは例えば、新潟県社会事業行政は失業問題や縣外出稼ぎ女工の保護問題が大きな課題となる中で職業紹介所の設立が急務とされる中で、半官半民の団体である新潟県社会事業協会に職業紹介所の設立と運営を委ね、また、県社会課の展開する女工保護施策に助成する立場をとるなど様々な面で県の社会事業行政を補完する役割を担っている。

新潟県社会課は長野県慈善協会設立後4年目に設置された。県社会課の事務分掌は、社会事業に関する事務と社会教化に関する事務との2部構成で開始された。社会課の本来の守備範囲は勿論社会事業関連であるが社会教化を含めたことに新潟県社会課の特徴の一つとして挙げられる[96]。すなわち、「精神的救済」を強調し、県民の思想善導を前面に押し出している。実際に予算社会費中の事業費の費目は殆どが広義の社会教化のものであり、社会事業が後者に廻された状況が予算の動向からも窺われる。その背景には、やはり、新潟県内での米騒動、労働争議、小作争議などの騒擾の発生、とりわけ1918年の米騒動がある。県民の思想善導については、例えば県社会課がいち早く取り組んだ『縣民読本』の発行にも表れている。

しかし、1920年以降の経済恐慌が深刻化する中で、失業問題、女工保護問題、児童保護問題が深刻な状況になる中で、県社会事業行政も取り組まざるを得ない状況となり職業紹介事業、女工保護及び児童保護事業への対応を開始している。

新潟県社会事業行政は県庁に社会主事を配置するだけでなく、各郡下の市町村社会行政や社会事業団体との連携をとり協力して社会事業を展開することを意図して、各郡下に郡駐在社会主事を配置する体制で出発した。しかし、その目論見は、大正11年度に始めて同13年度に終了

し、さらに、社会費の予算も先述したように、大正 12 年度から大正 15 年度にかけて半額以下に減額され、十分に所期した社会事業行政を展開できない状態であった。

もちろん経済恐慌の中で緊縮財政という背景もあるが、県の社会課行政に益々期待が高まる中での大きな減額は新潟県通常県会でも議論が起きた。

郡駐在社会主事体制の取りやめ、社会費の減額の背景には、県社会課において 1924 年から翌年にかけて就任した県社会課長のゴシップがあり、一般の非難を浴びるようになり、県社会課への威信は失墜し、社会課廃止論まで起き、ついに課長が更迭されるという経緯があった。この件が県社会事業行政に暗い影を落とし、これが新潟県社会事業の展開に影響を与えることになる。当時の『新潟新聞』には「…同課の事業は他の諸縣に比して比較的に遅々の感を抱かしめてゐた、殊に本縣として最も重大問題とされてゐる女工保護組合問題解決の方案は着々として進行してゐたが課長の更迭、経費の節減等に禍ひせられて未だに七分通りの成功に過ぎない…」[95]。とあり、県社会課は厳しい状況にあった。

ともあれ、新潟県慈善協会（後の新潟県社会事業協会）の設立と新潟県社会課の設置は県社会課の混乱の影響を蒙りながらも、置かれた環境の中でそれぞれ事業を展開し、新潟県社会事業の形成に寄与したといえる。

なお、本稿は拙稿「新潟県における社会事業の展開（1）―新潟県慈善協会の設立と新潟県社会課の設置を中心に―」『清泉女学院短期大学研究紀要』第 35 号、2017 を加筆修正したものである。

［註］

1）楫西光速他『日本資本主義の発展』東京大学出版会、昭和 38 年 pp.645-649

2）「移住民の増加」『新潟毎日新聞』大正 6 年 3 月 12 日

3）「唯苦しむは下層民と安月給取り＝益々騰る諸物価＝米澤から注文續々」

『新潟新聞』大正6年6月8日

4）「米價と貧民―當市に於ける―」『新潟新聞』大正6年7月17日

5）「本縣農家經済の實況（上)」『新潟新聞』大正6年8月12日

6）「本縣農家經済の實況（下）」『新潟新聞』大正6年8月13日

7）「移住民の激増」『新潟毎日新聞』大正6年5月23日

8）「各地水害」『新潟毎日新聞』大正6年9月7日

9）「縣下各地の水害」『新潟毎日新聞』大正6年10月3日

10）「佐渡鉱山同盟罷工」『新潟毎日新聞』大正6年3月23日

11）「千餘の職工徒食」『新潟毎日新聞』大正6年9月12日

12）「小作者は益々窮迫―本縣農村經營の困難―」『新潟新聞』大正7年2月4日

13）「本縣の移住民　北海道と樺太」『新潟毎日新聞』大正7年6月19日

14）「一月中市内物價調」『新潟新聞』大正7年2月9日

15）「村松嬰兒死亡増加」『新潟新聞』大正7年2月23日

16）「貧窮兒童救済 市内における」『新潟新聞』大正7年3月1日

17）「市内に於ける窮民救済」『新潟新聞』大正7年3月16日

18）「生活難は寧ろ中産階級に―新潟市の貧民調査、労働者は却って景氣―」『新潟毎日新聞』大正7年6月19日

19）「新潟市騒擾―群衆四百某所に投石檢擧されしもの七人―」『新潟毎日新聞』大正7年8月19日

20）「長岡市に焼打始まる―川佐焼かれ島津襲張る―」『新潟毎日新聞』大正7年8月19日

21）「長岡市に尚ほ騒擾―軍隊出動発砲2回に及ぶ―」『新潟毎日新聞』大正7年8月20日

22）「共済会組織 長岡市にて」『新潟新聞』大正7年8月20日

23）新潟縣慈善協會『新潟縣慈善協會第一回會務報告書』大正8年7月 pp.1-4

24）新潟縣慈善協會『新潟縣慈善協會第一回會務報告書』大正8年7月

25）新潟縣慈善協會『新潟縣慈善協會第一回會務報告書』大正8年7月 pp.22-25

26) 新潟縣慈善協會『新潟縣慈善協會第一回會務報告書』大正8年7月 p10

27) 新潟縣慈善協會『新潟縣慈善協會第一回會務報告書』大正8年7月 pp.14-16

28) 新潟縣慈善協會『新潟縣慈善協會第一回會務報告書』大正8年7月 pp.17-21

29) 新潟縣社会事業協會『會報』第五号大正15年3月 pp.2-3

30) 三浦精翁については、田代国次郎「新潟県社会事業史の一断面（その1）―三浦精翁の社会事業周辺―」『新潟県社会福祉史の基礎的研究』本の泉社2014pp.11-43 参照

31) 新潟縣社会事業協會『新潟縣慈善協會第四回會務報告』（出版年不明、1925《大正14》年と推察される）pp.1-9

32) 新潟縣社会事業協會『會報』第五号大正15年3月 pp.13-15

33) 新潟縣社会事業協會『會報』第五号大正15年3月 pp.15-18

34) 新潟縣社会事業協會『會報』第五号大正15年3月 pp.23-37

35)「設置する農村托児所」『新潟新聞』大正15年3月23日

36) 日本社会事業大学救貧制度研究会編『日本の救貧制度』勁草書房、昭和35年 pp.181-183

37)「防貧施設調査―県廳から郡市へ通牒」『新潟毎日新聞』大正6年7月5日

38)「感化救済事業補助規程定めらる」『新潟毎日新聞』大正6年10月27日

39) 灘尾弘吉『社会事業行政』常盤書房昭和12年、復刻日本図書センター、1995年、pp.18-20

40)「縣下に於ける慈善事業補助」『新潟新聞』大正7年4月28日

41) 新潟県『大正六年通常縣會決議録』pp.55-59

42) 新潟県『大正六年通常縣會決議録』pp.61-72

43)「公共團体と救済事業―新潟縣救済主事 三浦精翁―（一）」『新潟新聞』大正9年3月12日

44)「公共團体と救済事業―新潟縣救済主事 三浦精翁―（二）」『新潟新聞』

大正 9 年 3 月 13 日

45）「公共團体と救済事業—新潟縣救済主事 三浦精翁—（三)」『新潟新聞』
大正 9 年 3 月 14 日

46）「縣救済事業調査の概況」『新潟新聞』大正 7 年 7 月 21 日

47）「生活難に泣く者約八萬人に及ぶ」『新潟新聞』大正 8 年 9 月 7 日

48）新潟県『大正七年度通常縣會決議録』pp44-84

49）新潟県『大正八年度通常縣會決議録』pp.14-15 及び pp277-310

50）「縣現在の救済一班（上）」『新潟新聞』大正 9 年 8 月 19 日

51）「縣現在の救済一班（下）」『新潟新聞』大正 9 年 8 月 20

52）「知事の縣治方針 縣會に於ける説明（三）—」『新潟新聞』大正 9 年 11
月 22 日

53）新潟県『大正九年度通常縣會決議録』pp.16 -20 、pp36-68 及び p145

54）「公益質屋の提唱 新潟縣地方課長 大達茂雄」『新潟新聞』大正 10 年 1
月 5 日

55）「社会事業の趨勢 新潟県内務部長 和田純」『新潟新聞』大正 11 年 1 月
2 日

56）「縣で社會課新設—内務部長が課長心得—」『新潟新聞』大正 11 年 2 月
11 日

57）新潟県『新潟県職員録』大正 11 年 p25-27

58）『越佐教育』第 355 号、大正 11 年 pp.13-14

59）『越佐教育』第 355 号、大正 11 年 pp.14-16

60）「県社会課で縣民読本成る」『新潟新聞』大正 11 年 3 月 24 日

61）「社会主事會 本日開催」『新潟新聞』大正 11 年 4 月 20 日

62）『越佐教育』第 355 号、大正 11 年 pp.9-10

63）『越佐教育』第 355 号、大正 11 年 pp.10-13

64）『越佐教育』第 355 号、大正 11 年 pp.16-24

65）新潟県『大正十年度通常縣會決議録』pp.12-23 及び pp43-75

66）『大正 12 年新潟縣通常縣會決議録』pp.133-135

67）「社会課の新計畫—地方改良と生活改善の講習—」『新潟新聞』大正 11
年 11 月 11 日

68）「本縣下の育児事業―社会課の調査―」『新潟新聞』大正 12 年 1 月 20 日

69）「縣の社会事業（一）―新潟縣社会主事 栗山市藏―」『新潟新聞』大正 12 年 12 月 24 日

70）「縣の社会事業（二）―新潟縣社会主事 栗山市藏―」『新潟新聞』大正 12 年 12 月 25 日

71）「縣の社会事業（三）―新潟縣社会主事 栗山市藏―」『新潟新聞』大正 12 年 12 月 26 日

72）『大正 12 年新潟縣通常縣會決議録』pp.133-134

73）『大正 12 年新潟縣通常縣會決議録』pp.49-52

74）「縣下に欠けてゐる職業紹介の設備―愈々機關設置されん 縣社會課で成案―」『新潟新聞』大正 13 年 4 月 1 日

75）「縣下に欠けてゐる職業紹介の設備―愈々機關設置されん 縣社會課で成案―」『新潟新聞』大正 13 年 4 月 1 日

75）「社会奉仕デーに就て―佐藤内務部長の談―」『新潟新聞』大正 13 年 8 月 30 日

77）「社会奉仕デーに就て―当日縣廳で色々な催し―」『新潟新聞』大正 13 年 8 月 31 日

78）『大正 12 年新潟縣通常縣會決議録』pp.53-59

79）『大正 13 年新潟縣通常縣會決議録』pp.128-129

80）「社会課の新事業―来年は徹底的勤儉奨励―」『新潟新聞』大正 13 年 12 月 10 日

81）「本縣の勤儉週間」『新潟新聞』大正 14 年 1 月 29 日

82）「女工組合を奨勵」『新潟新聞』大正 10 年 10 月 15 日及び「工女の保護組合」『新潟新聞』大正 10 年 12 月 3 日

83）「急を告げる工女保護組合」『新潟新聞』大正 13 年 9 月 16 日

84）「出稼女工は多いが保護組合が少い」『新潟新聞』大正 13 年 12 月 6 日

85）「出稼ぎ女工の保護組合設立」『新潟新聞』大正 14 年 6 月 26 日

86）「社会課でやる女工保護組合」『新潟新聞』大正 14 年 7 月 22 日

87）「縣外出稼ぎ工女の保護嘱託員」『新潟新聞』大正 14 年 8 月 15 日

88）「本縣來年度縣豫算の内容（一）」『新潟新聞』大正 14 年 8 月 18 日

89)「本縣社會課が基礎調査に着手―社會的に重要視する児童の保護問題―」
　『新潟新聞』大正 14 年 8 月 18 日

90)『大正 13 年新潟縣通常縣會決議録』pp.220-222

91)『大正 13 年新潟縣通常縣會決議録』pp.223-228

92)『大正 14 年新潟縣通常縣會決議録』pp.134-135

93)『大正 14 年新潟縣通常縣會決議録』pp.233-236

94)『大正 14 年新潟縣通常縣會決議録』pp.237-242

95)池田敬正『日本社会福祉史』法律文化社、1986 pp.524-531

96)これに対して、長野県社会課事務分掌（大正 10 年 11 月庁達第 10 号）では、16 項目の分掌中が 15 項目が社会事業関連で、社会事業主体であった。

97)「社会課の暗流か―桑原主事轉任 富山幹事辞職」『新潟新聞』大正 15 年 4 月 5 日

あとがき

　安倍政権は相変わらず経済最優先政策を進め、2013年の生活保護の引き下げ（平均6.5％削減）に続き、2018年度予算案に、生活保護の生活扶助基準の最大5％削減（削減額：国費160億円）を盛り込み、生活を切り捨てる一方、オスプレイ4機（393億円）とステルス戦闘機F35を6機（785億円）購入と軍拡路線を進め、さらに、第196通常国会で、改実憲実現の時として、9条に自衛隊明記を目論んでおり、ますます希望が持てない社会状況になりつつある。こうした中で、田代国次郎の言及する反戦、反権力、反新自由主義に基づく平和的生存権を実践運動の重要性が今日ますます高まってきているといえる。

　筆者らは、こうした視点を基底に据え、社会福祉の研究活動を行っている。

　こうして本書に14論文を掲載し、前著と併せて25本をまとめた。

　しかし、当所の研究計画にあげた研究項目をすべてカバーできたわけではなく、まとめていない分野が散見され、今後の課題となる。

　また、資料文献調査の過程で、戦前の市町村行政の報告書の存在が確認された。新潟県立公文書館を始め長岡市の互尊文庫および上越市公文書センターに公文書や簿冊資料が確認され、多くの資料を収集したが、この他にも県内各市町村に市町村行政の報告書や文書類が所蔵されている可能性があり、これを丹念に掘り下げる作業が二つ目の課題となる。とくに後者の課題は、多くの時間と費用とを要するが、今後も継続して取り組む予定である。

　この7年間、新潟県の社会福祉史調査に、県内各図書館、公文書館および市町村役場の方々に懇切丁寧にご協力いただき感謝申し上げたい。

　最後になりましたが、本書の出版について快くお引き受けいただき、ご尽力下さいました本の泉社の故比留川洋前社長に厚く御礼申し上げるとともに、編集作業に当たられた社員の皆様方にも、御礼申し上げます。

2018年5月

長野県上田にて、矢上克己

続 新潟県社会福祉史の基礎的研究

編著●矢上 克己

2018 年 5 月 28 日　初版第 1 刷発行

発行者●新舩 海三郎
発行所●株式会社　本の泉社
　　　　　〒 113-0033
　　　　　東京都文京区本郷 2-25-6
　　　　　TEL. 03-5800-8494
　　　　　FAX. 03-5800-5353
　　　　　mail：mail@honnoizumi.co.jp
　　　　　www.honnoizumi.co.jp/
DTP ●㈱西崎印刷（池松浩久）
印刷●亜細亜印刷株式会社
製本●株式会社村上製本所

落丁本、乱丁本は小社にてお取り替えいたします。
定価はカバーに記載されております。
本書の内容を無断で複写複製、転載することは、法律で定められた場合を
除き、著作権の侵害となります。

©2018/HONNOIZUMISHA INC.
Printed in Japan ISBN978-4-7807-1691-7